*Für meine Tochter Isabella
und meinen Sohn Conrad.*

Florian Homm

KOPF GELD JAGD

Wie ich in Venezuela
niedergeschossen wurde,
während ich versuchte,
Borussia Dortmund
zu retten

Bibliografische Information der Deutschen Nationalbibliothek
Die Deutsche Nationalbibliothek verzeichnet diese Publikation in der Deutschen Nationalbibliografie. Detaillierte bibliografische Daten sind im Internet über http://dnb.d-nb.de abrufbar.

Für Fragen und Anregungen
info@finanzbuchverlag.de

4. Auflage 2020
© 2013 by Finanzbuch Verlag, ein Imprint der Münchner Verlagsgruppe GmbH
Nymphenburger Straße 86
D-80636 München
Tel.: 089 651285-0
Fax: 089 652096

Übersetzung: Almuth Braun
Redaktion: Werner Wahls
Korrektorat: Annegret Schenkel
Coverfoto: Eva Feilkas
Druck: GGP Media GmbH, Pößneck
Printed in Germany

Bildteil, S. 12: Steffen Kugler, picture-alliance/dpa
Bildteil, S. 13: Christof Koepsel, Bongarts/Getty Images
Bildteil, S. 14: Lars Baron, Bongarts/Getty Images
Bildteil, S. 16: www.our-school-liberia.com

ISBN Print 978-3-89879-788-7
ISBN E-Book (PDF) 978-3-86248-358-7
ISBN E-Book (EPUB, Mobi) 978-3-86248-414-0

Weitere Informationen zum Verlag finden Sie unter

www.finanzbuchverlag.de

Beachten Sie auch unsere weiteren Verlage unter www.m-vg.de

Danksagung

An erster Stelle möchte ich meiner Exfrau danken, die nicht nur meine Verrücktheit und Unbeständigkeit zwei Jahrzehnte lang ertrug, sondern auch unsere beiden Kinder fast im Alleingang großzog. Ihre Güte und Weisheit war eine Inspiration, ein positiveres und wahrhaftigeres Leben zu führen. Ich vergebe ihr das Jahr in der Scheidungshölle, in dem sie mich weitaus mehr terrorisierte als meine ärgsten Feinde in der Unternehmenswelt. Auch danke ich meinem Sohn Conrad und meiner Tochter Isabella für das schönste Wochenende, das ich im letzten Jahrzehnt erlebt habe. Es ist fantastisch, wie beide mir verziehen haben. Ich bin stolz auf euch, Kinder! Ich danke meiner einzigartigen Mutter, die mich so liberal und unabhängig erzogen hat, wie man sich nur denken kann, und die dadurch meinen starken Ehrgeiz und Erfolgswillen angeregt und genährt hat. Ihr alle habt mich inspiriert, mit meiner Vergangenheit ins Reine zu kommen und dieses Buch zu schreiben. Besonderer Dank geht an meine verstorbene Schwester Barbara. Ihr Leitspruch »No Risk – No Fun« und Ihr Lebenswille hat mich schon immer tiefgründig beeinflusst. Barbara und Necko würden in der aktuellen Situation nur eine Empfehlung aussprechen: Konfrontiere Deine Feinde, tue viel Gutes und mach es richtig.

Meine besondere Dankbarkeit gilt auch Christian Jund, meinem mutigen und visionären Verleger, der die Courage hatte, es mit so einem infamen, überaus kontroversen Charakter wie mir aufzunehmen. Ich danke Georg Hodolitsch, dass er das Beste aus mir herausgeholt hat. Liebe Almuth, vielen Dank für Deine schönen Worte. Ich danke der gesamten K-Familie für ihre Unterstützung dabei, dieses Buch auf den Markt zu bringen. Howard Marks alias Mr. Nice, du hast mir gezeigt, wie man wieder aufsteht, wenn man am Boden liegt. Du hast meine verrückte Mission verstanden, hast gelächelt und deine Weisheit mit mir geteilt. Ich danke DM für die Hilfe bei der Formulierung der »zweiten Dimension«, die dieses Buch ungemein verbessert hat, und ich danke GM dafür, uns zusammengebracht zu haben.

Ich bedanke mich ebenso besonders bei Herrn Rentrop und Herrn Thomas Schwoerer für ihre exzellenten Ideen.

Ein spezieller Dank geht an mein transatlantisches Rechtsberaterteam für sein Fachwissen, seine Geduld und seine psychische Unterstützung.

Nachhaltig positiv beeinflusst hat mich die Präsidentin von Liberia, die Friedensnobelpreisträgerin Ellen Johnson Sirleaf, eine der größten Frauen unserer Zeit. Sie vermittelt ein Gefühl von Entschlossenheit, den Benachteiligten und Unglücklichen zu helfen. Botschafter Thomas McKinley motivierte und drängte mich zehn Jahre lang unaufhörlich, dort zu helfen, wo es am nötigsten war. Sie sind die geistigen Eltern des Liberia Renaissance Educational Complex. Sie haben mich auch zu einem besseren Menschen gemacht. Marcel und Olivia haben Hervorragendes dabei geleistet, den liberianischen Traum am Leben zu erhalten. Ihnen allen gilt mein Dank.

Giorgio hat mir gezeigt, was in Freundschaften wichtig ist, weil er so ein treuloser Bastard ist und mich sogar noch böswillig hintergangen hat, als ich ihm sein armseliges Leben gerettet hatte. Durch dich habe ich zwei großartige Freunde gefunden. Sogar für Giorgio bete ich und wünsche ihm das Beste.

DR, du größter Verräter unter den unbedeutenden Menschen. Ich habe dich zum Millionär gemacht. Du warst ein Teil meiner Familie, und ich habe deine Eltern gastfreundlich in meinem Haus aufgenommen. Gedankt hast du es mir mit Hass und Boshaftigkeit. Ich habe dich sogar aus einem deutschen Strafverfahren herausgehalten und dir deinen Betrug vergeben. Danke, dass du mir gezeigt hast, wie ich nicht sein will. Wusstest du, dass die Jungfrau Maria im Koran öfter erwähnt wird als im Neuen Testament? Entsprechend der Lehre Marias und meinen persönlichen Überzeugungen bete ich für dich und segne dich. Dir zu vergeben, fällt mir nicht leicht.

Ich darf nicht vergessen, zwei Journalisten zu danken. Ihre einseitigen und böswilligen Berichte, die auf idiotischen Annahmen, schlechter Recherche und billiger Sensationsgier beruhten, ragten weit aus der Masse heraus: Herr T. von *Bloomberg* schrieb einen auf empörende Weise unzutreffenden Artikel, in dem er meinen Geburtsort sowie meine Abschlüsse am Harvard College und an der Harvard Business School in Zweifel zog und behauptete, ich hätte nie für Deutschland Basketball gespielt. Die zweite unrühmliche Erwähnung gilt der *Financial Times Deutschland,* wobei ich von einem langen und offenen Gespräch mit Herrn B. tief beeindruckt war. Der hervorragendste und amüsanteste Artikel, der je über mich geschrieben wurde, erschien ebenfalls in der *Financial Times Deutschland* und stammt aus der Feder zweier erstklassiger investigativer Journalisten: Sven Clausen und Christian Höller. In verschiedenen Artikeln wurde ein monströs-eindimensionales Bild von mir geschaffen, und half dabei, eine weltweite Menschenjagd zu starten, die jedes Menschenrecht verletzte und den formalen Rechtsweg in Amerika und Europa behinderte. Liebe Journalisten, Eure Pfuschereien haben mich angeregt, die Sache richtigzustellen, was hoffentlich wiederum auch andere Kollegen veranlassen wird, ihrer investigativen Arbeit künftig professioneller nachzugehen. Ich habe für Sie gebetet. Ich hoffe aufrichtig, dass Sie Ihre boshafte Energie in Zukunft auf christlichere Weise kanalisieren können.

Ich danke meinem Freund Uhlemann, der mir als Einziger aus meiner 10.000 Kontakte umfassenden persönlichen Datenbank ein sicheres Obdach anbot, um den Sturm abzuwarten. Kevin, danke für deine Gebete. JD und Marco, danke, dass ihr ein halbes Jahrzehnt lang versucht habt, mit mir in Kontakt zu kommen. Bitte habt Verständnis, dass meine Situation sehr herausfordernd ist. Christian, ich freue mich auf den Tag, an dem wir wieder in Marokko Schach spielen können. Bleib stark und bleib der Gewinner in deinem heldenhaften Kampf gegen M. S. Dear Jacob, den ehemaligen Mossad-Agenten, Anwalt und Mini-Tycoon. Du hast dich als einer der wenigen wahren Freunde erwiesen, auch noch nachdem ich nicht mehr nützlich für dich war. Hakki, deinem Wort konnte man immer vertrauen, und das ist deine Stärke. Danke.

Sascha und Guillermo. Ihr gehört zu den wenigen bei ACMH die authentisch, dankbar und kompetent waren. Was will man mehr?

Ich danke Ciaran und Donna dafür, dass sie das wohltätige Projekt Maximum Impact Medicine (MIM) mit größter Entschlossenheit vorangetrieben haben. Setzt euch immer hohe Ziele! Ihr werdet das Leben von Tausenden, vielleicht Millionen retten und verbessern. Solange es Menschen wie euch gibt, die für eine bessere Welt kämpfen, besteht für uns alle Hoffnung.

Ich danke meinen »revolutionären« Freunden dafür, dass sie mich während vieler angespannter Momente geschützt und geführt haben. Ich danke meinem keltischen Freund, dass er mein Herz für die Gottesmutter Maria, für Gott und die wunderbaren Botschaften von Christus geöffnet hat.

Gott hat meiner Seele eine zweite Chance gegeben. Er hätte mich leicht bei einem halben Dutzend Gelegenheiten zu sich rufen können und ließ mich trotzdem am Leben. Gott, ich bereue und bin ungeheuer dankbar. Abschließend meine Schutzengel: Ihr habt Überstunden gemacht und viel zu wenig Anerkennung erhalten. Ich liebe euch. Bleibt bei mir und behaltet weiter meinen Rücken im Auge.

INHALT

Vorwort des Autors

Diese Geschichte beruht auf Tatsachen. Um mögliche juristische Auseinandersetzungen zu vermeiden und Dritte zu schützen wurden gewisse Namen und Orte geändert.

Der Autor dieses Buches steht in dem Ruf, ein berüchtigter Finanzjongleur zu sein. Seine Lebensgeschichte ist daher ein gefundenes Fressen für die üblichen Kritiker. Was ist leichter, als einen Menschen in Verruf zu bringen, der von Regierungsbehörden und Privatpersonen verklagt wird und für dessen Ergreifen ein Kopfgeld ausgesetzt ist? Jeder kann mit dem Finger auf ihn zeigen – und ich bitte sogar darum. Die Klischees über Hedgefondsmanager, zum Beispiel, sind so beschaffen, dass sie zu solchen Reaktionen geradezu einladen. Doch wie sagte Andy Warhol so treffend: »Achte nicht darauf, was man über dich schreibt. Miss nur die Länge des Textes.« Der größte Misserfolg wäre es, ein Buch zu schreiben, das überhaupt keine Reaktionen, Meinungen oder Kontroversen auslöst. Zahlreiche Drohungen und Verdammungen sind somit unvermeidlich. So ist der Mensch eben beschaffen.

Anders als manch andere Lebensgeschichte ist dieses Buch weder der Versuch einer Selbstrechtfertigung noch steht dahinter die Absicht, ein paar lumpige Dollars zu verdienen. Ich bin zwar ohne jeden Zweifel selbstbesessen, dennoch versuche ich, nicht den Selbstgerechten zu mimen. Insgesamt gebe ich zweifellos das Bild eines abgefeimten, habgierigen Spekulanten ab. Das ist in Ordnung, denn ein guter Ruf ist eine schwere Bürde, und meiner ist bereits hoffnungslos ruiniert. Ich kann es mir leisten, ehrlich zu sein. Und was die Nachwelt angeht, halte ich es mit Groucho Marx: »Warum sollte ich mich um die Nachwelt scheren? Was hat die Nachwelt je für mich getan?«

Dieses Buch handelt im Wesentlichen von Wandlung, von unserer Fähigkeit, aus der eigenen Geschichte zu lernen, und von der Fähigkeit, unsere Torheiten aus der richtigen Perspektive und mit einer gewissen Selbstironie zu betrachten.

Noch ein Letztes: Es wird dringend davon abgeraten, irgendeine der in diesem Buch beschriebenen Handlungen nachzuahmen.

Zwei Dinge sind unendlich: das Universum und die menschliche Dummheit.
Aber beim Universum bin ich mir nicht ganz sicher.
Albert Einstein

EINLEITUNG

Ist das Leben nicht viel zu kurz, um sich selbst zu begrenzen?
Friedrich Nietzsche

18. September 2007

Als ich mir auf dem privaten Flughafen von Palma de Mallorca zwischen den Flugzeugen anderer Magnaten, die auf Mallorca leben oder Urlaub machen, den Weg zu meiner Pilatus PC-12 bahnte, fühlte ich mich ausgelaugt, erschöpft und fertig. Am Abend zuvor hatte ich meiner treuen persönlichen Assistentin Daniela 50.000 Euro, meinem ecuadorianischen Hausbetreuer Giovanni 20.000 Euro und meinem Zimmermädchen 20 Euro als Dankeschön und Abschiedsgeschenk überreicht. Ich hatte meinen Abgang mit preußischer Genauigkeit geplant und seit 48 Stunden nicht geschlafen. Der frühmorgendliche Himmel hatte die Farbe von hellem Aquamarin und eine frische mediterrane Brise wehte mir ins Gesicht.

Die Sicherheitsüberprüfung am Flughafen war an diesem Morgen wie üblich sehr oberflächlich. Niemand interessierte sich näher für meinen Ausweis oder mein Gepäck. Die Sicherheitsleute kannten mich gut. Sie wussten zudem, dass ich den Status eines akkreditierten Diplomaten genoss und eine eingehende Überprüfung ein politischer Fauxpas gewesen wäre.

Ich setzte eine respektierliche Miene auf, als mich der verschlafene Kollege der Flugsicherheitswache zum Flugzeug eskortierte. In meiner Unterwäsche, meinem Aktenkoffer und meiner Zigarrenkiste hatte ich insgesamt 500.000 Dollar versteckt. Mein »Kurier« und Freund Giorgio, der mich begleitete, hatte noch mehr bei sich – ungefähr 700.000 Dollar. Aber das ist sein Job. Er bekam 30.000 Dollar für weniger als eine Stunde Arbeit. Giorgio ist ein ehemaliger Unternehmer, der zu gierig wurde und sein respektables Geschäft in einen Geldwäscheautomaten für ein paar sehr unangenehme Zeitgenossen verwandelte. Nach einer unfreiwilligen Zeit der Besinnung beschloss Giorgio, kein Mafioso mehr sein zu wollen, und wurde mein Berater. Er ist auf die Bewältigung heikler persönlicher und geschäftlicher Herausforderungen sowie die Lösung von Problemen spezialisiert, die zumeist darin bestehen, dass ich bedroht werde oder einen Informationsvorsprung brauche, bevor ich eine umfangreiche Investition tätige oder in großem Stil Aktien leerverkaufe. Giorgio sorgt außerdem dafür, dass mein Italienisch nicht zu sehr einrostet.

Was wir da taten, war völlig legal – wir bewegten lediglich mein Bargeld innerhalb von Spanien von einem Ort an einen anderen. Ich hatte die Belege meiner Schweizer Bank über die Bargeldabhebung bei mir, für den Fall, dass die Guardia Civil und ihre Drogenhunde im Rahmen einer Zufallsüberprüfung auftauchen und das diplomatische Protokoll ignorieren sollten. Wir waren auf dem Weg nach Valencia, wo sich unsere Spuren verwischen würden. Wie das Geld anschließend nach Kolumbien geschafft werden sollte, war noch nicht ganz klar.

Als wir das Flugzeug bestiegen und in die maßgefertigten weißen Ledersessel sanken, kam mir ein Gedanke. »Wolfi«, sagte ich zum Piloten, »warte noch einen Augenblick. Ich muss mit meinem Anwalt sprechen.« Wolfi hat schwarze Locken, eine beeindruckende, sehr muskulöse Figur und ist äußerst kampferprobt. Wenn nötig, würde er ohne mit der Wimper zu zucken Rotkäppchen verspeisen. Sein Gehalt besserte er auf, indem er sich sensible Informationen beschaffte und sie zum Vorteil seines persönlichen Anlageportfolios nutzte. Er arbeitet seit mehreren Jahren für mich, von denen ich die letzten beiden mehr mit ihm in der Luft als mit meinen Kindern am Boden verbracht habe. Wolfis Flugkünste machen Baron von Richthofen alle Ehre. Er hat mich durch isländische Schnee- und afrikanische Sandstürme geflogen. Er ist in Frankreich in Maisfeldern und in Mali auf Kiespisten gelandet. Er ist ein Schürzenjäger und ein dreister, eingebildeter Hurensohn, aber dabei zuverlässig, kompetent und vertrauenswürdig.

Ich wählte die Nummer von Adam Kravitz in Miami. Adam ist mein Freund und seit mehr als einem Jahrzehnt mein Anwalt. Er ist hochintelligent, liebt es, zu argumentieren, und kennt sich in Geschichte aus. Außerdem ist er fähig und loyal – zwei maßgebliche Eigenschaften, die alle diejenigen besitzen, die eng mit mir zusammenarbeiten. »Adam, ist mein Rücktritt im PR Newswire? Ist die Pressemeldung raus?« Als ich seine Stimme hörte, merkte ich, dass ich hellwach war – in Miami war es zu dem Zeitpunkt halb eins in der Nacht. Wie üblich sagte er mir, ich solle mich entspannen. »Florian, warst du je mit meiner Arbeit unzufrieden?« Ich wollte ihm nicht die Genugtuung meiner Zufriedenheit verschaffen und beließ es bei einem »Danke«. Dann bat ich Wolfi, loszufliegen.

Die Pressemitteilung, die Adam verfasst hatte, gab meinen Rücktritt als Chief Investment Officer und größter Anteilseigner meines Hedgefonds Absolute Capital Management Holding Plc. aufgrund unüberbrückbarer Differenzen mit der Unternehmensführung bekannt. Die an der Londoner Börse notierte Gesellschaft mit rund einem Dutzend Niederlassungen auf vier Kontinenten verwaltete mehr als drei Milliarden Dollar an Kundengeldern schwerreicher Privatpersonen, Family Offices und Institutionen.

Die Nachricht meines plötzlichen Abgangs war an diesem Tag die meistgelesene Wirtschaftsnachricht von Bloomberg weltweit. Sie schlug bei ACMH wie eine Bombe ein. Am selben Tag brach der Aktienkurs um 88 Prozent ein. Ich hatte mein Mobiltelefon an diesem frühen Morgen in das Hafenbecken von Palma geworfen und mich von diesem mediterranen Paradies verabschiedet. Von nun an würde mich mit Ausnahme von Giorgio niemand mehr auffinden. Selbst Adam wusste nie, wo ich mich gerade aufhielt. Ich zog mich ganz ins Privatleben zurück – weit weg von der ganzen unerträglichen Meute. Mein Endziel war Cartagena de Indias in Kolumbien, wo mein verdienter zweiter Ruhestand beginnen würde.

*

Das *Manager Magazin* hatte mich kurz zuvor in die Rangliste der 300 reichsten Menschen Deutschlands aufgenommen und mein Nettovermögen auf rund eine halbe Milliarde Dollar beziffert. Damit lag es gar nicht so falsch. Ich besaß Schlösser, Paläste, Landgüter, Luxusapartments und reiste mit Privatjets, einer Jacht mit vier Schlafzimmern, einem Schnellboot, einem Rolls-Royce-Cabriolet und einem individuell ausgestatteten, aufgemotzten Mercedes-Cabriolet der S-Klasse. Ich besaß eine herausragende Gemäldesammlung alter Meister; mein Bargeld- und Wertpapiervermögen betrug mehrere Hundert Millionen Dollar. Ich war sogar Besitzer eines rund 900 Quadratmeter großen Nachtklubs auf Palmas Meerpromenade – des *Paseo Marítimo*. Ich war ein Babymagnat.

Seit dem Jahr 2004 war ich zudem ein akkreditierter Diplomat Liberias bei der UNESCO in Paris. Ich hatte Kontakt mit Politikern wie Schimon Peres und Guido Westerwelle, mit internationalen Magnaten wie Señor Rico und mit Stars und Prominenten wie Michael Douglas und Boris Becker. Außerdem war ich Deutschlands bekanntester Finanzinvestor und erschien zur besten Sendezeit im Fernsehen und in großen Zeitungen und Zeitschriften.

Ich galt aufgrund meiner Erfolgsbilanz als unorthodoxer Einzelgänger und wurde wegen meiner aggressiven Leerverkäufe als »Der Plattmacher« bezeichnet. Ein deutscher Industrieller, dessen Unternehmen ich attackierte, nannte mich den »Antichristen der Finanzen« und der Chairman eines großen Nahrungsmittelkonzerns bezeichnete mich als »Nazi aus dem Norden, der für die Juden in New York arbeitet«. Umgekehrt bezeichnete mich ein englischer Journalist als Robin Hood, nachdem ich zwei Millionen Euro gestiftet hatte, um wichtige Mitarbeiter von ACMH zu halten. Einige Monate zuvor hatte ich schlappe 33 Millionen Euro an Wertpapieren in die Fonds gesteckt, um während einer Marktkorrektur ihre Stabilität zu garantieren. Ich hatte eine siebenstellige Summe für wohltätige Zwecke gespendet. Kapitalmarktexperten beschrieben mich als eine Mischung aus Mike Tyson und Einstein, Jekyll und Hyde, den Klaus Kinski des Hedgefondsmanagements, einen amoralischen funktionalen Psychopathen, Frank Copperwood und als den Paten von Mallorca. Im Jahr 2006 wurde ACMH im Rahmen des Hedge Fund Review European Awards mit der Auszeichnung »Best Hedge Fund Group« und »Best Fund« geehrt. Treu meinen Prinzipien nahm ich an dieser Festivität nicht teil – nur Warmduscher verschwenden wertvolle Zeit mit Feiern. Unternehmen fürchten mich. Ich hatte sogar die multiple Sklerose besiegt. Ich war ein Wolf unter Schafen.

Vor meinem Rücktritt waren die Dinge allerdings nicht mehr ganz so gut gelaufen, wie es von außen den Anschein hatte. Im Jahr 2005 musste ich wegen eines Vergehens Bußgelder in Höhe von 40.000 Euro an die deutsche Börsenaufsicht BaFin zahlen und wurde wegen Marktmanipulation zu einer 18-monatigen Bewährungsstrafe verurteilt. Im November 2006 wurde ich in Caracas, Venezuela, Opfer eines brutalen Raubüberfalls, den ich nur knapp überlebte. Mein Vater und ich hatten seit 25 Jahren nicht mehr miteinander gesprochen. Ein Jahr zuvor war meine Schwester an multipler Sklerose gestorben. Mein Bruder hatte seit der Scheidung meiner Eltern jeden Kontakt zu mir abgebrochen. Meine Kinder kannten mich nicht. Ich war bei keinem zwölften Geburtstag meiner Kinder anwesend. Die Scheidung von meiner Frau Susan, die emotionale Vernachlässigung und unwiderrufliche Zerrüttung geltend machte, wurde Anfang 2007 rechtskräftig.

Jeder neutrale Beobachter würde sofort mein vollständiges Versagen auf dem Gebiet Freunde und Familie diagnostizieren. Wenn es um meine eigene Person geht, bin ich aber kein neutraler Beobachter. Angesichts meines gestörten familiären Hintergrunds und meiner germanischen Krieger-Gene rangierte eine zufriedene Familie auf meiner Interessenliste offen gesagt ganz unten – wenn überhaupt. Ich halte es da eher mit Charles de Gaulle: »Je besser ich die Menschen kennenlerne, desto mehr stelle ich fest, dass ich Hunde liebe.« Ich besaß vier.

Trotz der Scheidung hatten Susan und ich unsere Beziehung nicht völlig abgebrochen und versuchten uns zu versöhnen, wobei eines der vielen Probleme darin bestand, dass sie sich wesentlich intensiver bemühte als ich. In dieser Phase hatte ich meine russische Geliebte, eine ehemalige Table-Dancerin, Model und Barbesitzerin, in einer historischen Villa in der Innenstadt von Palma einquartiert, die sich einen kurzen Fußmarsch von meinem Büro entfernt befand. Diese Frau war der lebende Beweis dafür, wie tief ich gesunken war. Sie war eine falsche Blondine mit falschen Titten, falschen Fingernägeln und ohne jedes Hirn. Alles, was sie besaß, war ein cleverer instinktiver Sinn dafür, sich selbst an den Höchstbietenden zu verschachern. Wenigstens hatten wir etwas gemeinsam. Sie behandelte das Personal wie Schuldknechte aus dem mittelalterlichen Russland, bemalte ihre Fingernägel mit grellen, schrecklichen Mustern und holte ihre Mutter und ihre fünfjährige Halbschwester ins Haus. Was Alter und Charakter betrifft, hätte ihre Mutter besser zu mir gepasst, aber sie hatte einfach nicht den geschmeidigen und kurvenreichen Körper eines 27-jährigen Unterwäschemodels. Mein Geschmack und meine Psyche waren zu diesem Zeitpunkt reichlich primitiv geworden.

Ich hatte die Familien getauscht und war einen hirnlosen Pair Trade eingegangen. Ein Pair Trade ist eine Finanztransaktion, bei der ein Investor im selben Sektor eine Long- und eine Short-Position eingeht und erwartet, dass die Long-Position bessere Ergebnisse erzielt als die Short-Position, sodass er einen Gewinn erzielt. Ich war long Miss Table Dance – Moskaus billigste Ware –, ihre Mutter und die fünfjährige Tochter ihrer Mutter, und ich war short Susan Devine – Klasse, Hingabe, wahre Liebe, eine 18-jährige Ehe und meine Kinder. Über meine Einfältigkeit musste ich selber lachen. Dieser Trade war eindeutig ein Verlustbringer. Selbst die fünf Millionen Euro teure Villa war eine Hütte verglichen mit meinem früheren Anwesen. Der Pool war mini und es gab weder einen Tennisplatz noch einen Zoo noch ein 750 Quadratmeter großes Gästehaus oder einen Orangenhain. Der einzige Platz, von dem aus ich den Hafen richtig sehen konnte, war die geräumige, aber heruntergekommene Dachterrasse. Ich befand mich auf rasanter Talfahrt.

Ich wusste, dass dieser Trade hirnrissig war, als ich ihn einging, war aber zu dämlich oder zu geil, um gleich die Reißleine zu ziehen. Allerdings war ich immer noch rational genug, um das Verhältnis zu beenden, sobald der erste Zucker abgeschleckt war. Die Affäre dauerte ungefähr drei Monate, und ich hatte sie zeitlich perfekt abgestimmt. Kurz vor meinem Abschied im September gab ich Miss Moskau den Laufpass, allerdings nicht ohne ihr eine Abfindung zu zahlen. Nachdem ich sie verabschiedet hatte, hörte sie nicht auf, darum zu betteln, dass ich ihr eine Wohnung kaufe. Außerdem beteuerte sie, sie würde auch dann mit mir zusammenbleiben, wenn ich ein armer Mann sei. Die Logik dieses Paradoxons amüsierte mich und machte mich zugleich perplex. Sie verglich ihren Trennungsschmerz mit dem Verlust ihrer Lieblingspuppe aus Kindertagen. Um dem Ganzen die Krone aufzusetzen, hatte eine Freundin aus dem Hochadel mir dabei geholfen, die Villa einer äußerst unzugänglichen und reservierten Erbin eines der größten Industrievermögen Europas zu mieten. Beide verziehen mir nie, dass ich meinen Müll in die Villa schleppte, aber damit konnte ich leben. Sorry, Mädels, blöd gelaufen. Diese eine Episode ist der Beweis für den schwer verwirrten geistigen und moralischen Zustand, in dem ich mich zu jenem Zeitpunkt befand.

Ich hatte eine Affäre mit Carmen begonnen, einer 27-jährigen, jüngeren, frischeren und größeren Ausgabe von Pamela Anderson. Eines Tages kam ich im Morgengrauen nach einer Nacht, in der ich mit ihr durch verschiedene Klubs gezogen war, auf mein Anwesen in Palma zurück. Die Sonne ging gerade auf und die klare Frühlingsluft, die sanft von den Hügeln herunterwehte, strich mir leicht über das Gesicht. Ich war nicht angetrunken. Zwar hatte ich die ganze Nacht getanzt und herumgealbert, aber gegen Mitternacht hatte ich aufgehört zu trinken. Ich war auch nicht müde. Ich hatte ein Geschäftsfrühstück und einen Flug nach London arrangiert und mir blieb gerade genug Zeit, um eine Runde zu schwimmen und mich zu rasieren. An das, was als Nächstes geschah, kann ich mich nicht mehr vollständig erinnern. Ich verlor mein Bewusstsein und krachte auf einer schmalen Landstraße, die ich schon viele Hundert Mal zuvor entlanggefahren war, mit 100 Stundenkilometern frontal gegen eine Mauer.

Der Unfall war kein Zufall. Ich wusste, dass ich zwei Jahrzehnte an Liebe und tiefer Freundschaft schändete. Ich hatte unserer Verbindung jedes Fundament entzogen. Ich löschte die Erinnerung an meine Seelengefährtin mit einem Pinup-Girl, einer ehemaligen Stripperin. Carmen hatte ihre natürlichen und künstlichen Attribute stets zu ihrem Besten zu nutzen gewusst. Sie war clever genug gewesen, um eine Meile von meinem Nachtklub auf dem *Paseo Marítimo* entfernt eine eigene Bar zu besitzen. Kann ich ihr irgendetwas vorwerfen? Natürlich nicht! Sie machte einfach ihr Ding und ich fuhr darauf ab. So dachte ich zumindest eine Zeit lang.

Susan dagegen ist stets eine hingebungsvolle und fürsorgliche Seele gewesen. Sie ist ein Geber und kein Nehmer. Irgendwann in ihrer Jugend hatte sie beschlossen, ihr Hirn zu entwickeln und ihre Seele zu pflegen – anstatt sich Silikon in die Brust zu spritzen – und die größte »Lancaster-Bibliothek« der Welt aufzubauen. Sie beherrscht fünf Sprachen und kauft Wurst für ausgesetzte Straßenhunde. Muss ich mehr über sie sagen?

Gott verachtete mich dafür, dass ich seine Mini-Maria, seine Lichtträgerin und meine Spurensucherin – einige der Namen, die ich Susan während unserer Beziehung gab – verletzte. An diesem Morgen war Gottes Zorn so unverkennbar wie mein eigener Todeswunsch. Ich hatte meine Seele erbärmlich verkommen lassen. Ich hatte mich dem Mammon unterworfen. Ich war primitiv und liebte das Vulgäre. Ich war geblendet von Reichtümern, Macht und egoistischen Vergnügungen. Ich spürte Gottes Verachtung. Ich wusste, dass ich vollkommen falsch handelte, und suchte unbewusst die Selbstzerstörung. Mein Autopilot steuerte auf den Hades zu. Ich war schwach und ließ mich treiben. Nichts konnte meine Abwärtsspirale aufhalten. Mein Schicksal war besiegelt.

Das Auto erlitt einen Totalschaden. Meine Beine waren zermalmt. Ich hätte tot oder zumindest verkrüppelt sein müssen. Es dauerte eine Stunde, bis man mich aus dem Auto geschweißt hatte. Der Meniskus meines linken Knies war zertrümmert. Die Windschutzscheibe war zersplittert, aber auf wundersame Weise kam ich mit einigen gebrochenen Rippen und kleineren Schnittverletzungen im Gesicht davon. Wie zahlreiche Male zuvor, war das ein Wunder. Ich lebte. Meine Zeit war noch nicht gekommen. Warum? Keine Ahnung. Ich hatte ganz gewiss alles versucht, um meiner jämmerlichen Existenz hier und jetzt ein Ende zu setzen.

Sobald meine Exfrau davon Wind bekam, dass ich herumhurte und meilenweit von einer Versöhnung entfernt war, war alle verbliebene Liebe verpufft. Und dann kamen die Wirtschaftsprüfer und Anwälte ins Spiel. Susan zeigte sich sehr unerfreut und wer konnte ihr das verdenken? Gegen Mitte des Sommers hatte ich mich von meiner vorübergehenden körperlichen und geistigen Verwirrung vollständig erholt. Ich war genauso schmierig und korrupt wie immer.

Nachdem Susan Mallorca verlassen und in die Staaten zurückgekehrt war, organisierte ich einen Coup, um »unsere« beeindruckende Kunst- und Antiquitätensammlung aus »unserer« Villa in Palma wegzuschaffen. Ich hatte Gemälde und Zeichnungen italienischer und niederländischer Meister in die Ehe eingebracht. Natürlich wuchs die Sammlung im Verlauf unserer Ehe ganz erheblich, sodass Susan moralisch berechtigt war, Ansprüche darauf zu erheben. Doch ich hing an den Kunstwerken und wusste außerdem um ihren Wert. An besseren Tagen hatten wir die gesamten Gemälde und Antiquitäten einer Stiftung übertragen, die zu 100 Prozent Susan gehörte, falls die multiple Sklerose mich besiegen sollte. Zum Zeitpunkt des geplanten Coups lebte ich bereits mit meiner russischen Affäre, hatte aber noch einen gültigen Mietvertrag und die Schlüssel zu unserem Anwesen in Palma. Auch die prächtige Villa sowie drei Gästehäuser mit insgesamt mehr als 2.200 Quadratmetern Wohnfläche und 4,5 Hektar Grund liefen auf Susans Namen. Nach meiner Logik war es weitaus günstiger, jede weitere Diskussion über die Gemäldesammlung zu führen, nachdem die wertvollsten Stücke in einem Safe in Zürich untergebracht waren, über den ich die Kontrolle besaß.

Der Coup war für Anfang September geplant. Ich hatte ein Umzugsteam aus der Schweiz organisiert und dem Hauspersonal einen Tag freigegeben. Das würde eine leichte Sache werden. Mein Playmate saß in meinem S-Klasse-Cabrio, strich sich gedankenlos durch die Haare und überprüfte ihr Makeup, als ich das Haus betrat. In dem Moment traf mich der völlig unerwartete und fesselnde Anblick meiner Ex, die die monumentale Freitreppe in die Empfangshalle hinabschritt. Was ich nicht sah, waren die Rembrandts, Vernets, Dalís, die Impressionisten und Expressionisten. Die wüsten Seeschlachtszenen, die Boucher-Imitationen und neoklassischen Porträts hingen noch immer an den neun Meter hohen Wänden des Vestibüls, aber sie waren viel zu groß, als dass ein normales Umzugsunternehmen sie hätte transportieren können. Alle Kunstwerke, die transportabel waren und deren Wert eine sechsstellige Summe überschritt, waren verschwunden. Susan hatte mich offensichtlich mit meinen eigenen Waffen geschlagen. Niemand kannte mich so gut wie sie. Und um es noch schlimmer zu machen, hatte sie das Recht, mit ihrem Eigentum zu tun und zu lassen, was sie wollte.

Angriff ist üblicherweise die beste Verteidigung. Also fuhr ich sie an, wie sie dazu käme, »meine« Sachen zu entfernen. »Wie kannst du Kunstwerke stehlen, die mir schon lange gehörten, bevor wir überhaupt ein Paar waren? Hast du überhaupt kein Gewissen?« Nach der ersten Tirade drohte ich ihr mit einer Flut von Anwälten, die die tatsächliche Eigentümerschaft vor internationalen Gerichten ausfechten würden. Während ich sie wegen des Diebstahls von Kunstwerken heruntermachte, die mir meine Mutter geschenkt hatte, und hinzufügte, ich würde niemals so etwas Niederträchtiges tun, klingelte es an der Haustür. Der Schweizer Umzugswagen parkte direkt vor der Villa. Auf dem Bildschirm des Video-Sicherheitssystems erschien das Gesicht des Fahrers. Er fragte nach Dr. Homm und bat um die Erlaubnis, eintreten zu dürfen. »Jetzt sitze ich wirklich in der Scheiße«, war mein erster Gedanke, als ich ihm das Tor öffnete. Ich hätte keine lächerlichere Figur abgeben können. Susan und ihr älterer Bruder Kevin, der sich in ihrer Begleitung befand, rannten zum Eingang, um zu sehen, was los war. Sie sahen nicht nur den Umzugswagen und die Umzugsleute, sondern auch mein russisches Betthäschen in ihrem engen Minirock.

Die Umzugscrew war völlig verwirrt. Sie hatte den Auftrag, ungefähr 30 Gemälde von Museumsqualität zu transportieren. Ich trat als Eigentümer auf, aber der Transportauftrag lautete auf Susans Namen. Auf diese Weise hätte ich vor Gericht immer argumentieren können, dass wir gemeinsam beschlossen hätten, die Gemälde in die Schweiz zu bringen. Dann hätte Aussage gegen Aussage gestanden. Das hätte ich schon hinbekommen.

Unglücklicherweise riss meine Ex dem Fahrer wie eine wütende Kobra den Auftragsbeleg aus der Hand, überflog die Einzelheiten und warf mir einen derart vernichtenden Blick zu, dass selbst eine amoralische Kreatur wie ich vor Scham rot wurde. Falls sie ganz fies werden wollte, dachte ich, konnte sie mich wegen versuchten Kunstraubs verklagen. Das war eine schwere Straftat, auf die satte zehn Jahre Gefängnis standen. Ich war ausgeknockt worden wie ein Anfänger von einem Großmeister. Diese Frau kannte mich einfach zu gut. Sie hatte meine Absichten perfekt vorausgesehen.

Susan rannte zurück ins Haus. Ich jagte ihr hinterher und versuchte, ihr den Beleg zu entreißen. Unterdessen flippte Kevin völlig aus und hüpfte auf und ab wie ein Zulu-Krieger und schrie aus Leibeskräften: *Policía, policía*. Ich hatte Kevin immer gemocht, aber diese Reaktion fand ich äußerst erheiternd und zugleich ziemlich abgedreht. Vielleicht wirkte ich bedrohlich und außer mir, aber ich würde ihnen gewiss nicht den Kopf abreißen wie ein wütender Werwolf. Zumindest war das nicht meine Absicht.

Ich hatte mit dem Aktienleerverkauf und der Plünderung von Unternehmen viel Geld verdient. Man muss ziemlich unsensibel und aggressiv sein, um auf diesem Gebiet erfolgreich zu sein. Diese Szene war im Vergleich dazu harmlos. Zwar ist es mir noch nie wichtig gewesen, beliebt zu sein, aber meine Analyse der Situation – und wenn man mir irgendetwas nachsagen kann, dann, dass ich hoch analytisch bin – sagte mir, dass ich Susan und ihren Bruder ganz gewiss nicht zusammenschlagen würde, um an diesen Beleg zu kommen. Plötzlich kam mir die ganze Hässlichkeit der Situation zu Bewusstsein. Die wertvollsten Antiquitäten waren für immer verloren und für meine Ex war ich nun nichts anderes mehr als ein gewöhnlicher Dieb. Ich beschloss, die Verluste einzustecken – die wichtigste Investitionsregel – und das Ganze abzuschreiben.

Während Kevin seine rituellen Stammestänze perfektionierte, fiel mir auf, dass meine Ex mindestens 15 Pfund abgenommen hatte, seit ich sie das letzte Mal gesehen hatte. Unsere Trennung hatte ihr eindeutig gutgetan. Wahrscheinlich motzte sie sich für den Single-Markt auf. Nichtsdestotrotz wirkte

Susan wie ein sinnliches, distanziertes Supermodel Mitte dreißig, sehr appetitlich und mit einem Hauch von Weisheit und Reife. Ihre Bewegungen und ihre Wut hatten ihren ausgeprägten Wangenknochen eine natürliche Röte verliehen. Seit Jahren hatte sie nicht mehr so sexy ausgesehen. Allerdings war das nicht der beste Zeitpunkt, um sich mit einem solchen Thema zu beschäftigen.

Als sie weg war, instruierte ich meine 24/7-Infrastruktur aus Anwälten, Wirtschaftsprüfern und Assistentinnen. Es dauerte weniger als 30 Minuten, bis wir alle Aktienoptionen los waren, die noch nicht ausgeübt und von Susans zweitem Bruder Philip, ihrem Rechtsanwalt, auf unsere Kinder übertragen worden waren. Auf diese Weise sparte ich viele Millionen Euros. Am Ende erschienen die Tagesverluste nicht mehr so dramatisch. Außerdem konnte ich immer neue Bilder kaufen.

Nach dem Debakel beschloss meine Mutter plötzlich, dass die Kunstwerke, die sie mir vor Jahrzehnten geschenkt hatte, nur Dauerleihgaben gewesen waren, die innerhalb von 24 Stunden abgerufen werden konnten. Das war natürlich lächerlich. Uschi wollte einfach nicht, dass Susan ein beträchtlicher Teil der Homm-Sammlung in die Hände fiel. Da ich nicht bereit war, mich mit dieser erbärmlichen Episode länger zu beschäftigen oder einen aufwendigen Prozess gegen meine Ex zu führen, den ich wahrscheinlich sowieso verlieren würde, stellte ich Uschi einen großzügigen Scheck aus, um sie für den schmerzlichen Verlust zu entschädigen. Meine Mutter war glücklich – sie hatte sich in dem Gefühl ihrer eigenen Großzügigkeit gesonnt, indem sie ihrem Sohn einige wertvolle Kunstwerke aus dem Familienbesitz geschenkt hatte, und wurde nun auch noch dafür bezahlt. Am Ende hatten mich sowohl meine Ex als auch meine Mutter beschissen.

Susan Elaine Devine. Es war ihre Schuld, dass die letzten 18 Jahre die glücklichsten und ausgeglichensten meines Lebens gewesen waren. Sie hatte mich zu großartigen Kindern genötigt (angesichts meiner eigenen Kindheit wollte ich nie Kinder haben) und war eine tolle, liebevolle Mutter. Außerdem trug sie maßgeblich zum Aufbau meines ersten börsennotierten Unternehmens

VMR bei. Wie beschämend für sie, dass sie versuchte, aus mir einen besseren, glücklicheren und reicheren Mann zu machen! Die zusätzlichen Aktien, die sie mir in der dritten Scheidungsverhandlung abpresste, würden nach meinem Rücktritt von ACMH ziemlich wertlos sein. Dieser kurze Gedanke hob meine Stimmung. So ist nun einmal die Natur des moralischen Bankrotts.

Das moralische Knäuel vermengte sich seit einiger Zeit mit einem wachsenden Gefühl der beruflichen Frustration, das schnell zu einer völligen und elenden Desillusionierung mutierte. Neben dem nervenaufreibenden und zeitaufwendigen Krieg mit meiner Ex verbrachte ich meine Zeit damit, ACMH-Kollegen abzuwehren, die mich attakierten – vor allem JR und sein Handlanger, D. Mein plötzlicher Rückzug aus der Welt der Hochfinanz und der High Society würde sicherlich Wellen schlagen. Einige Leute, die ihr Geld ACMH anvertraut hatten, waren durchaus zu einer unberechenbaren und unangenehmen Reaktion in der Lage, wenn sie den Wert ihrer Geldanlagen aufgrund meines kurz bevorstehenden Rücktritts einbrechen sahen. Eine völlig einseitige negative Medienberichterstattung auf Basis dreister Lügen sowie verzerrter Wahrheiten waren unvermeidlich, aber das war im Wesentlichen ein Nebenschauplatz.

Das grundlegende Problem bestand darin, dass ich mein Universum satt hatte. Als die gesamte westliche Finanzwelt die Motoren aufdrehte und auf den großen Boom setzte, erlebte ich meinen ganz persönlichen Urknall. Ich hatte geplant, aus ACMH ein Unternehmen zu machen, das über meine Beteiligung am Tagesgeschäft hinaus Erfolg haben würde, aber genau wie es für den großen Finanz-Voodoo galt, war auch diese Show zu Ende. Es war kein Trumpf mehr im Hut, und anstatt des phänomenalen Rausches, der die Show bis dahin gewesen war, begann sie nun, mich zu verschlingen. Ich wurde Zeuge meines eigenen Verfalls, der so weit gediehen war, dass ich physisch nicht einmal mehr in der Lage war zu lächeln – so wie das obszöne Spiegelbild eines Clowns, der seine grinsende Maske nicht mehr ablegen kann. Gewiss war alles besser, als sich mit irgendwelchen oberflächlichen Nachtpflanzen abzugeben und meine Wachstunden mit brutal illoyalen Parasiten zu verbringen. Nun gut, fast alles – Selbstmord kam für mich nicht in Frage. Ich habe bei mehr als einem halben

Dutzend Gelegenheiten mit dem Tod geflirtet und glaubte damals nicht an das Geschwätz vom Leben nach dem Tod. Himmel und Hölle befinden sich genau hier auf der Erde und ich kenne mich an beiden Orten gut aus.

Ich hatte die meisten meiner Ziele auf den Gebieten Bildung, Sport, Sex, Reichtum, Macht, Abenteuer und Ruhm erreicht. Ich habe mein Land als Sportler vertreten. Ich erwarb einen Abschluss am Harvard College und an der Harvard Business School. Ich war für mehr als zwei Jahrzehnte ein wichtiger Kapitalmarktteilnehmer gewesen, hatte einige Hundert Millionen Dollar verdient und war in meinem Berufszweig berühmt-berüchtigt. Ich war ein erbarmungsloser, gebildeter, wenn auch ein wenig psychopathischer Finanzinvestor der Oberschicht, ein akkreditierter Diplomat, der sieben Sprachen beherrscht und eine Überlebensmentalität wie aus einem Hardcore-Getto hat, gepaart mit dem Auftreten eines Jetset-Playboys. Mein Leben war äußerst intensiv und technisch betrachtet erfolgreich. Dabei fühlte ich mich leerer als eine aufgeblasene Sexpuppe.

Auch wenn ich moralisch völlig bankrott war und auch wenn die Mauer der Frustration nun über mir einstürzte, konnte ich zumindest noch als sympathischer Hallodri durchgehen? Das fragte ich mich, und ich kam nach kurzem Nachdenken zu dem Schluss, dass ich nichts anderes als ein Arschloch war.

*

In der Nacht vor meinem Rücktritt hatten Giorgio und ich mehrere Stunden gebraucht, um die 1,2 Millionen Dollar in Schweizer Franken, Euros und Dollar in meiner Unterwäsche, meinen Zeitschriften, Anzugtaschen, in meiner Brieftasche, meinem Aktenkoffer und den Zigarrenkisten zu verstauen. Ich platzte vor Geld buchstäblich aus den Nähten. Ein wenig Taschengeld würde an meinem neuen Aufenthaltsort gelegen kommen. Solange es sich um Scheine über tausend Schweizer Franken oder 500-Euro-Scheine dreht, ist das alles kein Problem. 100.000 Euro lassen sich leicht in einer großen Brieftasche unterbringen. Das sind lediglich 200 eng aufeinandergepresste 500-Euro-Scheine. Aber versuchen Sie das mit 200.000 Dollar. Dafür brauchen Sie einen ganzen Schuhkarton. Ich trug sehr enge Calvin-Klein-Unterwäsche mit einem sehr starken Elastikbund, und so konnte ich das ganze Geld rund um meine Taille, an beiden Seiten meiner Genitalien und sogar zwischen meinen Pobacken einklemmen. Das Endergebnis ließ meine Taille und meinen Genitalbereich um gut fünf Zentimeter anschwellen. Ich bin außerordentlich eitel und fand, dass ich nicht nur wie weit über 50 aussah, sondern zudem zu einer Art Michelin-Männchen mutiert war.

Als das Flugzeug abhob, war ich zutiefst aufgewühlt und mein Kopf befand sich in einem dichten Nebel. Alles, was ich wusste, war, dass ich mich einfach ändern musste, um zu überleben, aber der Kollateralschaden, den ich hinterließ, war ganz erheblich. Ich brach alle Verbindungen zu meiner bisherigen Existenz ab – Kollegen, Kunden, Bekannte, Freunde, Betthäschen, Hunde, Familien und Kinder – und vernichtete in diesem Prozess mein gewaltiges Vermögen.

André Gide hatte das treffend auf den Punkt gebracht: »Man entdeckt keine neuen Erdteile, ohne den Mut zu haben, alte Küsten aus den Augen zu verlieren.« Ich hatte keine Ahnung, ob ich die Küste je wiedersehen würde.

TEIL I
ANFÄNGE

1. Eine reizende Familie

Kein Preis ist zu hoch für das Privileg, sich selbst zu gehören.
Friedrich Nietzsche

Dein Heim gilt als vorbildliches Heim, dein Leben als vorbildliches Leben.
Doch all diese Pracht, einschließlich deiner selbst ... Es ist, als sei all das
auf Treibsand gebaut. Es könnte ein Moment kommen, ein Wort gesprochen
werden, und sowohl du als auch die gesamte Pracht werden einstürzen.
Henrik Ibsen

Mein Zuhause war nie ein vorbildliches Zuhause. Es war von Anfang an zerrüttet.

Mütterlicherseits lassen sich die Familienwurzeln bis ins 16. Jahrhundert zurückverfolgen und schließen Peter Joseph Valckenberg ein, berühmter Weinexporteur und Bürgermeister der Stadt Worms (1813–1837), die zu den Freien Städten des Heiligen Römischen Reiches gehörte. Neben seinem Bürgermeisteramt war er ein cleverer Unternehmer, der die Weinberge rund um die Wormser Liebfrauenkirche erwarb und den dort angebauten und damals schon berühmten Wein, die *Liebfrauenmilch*, ins Ausland exportierte.

Im Stammbaum dieser mächtigen und einflussreichen Familie, die ihren Ursprung in Rheinland-Pfalz und Franken hat, sind auch einige Adlige vertreten. Ein Familienwappen beschreibt einen feuerspeienden Drachen, der ein Schild hält, das seltsamerweise mit einem Davidsstern verziert ist. Als ich einst in Boston einen Wappenring für meine damalige Frau anfertigen ließ, fragte mich der armenische Juwelier, ob ich den Judenstern behalten wolle, ob ich nicht eher das christlichere Pentagramm als geeignetere Alternative für ein nichtjüdisches Paar vorzöge. Meine Frau und ich sahen uns an und fingen gleichzeitig an zu lachen – und entschieden uns für den Davidsstern. Wir wollten die Geschichte nicht verzerren, nur um irgendeinen Anschein zu wahren.

War es möglich, dass Bürgermeister Valckenberg jüdische Ursprünge hatte? Necko würde sich im Grab umdrehen, wenn er mich jetzt hören könnte. Valckenberg wäre gewiss nicht der erste Deutsche mit jüdischen Vorfahren, der sich in den Industrieadel einkaufte und dabei seine jüdische Herkunft vergaß. Wir besitzen einige merkwürdige Familienporträts, die nach dem Zweiten Weltkrieg auf dem Dachboden unserer Nachbarn aufgetaucht sind und auf denen die wunderbare mexikanische Großmutter meiner Mutter Uschi abgebildet ist, die Maria Eva Peres hieß und kurz nach dem Ersten Weltkrieg ohne große Umstände aus dem ursprünglichen Familienstammbaum entfernt wurde. Meine Exfrau war davon überzeugt, dass meine Mutter und ich zum Teil jüdisches Blut haben.

Neben wohlhabenden Patriarchen mit versteckten semitischen Wurzeln gibt es Generationen von Warenhändlern, Textil- und Kohlebarone, ein Parlamentsmitglied, einen ehemaligen Widerstandskämpfer, der für die Alliierten spionierte, sowie eine zentrale Figur in Hitlers Nazideutschland: den Einzelhandelsmagnaten und Träger einer olympischen Goldmedaille – meinen Großonkel Dr. Josef Neckermann. Necko, wie wir ihn nannten, wurde mein Vorbild und war zudem mein De-facto-Großvater.

Meine Großeltern mütterlicherseits sowie meinen Onkel Mockel lernte ich nie kennen, weil sie 1948 entweder bei einem Autounfall starben oder Opfer eines Mordanschlags durch amerikanische Soldaten wurden. Genaues weiß man nicht. Meine Großmutter, Neckos Schwester, war Berichten zufolge eine elegante und attraktive Frau. Sie war in einer privilegierten Umgebung aufgewachsen, umsorgt von Hausmädchen, Köchen und Privatlehrern. Meine Großmutter war offen, gefühlsbetont und bodenständiger als mein Großvater. Beide liebten das gute Leben. Meine Großeltern führten eine offene

Ehe, was damals ein völlig unvorstellbares Konzept war. Ihre Tagebücher und Briefe enthüllen jedoch eine intensive und glückliche Beziehung. Sie waren liberal, extrem tolerant und nachsichtig. Ihre Kinder genossen alle Privilegien und kannten kaum Einschränkungen. Zweifellos überschütteten ihre Eltern sie mit Liebe.

Mein Großvater, Dr. Hans Lang, promovierte in Jura und verschob in den Dreißigerjahren Waffen für die Opposition. Er schrieb zwei Artikel, in denen die Nazis scharf kritisierte, und als Folge davon verlor er seine Anwaltslizenz. In seinen frühen Dreißigern zog er von Bayern nach Berlin und arbeitete erfolgreich als Textilproduzent und Großhändler. Nach dem Anschluss im Jahr 1938 wurde er ins logistische Hauptquartier der Reichswehr in Berlin berufen, wo er bis 1945 blieb. Verwandten zufolge hat er anscheinend die Alliierten während des gesamten Kriegs von einem heimlichen Kommunikationsstandort in Hofheim aus mit hochsensiblen Informationen versorgte. Er wurde nie eingezogen. Seine Sprachkenntnisse (Russisch, Ungarisch, Polnisch, Italienisch, Spanisch, Englisch, Griechisch und Serbokroatisch), sein großes Organisationstalent und seine breit gefächerten internationalen Kontakte waren für die Nazis einfach zu wichtig, um sie auf dem Schlachtfeld zu verschwenden. Diesen rätselhaften, opportunistischen *Agent provocateur* hätte ich gerne kennengelernt; er war sicher ein interessanter Mann.

Noch am selben Tag, an dem die Alliierten in seiner Heimatstadt einmarschierten, wurde er entnazifiziert. Normalerweise dauerte das bei einem hochrangigen Technokraten Monate, wenn nicht gar Jahre. Necko wurde zum Beispiel als Kriegsverbrecher verurteilt. Selbst nach seiner Haftentlassung unterlag er noch mehrere Jahre strengen Reise- und Arbeitsbeschränkungen. Mein Großvater wurde jedoch gleich nach dem Krieg zum hochrangigen Verbindungsoffizier zwischen dem Versorgungssystem der alliierten Mächte und den südlichen und mitteldeutschen Kommunen Deutschlands ernannt. In der Autobiografie meiner Tante (Kristin Feireiss, *Wie ein Haus aus Karten*, Ullstein Verlag) las ich, dass er einer der größten deutschen Schwarzmarkthändler seiner Zeit gewesen sein soll.

Meine Mutter und verschiedene Verwandte vermuten, er habe während des größten Teils des Krieges als Spion für die Alliierten gearbeitet, vor allem die Amerikaner, was seine umgehende Entnazifizierung und seine bemerkenswerten Privilegien nach dem Krieg erklären würde. Seine »offiziellen« Unternehmen erwirtschafteten Millionen. Es ist anzunehmen, dass seine heimlichen Geschäfte noch profitabler waren. »Er lebte ein sehr gefährliches Leben«, meinte seine Mutter, und seine Tochter Tini sagte: »Mein Vater hatte zahlreiche mächtige Feinde.« Genau wie ich versuchte er, seine persönlichen Risiken abzusichern. Während ich mit der dunklen Seite paktierte, mächtigen kurdischen Führern und später der IRA, zählte mein Großvater den Frankfurter Polizeipräsidenten zu seinen »bevorzugten« Geschäftspartnern, um sich abzusichern. Ein Partner, dem ein Vermögen geboten wurde, verbrachte dafür drei Jahre im Gefängnis, um meinen Großvater herauszuhalten.

Der deutsche Schwarzmarkthandel war entsprechend der alliierten Zonen aufgeteilt. Die Franzosen waren im Westen aktiv, die Engländer im Norden und die Amerikaner in Mittel- und Süddeutschland. Da die Russen, was das Warenangebot betraf, nicht viel zu bieten hatten, waren in der Ostzone alle Gruppen vertreten. Nur wenige Deutsche genossen im Schwarzmarkthandel eine herausragende Stellung, schon gar nicht als unabhängige Händler. Angesichts seines umfassenden Logistikverständnisses und seiner Kontakte zu hochrangigen Vertretern des amerikanischen Versorgungssystems fiel es meinem Großvater naturgemäß leicht, amerikanische Waren an seine Landsleute zu verhökern. Das würde auch erklären, wie ein Mann, dessen Imperium vom Krieg zerstört wurde, in nur drei Jahren zu einem Nabob aufsteigen konnte. Er trug Mäntel aus russischem Zobel, fuhr die teuersten Autos und lebte in einer palastartigen Residenz. Ohne den geringsten Zweifel war Hans Lang ein Magnat, der am Rande oder sogar jenseits der Legalität lebte – genau wie ich.

Wenige Jahre nach dem Krieg machte der Schwarzmarkt unter finanziellen Aspekten gut ein Drittel der gesamten Wirtschaftsaktivität aus. Zuverlässigen Quellen zufolge waren seine Hauptkonkurrenten nicht andere deutsche Schwarzmarkthändler, sondern Schwarzmarktorganisationen, die von amerikanischen Militärs der mittleren Führungsebene und von Angehörigen der Special-Operations-Einheiten in München, Heidelberg, Würzburg, Nürnberg, Stuttgart und Frankfurt geleitet wurden. Diese Organisationen beschäftigten Deutsche nur für niedere Arbeiten, zum Beispiel Verpackung und Einzelvertrieb. Hans Lang hatte seine eigene Organisation mit großen Warenlagern und anderen kleineren Vertriebseinrichtungen in der gesamten amerikanischen Besatzungszone. Beide Gruppen beschafften einen Großteil ihrer Waren von anderen ähnlichen Einrichtungen. Das führte regelmäßig zu Konflikten und nicht selten kam es zu gewalttätigen Auseinandersetzungen. Zwar war mein Großvater nicht schutzlos, dennoch verlor er bei organisierten Plünderungen seiner Lager Warenlieferungen an seine mächtigeren und besser vernetzten amerikanischen Kontrahenten. Waren Hans Lang und der größte Teil seiner Familie Opfer eines unglücklichen Unfalls? Das ist äußerst unwahrscheinlich. Ein schwerer, großer US-Armeelastwagen fuhr Langs Opel buchstäblich platt. Wahrscheinlich waren alle Insassen auf der Stelle tot, als sie von dem Lastwagen überrollt wurden. Dann setzte der Lastwagen zurück, schleifte das Auto fast 30 Meter über die Autobahn und schob es anschließend über einen Abhang am Straßenrand. Damit war sichergestellt, dass der Unfall mit Fahrerflucht oder der absichtliche Mord an Hans Lang und dem größten Teil seiner Familie eine Zeit lang unbemerkt blieb, sodass den Tätern genügend Zeit blieb, zu verschwinden. Die Ermittlungen der deutschen Polizei wurden an die US-Militärpolizei übergeben, weil die Reifenspuren und Lackpartikel darauf hinwiesen, dass der Unfall das Ergebnis eines Zusammenpralls mit einem sehr großen und schwer motorisierten US-Armeelastwagen war.

Da der amerikanische Lastwagen beträchtlich beschädigt worden sein musste, hätte eine einfache Überprüfung des Fuhrparks völlig ausgereicht, um herauszufinden, welches Fahrzeug in den »Unfall« verwickelt war und wer zu dem fraglichen Zeitpunkt am Steuer gesessen hatte. Nichts dergleichen geschah jedoch. Die Amerikaner machten sich nicht einmal die Mühe, auf die Bitte zur Aufklärung der deutschen Polizei zu antworten. Sie hatten den Krieg gewonnen und wie alle Sieger konnten sie ungestraft tun und lassen, was sie wollten. Ende der Geschichte!

Meine Mutter sagt mir immer, wie sehr ich sie an ihren Vater erinnere. Meine sprachlichen Fähigkeiten, meine körperlichen Merkmale, mein Gesichtsausdruck und meine Haltung gegenüber extrem widrigen Situationen sowie meine Gesten wiesen große Ähnlichkeit mit meinem Großvater auf. Meine Mutter sieht ihren Vater nicht als skrupellosen Profiteur, sondern als brillanten Mann und fürsorglichen Vater, einen Verfechter des freien Marktes, einen Rebellen und schlimmstenfalls als risikofreudigen Draufgänger, der alles tat, um in verzweifelten Zeiten das Wohlergehen seiner Familie und Freunde zu sichern.

An der Beerdigung in Würzburg nahmen Tausende von Menschen teil. Nachdem meine Mutter und ihre beiden Schwestern nun Waisen waren, wurden sie von Necko und seiner Frau Annemie aufgenommen. Necko übernahm auch die Kontrolle über das Vermögen der Familie Lang. Der Vermögensverwalter, der für meine Mutter und meine Tanten eingesetzt wurde, war ein langjähriger Angestellter in Neckos Unternehmen.

Je mehr ich mich mit unserer Familiengeschichte beschäftige, desto mehr erkenne ich, dass meine Mutter und Tanten im Neckermann-Clan wie Kinder zweiter Klasse behandelt wurden. Sie wurden nicht wirklich geliebt. Ihr Geld dagegen schon. Meine Mutter durfte trotz der vielfältigen Appelle des Schuldirektors nicht an der Universität studieren. Stattdessen musste sie Schneiderin werden – ein Beruf, den sie nicht einen einzigen Tag in ihrem Leben ausgeübt hat.

Meine Tante Jula, die laut den Neckermann-Standards degeneriert, eine hilflose Seele und Versagerin war, wurde aus der Familie verbannt. Meine Tante Tini durfte ihre eigene Schwester nicht zur Hochzeit einladen, falls sie nicht ebenfalls aus der Familie ausgeschlossen werden wollte. Wer waren Necko und Annemie, dass sie ihre eigenen Stieftöchter beziehungsweise Nichten verbannten und bedrohten? Echte Eltern lieben bedingungslos. Sie erpressen ihre Kinder nicht und schließen sie nicht aus. Ihre Türen und Herzen sind immer offen. Es war keine Überraschung, dass Neckos Erbe nach seinem Tod nicht in sieben gleiche Teile unter allen Kindern aufgeteilt wurde. Vorhersagbarerweise erbten Neckos und Annemies eigene Kinder, Evi, Johannes und Peter, 99 Prozent des Vermögens.

Emotionale Bedürfnisse wurden regelmäßig ignoriert und potenzielle Skandale unter den Teppich gekehrt. Jeder Hinweis auf ein Problem wurde ignoriert, bemäntelt und nie wieder erwähnt. Die Besessenheit der Neckermanns von ihrem öffentlichen Image ließ keinen Raum für Schwäche und menschliche Unvollkommenheit. Dem vergleichbar ließ mein Streben nach Reichtum wenig Zeit und Energie für die emotionalen Bedürfnisse meiner Frau und meiner Kinder.

Väterlicherseits sind die Ursprünge meiner Familie weitaus prosaischer und reichen ungefähr 1.000 Jahre zurück. Die Familie, die im Mittelalter angeblich als Waffenträger und Schläger für lokale Raubritter arbeitete, schaffte es, sich eine anständige Existenz als Allround-Handwerker, Klempner und Elektriker zu erkämpfen. Typische Weihnachtsgeschenke von unseren Großeltern waren zwei Paar Socken für jedes Enkelkind. Ihre Verwendung war jedoch stark eingeschränkt, da sie ewige Gefangene im Haus meiner Großeltern blieben und nur getragen werden durften, wenn wir auf Besuch waren. Sobald wir nach Hause fuhren, mussten die Socken bis zum nächsten Besuch an ihre Bewacher zurückgegeben werden. Ich liebte diese Socken.

Ich erinnere mich an die Beerdigung meines Großvaters Willi, weil ich dabei eine blutige Lippe bekam. Hunderte von Menschen nahmen an der Feier teil, darunter viele alte Nazis. Zahlreiche ältere Frauen weinten, als hätten sie gerade ihren Erstgeborenen an Charles Manson verloren. Meine ältere Schwester Barbara und ich waren Teil der Kondolenzreihe, zu der auch meine Eltern gehörten, die wesentlich jüngere Witwe meines Großvaters (meine Stiefgroßmutter Sophie), die Enkelkinder und einige entferntere Verwandte. Meine Schwester und ich empfanden weder Leid noch Schmerz. Wir waren froh, dass der Alte endlich aus unserem Leben verschwunden war. Tatsächlich kannten wir ihn zu gut, als dass wir ihn betrauert hätten. Er hatte versucht, das Erbe meines Vaters an sich zu reißen, war ein fürchterlicher

Geizkragen und hatte nie ein freundliches Wort für irgendjemanden, der gesellschaftlich unter ihm stand. Er verkaufte neue Waschmaschinen, aus denen er den neuen Motor ausbaute und durch einen gebrauchten ersetzte, wobei er den neuen Motor behielt. Wenn die Waschmaschine kurz nach Auslieferung kaputtging, berechnete er dem Kunden den Einbau des neuen Motors plus eines saftigen Installationszuschlags. Der Mann war ein Betrüger in Kleinformat – ganz anders als ich.

Ich betrachtete die ganze Szene als eine gigantische Komödie. Alle lokalen Hyänen waren erschienen, um ihrer Leithyäne die letzte Ehre zu erweisen. Was mir mehr als alles andere auf die Nerven ging, waren die Trauermienen und die herzergreifenden Händedrücke. Es fiel mir schwer, ein Pokerface zu machen. Während ich die Menge ungläubig anstarrte, wandte sich meine Schwester zu mir, zwickte mich in den Arm und flüsterte mir zu: »Reiß dich zusammen und hör auf, so pietätlos zu sein. Zeig den Schmerz, den du in deinem Innern fühlst und lass deinen Tränen freien Lauf, Florian.« Währenddessen erzählte uns der Pfarrer, dass Willis grenzenlose Großmut und seine Energie unser aller Leben bereichert hätten. Barbara bewegte sich nur wenige Zentimeter von meinem Gesicht entfernt und sagte: »Weine für Willis verlorene Liebe. Er stand für das, was an uns Deutschen am besten ist: Disziplin, Organisation, Gehorsam, Muskeln so hart wie Kruppstahl, schnell wie der Blitz und zäh wie Leder.« Sie zitierte einen Spruch aus einer Rede Hitlers, die er 1935 vor der Hitlerjugend in Nürnberg gehalten hatte. Mit ihrem Spott traf sie den Nagel auf den Kopf. Willi hatte Jahre in französischen Kriegsverbrecherlagern verbracht, bevor er nach dem Krieg schließlich zurückkehrte, und der Vater seiner zweiten Frau war der Nazi-Bürgermeister unserer Heimatstadt Oberursel.

Anschließend schlug Barbara die Hacken zusammen wie ein Feldwebel der SS und tat so, als wolle sie vor der Menge salutieren. Da konnte ich mich nicht mehr halten und fing vor unterdrücktem Lachen an zu schluchzen, was von außen wie ein Weinkrampf aussah. Die Leute um uns herum fürchteten, der Tod meines Großvaters sei zu viel für mich. Ein äußerst besorgtes Paar in den Neunzigern kam auf mich zu und drückte fest meinen Arm und meine Hand, um mich zu beruhigen. Entweder würde ich in lautes, hysterisches Lachen ausbrechen, in die Hose pinkeln oder beides.

Um das zu verhindern, biss ich mir so fest auf meine Unterlippe, dass sie anfing zu bluten, und zwar ziemlich stark. Der Blutgeschmack hatte eine umgehende ernüchternde Wirkung. Als ich die ersten Tropfen herunterschluckte, gelang es mir, mich zusammenzunehmen und jeden Blickkontakt mit meiner Schwester, den Trauernden und dem netten alten Paar zu vermeiden. Ich starrte dumpf auf meine billigen, polierten schwarzen Schuhe und ordnete meine Gedanken und Gefühle. Einige Minuten später entschuldigte ich mich, indem ich sagte, ich fühle mich nicht wohl, fand eine Parkbank und las die lokale Zeitung, die ich mitgebracht hatte, für den Fall, dass ich mich bei der Beerdigung langweilen sollte.

Nach einigem Nachdenken und angesichts der Tatsache, dass sie mich enterbt hatten, kam ich zu dem Schluss, dass Sophie und Willi Homm kleinkarierte, elende, heuchlerische, kleinbürgerliche ehemalige Nazis waren. Folglich verdienen sie keine weitere Aufmerksamkeit.

Als meine Mutter meinen Vater Jochen heiratete, hätte der Gegensatz nicht größer sein können. Jochen war der Prototyp eines Ariers: eine Statur von 1,94 Metern, blaue Augen, blond, athletisch, ein herausragender Sportler, Skifahrer, Tennisspieler und Fechter. Er kam aus einer Kleinunternehmerfamilie. Meine Mutter war ein Mitglied der Oberschicht. Als Favorit der Hitlerjugend hatte man meinen Vater 1944 aufgefordert, Hitlers Leibwache zu verstärken, aber er lehnte ab. Im Frühjahr 1945 wurden mein Vater und seine Staffel aus 14- bis 16-jährigen Jungen aufgerufen, nach Berlin zu marschieren, um den Führer beim *Endsieg* zu unterstützen. Mein Vater und ein Freund machten sich im Morgengrauen aus dem Staub. Seine Klassenkameraden starben entweder im Endkampf oder in russischen Bleiminen nach dem Krieg. Zu desertieren war die richtige Entscheidung gewesen.

Nach außen wirkte mein Vater charmant. Er war jedoch mit allen Wassern gewaschen, berechnend und kaltblütig. Sein Sinn für Humor und Flirts war äußerst ausgeprägt, zumindest an deutschen Standards gemessen. Die Frauen scharten sich um ihn wie Motten um das Licht. Er hatte auch eine väterliche, fürsorgliche Seite, die mit der Zeit aber nachließ. Ich erinnere mich daran, dass er eine ganze Nacht an meiner Bettkante verbrachte, nachdem ich mir eine fürchterlich schmerzhafte Verletzung am Knöchel zugezogen hatte. Außerdem arbeitete er Tag und Nacht, um meine private Schul- und Hochschulausbildung zu bezahlen. Ich begleitete ihn oft auf Geschäftsreisen, auf denen er mir seine Weltsicht nahebrachte. Er sagte mir, wie ich an die Spitze der Pyramide gelangen konnte. Er war fürsorglich, sogar aufmerksam, aber von dem Zeitpunkt an, als ich mein Studium an der Universität von Harvard aufnahm, begannen sich unsere Prioritäten dramatisch auseinanderzuentwickeln. Genau wie Necko war Jochen zunehmend am gesellschaftlichen Aufstieg interessiert, wohingegen ich zunehmend daran interessiert war, meine Fähigkeiten zu entwickeln und mir einen Lebenslauf zu erarbeiten, mit dem ich meinen zukünftigen Reichtum maximieren konnte. Anders als mein Vater und mein Großonkel waren mir meine Reputation und mein gesellschaftlicher Status völlig egal, solange sie nicht mit meinen Plänen kollidierten, Milliardär zu werden. Drei Generationen unkluger Männer hatten ihre Seelen und Familien für Geld und sozialen Status verkauft.

Jochen nahm nicht an meiner Hochzeitsfeier 1989 im Schweizer Gruyère teil – ich hatte den Fehler begangen, mich anders als meine Geschwister während des Scheidungsprozesses meiner Eltern nicht vollständig von meiner Mutter loszusagen –, sondern beobachtete die Feierlichkeiten mit seiner Geliebten von der Schlossmauer aus. Während des Scheidungskriegs versuchte ich, meine Eltern gleich zu behandeln und zu beiden Kontakt zu halten. Als sein Lieblingskind vergab mir mein Vater nie, dass ich mich nicht auf seine Seite schlug. Er fand mein Verhalten illoyal und fühlte sich betrogen. Das Ende vom Lied war, dass ich meinen Vater verlor. Ich könnte dem Teufel meine Seele verkaufen, aber ich weigerte mich, meine Mutter aufzugeben. Ich habe immer einen angeborenen Sinn für Fairness gehabt. Außerdem bin ich nicht erpressbar, weder mit Geld noch mit Gefühlen.

Unsere Hochzeitsgeschenke bestanden in einer falschen Rolex, die 25 Dollar gekostet hatte, und einer ebenso falschen Gucci-Handtasche aus Thailand für Susan, die von einem seiner Wasserträger überbracht wurden. Ich war aufgebracht und wütend. Die meiste Zeit meines Lebens hatte ich zu meinem Vater aufgesehen. Weise wie meine Exfrau stets war, war sie davon überzeugt, dass meine ausgedehnten Ausflüge in die Jugendkriminalität, meine Wut, mein ausgeprägter Medienfokus und später meine oft feindseligen Geschäftspraktiken allesamt verzweifelte Versuche waren, mit meinem Vater zu kommunizieren und seine Aufmerksamkeit und Liebe zu gewinnen. 15 Jahre lang habe ich versucht, auf ihn zuzugehen, aber er hat jeden Kontakt abgelehnt. Ich schrieb Briefe, sandte Familienfotos und rief ihn an. Jochen hat nie geantwortet. Er kennt nicht einmal seine Enkelkinder. Susan sagte unseren Kindern, Jochen sei vor Jahren gestorben. Im übertragenen Sinne hatte sie recht. Vor zehn Jahren gab ich meine Bemühungen auf, eine Verbindung zu ihm herzustellen. Ich habe mich mit der Tatsache ausgesöhnt, dass mir nach dem Tod meiner Schwester und mit einem Bruder, der nicht das geringste Interesse an mir hat, mit Ausnahme meiner Mutter wenig Familie übrig geblieben ist. Unabhängig davon steht meine Tür für meinen Vater und meinen Bruder jederzeit offen.

Meine Mutter sah aus wie Sophia Loren. Sie war ziemlich groß, hatte wohlgeformte Kurven, hohe Wangenknochen, auffällig dunkle Haut und gewelltes, kastanienbraunes Haar. Sie ist hochintelligent, ernst, misstrauisch, introvertiert und reserviert. Es dauert ungefähr zwölf Jahre, bis sie mit einem anderen Menschen warm wird. Sie beschwerte sich immer, sie habe so wenige Freunde, aber ihre Bemühungen, Freundschaften zu schließen, waren bestenfalls von zweifelhafter Natur. Ich versuchte ihr zu helfen, indem ich ihr Dale Carnegies Buch *Wie man Freunde gewinnt: Die Kunst, beliebt und einflussreich zu werden* schenkte. Sie las es und sagte: »Anderen in den Hintern zu kriechen ist unterwürfig und falsch. Carnegie ist unaufrichtig und ein Spinner. Außerdem verlangt eine derartige Arschkriecherei zu viele charakterliche Verrenkungen von mir. Lieber bin ich unglücklich als jedermanns Liebling.« Ohne Zweifel ist meine Mutter authentisch. Sie kam zu unserer Hochzeit, beschenkte uns großzügig und schüchterte die besten

Freunde meines Vaters ein und brachte sie auf die Palme. Sie machte einige ziemlich beeindruckende Szenen, aber das war für mich in Ordnung. »Sie ist meine Mutter, sie kann machen, was sie will«, lachte ich, während ich sie dabei beobachtete, wie sie ihre Lieblingsziele ins Visier nahm und terrorisierte.

Ihr Stil, ihr Geld, ihr Intellekt und ihre Tradition verheirateten sich mit der reinen kaufmännischen Energie und dem nackten gesellschaftlichen Ehrgeiz meines Vaters. Welch verrückte und symbiotische Verbindung. Der Fairness halber muss gesagt werden, dass mein Vater das Erbe meiner Mutter weise verwendete, um ein regionales, mittelständisches und hoch profitables Bauunternehmen aufzubauen, das dazu beitrug, unsere teure Ausbildung zu bezahlen.

Ihre Kinder waren natürlich Giganten. Meine Schwester war größer als 1,80 Meter, mein Bruder Hajo misst 2,07 Meter und ich zwei Meter. Mit seinen stählernen blaugrauen Augen, seinem blonden Haar und seiner blassen Haut, dem runden Kopf und seinem massiven Körperbau wirkt mein Bruder wie ein feuchter Nazitraum, wohingegen meine Schwester und ich eher überdimensionierten lateinamerikanisch-arabischen Hybriden glichen. Hajo machte sein Diplom an der London School of Economics und ist Ingenieur. Er arbeitete mehrere Jahre mit meinem Vater, bevor er Antiquitätenhändler wurde. Hajo verfügt über außerordentliche mathematische Fähigkeiten und war in seiner Jugend ein begabter Maler. Er mochte mich nie, möglicherweise weil mein Vater mir mehr Aufmerksamkeit schenkte als ihm. Er war hocherfreut, als sich mein Vater während seines Scheidungskriegs von mir abwandte. Einmal sagte er zu mir, man könne seine Freunde aussuchen, aber nicht seinen Bruder.

Meine Eltern, die beide keine Universität besucht hatten, legten großen Wert auf Bildung, Kultiviertheit und ausgiebige Reisen. An meinem zwölften Geburtstag schenkte mir mein Vater Egon Cortis Buch *Der Aufstieg des Hauses Rothschild*, das ich innerhalb von zwei Tagen verschlang und immer behielt. Neckos eingefleischt katholische Familie fand es merkwürdig, dass ein Nichtjude an dieser Welt ein solches Interesse hatte, dass er sogar darin arbeiten wollte, denn für sie war es eine rein jüdische Welt. Und so führte mein nonkonformistisches Naturell dazu, dass ich mich fasziniert fragte: »Was machen die Juden, was wissen sie, wie kann ich es lernen?« Dieses Thema lag im wahrsten Sinne sehr nahe, denn die Rothschilds stammen aus dem jüdischen Bezirk Frankfurts. Ich sagte zu mir, falls ich mich entschied, Kinder zu haben – vorzugsweise Jungen –, dann würde ich sie in die ganze Welt schicken, um genauso ein bombastisches Finanzimperium aufzubauen, wie der Geldwechsler Mayer Amschel Rothschild um die Ecke.

Mein Vater sagte mir auch: »Je näher du dem Geld kommst, desto leichter ist es, an Geld zu kommen.« Diese grundlegende Lektion erschien mir äußerst logisch. Die erste Saat für eine Karriere in der Finanzwelt war erfolgreich gelegt. Bis dahin hatte ich in den harten Wintern Rehe mit Walnüssen gefüttert und im Frühjahr die Flüsse und Seen um Oberursel mit Bachforellen aufgefüllt, weil ich die Vorstellung hatte, Förster beziehungsweise Wildhüter zu werden. Dieser Berufswunsch verblasste schnell.

Was unseren sozialen Status anbetraf, gehörten wir zur oberen Mittelschicht, während die Neckermann-Seite zur wirtschaftlichen und gesellschaftlichen Elite gehörte. Als Teil von Neckos Familienentourage wurden wir zu vielen High-Society-Anlässen eingeladen, bei denen ich zahllose Promis kennenlernte. Meine moralische Bildung war jedoch eher gering und defizitär, um nicht zu sagen machiavellistisch. Meine Mutter war eine notorische Fremdgängerin. Einer ihrer Liebhaber war nur zwei Jahre älter als ich. Einmal verbrachte ich ein nervenaufreibendes Wochenende mit ihr in meinem Londoner Haus, in dem sie auf seine Ankunft wartete. Er tauchte nie auf, und ich musste mehrere Tage lang den Psychiater spielen.

Meine Mutter war nicht in jeder Beziehung das Modell der perfekten Ehefrau. Uschis äußerst liberale Einstellung gegenüber ihrer eigenen sexuellen Erfüllung erklärt sich durch ihre Kindheit und Jugend. Ihre Eltern hatten eine offene Ehe geführt. Nach meiner Heirat spornte mich Uschi offen dazu an, vor meiner Frau mit anderen Frauen zu schlafen. Sie glaubte fest daran, dass ein wenig amouröse Abwechslung meiner Ehe und meinem Sexualleben guttun würde.

Mein Vater war nicht so sehr an Sex und Freundschaft interessiert, sondern wesentlich mehr an Reichtum und Status. Er war absolut skrupellos im Geschäft, genau wie Necko und ich. Er würde ohne mit der Wimper zu zucken einen Mitarbeiter feuern, der seit 20 Jahren bei der Firma war, wenn das seinen wirtschaftlichen Zielen zu diesem Zeitpunkt nutzte. Er sah keinerlei Nutzen darin, bei seinen Mitarbeitern beliebt zu sein. Er war gefürchtet. Das schien besser zu funktionieren. Er konnte brutal rational und erstaunlich kontrolliert, berechnend und fast völlig gefühllos sein.

Mir fällt dabei ein, dass über 90 Prozent meines Erfolgs im Eigenhandel und im Hedgefondsmanagement mit der Fähigkeit zusammenhängen, unproduktive Gefühle auszuschalten und mich ausschließlich auf rationale, faktenbasierte und auf den ersten Blick oft unlogisch erscheinende Analysen und Lösungen zu konzentrieren. Allerdings teilte ich nie die zynischen Ansichten meines Vaters. Ich glaube fest daran, dass gut bezahlte Mitarbeiter, die gut behandelt werden, produktiver sind. Außerdem sind herausragende Mitarbeiter fast nicht zu ersetzen. Die Kosten der Schulung und Einarbeitung sowie die Suche nach neuen qualifizierten Kräften ist üblicherweise äußerst frustrierend, zeitaufwendig und teuer. Das Beste ist, die Stars so lange wie möglich zu halten und dafür zu sorgen, dass sie zufrieden sind.

Üblicherweise traf mein Vater morgens um halb sieben Uhr auf dem Firmengelände ein und wies jeden scharf zurecht, der es wagte, weniger als 15 Minuten vor dem offiziellen Arbeitsbeginn um sieben Uhr aufzutauchen. Die meisten Mitarbeiter kamen ebenfalls um halb sieben. Eine zusätzliche halbe Stunde unvergüteter Arbeit von einhundert Mitarbeitern konnten sich leicht zu einem zusätzlichen Jahresgewinn von 100.000 D-Mark aufaddieren – in einem Jahrzehnt war das eine Million, ohne Aufzinsungseffekt. Eine Million D-Mark war vor dreißig Jahren ein stattliches Vermögen. In der Harvard Business School zeigte einem niemand, wie man Millionär wurde, indem man seine Mitarbeiter jeden Tag einige Minuten extra schuften ließ. Wenn das bedeutete, dass man die Mitarbeiter etwas öfter anschreien musste als üblich, dann lohnte sich der Aufwand eindeutig. Wenn ein Lieferant oder Subunternehmer nicht die Mittel hatte, Anwälte zu engagieren, erhielt er möglicherweise kein Geld, und wenn er sie hatte, erhielt er möglicherweise weitaus weniger als erwartet. Mein Vater wusste, wie man mit harten Bandagen kämpft. Und das wusste ich auch.

Zwei Dinge waren für Jochen von größter Bedeutung. Erstens: Wenn man zweifelhafte Dinge tat, um voranzukommen, war das in Ordnung, solange man seine Spuren verwischte und sich niemals erwischen ließ. Zweitens: Immer eine perfekte Fassade der Respektierlichkeit wahren. Dieser Fokus auf skrupellosem sozialem Aufstieg ohne jede Rücksicht auf andere hat definitiv meine Psyche versaut. Wahrscheinlich erklärte es auch, warum ich niemals zuließ, dass Drogen oder Regelverstöße meinen Aufstieg behinderten. Image und sozialer Status waren für meinen Vater einfach alles. Er war eitel, äußerst diszipliniert und emotional unterkühlt. Meine Mutter war emotional und unbeständig. Nach ungefähr einem Jahrzehnt einer ziemlich zivilen Koexistenz zum beiderseitigen Nutzen begannen sie, mindestens einmal pro Woche heftig zu streiten. Beide unterstützten als Eltern jedoch weiterhin intensiv unseren Aufstieg, solange wir auf den ihnen wichtigen Gebieten Erfolg hatten.

Neben einer ausgeprägten Erziehung in Amoralität war die weitere feste Säule meiner Jugend die ständigen erbitterten Auseinandersetzungen zwischen meiner Mutter und meinem Vater. Und sie fanden keineswegs hinter verschlossenen Türen statt, sondern in Gegenwart von uns Kindern und später auch in Gegenwart anderer Verwandter und Freunde.

Angesichts der gewalttätigen Natur unseres Zuhauses wurde Brutalität zu einer Form des Selbstausdrucks. Mein Bruder und ich trugen ungeheure Kämpfe aus, bei denen wir alle Waffen von faustgroßen Steinen, Spaten, Luftgewehren, Messern, Schaufeln bis hin zu Äxten einsetzten, um uns gegenseitig den größtmöglichen Schaden zuzufügen. Mein Körper und mein

Kopf weisen zahlreiche Narben auf. Unseren letzten Kampf trugen wir aus, als wir beide schon an der Universität studierten. Ich gewann um Längen.

Hajos und mein verdientermaßen schlechter Ruf als gewalttätige Schlägertypen blieb uns bis Anfang 20 erhalten. Außerdem waren alle Homm-Kinder chronische Ladendiebe. Ich begann im zarten Alter von elf Jahren, mich in Einbrüchen zu versuchen, und verschaffte mir damit genügend Geld, um mehrere Angelruten und für meine Freunde und mich Schokolade für mehrere Monate zu kaufen.

All das soll nicht heißen, dass ich keinen Sinn für Richtig und Falsch gehabt hätte, denn den hatte ich. Ich war der loyalste Freund, den man sich wünschen konnte, und ein gefürchteter Feind. Aber weil sich mein Sinn für Gut und Schlecht in einem generell amoralischen Kontext mit einem Mangel an Aufsicht verband, führte das zur Entwicklung eines eher eigenwilligen moralischen Kompasses. Aber die Vorstellungen von Moral und Gerechtigkeit sind selten einfach und unkompliziert.

Ich ging zur Frankfurt International School, weil die öffentliche Schule in Oberursel politisch unglaublich links war und meine Eltern nicht wollten, dass mein Bruder und ich überzeugte Kommunisten wurden wie Barbara, die Mitglied des maoistischen Kommunistischen Bunds Westdeutschlands, kurz KBW, war. Der ehemalige Vorstandssprecher der Dresdner Bank, Jürgen Ponto, wurde in Oberursel umgebracht, und Ulrike Meinhof stammte ebenfalls aus Oberursel. Im Wesentlichen handelte es sich bei den Terroristen um Kinder wohlhabender Familien aus der Mittel- und oberen Mittelschicht. Das führte zu einigen lebhaften Familiendiskussionen. Als mein Vater meine Schwester in seinem Mercedes zur Schule fuhr, bestand sie darauf, 500 Meter vor dem Schultor auszusteigen, damit niemand sah, dass sie aus einer Familie von »Kapitalistenschweinen« stammte. Alle liefen in Militärparkas herum und hielten sich für Castro oder Che Guevara auf Mission in Bolivien.

Ich konnte mich überhaupt nicht dafür erwärmen und fand das Ganze eher witzig. Zwar misstraute ich den rücksichtslosen, zielstrebigen Stützen des deutschen Wirtschaftswunders, aber zumindest waren diese geld- und statusgeilen Opportunisten konsistent und authentisch. Die meisten Oberschichtskinder, die Mao-Shirts und extrem teure, modische Militärstiefel und Parkas trugen, lebten von einer üppigen Apanage ihrer Eltern. Ihre revolutionären Anwandlungen waren hohl und unaufrichtig. Sie waren genauso falsch wie die Rolex, die mir mein Vater zur Hochzeit schenkte. »Wenn sie nicht so jämmerlich wären, wären sie fast lustig«, war mein unwiderrufliches Urteil. Ich war ein intellektuell und spirituell ziemlich distanziertes Kind und als Jugendlicher dachte ich: »Was sollen diese ganzen sinnlosen Diskussionen? Warum sind die alle immer so bierernst?« Offensichtlich brauchten die Eltern mal einen Monat harte Fabrikarbeit und ihre Kinder einen Besuch in der DDR oder ein Leben in Russland, um aufzuwachen und die Realität zu erkennen. Ich hatte beides getan.

Barbara hatte mit Rebellen in Zentralamerika gelebt und gearbeitet. Ich respektierte das. Vielleicht färbte ein wenig dieses linken Gedankenguts auf eine Weise auf mich ab, derer ich mir nicht bewusst war. Als ich später in London arbeitete, wohnte ich nicht in Belgravia, South Kensington oder Mayfair, wo meine Kollegen residierten, sondern ich entschied mich für Hackney – eine äußerst raue Gegend. Mehrere meiner Freunde und Basketballkumpels aus dem Viertel waren halbseidene Figuren: Gebrauchtwagenverkäufer (sprich Autodieb), Zigarettenverkäufer (sprich Schmuggler) und tüchtige Geschäftsleute (sprich Hehler).

Dieser im Getto hausende Investmentbanker war ein logisches Ergebnis meines respektlosen Naturells und meiner Blutsverwandtschaft mit meiner Schwester Barbara. Das war meine Art, mich mit dem »Lumpenproletariat« abzugeben und gegen die Erwartungen meiner Gleichgestellten zu rebellieren. Ich war nicht bereit mich anzupassen und widerstandslos das hohle Gebaren der Aufwärtsmobilen anzunehmen. Ich war in echtem Reichtum groß geworden. Wir lebten in einem Anwesen mit 17 Zimmern und einem Innenschwimmbad, einer Sauna, einer Bibliothek, einer ansehnlichen Kunstsammlung sowie Innen- und Außenkaminen. Necko lebte in diesem Mammutanwesen auf acht Hektar erstklassigem Grundbesitz, der fast ein eigenes Dorf bildete und zwei Weltklasse-Reithallen enthielt – eine überdachte und eine offene – sowie einen Hubschrauberlandeplatz und einen Atombunker, in dem sich bequem 20 Personen unterbringen ließen. Leute, die mit materiellen Gütern um sich warfen, konnten mich daher nicht ohne Weiteres beeindrucken. Die meisten Yuppies prahlten mit ihren neuesten Lifestyle-Errungenschaften: ihren Lieblingsautos, Fünf-Sterne-Hotels, der Party von Lord Sowieso und ihrer neuesten Eigentumswohnung am Eaton Square. Hätten sie von Lear-Jets, 60-Meter-Jachten, Gemäldesammlungen alter Meister oder Palästen am Ufer des Comer Sees mit eigenem Jachthafen gesprochen, hätte ich vielleicht zugehört. Meine hartgesottenen Freunde aus Hackney waren weitaus amüsanter. Es war viel witziger, Paul und Billy zuzuhören, wenn sie mir erzählten, wie sie Roland »Tiny« Rowlands[1] Rolls-Royce vor dem berühmten Londoner Nachtklub Annabel's gestohlen oder heiße Bräute aus dem East End in dampfenden After-Hour-Clubs angemacht hatten.

Als Kind war ich an Angeln, Walnüssesammeln – die ich im Winter an Rehe verfütterte –, Einbrüchen in Gartenhäuschen und einsame Häuser im Wald und Ladendiebstahl mit meinen Geschwistern interessiert – alles typische Jugendrebellionen, vor allem wenn man bedenkt, wie wenig wir seit dem Alter von fünf oder sechs Jahren beaufsichtigt wurden. Mein Wohnsitz in Hackney oder einem schäbigen Teil von Brooklyn mit meiner Cajun-Freundin Collette war ebenfalls das Ergebnis unserer schrägen Erziehung sowie der politisch linksgerichteten, antimaterialistischen Strömungen, denen wir Ende der Sechziger- und Anfang der Siebzigerjahre ausgesetzt waren.

In der Mittelstufe setzte sich meine Clique ausschließlich aus den unbeliebtesten Kindern zusammen. Ich war der Anführer dieser Gesellschaft aus frustrierten Ausgestoßenen, eines ziemlich bunten Haufens. Zack hatte mehr Pickel als Haare auf dem Kopf und war ständig in Schwierigkeiten,

---

[1] schwerreicher britischer Geschäftsmann und Magnat (A.d.Ü.)

weil er der Köchin in der Cafeteria an die Titten fasste. Er hatte eindeutig Probleme, seine erwachende Sexualität mit den üblicherweise akzeptierten Verhaltensweisen in Einklang zu bringen. Scotty war ein untersetzter Zwerg, wenngleich ein sehr intelligenter, der von den älteren Sportlern ständig malträtiert wurde. Ursula war eine 1,80 Meter große schielende, magersüchtige Baumlatte, die einen erbärmlichen Anblick bot und unverständlich vor sich hin lispelte. Dann war da noch ein Schwarzer, Raymond, der weder springen, Basketball spielen noch tanzen konnte, um sein Leben zu retten. Ich war wahrscheinlich noch der beliebteste unter den unbeliebtesten Schülern. Diese Kinder waren meine besten Freunde und ich war ihr loyaler Beschützer und Rächer.

Einige der böseren meiner schäbigen Taten gingen natürlich nicht straffrei aus. Angesichts unseres ständigen schlechten Betragens bis zum Alter von 14 Jahren waren mein Bruder und ich die inoffiziellen Hausmeister der Frankfurt International School. Zudem machten meine Eltern intensive Bekanntschaft mit den lokalen Geschäftsinhabern, da sie uns ständig wegen Ladendiebstahls herauspauken mussten.

Schulfotos waren regelmäßig eine Katastrophe. Zwischen sechs und 14 Jahren haben wir auf jedem Foto entweder Wunden oder zumindest Kratzer und blaue Flecken im Gesicht. Es nahm derart schlimme Formen an, dass uns unsere Eltern zu Weihnachten Boxhandschuhe schenkten, um eine dauerhafte Entstellung oder Behinderung zu vermeiden. Das stellte sich als großartige Idee heraus, weil es uns ermöglichte, unsere rohen Körperkräfte zu strukturierteren und effektiveren Kampftechniken weiterzuentwickeln, ohne frühzeitige technische Knock-outs, lähmende Verletzungen oder dauerhafte Hirnschäden davonzutragen. Zu unserem Glück bewährten wir uns im Sport: Leichtathletik, Fußball, Skifahren, Basketball und Tennis. Das dämpfte unsere schwelenden aggressiven Impulse beträchtlich.

Ich verbesserte meine kämpferischen Fähigkeiten ganz erheblich, als ich in der nahe gelegenen US-Kaserne Camp King mit den amerikanischen GIs Basketball spielte. Damals hatten viele junge amerikanische Straftäter die

Wahl, entweder ins Gefängnis oder zur Armee zu gehen. Die intelligenteren unter ihnen gingen zur Armee anstatt zu Hause im Gefängnis zu hocken, aber das machte aus ihnen noch lange keine Engel oder Heilige. Ungefähr die Hälfte der in Deutschland stationierten GIs hatte in den USA eine Strafakte und viele kannten nur einen Weg der Konfliktlösung: den nonverbalen. In gewisser Weise war der Besuch dieser Kaserne eine Art familiärer Initiationsritus. Camp King war nach dem Krieg zunächst ein Durchgangslager für Kriegsgefangene gewesen und auch mein Vater kannte diesen Ort gut, weil er nach dem Krieg dort amerikanische Waren beschaffte, die er anschließend an seine Landsleute verscherbelte. Außerdem war er dort gelegentlich als Übersetzer tätig. Es war vollkommen logisch, dass ich einen Teil meiner Jugend auf diesem Militärstützpunkt mit den *Brothers* verbrachte und nach Getto-Manier kämpfte, mit der Attitüde eines amerikanischen Innenstadtkinds Basketball spielte und mir Tonfall und Ausdrucksweise der GIs aneignete. Und was äußerst wichtig war: Auch Necko hatte an diesem Ort zu tun gehabt, und deshalb ließen meine Besuche in Camp King auch eine größere innere Verbundenheit mit meinem Großonkel entstehen.

*

Während ich in Camp King mit den GIs Basketball spielte und Ebonics – afroamerikanisches Englisch – lernte, durchlief meine ältere Schwester eine sehr harte Phase an der Universität. Sie hatte von Jura zu Psychologie gewechselt, woraufhin meine Eltern ihr sämtliche finanzielle Unterstützung strichen. Nach ihrer Auffassung hatte Barbara Jura oder Betriebswirtschaft zu studieren und nicht irgend so ein exzentrisches Zeug wie Seelenklempnerei. Um den finanziellen Ausfall wettzumachen, arbeitete sie als Barfrau in diversen zwielichtigen Kaschemmen und hatte in der Folge viel zu viele Liebesabenteuer, die ihre sowieso schon zerbrechliche emotionale Konstitution und ihr ebenso zerbrechliches Selbstwertgefühl beschädigten.

Ihre Mitgliedschaft in politisch suspekten Gruppierungen lassen eine tief greifende politische Neurose vermuten. Ihre Selbstzweifel als Ergebnis eines Übermaßes an ätherischer Introspektion wurden von einem politisch linksgerichteten Freund und Trust-Fund-Kid[2] verschärft, der manisch-depressiv war und unter Schizophrenie litt. Nach sieben Monaten mit zu viel Sex, zu wenig Geld und zu viel Seelenklempnerei begab sich meine Schwester freiwillig in eine neurologische Heilanstalt, um eine ausgiebige Tiefenanalyse zu machen. Viele Jahre später, als ich mit ihr über diese dunkle Phase sprach, antwortete sie schlicht: »No risk, no fun.«

Erstaunlicherweise bemerkten meine Eltern schließlich ihr offensichtliches Leid und ihren verzweifelten Ruf nach Aufmerksamkeit und Bargeld. Auf ihre eigene seltsame Art liebten sie uns, wenn auch innerhalb ihrer begrenzten Möglichkeiten. Sie hatten ganz eindeutig Mühe, ihre ehrlichsten Gefühle auszudrücken, und fürchteten zudem, andere könnten denken, ihre Tochter sei eine Verrückte. Was würden die Leute sagen?

Wie auch immer, jedenfalls planten wir, Barbara aus dem Irrenhaus zu befreien. Als wir dort eintrafen, ließ meine Schwester rohes Fleisch fressende Zombies wie ehrfürchtige Mennoniten auf einer Landwirtschaftsausstellung aussehen. Barbara, die unter dem Einfluss von schweren Beruhigungsmitteln stand und ein völlig aufgedunsenes Gesicht hatte, erzählte uns, sie würde dreimal am Tag mit Medikamenten vollgepumpt und hasse diesen Ort, habe aber nicht den Mut, um ihre Entlassung zu bitten. Sie hatte es einige Male versucht, mit dem einzigen Ergebnis, dass ihre Dosis an Antidepressiva deutlich erhöht wurde. Man überzeugte sie davon, dass es einer jahrelangen Analyse bedürfe, um sie von ihrem Ödipuskomplex zu befreien, und jede Unterbrechung der Behandlung in diesem Stadium einem Selbstmord gleichkäme. Nun, drei Tage vor unserem Besuch hatte sie tatsächlich versucht, wie ein Adler vom Balkon der dritten Etage zu fliegen, nachdem sie eine scheußliche pharmakologische Mischung ausgekotzt hatte.

---

[2]   Kinder aus schwerreichen Familien, deren Vermögen von Treuhandfonds – Trust Funds – verwaltet wird. (A. d. Ü.)

Mein Vater hatte den Anstaltsleiter mit einem 100-Mark-Schein davon überzeugt, dass Barbara einen Spaziergang durch den angrenzenden Park machen und den Sonnenuntergang sehen wollte, und ich blieb im »Nervensanatorium« als eine Art Garantie für ihre Rückkehr.

Kurz bevor an diesem kalten Dezembersonntag die Nacht hereinbrach, war Barbara aus dem Krankenhaus entführt und ich musste bei den »Insassen« bleiben. Es dauerte fast drei Stunden, bis der leitende Psychiater begriff, dass Barbara möglicherweise nicht zurückkehren würde. Um Zeit zu gewinnen, erzählte ich ihm, wahrscheinlich seien mein Vater und Barbara zum Abendessen in ein nettes Restaurant gegangen, um sich eine Pause von dem drogenverseuchten Futter in seinem Schuppen zu gönnen.

Unterdessen nutzte ich meine Mußestunden, um mich mit meinen neuen Freunden bekannt zu machen. Mindestens jede dritte Person war auf jeden Fall geistig gesünder als ich. Sie waren auf Veranlassung ihrer Kinder, Eltern oder Ehepartner eingewiesen worden und zumeist aus Gründen, die mit Erbangelegenheiten, Unterhalt, Pflegekosten etc. zu tun hatten. Ausnahmsweise war ich ehrlich erschüttert. Angesichts der Unmengen an Medikamenten, die diese Leute mit dem Abendessen verabreicht bekamen, machte ich mir ein wenig Sorgen, dass dies die deutsche Version von Roach Motel – einer Klebefalle für Kakerlaken – sein könnte. Man kommt immer rein, aber nie mehr raus.

Um acht Uhr geleitete mich der Leiter dieses Lagers in eine schallgedämpfte, gepolsterte Zelle, um mir mitzuteilen, dass Barbara ihre Entlassungspapiere nicht unterschrieben habe und somit nicht nur für sich selbst, sondern auch für die ethischen Standards, die Legitimität der Verfahren und den Ruf der Institution eine ernsthafte Gefahr darstelle. Bis sie zurückkehre, um die Papiere zu unterschreiben, würde man mich daher als Geisel behalten. Ich war schockiert und tief erschrocken. Diese Typen wollten mich gegen Barbara eintauschen wie irgendwelche Gefangene der FARC, die verzweifelt auf einen Gefangenenaustausch an der panamaisch-kolumbianischen Grenze hoffen. »Wann fangen sie wohl damit an, mich mit diesen Pillen zwangszufüttern?«, dachte ich.

Nachdem sich der Leiter in sein Büro zurückgezogen hatte, wahrscheinlich um irgendwem Morphin in die Hauptschlagader zu spritzen oder irgendwelche Alzheimerpatienten zu quälen, unternahm ich meine erste Ardennenoffensive. Ich trommelte rund 15 meiner neuesten Freunde zusammen – zumindest diejenigen, deren Hirn noch nicht völlig von Drogen vernebelt war – und erklärte ihnen, was geschehen war. Ich war überrascht, wie mitfühlend und wütend diese vermeintlichen Irren waren, vor allem diejenigen, die auf Basis irgendwelcher betrügerischer Gerichtsprozesse eingewiesen worden waren, eingefädelt von habgierigen Verwandten.

Innerhalb weniger Minuten war es mir gelungen, einen ordentlichen Aufstand anzuzetteln. Einige Insassen verlangten in meinem Namen nach dem leitenden Seelenklempner. Eine andere äußerst wache Gruppe, die behauptete, meine Schwester besonders gut zu kennen, schlug ihre Teller auf die Plastiktischplatte und schrie: »Freiheit, Freiheit, lasst den Jungen frei!« Dieser Protestgesang dauerte nicht lange, da er umständlich war und sich nicht reimte. Ich erfand meinen eigenen deutlich überlegenen Schlachtruf: »Scheißfaschisten, Psychoterroristen! Scheißfaschisten, Psychoterroristen!« Wir gewannen schnell an Dynamik und bald rockte der ganze Saal. Alle schien unser kleiner Chor zu erfreuen. Einige Zombies waren aufgewacht und stimmten mit ein. Leider war der Chefpsychiater zu diesem Zeitpunkt nicht mehr im Haus und der Psycho-Nachtwächter war noch nicht da. Die philippinische Oberkrankenschwester war hilflos, während die Krankenwächter wahrscheinlich dachten: »Das übliche Theater.« Da wir noch nicht dazu übergegangen waren, den Saal zu zerstören, schien kein physisches Einschreiten oder eine verbale Antwort nötig zu sein. »Viel zu passiv«, befand ich. Das war eher eine gandhiähnliche Sitzveranstaltung denn ein Bierkellerputsch. Genauso gut hätten wir gegen einen Hurrikan der Stärke neun anschreien können. Niemand hörte zu, niemanden interessierte es.

Ganz eindeutig durfte ich nun die Dynamik nicht verlieren, also schrieb ich eine Petition, in der stand, dass ich gegen meinen freien Willen festgehalten wurde, dass ich minderjährig war und dass alle, die diese Petition unterzeichneten, meine sofortige Freilassung verlangten und gegen meine illegale Festsetzung protestierten. Ich drohte mit rechtlichen Schritten, wobei ich damals keine Ahnung hatte, was das bedeutete. Es klang einfach wichtig. Später sollte ich sehr viel mehr über rechtliche Schritte erfahren. Ich überreichte dieses angeberische Rechtsdokument der philippinischen Oberkrankenschwester, die kaum Deutsch sprach. In einem bizarren Tagalog-Deutsch-Kauderwelsch teilte sie mir mit, dass sie nichts tun könne, bis der Psychiater der Nachtschicht eintreffe. So oder so war die Petition wertlos. Alle, die sie unterschrieben hatten, waren bereits als geschäftsunfähig erklärt worden, geschweige denn, dass sie meine Geschäfte hätten wahrnehmen können.

Als ich gerade dabei war, den dritten Feuerlöscher von der Wand zu nehmen, um meine aktiveren Freunde in die Lage zu versetzen, die Infrastruktur sowie das Personal nonverbal anzugreifen, tauchte schließlich Dr. Jaspers auf. Er begriff instinktiv, was ich vorhatte, isolierte mich von meinen Mitkämpfern und zerrte mich in sein baufälliges Büro, um mich auszufragen, wer ich sei und wann ich in dieses prächtige Institut eingewiesen worden sei. Ich erzählte ihm, was passiert war. Er starrte mich ungefähr eine halbe Minute ungläubig an und bat mich dann um ein Ausweisdokument. Ich zeigte ihm meinen Pass und er ging das Patientenregister durch, um meine Geschichte zu überprüfen. Er war ehrlich bestürzt, als er erkannte, dass mich sein Boss als Geisel genommen hatte und ich zudem minderjährig war. Er sagte mir, er kenne meine Schwester nicht gut, weil sie üblicherweise in einem medikamenteninduzierten Koma läge, wenn er ankäme. Er entschuldigte sich für seinen Boss, der die Neigung hatte, seinen Job gelegentlich etwas zu ernst zu nehmen, gab zu, dass ich wahrhaftig ein Opfer einer eher bizarren Kette an Ereignissen war, und begleitete mich durch das Sicherheitstor in die Freiheit.

Vor dem Hintergrund der überaus erfolgreichen Entführung hatten mich meine Eltern völlig vergessen. Niemand wartete draußen auf mich, nicht einmal ein lausiges Taxi, und man hatte mir auch kein Geld dagelassen, um nach Hause zu fahren. Ich musste mich fast eine Stunde in einem Eisenbahnklo verschanzen, um dem Schaffner zu entkommen. Ich stieg am Bahnhof Oberursel aus und fuhr vom ehemaligen Durchgangslager per Anhalter nach Hause. Um ungefähr drei Uhr morgens kam ich zu Hause an. Alle schliefen tief und fest. Typisch.

Meine Schwester erholte sich ziemlich gut. Meine Eltern unterstützten sie finanziell. Sie beendete ihr Studium und wurde praktizierende Psychologin. Am Ende heiratete sie einen Topbanker und wurde Mitglied der CDU. Die Mao-Poster und Che-Guevara-Shirts verschwanden und es gab auch keine Zusammenkünfte mit suspekten Anarchisten mehr. Endlich war sie zur Vernunft gekommen.

Geholfen hatte auch, dass Necko jemanden mit ziemlich überzeugenden Argumenten angeheuert hatte, der ihren manisch-depressiven Schizo-Freund, das Trust-Fund-Baby, dazu überredete, die Beziehung zu meiner Schwester mit sofortiger Wirkung zu beenden. Das war wirklich lieb von Necko. Mir wurde damals klar, dass Necko offensichtlich weitreichende Verbindungen hatte, was mich tief beeindruckte. Tragende Säulen der Gesellschaft konnten durchaus kontroverse Verbindungen unterhalten, die für sie bestimmte »Arbeiten« erledigten. »Interessant«, dachte ich und speicherte diese Information in einem der vorderen Fächer meines Gehirns ab, um später im Leben bei bestimmten Problemen darauf zurückzugreifen.

Der Krieg zwischen meinen Eltern hatte inzwischen wüste Formen angenommen. Irgendjemand versuchte, das gemeinsame Schweizer Bankkonto abzuräumen, während einige der wertvolleren Gemälde und die Juwelen meiner Mutter auf wundersame Weise verschwanden. Der Tiefpunkt war erreicht, als meine Mutter versuchte, das Unternehmen meines Vaters zu zerstören, indem sie den Grund und Boden verkaufte, auf dem es stand, während andererseits versucht wurde, ihre Krankenversicherung zu kündigen und einen Einbruch in ihre Wohnung organisiert wurde, um einen weniger bekannten italienischen Meister zu stehlen. Damals wusste ich noch nicht, dass ich dasselbe Muster 20 Jahre später wiederholen würde. Nach 33 aufreibenden Jahren wurden meine Eltern endlich geschieden.

Mit der Scheidung verbesserte sich ihrer beider Privatleben dramatisch. Die Beziehung zu ihren Kindern jedoch nicht. Mein Vater verweigerte jeden Kontakt zu mir, da ich mich auf die Seite des »Feindes« geschlagen hatte. Dabei hatte ich lediglich versucht, mit beiden Eltern in Kontakt zu bleiben, was angesichts der Selbstgerechtigkeit meines Vaters und der Rachsucht meiner Mutter natürlich gründlich misslang. Barbara und Hajo wollten fast zehn Jahre lang überhaupt nichts mit mir und Uschi zu tun haben, weil Jochen sie sonst emotional und finanziell zermalmen würde. Dafür schleimten sie sich bei Sophie, meiner Stiefgroßmutter mütterlicherseits ein, die Uschi über drei Jahrzehnte bei jeder sich bietenden Gelegenheit eins reingewürgt hatte. Offensichtlich machten sie damit strategisch den richtigen Schritt. Während beide von Sophie mit einer saftigen Erbschaft bedacht wurden, wurde ich enterbt und bekam gar nichts – nicht einmal die geliebten Socken aus meiner Kindheit.

Meine Mutter zeigte ihre menschliche Seite, als Hajo und Barbara irgendwann erkannten, wie unwichtig sie eigentlich meinem Vater und der zukünftigen Frau Homm Nummer 2 waren. Als sie zu den mütterlichen Rockschößen zurückkehrten, empfing Uschi sie mit offenen Armen. Sie ist wirklich ein Mensch, und sie hat sich immer für uns interessiert. Sie vergisst nicht, ist aber sofort bereit, zu vergeben.

Barbara war zwei Jahre älter als ich. Sie hatte einen wachen Verstand und einen bösen Humor sowie die verblüffende Fähigkeit, Menschen und deren Charakter in Sekunden zu erfassen. (Meine Tochter besitzt übrigens die gleiche Fähigkeit.) Sie lernte nie – noch weniger als ich, wenn das überhaupt möglich ist –, bekam aber trotzdem immer gute Noten und machte ihren Uniabschluss. Wir hatten die beste Zeit miteinander und sie stellte mich ihren heißen älteren Freundinnen vor, die mir dabei halfen, meine Sexualität zu entdecken.

Wir wetterten gemeinsam über unsere gestörten Eltern und verstanden uns bestens. Ihre beste Imitation war die meines Vaters, wie er wie ein SS-Offizier im Stechschritt über das Firmengelände schreitet und gegenüber einer imaginären Menschenmenge den Arm zum Hitlergruß reckt und dabei über zu spät kommende Mitarbeiter Todesstrafen verhängt und sie mit schwerer Folter bedroht. Ich lachte so laut, dass mir die Tränen kamen, vor allem, da ich ihn, seit ich zwölf war, viele Sommer, in denen ich in seiner Firma gearbeitet hatte, beim mogentlichen Appel hatte beobachten können.

Barbara war eine große Abenteurerin, die mit ihrem wesentlich älteren Freund auf Kreta lebte, als sie gerade erst 15 Jahre alt war. Während des Bürgerkriegs in Nicaragua verbrachte sie ein halbes Jahr dort und unterstützte die sandinistischen Rebellen, und weitere drei Monate lebte sie mit den MR-13-Aufständischen (Movimiento Revolucionario 13 de Noviembre) in Guatemala. »No risk, no fun« war wirklich ihr Lebensmotto. Abgesehen davon, dass sie völlig egoistisch und selbstbezogen war, kann ich ihr nichts vorwerfen.

Sie starb 2006 an einer schweren Lungenentzündung, ausgelöst durch multiple Sklerose. Ich weinte bei ihrer Beerdigung und vermisse meine große Schwester seitdem sehr. Sie hatte einen eisernen Lebenswillen. Sie war eine außergewöhnliche Rebellin und eine unangenehme Konformistin gewesen. Sie starb viel zu früh. Dass ich sie während ihrer Krankheit nicht öfter besucht habe, werde ich mein Leben lang bereuen.

*

Während meiner Kindheit verbrachte ich so viel Zeit wie möglich außerhalb des Glashauses mit der Bezeichnung Zuhause, indem ich angelte, wanderte und Sport trieb. Ich hatte in meiner Kindheit zwei enge Freunde (Klaus und Ulli), die verhinderten, dass ich meinen Glauben an die Menschheit völlig verlor. In der Schule langweilte ich mich zu Tode und meine Noten verkörperten Mittelmaß, wenn nicht sogar Dummheit. Ich dachte, streiten, huren und herumficken sei das, was Erwachsene ständig und am besten tun. Meine Exfrau war davon überzeugt, dass ich immer noch die Liebe und die Umarmungen suchte, die ich offensichtlich nicht bekommen hatte. Wenngleich uns unsere Eltern innerhalb ihrer Möglichkeiten und auf ihre Weise liebten – sie unterstützten uns finanziell und eröffneten uns ein breites Universum, indem sie großen Wert auf Bildung, Ausbildung, Reisen und Sprachen legten –, war das Problem, dass ihre Fähigkeit zu lieben aufgrund emotionaler Brüche, tragischer historischer Umstände und der Folgen des Strebens nach Reichtum, Status und gesellschaftlichem Ansehen beeinträchtigt war.

Ein Schlüsselelement war diese bizarre Mischung aus großem Wohlstand und ebenso großem Engagement für Rebellion, wie sie sich im Gedankengut der damaligen extremen Linken ausdrückte, das sich meine Schwester zu eigen machte, die diese Ansichten vermutlich deswegen übernahm, weil sie von Haus aus eine Querdenkerin war. Bis zu einem gewissen Grad bewegte ich mich in der Mitte und saugte sowohl die Werte des reichen Bürgertums als auch der rebellischen Respektlosigkeit auf. Zwar muss man die Positionen der Menschen, die einen umgeben, nicht gutheißen oder übernehmen, dennoch sind wir zweifellos das Produkt unserer Zeit und unserer Umgebung. Meiner Ansicht nach wird der Selbstbestimmung bei der Entwicklung der eigenen Persönlichkeit leicht zu viel Gewicht beigemessen. Oft ist man sich der Einflüsse, während man ihnen ausgesetzt ist, gar nicht bewusst, aber wo du bist und wo du herkommst, das hat natürlich Auswirkungen auf deine Persönlichkeit, ob du es glaubst oder nicht. Über Individualität und freie Entscheidung herrscht einiger Irrglaube; möglicherweise sind die eigenen Entscheidungen bis zu einem gewissen Grad vorbestimmt und gewiss ist das Ausmaß an Wahlmöglichkeiten begrenzt.

Mit 14 Jahren war ich völlig orientierungslos und verloren. Ich war das Produkt von 100 Jahren Einsamkeit, in denen jede Generation auf hirnlose Weise die Sitten und Gebräuche sowie die Fehler der vorhergehenden Generation wiederholte und verschärfte. Außerdem hatte ich zu viele Pickel, fettiges schulterlanges Haar und war nicht einmal in der Lage, ein Rendezvous auszumachen. Ich war linkisch im Basketball, da ich viel zu schnell gewachsen war. Ich hatte kein Leitmotiv und kein Ziel vor Augen. Ich steckte tief in einem Sumpf – ein Phönix, der unter Asche begraben war und wenig bis gar keine Aussicht darauf hatte, jemals das Licht zu erblicken. Ich dachte, wenn ich wirklich das Produkt meiner Eltern und meiner Umgebung war, dann helfe mir Gott und denen, die mich umgaben. Ich war verdammt. Gott sei Dank begann ungefähr zu dieser Zeit der Einfluss eines Übermenschen, meines Großonkels, auf mich zu wirken, meinen Verstand zu fokussieren und meine Zukunft zu formen.

Dr. Josef Neckermann (1912–1992) war der allmächtige Patriarch der Neckermann-Dynastie. Zu seinem Imperium gehörten das zweitgrößte Versandgeschäft Deutschlands sowie eine große Versicherung und Einzelhandels- sowie Tourismusunternehmen. Weltweit arbeiteten rund 30.000 Menschen für Necko, die meisten in Europa. Zu ihrer Blütezeit war die Neckermann AG eines der 30 größten Unternehmen an der Frankfurter Börse. Necko gewann sechs olympische Medaillen im Dressurreiten, darunter zwei Goldmedaillen im Mannschaftswettbewerb. Erfolgreich war er auch als fleißiger Spendensammler für die Stiftung Deutsche Sporthilfe, deren Vorsitzender er von ihrer Gründung 1967 an bis 1988 war.

Er war ein unglaublich disziplinierter opportunistischer Unternehmer. Er verlangte von sich und seinen Mitarbeitern extrem viel. Später in meiner Karriere war ich nicht weniger fordernd und bisweilen sogar despotisch. Alles außer einem totalen Sieg, zu dem selbstverständlich die nachfolgende völlige Vernichtung der Gegner gehörte, war ein Misserfolg. Unvollkommenheit war inakzeptabel. Wer nicht bereit war, jeden Tropfen seines Blutes zu opfern, um seine Ziele zu erreichen, war in Neckos Augen ein Leichtgewicht. Einst sagte er mir: »Mittelmaß ist so, als habe man Sex mit einer hässlichen, in die Jahre gekommenen, übergewichtigen Frau mit einem Schnurrbart.« Er hatte guten Kontakt und Zugang zu allen deutschen und vielen internationalen Schwergewichten seiner Zeit. Er war der König der Schnäppchenkäufe und Versandhauspionier. Mehr als 90 Prozent der Deutschen wussten, wer er war, und kannten seinen einprägsamen Werbeslogan: Neckermann macht's möglich.

Fast jeder aus dem erweiterten Neckermann-Clan kroch ihm in den Hintern. Auf der Höhe seiner wirtschaftlichen Blütezeit brachte es allerdings überhaupt nichts, eine Schau für ihn abzuziehen. Es interessierte ihn nicht und er kümmerte sich nicht darum, da sein übervoller Terminkalender ihm keine Zeit ließ, sich mit Familienzirkus zu beschäftigen. Dennoch vollführten diese Clowns weiterhin alle mögliche Possen und provozierten absurde Konflikte, um ihn zu beeindrucken oder ihm zu schmeicheln. Sie suchten nach Liebe und Anerkennung des Patriarchen, was angesichts der Herausforderungen an Neckos Zeitmanagement nie gelingen konnte. Neckos Weltsicht kam in zwei Leitsätzen zum Ausdruck: »Die Niederlage beginnt mit dem zweiten Platz« und »Leben bedeutet Krieg.« Während seines Aufstiegs war er nicht an »unbedeutenden« emotionalen Empfindlichkeiten interessiert. Für mich war Necko Gott. Nein, eigentlich arbeitete Gott für Necko. Aber Necko war weitaus einfacher gestrickt, als die meisten es vermuteten. Erstens liebte er ehrgeizige, engagierte Sportler über alles und tat alles zu ihrer Unterstützung. Athletik war und blieb seine persönliche Zeit der Unschuld. Zweitens respektierte er Macht und Erfolg. Dagegen verabscheute er dummes Geschwätz und Small Talk.

Zwar beachtete er streng die Weihnachtsfeierlichkeiten und spielte verschiedentlich sogar den Weihnachtsmann, aber seine klassischen Familienzusammenkünfte sahen so aus, dass er maximal für die Dauer von zwei Menügängen mit seiner Familie am Tisch saß, bevor er von irgendeiner dringenden Angelegenheit weggeholt wurde und sich in sein Büro zurückzog, wo er seine Geschäftskontakte anrief und dabei Sportprogramme im Fernsehen verfolgte. In meinem späteren Leben übernahm ich, was meine Familienverpflichtungen betraf, viele dieser Angewohnheiten, selbst beim Frühstück, Mittagessen und Abendessen: etwas trinken, Essen einschieben und in weniger als 300 Sekunden wieder weg sein. Wenn man jedoch in großen Schwierigkeiten steckte, tat Necko alles, um hier und jetzt eine Lösung zu finden. Wenn mich meine Freunde um Hilfe baten, habe ich sie ebenfalls nie im Stich gelassen.

Wie viele erfolgreiche Menschen besaß Necko eine dunkle Seite. Er trat 1933 der NSDAP bei und war einer der größten Stofflieferanten der deutschen Wehrmacht während des Zweiten Weltkriegs. Eine seiner Maximen lautete: »Verbindungen sind alles; nur Schwachköpfe nutzen sie nicht.«

Er sorgte definitiv für gute Beziehungen zur Nazielite. In seinen gigantischen Textilfabriken arbeiteten Zwangsarbeiter, Juden und Kriegsgefangene. Er besuchte Konzentrationslager. Im Jahr 1934 kaufte er sein erstes jüdisches Unternehmen. Unmittelbar vor dem Krieg, im Jahr 1938, »erwarb« er Deutschlands drittgrößtes Versand- und Textilunternehmen von Karl Amson Joel, dem Großvater von Billy Joel (ja, das ist der Sänger). Erst Jahre nach dem Krieg und nach einem langwierigen Prozess, den er 19 Jahre nach Kriegsende verlor, wurde Necko gezwungen, Billy Joel senior eine Entschädigung in Höhe von zwei Millionen D-Mark zu zahlen. In diesem Prozess traten mehrere von Neckos eklatanten Lügen zutage. Sein selektives und sehr begrenztes Gedächtnis im Hinblick auf den Holocaust und seine Rolle bei den deutschen Kriegsanstrengungen, wie sie in seiner Autobiografie zum Ausdruck kommen, bilden den Tiefpunkt seiner Karriere. Aber hatte er eine Wahl? Anders als ich war Necko zuallererst an seinem sozialen Status, seinen großen Erfolgen und seinem Vermächtnis interessiert. Jedes Eingeständnis geheimer Absprachen oder irgendeiner Schuld wäre einer Selbstzerstörung seiner Reputation gleichgekommen. Ich machte mir weitaus weniger Gedanken um meine Reputation, sondern war viel mehr an der Höhe meines Kontostands interessiert.

Necko profitierte gewaltig von Hitlers antijüdischer Enteignungspolitik, der sogenannten Arisierung. Mit der Joel-Akquisition wurde er mit einem Schlag von einem wohlhabenden regionalen Unternehmer zu einem internationalen Textil- und Einzelhandelsmagnaten. Angesichts seines ungeheuren Ehrgeizes und seines zielgerichteten Erfolgsstrebens zögerte er nicht, in Joels Berliner Villa einzuziehen. Außerdem wurden ihm Deutschlands Diamantenreserven anvertraut, um gegen Ende des Krieges strategische Waffensysteme zu kaufen. Nach dem Krieg starb er fast in einem amerikanischen Internierungslager an Misshandlung und medizinischer Vernachlässigung. Nach seiner Entlassung baute er laut seiner Autobiografie sein Industrieimperium von einer bescheidenen und unterfinanzierten Basis aus mit aller Macht neu auf und wurde Mitte der Sechzigerjahre zu einem lebenden Beispiel des deutschen Wirtschaftswunders. Das Wirtschaftswunder selbst war von einer intensiven Industrierevolution getrieben, die das Ergebnis der

Einführung preußischer Militärdisziplin in die Wirtschaft im 19. Jahrhundert war.

Mit zwölf Jahren beobachtete ich die Aktienkursanzeigen in den Schaufenstern der Banken. Die Aktien der Neckermann AG standen deutlich sichtbar neben globalen Standardwerten wie Mercedes-Benz, BASF und Bayer. Ich beobachtete die täglichen Kursschwankungen und war verblüfft, wie sehr sich Neckos Vermögen in nur wenigen Tagen verändern konnte. Ich fragte meinen Vater über Dividenden aus. Für mich war klar, dass Necko lediglich einige Aktienzertifikate verkaufen oder einige Dividenden einsammeln musste, wenn er ein Vermögen für ein Abendessen, ein motorisiertes Gokart für seine Kinder oder ein neues Pferd ausgeben wollte. Je höher der Aktienkurs, desto mehr Gewinn würde er mit einem Aktienverkauf erzielen. Das waren für mich sehr interessante Dinge.

Mitte der Siebzigerjahre ließ sein persönliches Wirtschaftswunder deutlich nach, als er es nicht ganz problemlos durch die erste Ölkrise, die Inflationsphase und die zunehmend enge Kreditsituation schaffte. Er war stets ein Sklave seiner Schulden und der Schuldenfinanzierung gewesen, und am Ende stand er am Rande der Insolvenz und musste verkaufen, weil er viel mehr Schulden als Eigenkapital hatte. Zwar wusste ich als Jugendlicher fast nichts über Finanzen, aber ich beschloss, mich von Bankkrediten fernzuhalten. Bevor sein Imperium im Rahmen eines Notverkaufs an einen verhassten Konkurrenten ging, hörte ich Necko mehrmals über seine Abhängigkeit von diesen »erbärmlichen Bankiers« schimpfen. Ich schloss daraus, dass der Erfolg irgendeines meiner zukünftigen Geschäfte auf keinen Fall von Bankkrediten abhängig sein durfte.

Meine zukünftigen Aktivitäten würden bargeldbasiert sein. Und dieser Punkt ist eine zentrale Facette dieser und damit meiner Geschichte. Necko wollte der Beste sein, das Wunder innerhalb des Wirtschaftswunders, und er lechzte nach gesellschaftlichem Status, aber anders als spätere Generationen (einschließlich meiner Person) handelte er nicht nach den Anforderungen des rohen, hartgesottenen, reinen Finanzkapitalismus. Selbstverständlich wollte er reich sein und seinen Reichtum genießen, aber das Bedürfnis, eine herausragende gesellschaftliche Stellung zu genießen, war ein wesentlich größerer Motor als der Wunsch, sein Bankkonto zu füllen.

Zu dem Zeitpunkt begann sich innerhalb der Gesellschaft der Fokus des Ehrgeizes meines Erachtens von Status und Errungenschaften wegzubewegen und sich stärker auf Reichtum als Selbstzweck zu verlagern. Die Vorstellung, dass 30.000 Menschen für mich arbeiteten, fand ich bizarr und absolut unnötig. Es war wesentlich sinnvoller, ein großes Vermögen mit dem absoluten Minimum an Mitarbeitern aufzubauen. In meinem rein analytischen Gehirn begann sich anstatt des Konzepts des erfolgreichen und verantwortungsbewussten Industriemagnaten das Konzept des milliardenschweren Finanziers zu entwickeln.

Ich bewunderte Necko und war von den Kontroversen und den vielfältigen Facetten seines Lebens fasziniert. Das alles schien sehr aufregend. Ich war von seiner Disziplin, seiner endlosen Energie, seiner Beharrlichkeit, seiner allgemeinen Pietätlosigkeit und seinen Überlebensinstinkten beeindruckt. Außerdem war er großzügig. Wenn er ein Restaurant besuchte, stellte er sich immer vor, am Tisch sitze ein zusätzlicher Gast, für den er dasselbe ausgab wie für alle anderen, und diese Summe gab er als Trinkgeld. Zu Weihnachten gab er Hajo und mir je 50 D-Mark – eine unvorstellbare Summe für ein Kind –, dafür sollten wir in den See auf seinem Grundstück waten und ihm eine Wasserrose pflücken. Mutter hielt mich schreiend zurück, als ich bereits knietief im eiskalten Wasser stand, aber ich ging weiter, um Necko seine Rose zu bringen.

Als ich 16 war und mich für die deutsche Junioren-Basketballmannschaft qualifizierte, wurde sein Interesse an mir und meiner Zukunft größer. Die Stiftung Deutsche Sporthilfe bot mir ein sehr nützliches Taschengeld, wenngleich Necko keine Ahnung hatte, dass ich zu den geförderten Athleten gehörte. Es erlaubte mir, mich standesgemäß im berühmten Schlosshotel Kronberg einzuquartieren, als die wüsten Auseinandersetzungen zwischen meinen Eltern epische Dimensionen annahmen. Dieser Einzelkämpfer hatte alle Höhen und Tiefen des Lebens kennengelernt. Er hatte Himmel und

Hölle auf Erden gesehen. Er war ein bedeutendes Mitglied der NSDAP, ein Industriegigant, ein schamloser Opportunist, eine historische Figur, ein großer Sportler, ein wichtiger Philanthrop und eine echte Berühmtheit. Er war schwerreich, und als sich sein Konzern übernahm, verlor er den größten Teil seines Vermögens. Kurzum, Necko wurde mein Idol und mein Leitmotiv (bis auf den Nazischeiß).

Das Einzige, was mich außer dem Nazischeiß wirklich an ihm störte, war seine schwache, selbstbeweihräuchernde Autobiografie. Darin behauptete er, er habe vom Holocaust und den abscheulichen Nazipraktiken nichts gewusst (das war für jemanden in seiner Position nicht möglich, es sei denn, er war taub, stumm, dumpf und hirnamputiert), und spann eine lange erfundene Geschichte, mit der er sein Verhalten gegenüber Joel senior verteidigte. Er beschrieb sich als Opfer der Umstände – unvorhergesehene historische Ereignisse hätten verhindert, dass seine Zahlungen Joel erreichten. Kurzum, das übliche Geschwafel, um das eigene skrupellose Verhalten zu rechtfertigen. Während Necko sein Textilimperium mit Aufträgen und der vollen Unterstützung der Naziregierung ausdehnte, war Joel senior ein frisch in New York eingetroffener, bettelarmer Immigrant mit einer düsteren Zukunft. Ich kann irgendwie nicht glauben, dass die Überweisung aus Gründen scheiterte, die sich außerhalb Neckos Kontrolle befanden. Er haute Joel übers Ohr und musste dafür nach dem Krieg bezahlen. Jede andere Erklärung halte ich für ein Märchen.

Endlich hatte ich jedoch eine Zukunftsorientierung. Ich würde in allen Aspekten des Lebens, die Necko wichtig gewesen waren, der Beste sein, sei es Sport, Geschäft, Macht, Reichtum, Auseinandersetzungen oder sogar ein schlechter Ruf. Einige Aspekte waren mir jedoch egal, und das Streben nach Freundschaft und einem erfüllenden Familienleben kam mir nie in den Sinn. Necko war weder ein großartiger Vater noch ein überzeugender Familienmensch gewesen. Er hatte im Verlauf seiner gesamten langen Ehe eine ständige Geliebte und war selten zu Hause. Glück, Freunde und Familie und andere ähnlich nicht quantifizierbare Dinge waren daher ebenfalls nie Teil meines Masterplans. Mir gefiel die allgemeine Vorstellung, ein gottgleicher Patriarch zu sein, solange ich nicht an all den zahllosen, nervtötenden Familienveranstaltungen teilnehmen musste. Es dauerte drei Jahrzehnte, bis ich verstand, dass Familie, genau wie Hunde, nicht nur für den Weihnachtsabend vor dem Kamin da ist.

2. STURM UND DRANG

Ich habe nie zugelassen, dass die Schulerziehung
meiner Bildung in die Quere kam.
Mark Twain

Mit 15 Jahren begannen Neckos Einfluss und meine angeborene Hyperaktivität sich zu kanalisieren und Früchte zu tragen. Ich hatte Informationen stets wie ein Schwamm aufgesogen, war an Schule aber völlig desinteressiert. Ich verschlang mehr als 100 Bücher pro Jahr, zumeist Romane und Lehrbücher über Proxemik, Körpersprache, Mimik, Hypnose, Grafologie, Massage, Physiognomie, Farbenanalyse, Psychologie und anderes komisches Zeug. Als Kind trug ich den Spitznamen HCA (für Hans Christian Andersen), weil ich zur Übertreibung neigte und Fiktion oft mit Realität verwechselte. Besonders gefielen mir die Abenteuergeschichten von Karl May und die Märchen der Gebrüder Grimm. Mit 15 studierte ich Erich Fromm, mit 16 las ich Dostojewskis *Der Spieler* und *Schuld und Sühne*, André Gides *Die Verliese des Vatikans*, Tolstoi und Carnegies *Wie man Freunde gewinnt: Die Kunst, beliebt und einflussreich zu werden*. Mit 17 studierte ich die Existenzialisten, Kierkegaard und Nietzsche. Als ich nach Harvard ging, hatte ich wahrscheinlich fast tausend Bücher gelesen – aber nur sehr wenige aus dem Lehrplan.

Bis zur zehnten Klasse waren meine Noten unterirdisch. Im Unterricht litt ich unter einer chronischen monotoniebedingten geistigen Abwesenheit. Außerdem war ich hyperaktiv und unstet. Mein überdimensionaler Körper wurde in Stühle gepresst, die für Zwerge gemacht zu sein schienen, aber nicht für einen heranwachsenden Riesen. Auf der anderen Seite erzielte ich in den Fächern gute Leistungen, die von außergewöhnlichen und fesselnden Lehrern unterrichtet wurden. Mehrere Lehrer hielten mich für intellektuell überfordert. Andere hielten mich für begabt. Niemand hielt mich für normal. Ich hasste Autorität und langweiligen Stoff, der von noch langweiligeren Lehrern vermittelt wurde. Ich fragte mich, was diese introvertierten Figuren in einem Beruf taten, der Interaktion und Extrovertiertheit verlangte. Sie schafften es, dass 15 Minuten wie fünf Stunden wirkten. Sie beleidigten meine Wissbegier, quälten meine Seele und gaben meiner Frustration Nahrung.

In der zehnten Klasse riet mein Biologielehrer Mr. Barclay meinen Eltern, mich in eine Sonderschule für geistig Minderbemittelte zu stecken. Meine Noten lagen Meilen unter dem Klassendurchschnitt; in den ersten drei Quartalen des Jahres hatte ich drei Sechser bekommen. Die Vorstellung, mir – dem geistig Minderbemittelten – zu erlauben, die Biologieprüfung des Internationalen Abiturs abzulegen, erschreckte ihn zu Tode, weil er fürchtete, mein völliges Versagen würde den Notendurchschnitt der anderen, weitaus intelligenteren Schüler senken, die an dieser anspruchsvollen Prüfung teilnahmen. Meine Eltern beharrten aber darauf und ich machte die Prüfung. Ich bekam die zweitbeste Note von 20 eifrigen, bienenfleißigen und kriecherischen Schülern. Mr. Barclay gab mir eine Eins für das letzte Quartal des Jahres und eine Zwei minus für das gesamte Jahr. Ich habe bis heute nicht herausgefunden, wie aus drei Sechsern und einer Eins ein Notenschnitt von Zwei minus werden kann, aber so war es.

Mein Selbstvertrauen nahm allerdings beträchtlich zu, als ich begann, auf einem sehr hohen Niveau Sport zu treiben. Zum ersten Mal erhielt ich auch regelmäßig vorzeigbare Noten. Im dritten Jahr waren meine Noten, zusammen mit den Noten des Internationalen Abiturs und meinen Ergebnissen im Intelligenztest so gut, dass ich ein einjähriges akademisches Stipendium mit voller Kostenübernahme des American Field Services erhielt, um eine Highschool in den USA zu besuchen. Unterdessen erreichte meine Beziehung zu meinen Eltern wöchentlich neue Tiefpunkte. Ich lebte praktisch mit meiner 18-jährigen Freundin zusammen, experimentierte mit Haschisch und benutzte mein Elternhaus lediglich als gelegentliche Polstermatte, Cafeteria und Waschsalon. Ich verfolgte intensiv meine schulische Ausbildung und meine sportlichen Aktivitäten und beging nebenbei kleinere Diebstähle und ging ausgefallenen Jobs nach, um mir eine gewisse finanzielle Unabhängigkeit zu sichern.

Mein Stipendium beinhaltete die Unterbringung bei den Sampsons, einer hart arbeitenden, fürsorglichen, aber sehr rigiden christlich-fundamentalistischen Familie im Mittleren Westen der USA, genauer gesagt, in Livonia, einem Vorort von Detroit im Bundesstaat Michigan. Alle Privilegien, an die ich mich gewöhnt hatte, waren augenblicklich dahin. Keine Orgien mehr im Villenpool; ich durfte nicht einmal Mädchen mit aufs Zimmer nehmen. Kein Riesling Spätlese mit Foie gras mehr im Schloss Kronberg oder Weizenbier mit geräucherten Rippchen und Sauerkraut in Sachsenhausen. Keine spontanen zweitägigen Kurztrips mehr nach Paris oder Amsterdam. Ich hatte ganz entschieden Heimweh und empfand nie mehr Wertschätzung für meine toleranten Laissez-faire-Eltern als im ersten Monat meines Besuchs an der Livonia Bentley High School, dem Zuhause der Basketballmannschaft The Bulldogs.

Was mir den Kopf zurechtrückte, war ein ernstes Gespräch mit meiner amerikanischen Gastmutter Geraldine, die mir von ihrer kurz zuvor erfolgten Brustoperation und ihren Eheproblemen erzählte. Sie sagte:»Junger Mann, Sie haben die Welt vor sich. Hören Sie auf sich zu beklagen und nutzen Sie den Tag.« Diese Botschaft schlug ein wie eine Bombe. Ich war von ihrer Aufrichtigkeit und ihrer großartigen Haltung in einer unbefriedigenden Umgebung gerührt und hörte auf, mich wie ein Weichei anzuhören. Von da an begann ich, meine Existenz im tief religiösen Mittleren Westen Amerikas zu genießen.

Was die Heimat der Bulldogs ganz besonders sympathisch machte, war mein augenblicklicher Ruhm als ausländischer Stipendiat, der zudem A-Kader-Material im Basketball und halbwegs gut aussehend war. Die Pickel waren weg und mein Körper war inzwischen athletisch statt schlaksig. Der Wiedererkennungs- und Groupiefaktor übertraf meine kühnsten Erwartungen. In Deutschland hätte mir die Mitgliedschaft in der Jugendnationalmannschaft einige zusätzliche Liebesnächte im Jahr beschert. An einer großen amerikanischen Highschool war für Spitzensportler nichts leichter, als ständig Mädchen abzuschleppen. Nur weil ich in der Lage war, einen Basketball etwas besser als andere zu werfen, bekam ich so viel Sex, wie ich es in dieser gottesfürchtigen, gesetzestreuen, hart arbeitenden, rassistischen und prüden Gemeinde nie für möglich gehalten hätte.

Auch meine Noten entwickelten sich von vorzeigbar zu spektakulär – nicht weil ich in Detroit von der Quelle der Weisheit getrunken hätte, sondern wegen der Notengebung. Kreatives Schreiben zum Beispiel verschaffte einem augenblicklich eine A-Note, wenn man mehr als zwei Seiten mit weniger als zehn schweren Grammatikfehlern zustande brachte. Ich hätte 125 Mal »Ich bin ein Trottel« schreiben können und hätte dafür Spitzennoten bekommen. Ich erhielt mehrere Basketball-Stipendien und verdiente Geld, indem ich Sportartikel verhökerte, die wir bei den Turnieren des amerikanischen Amateurverbands Athletic Amateur Union von Nike und anderen Sportartikelherstellern bekamen. Ich rauchte Pot mit den schwarzen *Homeboys* und wurde richtig gut in Ebonics. Ich lernte, mich so gut zum Motown-Sound zu bewegen wie die *Brothers* und hatte meine ersten unschuldigen Rendezvous mit verschiedenen Soul-Schwestern. Motown – sprich Detroit – war als Murder City verschrien und ich musste in der Tat einmal mit einem Schraubenzieher auf einem heruntergekommenen Typen herumhacken, der versuchte, meine wertvolle Sportschuhsammlung am Saint Cecilia Gymnasium zu stehlen, aber alles in allem war ich sicher und in einem Teenagerparadies.

Mein absolutes Highlight in Detroit war ein Basketball-Match, bei dem ich mit demselben All-Star-Basketballteam spielte, zu dem die spätere NBA-Legende Earvin »Magic« Johnson gehörte. An diesem Spiel nahmen die besten Basketballspieler Detroits teil, die allesamt erstklassiges College-Basketball-Material waren und gegen unser Team antraten, das sich aus den besten Spielern der Vorortgemeinden Michigans zusammensetzte. Zu unserer Startformation gehörten vier zukünftige NBA-Spieler und ich. Wir wurden Suburban All-Stars genannt, wobei ich von beiden Mannschaften der einzige weiße Spieler war.

Man reichte mir im Umkleideraum einen erstklassigen Joint, und als die Zeit für Aufwärmübungen kam, waren die meisten von uns ziemlich bekifft. Die Vorbereitung für das Spiel war beunruhigend. Diese zukünftigen Basketball-

Legenden verpassten die simpelsten Korbleger und Sam Vincent, Greg Kel-
ser und Magic schafften es kaum, sich von der Bank zu erheben, von der aus
sie mit einem halben Dutzend Groupies auf der Tribüne flirteten. Magic warf
zweimal von der Freiwurflinie komplett neben den Korb – der Ball berührte
nicht einmal die Korbanlage.

Unterdessen konnten wir nicht aufhören, uns über die Deppen aus Detroit
lustig zu machen. Die Brüder aus Downtown warfen 360-Grad-Volltreffer,
hängten sich an den Korbring und landeten alle Korbwürfe mit vollkomme-
ner Perfektion. Sie waren todernst, während wir kaum geradeaus laufen konnten. Sie schworen, uns um mindestens 30 Punkte zu schlagen, vor allem den
Nazi-Import. Wir kicherten einfach weiter und klatschten ohne ersichtlichen
Grund die Hände zum High five ab. »Kann irgendeiner dieser Mannschaft einen Basketball fangen?«, fragte ich mich. »Die werden uns fertigmachen. Das
wird hässlich.«

Das Spiel war für mich eine völlige Offenbarung. Man soll eine Mannschaft nie
nach ihren Aufwärmübungen beurteilen. Sobald der Anpfiff ertönte, war das
Herumalbern beendet und die Wettkampfnatur der Spieler kam hervor. Wir
erfuhren, dass einige Spieler aus Detroit hohe Wetten darauf abgeschlossen
hatten, dass sie uns schlagen würden. Unser Stolz stand auf dem Spiel. Außerdem hatten sie unsere Männlichkeit angegriffen. Magic spielte außerirdisch
gut und warf die unglaublichsten Pässe, die durch beeindruckende Volltreffer
unserer sensationellen Forward- und Center-Spieler vollendet wurden. Diese
Jungs waren noch Teenager, aber bereits ausgemachte Profis.

Nie im Leben habe ich bessere und spektakulärere Vorlagen erhalten. Ich warf
Körbe in zweistelliger Höhe und wirkte auf ein Dutzend College-Scouts, die
das Spiel besuchten, vielversprechend. Zwar lieferte ich eine gute Leistung ab,
aber der gesamte Verdienst geht an Magic. Er wurde ständig von zwei gegnerischen Spielern bewacht, sodass ich unter dem Korb völlig frei stand. Er warf
mir den Ball genau zum richtigen Zeitpunkt und mit perfekter Präzision zu.
Hätte Ray Charles genau unter dem Korb gestanden, wären ihm die gleichen
Würfe gelungen. Ich schwöre, dass Magic hinten Augen hat.

Wir gewannen mit einem Vorsprung von 30 Punkten und ich rechnete damit, dass es nach dem Spiel zu Krawallen kommen würde. Stattdessen holten wir uns einige Nike- und Reebok-Turnschuhe, die wir später verkaufen würden, und gingen zum Parkplatz und rauchten noch mehr Gras. Die Superstars wie Magic verschwanden mit den Plastic Dolls und wir anderen gingen feiern.

*

Nach einem langen, rauen Spiel auf einem innerstädtischen Basketballplatz lud ich in ziemlicher Begeisterung einige meiner Freunde aus der innerstädtischen öffentlichen Schule in mein Vorortzuhause im rein weißen Livonia ein. Meine Gasteltern erlitten fast einen Herzinfarkt, als ich mit drei riesengroßen, von Kopf bis Fuß tätowierten schwarzen Jungs durch die Tür kam. Meine Freunde sahen zwar nicht unbedingt wie Soldaten der Heilsarmee aus, aber sie hatten anständige Manieren. Es dauerte fast eine Stunde, bis die Sampsons erkannten, dass wir nicht vorhatten, das Haus zu zerlegen, es in eine Kokshütte zu verwandeln und den Hund zu vergewaltigen. Sie schafften es, hin und wieder unbeholfen zu lächeln und boten uns sogar Limonade an.

Am nächsten Tag sagten sie mir, sie hätten sich mit diesen interessanten Menschen aus der Innenstadt recht amüsiert. Und sie baten mich, das nächste Mal, wenn ich meine Freunde mitbringen wolle, ihnen doch etwas früher Bescheid zu sagen. Daran hielt ich mich natürlich. Ich begriff ihre Ängste. Livonia gilt mit 95,5 Prozent als die weißeste Stadt Amerikas. Die einzigen Schwarzen, die sie kannten, waren die Mitglieder der Cosby-Familie.

Geraldine und Richard hegten stets die besten Absichten, waren aufrichtig, fürsorglich und unprätentiös. Meine wesentlich ältere Gastschwester Susan versuchte mehrere Male, mich zu malträtieren. Ich hatte zu Hause bereits eine mir nahestehende Verwandte entjungfert, was zu einem kleinen Aufruhr in der Familie geführt hatte. Dieses Mal brachte ich die notwendige moralische Korrektheit auf, um einen potenziell explosiven »Familien«-Konflikt zu vermeiden. Auf jeden Fall bekam ich erstens so viel Sex, wie ich überhaupt bewältigen konnte, und zweitens mochte ich sie auf platonische Weise sehr gerne. Susan war sehr intelligent und aus ganzem Herzen edelmütig.

Ganz besonders mochte ich meinen Gastbruder Richard junior, weil er die meiste Zeit offen und geradlinig war und sagte, was er dachte. Er hing viel mit Rockern und Haschrauchern herum, sodass das Zusammensein mit ihm eine Pause von der wichtigtuerischen herrschenden Klasse der Sportler und Homecoming-Queens bedeutete. Zudem ermöglichte es mir, erblühende Biker-Babes zu erobern. Wenn Richard bekifft war, wollte er immer mit mir schattenboxen, aus Spaß oder um mich zu ärgern. Eines Tages kam ich gerade von einem schiefgelaufenen Rendezvous mit der ultimativen Aufgeilerin zurück und war in miserabler Laune. Richard, der bereits beim zweiten Sixpack war und gut ein halbes Dutzend Joints mit seinen Automechaniker-Kumpels geraucht hatte, versuchte, mit seinen Boxfähigkeiten anzugeben. Ich sagte: »Rich, hör auf. Ich hatte gerade das beschissenste Date mit der heißesten Elftklässlerin des Bundesstaats, und ich glaube, ich muss jetzt hochgehen und mir einen runterholen.« Richard, der viel zu betrunken und bekifft war, um meine Stimmung zu erfassen, schlug mich unbeholfen auf die Schulter und versuchte einen Nierenhaken. Ich war nicht wirklich sauer, aber ich hatte keine Lust, für die Schmiermaxe der Sampson-Familie den Clown zu spielen. Also verpasste ich ihm einen gut abgemessenen zärtlichen Klaps auf sein weiches Kinn, woraufhin er völlig ausgezählt war. Die ebenfalls bekifften Typen sahen mich an, als sei ich King Kong, und brachen dann in brüllendes Gelächter aus und klatschten Beifall. Nachdem Rich sich wieder aufgerappelt hatte, umarmten wir uns, dann machte der letzte Joint die Runde und wir fielen über die letzten Budweiser her.

Ich war – was Wunder bei der »Erziehung«, die ich genossen hatte – nicht besonders gut darin, den Kontakt mit diesen einnehmenden Menschen zu wahren, nachdem ich nach Europa zurückgekehrt war. Die Fähigkeit, die Menschen zu vergessen, die mir am nächsten standen, und zu neuen Ufern aufzubrechen, sollte mir die meiste Zeit meines Lebens erhalten bleiben. Ich hatte immer Probleme mit Nähe und Beziehungspflege. Trennung war fast nie ein Problem.

In meinem Abschlussjahr traf ich einen einflussreichen Recruiter von Harvard, der für die Universität sportlich Hochbegabte im Mittleren Westen aufspürte. Ich hatte kaum von Harvard gehört, wusste aber, dass mehrere Unis komplette kombinierte Sport-Studium-Stipendien vergaben. Harvard bot nicht einmal an, mir unter der Hand eine nennenswerte Summe zu zahlen, damit ich ihr Angebot in Betracht ziehe. 10.000 Dollar für einen No-show-Job für den Sommer schien ihnen ein fremdes Konzept zu sein. Tatsächlich schien der Recruiter beleidigt, als ich das Thema anschnitt. Um dem Ganzen die Krone aufzusetzen, würde ich nicht einmal eine Garantie über meine Aufnahme erhalten, sollte drei Zulassungstests machen, eine TOEFL-Prüfung ablegen (einen Englischtest für Fremdsprachler) und drei Leistungstests absolvieren. Außerdem hatte ich bereits eine Absichtserklärung der National Collegiate Amateur Association für ein komplettes Basketballstipendium der Universität von Oakland unterschrieben. Der Harvard-Typ fand das nicht sehr lustig und dachte, ich würde ihn verarschen.

»Wer, der noch alle Tassen im Schrank hat, würde an so eine Uni gehen?«, dachte ich. Dann erzählte ich meinem Vater von Harvard und dem Recruiter. Unsere Beziehung hatte sich über 5.000 Meilen Entfernung erheblich verbessert. Er bot mir an, die Studiengebühren für Harvard zu bezahlen, falls ich dorthin ging. Anders als der Wunsch meiner Schwester, Psychologie zu studieren, über den er nie erfreut war, weil er fand, das werfe ein schlechtes Licht auf ihn, bedeutete ein Sohn, der in Harvard studierte, Statusgewinn. Kein Wunder, dass er bereit war zu zahlen, trotz der Tatsache, dass das Studium sehr teuer war. Der Dollar war damals noch eine echte Währung.

Ich hatte zu dem Zeitpunkt bereits mehrere andere Unis besucht und eine Reihe Sportler kennengelernt, die über ein Stipendium an die Uni gekommen waren. Die Erfahrung war alarmierend. Die Hälfte der Typen konnte nicht einmal ihren eigenen Namen buchstabieren, Prüfungsnoten wurden verschenkt, nicht verdient und jeder, der größer war als 1,90 Meter, schien im Hauptfach Kommunikationswissenschaft oder Sporterziehung zu studieren. Ich kam zu dem Schluss, dass jemand, der »Kommunikationswissenschaft« nicht ohne Schwierigkeiten aussprechen konnte, es auch nicht als Hauptstudienfach wählen sollte. An der Universität von Detroit, San Diego State oder Oakland Basketball zu studieren war keine Option, falls das eigene Gehirn mehr als drei funktionierende Gehirnzellen hatte. Meines hatte damals vier, insofern schied ich aus.

Ich hatte die letzte Chance für den Leistungstest verpasst und konnte mich 1977 daher nicht in Harvard bewerben. Also musste ich irgendwo für ein Jahr parken. Deutschland war zu trist und England zu steif, also beschloss ich, die Amerikanische Universität in Paris zu besuchen. Vielleicht, weil ich mit 15 meine Jungfräulichkeit bei einer untersetzten, aber charmanten Pigalle-Straßenhure verloren hatte, vielleicht, weil das Ausfüllen des Bewerbungsformulars für das Studienfach Politikwissenschaften nur eine Stunde dauerte, vielleicht, weil ich auf einige angenehme Einnahmen eines professionellen Basketballklubs schielte oder vielleicht, weil mir der Existenzialismus gefiel und ich Chateaubriand und das Pariser Kabarett Crazy Horse mochte: Egal was es war, es war mit Sicherheit sexier, als mit elf anderen geistig Minderbemittelten im Hauptfach Basketball zu studieren.

Es war sensationell. Die akademischen Anforderungen waren gering und erlaubten mir, sehr viel Freizeit zu genießen. Meine Professoren in Englischer Literatur und in Französisch waren herausragende Dozenten. Ich studierte und hatte Spaß, lebte leichthin – im Gegensatz zum unglamourösen, christlich-fundamentalistischen Vorort in Michigan, der von Angst und Schuld zermartert war. Die Universität bezahlte mich gut als Coach und Spieler in ihrer Basketballmannschaft, die in jenem Jahr das einzige Mal in ihrer langen illustren Geschichte unbesiegt blieb. Mein Pariser Basketballklub bezahlte meine Wohnung und die grundlegenden Lebenshaltungskosten. Ich war Kleinstdealer für Koks, und gelegentliche Fotoshootings brachten weiteres Geld. Typischerweise ließ ich mich mit schwerreichen älteren Frauen ein, daher waren Kleidung, Wochenendausflüge und Abendessen kostenlos. Nun, beinahe kostenlos. Meine Eltern unterstützten mich auch, in dem vollen Bewusstsein, dass Paris eine teure Stadt war. Ich war 17, lebte mit einem mittleren Managementgehalt auf der Überholspur, nur ohne die lästigen Steuerabzüge und Mietkosten. Das war besser als Detroit, weil ich viel mehr Geld zur Verfügung hatte, über unbegrenzte Freiheit verfügte und mir niemand vorschrieb, was ich zu tun und zu lassen hatte. Kurz gesagt genoss ich alle vorstellbaren Privilegien und null Verantwortung. Ich war der *Prince de Paris*, zumindest in meiner eigenen prahlerischen Vorstellung.

Die einzige Person, die mir sagte, was ich zu tun hatte, war meine Vermieterin Juliette Maureau, eine 80 Jahre alte Feministin der Avantgarde, die ein Mitglied der Résistance gewesen war. Wir teilten eine riesige Wohnung auf dem Bois de Vincennes. Sie bohrte ständig, weil ich nicht lernte. »Wie kannst du bloß niemals lernen, Florian?« Ich antwortete: »Ich habe nie gelernt, und sieh, wo ich heute bin. Ich lebe mit dir, Chérie, und genieße die beste Zeit meines Lebens.« Wie die meisten Frauen redete Juliette gern und ich war ein aufmerksamer Zuhörer. Sie erzählte mir, wie sie im Krieg Sprengstoff unter Autos der Gestapo angebracht und Kollaborateure in den Provinzen gefoltert hatten. Plötzlich, als ob sie von einem Blitz getroffen worden wäre, geriet sie völlig auf Abwege und bedauerte das Schicksal zahlloser verheirateter Frauen, die gegenüber ihren Ehemännern über Jahrzehnte Orgasmen vortäuschten. Sie war ziemlich verrückt, aber auch ziemlich amüsant.

Ihr Lieblingsthema waren die homosexuellen und lesbischen Beziehungen innerhalb der französischen Résistance, vor allem unter den eher gebildeten Mitgliedern – nicht unbedingt Allerweltsgespräche für eine Cocktailparty. Sie war geradezu elend dünn und ihre riesigen hervorstehenden Augen leuchteten auf wie die Neonschilder am Piccadilly Circus, wenn sie darüber sprach. Von Haus aus war sie ein überaus aufgedrehter Mensch. Wir diskutierten ernsthaft darüber, ob Simone de Beauvoir ihren extremen Feminismus verleugnete oder in heimlichen lesbischen Beziehungen auslebte, bevor wir über unsere eigene Anmaßung laut in Gelächter ausbrachen.

Das sonntägliche gemeinsame Abendessen um 21 Uhr war unsere Institution. Bei gutem Wetter aßen wir auf der Terrasse mit Blick auf den Bois. An weniger freundlichen Tagen begnügten wir uns mit dem Wintergarten. Foie gras und Debussy waren unsere Lieblingsappetithappen. Der Hauptgang, üblicherweise Chateaubriand, begleitet von einem Cheval Blanc 1947, erforderte ungeteilte Aufmerksamkeit; die schweren Komponisten hatten daher eine Pause. Das Dessert, Erdbeeren mit Schokoladenüberzug und einem Château d'Yquem, konnte dagegen nur in Begleitung von Chopin verzehrt werden. Während dieser reizenden Abendessen gelang es uns, unser menschliches Dasein mit unserer relativen Bedeutungslosigkeit innerhalb des Universums zu versöhnen. Wir waren glücklich.

Mein bester Freund in Paris war der reichlich verdrehte Schwede Anders Kierkegrund, dessen Vater ein hohes Tier bei der OECD war. Ich lernte Anders kennen, als ich versuchte, seine Schwester abzuschleppen. Sie war irgendwie süß, irgendwie sexy und irgendwie clever, aber insgesamt in keiner Kategorie heiß und außergewöhnlich genug, um eine längere Werbung zu rechtfertigen. Für ihren Bruder galt dagegen das Sprichwort »Stille Wasser sind tief«. Anders, der immer ordentlich angezogen und höflich war und alten Damen über die Straße half, war hinter seiner perfekten Fassade ein wenig entartet. Seine wahre Leidenschaft war Motorraddiebstahl, und ich wurde sein willfähriger Lehrling. Wenn uns die Bikes irgendwann langweilten, entsorgten wir sie. Das bedeutete, wir fuhren mit ihnen zum Seineufer und brausten in vollem Tempo auf den Fluss zu, bevor wir im letzten Moment absprangen. Das Motorrad, das am weitesten flog, bestimmte den Sieger. Zu Beginn meiner Lehrzeit nahm ich viele unfreiwillige Bäder in der Seine. Zwar war ich ein motivierter Schüler und lernte schnell, aber Anders war mir üblicherweise überlegen.

Dieses Hobby fand im Dezember ein abruptes Ende, als ich vor der russischen Botschaft von der Polizei angehalten wurde, nachdem ich mit einer kurzgeschlossenen Yamaha 250 mit 90 Sachen die Champs-Élysées entlanggerast war. Es gelang mir, mich herauszureden, anstatt Weihnachten im Gefängnis zu verbringen, indem ich behauptete, Thor Olafsson zu sein, Sohn des stellvertretenden Generalsekretärs der OECD. Ich nuschelte meine Geschichte mit großer moralischer Überzeugung und einem kaum verständlichen skandinavischen Singsang-Akzent, wobei ich mein schulterlanges Haar alle 30 Sekunden wie ein verwöhnter, eitler Jungpopper schüttelte, um meine Wirkung und Bedeutung zu unterstreichen. Die Show war erste Sahne. Zufällig trug ich einen Armani-Anzug und einen teuren Kaschmir-Mantel, den meine letzte Freundin gekauft hatte, weil ich vorhatte, später noch in den Nachtklub Le Castel zu gehen. Ich sah wie einer der verwöhnten Diplomatensöhne aus dem 16. Arrondissement aus, die nie ihren Führerschein oder ihre Aufenthaltspapiere dabeihatten, weil sich Daddys diplomatische Immunität auch auf ihre nutzlosen Kinder erstreckte.

Weil ich meine hochmodischen beigefarbenen Wildlederhandschuhe auf die Zündung gelegt hatte, fiel den Polizisten nicht auf, dass die Zündung des Motorrads kurzgeschlossen worden war, und so ließen sie mich gehen. Sie behielten das Motorrad und ich versprach, die Papiere, die mich als Besitzer auswiesen, sowie meinen Führerschein innerhalb einer Stunde vorbeizubringen. Wir hörten nie wieder etwas von ihnen und entspannten uns nach einigen Tagen. Wie immer waren die Zeichen offensichtlich. Meine Zeit als Motorraddieb war definitiv vorbei.

Ich würde gerne wissen, was aus Anders geworden ist. Wahrscheinlich ist er ein protestantischer Geistlicher in Malmö und denkt sich irgendeinen Industriebetrug aus, mit dem er Millionen scheffeln kann, nur um seiner gestörten Psyche einen aufregenden Kick zu verschaffen.

Zu Weihnachten desselben Jahres erhielt ich meine Harvard-Zulassung. Obwohl eine meiner schriftlichen Empfehlungen von Necko stammte, der versehentlich geschrieben hatte, dass ich ein »2,13 Meter großer Baseballspieler« war, wurde ich zugelassen. Die Leute, die für die Zulassung zuständig sind, halten nach jungen Menschen Ausschau, von denen sie vermuten, dass sie auf irgendeinem Gebiet Hervorragendes leisten werden. Sie suchen nach Anzeichen für Führungsqualität, laterales Denken, inneren Antrieb, charakteristische Unterscheidungsmerkmale oder alles zusammen. Ich hatte für mein Land Basketball gespielt und das sportliche Element war für meine Zulassung eindeutig wichtig und katapultierte mich auf ihren Radar, aber ich hatte für die Baufirma meines Vaters auch auf dem Bau geschuftet, seit ich 13 Jahre alt war, und sprach fließend vier Sprachen. Ich war kein Genie, aber hatte ein prestigeträchtiges Stipendium erhalten. Ich hatte sehr gute Noten und war ziemlich belesen, und zwar auf ungewöhnlichen Gebieten. Eine meiner schriftlichen Empfehlungen stammte von einem Harvard-Basketball-Scout, der in der letzten Zeile – nach dem ganzen Zeug über meine sportlichen Fähigkeiten – schrieb, er hielte es sogar für möglich, dass ich das eigentliche Studium erfolgreich abschließen werde.

Nachdem ich in Harvard angenommen war, sank meine Studienmotivation in Paris augenblicklich auf den Nullpunkt. Meine Noten gingen von weit überdurchschnittlich auf unterdurchschnittlich zurück. Aber das war egal. Niemand würde sich jemals nach ihnen erkundigen. Ich stand um zwei Uhr nachmittags auf, erledigte meine Vorlesungsaufgaben, wenn überhaupt, in der Metro, nahm bestenfalls an einer Vorlesung teil, spielte Flipper und hing mit meinen Freunden in Cafés ab, tat stundenlang gar nichts, spielte ein wenig Basketball, ging anschließend essen, dann in einen Klub und dann in ein 24-Stunden-Kino. Ungefähr um drei Uhr morgens suchte ich eine meiner Freundinnen auf, entweder um die Beziehung zu beenden oder zu vollziehen. Anschließend rauchte ich eine Zigarette und trank ein Glas Cognac, bevor ich im Morgengrauen einschlief.

An anderen Tagen ging ich auf einen Flohmarkt, saß mit Pennern in heruntergekommenen Bars in Belleville, bevor ich mich aufmachte, um im Pigalle Austern und Gewürztraminer zu schlemmen. Später verabredete ich mich mit meinen Basketballjungs zum nächtlichen Klubhopping und fuhr anschließend bis zur Metro-Station Strasbourg Saint-Denis zum Frühstück und beobachtete die Huren und Zuhälter, die von ihrer Nachtarbeit heimkehrten. Wenn ich um acht Uhr morgens heimkam, ließ ich Juliettes Predigten über mich ergehen, warum ich mich nicht auf den Hintern setzte und lernte, und anschließend frühstückte ich Eier Benedict und diskutierte mit ihr die Penislänge von Zwergen.

Gelegentlich führte ich mittags tief greifende philosophische Gespräche mit meinen weniger verdorbenen, intellektuellen Freunden, besuchte eines der 360 Museen, gefolgt von einem Besuch im berühmt-berüchtigten Seine-Schwimmbad Piscine Deligny – vorausgesetzt, dass Wetter spielte mit –, um eine reiche Schlampe kennenzulernen, wobei das Problem mit Piscine Deligny war, dass dort auch wohlhabende, angejahrte Tunten unterwegs waren, die nach hübschen jungen Männern Ausschau hielten. Vor diesen Päderasten musste man sich hüten wie der Teufel vorm Weihwasser. Nach einem frühen Abendessen ging ich in die Oper, ins Ballett oder die Comédie Française, entweder auf eigene Kosten (billige Sitze) oder in älterer weiblicher Begleitung (tolle Plätze kostenlos). Ein später Cocktail im Ritz oder im George V regte meine Stimmung an, und angesichts des Umstands, dass meine jeweilige Begleiterin am nächsten Tag womöglich arbeiten musste, verabschiedete ich mich frühzeitig und respektvoll gegen zwei Uhr morgens. Vor dem Abschied blickte ich mit großer Zärtlichkeit tief in die leicht faltigen Augen meiner Nachtbekanntschaft und teilte ihr mit, wie viel bedeutungsvoller mein Leben geworden war, seit ich sie kennengelernt hatte.

Wenn ich nicht reiche geschiedene Frauen, Fremdgängerinnen oder Boutiquenbesitzerinnen beglückte, war mein Lieblingshobby, als weltgewandter Franzose und Latin Lover aufzutreten und deutsche und amerikanische Touristinnen an der Nase herumzuführen. Ich erzählte ihnen, ich sei Alain de Geste von Schloss Tonrêve (was so viel bedeutet wie »dein Traum«) in Burgund. Die meisten fanden meine erfundene Identität amüsant, wenn sie die Wahrheit herausfanden, und trafen sich weiterhin mit mir. Andere hielten mich für ein Arschloch, weil ich sie belogen hatte, und machten sich auf der Stelle davon.

Fast alle Mädchen hatten zu Hause feste Freunde oder Ehemänner und suchten in Paris Romantik und lateinamerikanische Leidenschaft. Es war eine einmalige, unendliche Abenteuerfahrt.

Irgendwann war ich es allerdings leid. Mein Gehirn befand sich im dauerreduzierten Zustand und ich fühlte mich wie ein Parasit. Die endlosen Partys und Gelage, die oberflächlichen Sexabenteuer und das leere Geschwätz, für das die Franzosen so berühmt sind, begannen mir auf die Nerven zu gehen. Die manirierten französischen Filme fingen an mich zu langweilen. Selbst der Comédie Française und Molière konnte ich nichts mehr abgewinnen. Paris war zu einem Klischee geworden, einer Maske, hinter der ich mich leer fühlte. Ich brauchte mehr Substanz, Struktur und intellektuelle Nahrung, und so ging ich nach Harvard.

TEIL II
AUFSTIEG

3. CUM LAUDE

Irgendein Typ aus Harvard sagte, Acid würde unsere Wahrnehmung erweitern, Pot würde uns nicht schaden und Kokain sei harmlos.
Chevy Chase

Als ich ins Harvard-College eintrat, war ich 18, fühlte mich aber wie 50. Das Jahr in Frankreich hatte mir den letzten Rest meiner Unschuld geraubt.

Als ich in meinem Dormitorium Pennypacker Hall eintraf, trug ich einen bodenlangen braunen Ledermantel im Gestapo-Stil, ein weißes eng anliegendes, ärmelloses Netzhemd und einen Diamantohrring und stellte mich meinem mormonischen Zimmergenossen (Sohn des Gouverneurs von Utah) in perfektem schwarzen Innenstadt-Slang vor. Ich war ein Teilzeit-Gigolo, Minidealer, Profisportler und kosmopolitisch degeneriertes Subjekt und laut meinem Zimmergenossen eindeutig verrückt. Mit 17 hatte ich bereits weitaus mehr Geld verdient, als meine Kommilitonen nach Studienabschluss verdienen würden. Ich stammte von einem anderen Planeten, der in eine feindliche und fremde Umgebung verpflanzt worden war – der Pariser Playboy in der krassen unitaristischen Bostoner Landschaft.

Von den Studenten im Grundstudium wurde erwartet, dass sie neben den Vorlesungen neun Stunden täglich lernten. Ich hatte in meinem ganzen Leben nie mehr als ein paar Stunden nach der Schule gelernt. Bei den Vorlesungen war Anwesenheitspflicht. Ich hatte noch nie regelmäßig an irgendeinem Unterricht teilgenommen. Es gab große Studentenproteste, um zu erreichen, dass die Bibliotheken 24 Stunden geöffnet wurden. Warum in Gottes Namen? Um den hunderttausendsten Aufsatz über Paul Reveres brillante Kommunikationsfähigkeiten oder Adam Smiths unsichtbare Hand zu schreiben?

Mindestens die Hälfte der Studienanfänger waren Jungfrauen und drei Viertel waren männlich. Die Mädchen waren im Schnitt nicht nur wahnsinnig hässlich, sondern zum großen Teil sexuell unerfahren, unglaublich prüde, selbstgerecht und im Bett völlig nutzlos – alles in allem eine grauenhafte Kombination. Nichtsdestotrotz gelang es mir, im ersten Studienjahr mehrere der von der Natur weniger benachteiligten Kreaturen abzuschleppen. Eine nannte mich einen Hedonisten. Eine andere bezeichnete mich als Narzist. Was ist falsch daran, Spaß zu haben? Ist doch besser, als sich wegen einer Zwischenprüfung in organischer Chemie die Nägel abzubeißen. Und das einzige Problem mit Eigenliebe besteht darin, dass sie nicht erwidert wird.

Dieser Kulturschock traf mich völlig unvorbereitet, und so stand ich im ersten Studienjahr ständig kurz vorm Rausschmiss. Mein erstes Zwischenzeugnis enthielt ein B, zwei Cs und eine Lücke. Die fehlende Note bezog sich auf das Fach schriftliche Darlegung. Die Professorin kommentierte dies mit den Worten, zwar sei ich angeblich am Harvard-College eingeschrieben, aber sie sei bisher nicht in den Genuss meiner Bekanntschaft gekommen. Sie sagte, sie freue sich darauf, mich vor dem Ende des Semesters kennenzulernen, wahrscheinlich, um mir eine F minus – das entspricht einer Sechs minus – zu geben. Falls sich meine Noten nicht dramatisch verbesserten, würde ich im Januar zwangsexmatrikuliert.

Um dem Ganzen die Krone aufzusetzen, legte ich dämliche weiße Jungs im Billardraum der Uni (Glücksspiel) aufs Kreuz, jagte dem Aufseher des Billardraums schwere Angst ein (Gewalttätigkeit) und wurde von der Fakultät für Romanische Sprachen des Plagiats bezichtigt – dieser Vorwurf bezog sich auf einen Aufsatz über Vautrin, einen der Antihelden Balzacs, den ich von einem bekannten französischen Literaturkritiker mehr oder weniger abgeschrieben hatte (akademischer Betrug, wenngleich ich keine Ahnung hatte, was Plagiat bedeutete). Zudem hatte ich die schlechteste Anwesenheitsbilanz des gesamten ersten Studienjahrs. Meine Situation war so hoffnungslos, dass sie schon wieder komisch war. Man würde mich ohne Zweifel hinauswerfen.

Meine rettende Seele war meine Tutorin, die heilige Ellen Porter. Bis heute weiß ich nicht, was sie in mir sah, aber ihr gelang das Unmögliche und sie sorgte für meinen Verbleib an der Uni. Mit aufrichtigen Schuldbekenntnissen, einer tiefen moralischen Introspektion und sogar Tränen sowie einer oscarreifen Schauspielleistung, mit der ich Besserung gelobte, gelang es mir, der gerechten Strafe zu entkommen. Mein Ehrgeiz, ein mehrsprachiger Diplomat zu werden, war jedoch in tausend Scherben zersprungen. Als niederträchtiger Dieb fremden geistigen Eigentums konnte ich kaum an der Fakultät für Romanische Sprachen bleiben und wechselte daher in das Economics Department. Endlich verschrieb ich mich ganz dem Kapitalismus.

Trotz des Chaos, in dem ich mich befand, hatte ich mich mit Lynne Valencia Perry, einer heißen Afroamerikanerin, liiert, die in den folgenden sechs Jahren meine Hauptfreundin sein sollte. Sie übte einen zutiefst positiven Einfluss auf mich aus. Lynne half mir, meine akademischen Schwächen zu überwinden. Ich belegte Kurse in afroamerikanischer Geschichte und übte im Ausgleich Deutsch mit ihr. Sie drängte mich dazu, mich für karitative Zwecke zu engagieren, dämpfte meinen angeborenen Merkantilismus und erweiterte meinen Horizont. Sie war Lektorin an der Cambridge Catholic Church und ich ging sogar zur Messe, um ihre wohlklingende Stimme zu hören.

In einem Sommer verbrachte ich einige Zeit bei ihrer Familie in einer rein schwarzen Oberschichtgegend von Houston. Das war der perfekte Kontrast zu Livonia. Dr. Perry war Star-Kardiologe unter Leitung von Michael DeBakey, dem weltberühmten Chirurgen für Herztransplantation aus Houston. Diese Afrotexaner hatten richtig Geld und zeigten das auch gerne. Ihr Haus hätte in Goldener Palast umgetauft werden können. Das Besteck war vergoldet und im Musikzimmer gab es nicht ein Möbelstück, dass nicht 18-karätiges Gold aufwies. Die Familie war zum römisch-katholischen Glauben konvertiert. Alle Familienmitglieder spielten mindestens ein Musikinstrument. Die rebellischeren von ihnen hatten es gewagt, Saxofon zu lernen. Mit ihren zehn Kindern hatten die Eltern ihr eigenes kleines Symphonieorchester. Anstatt Basketball oder Football zu spielen oder Leichtathletik zu praktizieren, lernten die Perry-Kinder schwimmen und Tennis. Afroamerikanischer Slang galt als Sprache der ungebildeten schwarzen Unterschicht und war streng verboten. Mein *Jive* war weitaus besser als ihrer.

Die zehn Perry-Kinder besuchten die besten »weißen« privaten Highschools von Houston und einige der besten Universitäten Amerikas. Mit Ausnahme des schwarzen Schafes Maurice, waren sie alle vorbildliche Bürger. Lynne war Jahrgangsbeste ihrer Highschool. Sie war klug, witzig und tanzte gut. Sie machte sich gerne über die schwerfälligen Harvard-Studentinnen mit ihrem mangelnden Rhythmusgefühl, ihren eckigen Bewegungen und ihrem ständigen Haarschütteln lustig.

Die Haltung ihrer Eltern mir gegenüber reichte von Morddrohungen bis zur fast vollständigen Akzeptanz. Einmal rief mich Dr. Perry von Houston aus an und sagte, er habe eine geladene Pistole in der Hand und würde mich aufsuchen, falls ich die Beziehung zu seiner Tochter nicht umgehend beendete. Ich nahm ihn ernst. Diese Texaner sind gefährlich, genau wie die Russen. Ich wollte Lynne aber nicht aufgeben. Sie war das Beste, was mir bisher in meinem Leben passiert war. Eine Zeit lang strichen sie ihr den Unterhalt, um zusätzlichen Druck auszuüben. Lynne war jedoch loyal und ließ sich nicht beeindrucken. Um liquide zu bleiben, nahm sie vorübergehend einen Job an. Letztendlich lieben die Perrys alle ihre Kinder, und so gaben sie schließlich nach und nahmen die großzügigen Unterhaltszahlungen wieder auf.

Überraschenderweise verstanden sich unsere Eltern gut. Meine Eltern wussten, dass Lynne einen guten Einfluss auf mich hatte, und Lynnes Eltern mochten meine Eltern. Ganz offensichtlich war ich in dieser Gleichung das schwarze Schaf. Zwischen beiden Eltern gab es eine Menge an kommerziellen Gemeinsamkeiten und einen ähnlichen großbürgerlichen gesellschaftlichen und kulturellen Ehrgeiz. Der Rassenunterschied war nach einigen Jahren bestenfalls ein drittrangiges Thema. Während ihrer Besuche in Deutschland wurde Lynne überall akzeptiert, sogar von meiner erweiterten Familie und den Altnazis. Reichtum, Bildung und Erfolg, nicht die Rasse, waren die relevanten gemeinsamen Nenner. Es war wirklich verblüffend, dass die Nachkommen von Sklaven und Nationalsozialisten so gut miteinander auskamen.

Lynnes Eltern versuchten ernsthaft, mich davon zu überzeugen, Arzt zu werden. Ich lehnte ihre gut gemeinten Vorschläge mehrere Male höflich ab. Die Perrys wollten, dass alle ihre Kinder Ärzte wurden, und die meisten taten ihnen den Gefallen. Ich konnte mir einfach nicht vorstellen, bis Anfang 30 intensiv zu studieren. Lynnes Eltern reisten zu unserer Verlobungsfeier und kamen bei allen unseren Freunden gut an. Die Perrys sind solide, ehrgeizige Bürger. Wie die Neckermanns zogen sie es vor, beunruhigende Probleme nicht anzusprechen, und kehrten jedes heikle Thema resolut unter den Teppich. Ihre Vorbehalte gegen Weiße im Allgemeinen und mich im Besonderen verstand ich. Ich bin froh, dass ich im rassengetrennten Süden nie in ihren Schuhen steckte.

Nach sechs Jahren gab mir Lynne wegen meiner chronischen Untreue den Laufpass und heiratete einige Jahre später einen zärtlichen, fürsorglichen deutschen Arzt – ein viel besserer Mann als ich. Sie haben zwei Kinder. Dr. Perry-Bottinger wurde ein berühmter Kardiologe und trat sogar bei Oprah Winfrey auf.

Zurück in Harvard spendete ich einem Kibbuz im Herbst einige Olivenbäume, um mich als besserer Mensch zu fühlen. Ich hatte nie irgendwelche soziale Arbeit getan und Lynne drängte mich ständig zur Selbstverbesserung durch Engagement für die Gemeinde. Zweifellos legte sie die Saat für meine späteren karitativen Aktivitäten in Liberia. Die Vorstellung, armen und benachteiligten Menschen zu helfen, war mir damals völlig fremd. Ich konnte mir nicht vorstellen, soziales Engagement zu heucheln, nur um meinen Lebenslauf aufzupolieren.

Rein zufällig traf ich eines Nachmittags in Harvard einen Anwerber für das Phyllis Brooks House Prison Counceling Program – ein Gefängnistherapie-Programm. Das klang interessant. Viele der Insassen im Hochsicherheitsgefängnis von Walpole galten als äußerst gewalttätig und einige befanden sich an der Grenze zur Geistesgestörtheit. Nur wenige interessierten sich für diesen Job, und so wurde ich sofort und ohne weitere Fragen angenommen. Endlich konnte ich ein Hochsicherheitsgefängnis von innen sehen, ohne eine schwere Straftat begehen zu müssen. Und ich konnte mit wirklich bösartigen Charakteren umgehen und nicht den beschissenen nordafrikanischen Haschdealern aus Paris, die ständig mit ihren Springmessern herumfuchtelten und sich wichtigtaten.

Da ich fließend Französisch sprach, wurde ich einem ehemaligen Auftragsmörder und Bankräuber zugewiesen, der für die berüchtigte Mafiafamilie Dubois aus Montreal gearbeitet hatte. Mein neuer Freund war an mehreren Banküberfällen beteiligt gewesen und hatte in Neuengland mehrere Morde begangen. Er war ein Berufskrimineller und Profimörder, der es auf der Höhe seiner Karriere auf die Liste der zehn meistgesuchten Personen der amerikanischen Justizbehörde geschafft hatte.

Er musste 39 bis 54 Jahre absitzen, und zwar ohne die geringste Chance auf Bewährung. Er saß zum ersten Mal in einem amerikanischen Gefängnis, was zum Teil seine absolute Unkenntnis der englischen Sprache erklärte. Angesichts des Umstands, dass er zu dem Zeitpunkt 45 Jahre alt war, aber wie 65 aussah, war klar, dass er wohl nie wieder den Geschmack der Freiheit kosten würde.

Der Nachhilfeunterricht war dringend nötig. Laut unserem Verbindungsmann gab es keinen weiteren Frankokanadier im Gefängnis und mein Kumpel Jean Christian (JC) stand unter der ständigen Bedrohung der arischen Bruderschaft, der irischen Mafiosi, der Mitglieder der brutalen salvadorianischen Gang Mara Salvatrucha, der Bloods und anderer kleinerer organisierter lokaler Gangsterbanden. Bisher hatte ihn sein Ruf vor größerer Gewaltanwendung geschützt. Es kursierte das Gerücht, JC habe im Verlauf seiner Karriere mehr als 20 Menschen umgebracht, aber früher oder später würden andere Häftlinge seine beeindruckenden Referenzen in Frage stellen. Seine Lebensleistung würde ihn nicht für immer vor gemeinschaftlicher Vergewaltigung oder anderen brutalen Übergriffen schützen. Ende der Siebzigerjahre gab es unter den Gefängnisinsassen von Walpole mehr als 20 Morde pro Jahr. Bei einer Gesamtzahl von nur 900 Häftlingen betrug die Wahrscheinlichkeit, während einer 39-jährigen Haftstrafe ermordet zu werden, leicht 90 Prozent. Der

Umstand, dass sich JC nicht verständigen und somit keine Allianzen bilden konnte, machte ihn noch verwundbarer. So wie die Dinge standen, würde JC in Walpole auf alle Fälle umgebracht werden. Wenn er wenigstens Mindestkenntnisse der englischen Sprache hätte, würde er seine Überlebenschancen deutlich erhöhen können. Er wollte leben und lernte schnell.

Die Gefängnisbedingungen waren geradezu entsetzlich. Ich sah Ratten, die so groß waren wie kleine Hunde, die Toiletten liefen nach heftigen Regenfällen über und einige der Lebensmitteldosen waren älter als 20 Jahre. Mehrmals mussten Besprechungen abgesagt werden, weil es regelmäßig zu Aufständen unter den Gefangenen kam. Ich schaffte es, JC Grundkenntnisse der englischen Sprache zu vermitteln, obwohl es mir nicht leichtfiel, seinen frankokanadischen Gangsterdialekt zu verstehen. Die Polizei fing schließlich auch seinen gleichermaßen bösartigen Bruder, der ebenfalls auf der Top-Ten-Liste der meistgesuchten Straftäter stand, sodass diese beiden kriminellen Hochleister nun wieder vereint waren und sich ihre Überlebenschancen deutlich verbessert hatten. JC war intelligent, aber ein durch und durch schlechter Mensch. Er war die Verkörperung des Bösen. Wenn ich diesen Job noch einmal machen könnte, würde ich mit den Opfern arbeiten, und nicht mit den Tätern.

Lynne lehnte Drogen strikt ab, daher gab ich diese Gewohnheit für eine Weile auf und begann, alle erstaunlichen Chancen in Augenschein zu nehmen, die Harvard bot. Anstatt mit Hasch zu dealen, wurde ich zum Direktor der Harvard Cooperative Society gewählt, einer 100 Millionen schweren Einzelhandelsorganisation, die Bücher, Musik und Merchandising-Artikel mit Harvard-Logo verkauft und in deren Verwaltungsrat der legendäre Professor und Wettbewerbsguru Michael Porter saß. Anschließend begann ich mit Aktien zu spekulieren und gründete eine erfolgreiche Investmentpartnerschaft mit meinem Freund Michael Kagan. Mike war einer der Manager des Basketballprogramms von Harvard und ein ernsthafter Aktienspekulant. Er half mir dabei, ein Handelskonto bei Fidelity zu eröffnen. Ich investierte mein gesamtes Geld in seine erste Empfehlung, Sunbeam Electronics – ein heißer Tipp. Das Unternehmen erhielt vier Tage später eine üppige Übernahmeofferte und ich verdiente 7.150 Dollar, ohne einen Finger zu rühren. Der Rausch, bei minimalen Risiken meinen Einsatz beinahe zu verdoppeln, war besser als eine Heroinpfeife.

Von da an war ich völlig aufs Investment fixiert. Anstatt mit reichen geschiedenen Frauen und degenerierten Playboys in angesagten Pariser Nachtklubs abzuhängen, widmete ich mich ernsthaft dem Geldverdienen und meiner beruflichen Karriere. Ich wurde zum Sekretär der Studentenvertretung Harvard International Students Organisation und zum Präsidenten des prestigeträchtigen Klubs Harvard Finals gewählt. Ich lernte schnell, mich von Kursen fernzuhalten, die aus kleinen Studiengruppen bestanden, oder Kursen, bei denen die Anwesenheit streng überwacht wurde. Es dauerte zwei Semester, bis ich herausgefunden hatte, wie ich mit geringstmöglichem Einsatz den bestmöglichen Notendurchschnitt erreichen konnte. Die meiste Zeit machten sich die Studenten doppelte Arbeit. Wenn man das Kursmaterial wirklich studierte, dann war der Besuch der Vorlesungen überflüssig. Wenn man sich ausschließlich auf die Zwischen- und Abschlussprüfungen konzentrierte, konnte man in der Zwischenzeit viel Freizeit gewinnen und mehr erreichen als bestandene Prüfungen.

Einen Kurs gab es jedoch, den ich möglichst regelmäßig besuchte: Nazideutschland und der Holocaust, informell auch »Krauts and Doubts«[3] genannt, gehalten von Professor Hunt. Ich hatte Hunt bereits kennengelernt: Als Präsident der einflussreichen Deutsch-Amerikanischen Gesellschaft war er mit Necko und seiner Rolle in Nazideutschland ziemlich vertraut. Er ermutigte mich, seinen Kurs zu besuchen und Feldforschung zu diesem Thema zu betreiben, das heißt Menschen zu befragen, die diese Zeit selber erlebt hatten.

Das klang potenziell herrlich explosiv. Ich würde in meiner Familie herumschnüffeln können und Professor Hunt als Alibi verwenden. Ich würde unangenehme, bohrende Fragen stellen. Ich würde in das kollektive Unterbewusst-

---

[3] In etwa: Die Deutschen und die Zweifel. »Krauts« – abgeleitet von »Sauerkraut« – ist die abfällige Bezeichnung für Deutsche. (A. d. Ü.)

sein des deutschen Geistes eindringen und einige schauerliche Details über Mittäterschaft und widerwärtige Geschäftemacherei zutage fördern. Das würde heftig werden. In meiner Jugend wurde jedes Gespräch über die Nazizeit mit allen Mitteln vermieden. Unsere deutsche öffentliche Schule widmete dieser dunklen und finsteren Phase der Geschichte zwei bedeutungslose Unterrichtsstunden. Niemand, der noch alle Tassen im Schrank hatte, würde jemals zugeben, Anhänger dieses verdorbenen Regimes gewesen zu sein, und dennoch waren Millionen Menschen daran beteiligt gewesen, wobei die Elite ohne den geringsten Zweifel genau wusste, was vor sich ging.

Die erste Vorlesung des Kurses war jedoch ein echter Schocker. Professor Hunt stellte mich vor und beschrieb mich als Nachkomme einer deutschen Familie, die Zeuge (soll heißen »aktiver Teilnehmer«) der Geschehnisse in Nazideutschland von 1933 bis 1945 gewesen war. Er bat mich aufzustehen, damit mich jeder sehen konnte. Dann fügte er hinzu, er erwarte von mir, dass ich von noch lebenden Familienmitgliedern wertvolle Informationen aus erster Hand beschaffe, sozusagen als Kontrast zu den Schilderungen der Überlebenden der Konzentrationslager und ihrer Nachkommen, die ebenfalls an diesem Kurs teilnahmen.

Ein Drittel der Kursteilnehmer machte nach dieser Vorstellung ihren Unmut laut. Sie murmelten nicht, sie fauchten mich an. Als ich mich hinsetzte, wandte ich mich an den Studenten, der neben mir saß, und fragte ihn, was das Ganze solle. Er antwortete in einem Ton, als ob ich an diesem Morgen seine neunjährige Schwester vergewaltigt hätte: »Du bist Teil des Problems. Alle Deutschen sind für das, was den Juden im Allgemeinen und meiner Familie im Besonderen zugefügt wurde, verantwortlich.« Ich war verblüfft. Das war wirklich unfassbar. Wie konnte ich auf eine derart kranke Theorie antworten? Was brachten sie diesen Kids bei Hillel, dem jüdischen Gesellschaftsklub von Harvard, eigentlich bei?

Ich wurde 14 Jahre nach Kriegsende geboren. Meine besten Freunde in der Frankfurt International School waren David Gower und Angelo Romain. Meine besten Freunde in Harvard waren Steven Larab und Mike Kagan. Es war mir völlig egal, ob sie Juden oder Außerirdische waren. Sie waren interessante, hellwache Menschen und ich hatte an ihrer Geschichte ein ehrliches Interesse und hatte sogar ihre Familien kennengelernt. Anders als die meisten Deutschen meines Alters hatte ich mich mit dieser dunklen Phase beschäftigt. Zwar war Necko eindeutig ein opportunistisches Nazischwein gewesen, aber Hans, mein verstorbener Großvater mütterlicherseits, hatte als Spion der Alliierten gearbeitet und war ein aktives Mitglied der Opposition gewesen. Ich fühlte mich also nicht vollkommen böse und angesichts meiner entfernten mexikanisch-semitischen Wurzeln genetisch betrachtet auch nicht rein arisch.

Die Animositäten mir gegenüber ließen dann im Verlauf des Jahres deutlich nach. Gegen Ende des Semesters gab es in meiner Studiengruppe nur noch einen einzigen radikalen, jüdischen religiösen Krieger, der mich in Gruppendiskussionen persönlich angriff. Wir wollen ihn Shalom Weiss nennen.

Meine Versuche, mich mit Shalom zu versöhnen, schlugen fehl. Er war fest davon überzeugt, dass ich die Wiedergeburt von Ernst Kaltenbrunner war und unaufhörlich beleidigt und bestraft gehörte. Das Florian-Bashing nahm solche Formen an, dass der Dozent, der selber Semit war, eingreifen musste, um Shalom für seine Angriffe, die stets unter die Gürtellinie zielten, zu disziplinieren. »Genug ist genug; dieser Typ wird dafür bezahlen«, versprach ich mir selbst. In der letzten Sitzung des Jahres wandte ich mich an Shalom und verwickelte ihn vor meinen Kommilitonen in ein Gespräch. Einige meiner Klassenkameraden waren in meinen Plan eingeweiht.

»Mr. Weiss, der Kurs ist fast zu Ende, und nur um Ihnen zu zeigen, wie rassistisch, bösartig und heuchlerisch Sie sind, werde ich Ihnen nun die Augen öffnen und Ihnen zeigen, wie unverdient Ihre brutalen und sehr persönlichen Angriffe gewesen sind. Bis heute habe ich niemandem erzählt, dass mein Großvater mütterlicherseits in einem Konzentrationslager gestorben ist. Sagen Sie mir, Shalom, wie fühlen Sie sich nun?« Er blickte mich mit fassungslosem Erstaunen an. In seinem Gesicht standen das Schuldgefühl und die eigene Dummheit geschrieben. Er starrte auf sein Notizheft und rutschte unruhig auf seinem Stuhl hin und her. Nach einigen Sekunden hob er kleinlaut seine Augen und fragte mich, wie mein Großvater gestorben sei. Ich antwortete: »Er fiel von einem Wachturm, du scheinheiliger Heuchler!«

An diesem Punkt war die Hälfte der Kursteilnehmer mucksmäuschenstill und in einer Art Schockzustand. Die andere Hälfte, zumeist die Juden, die ich vorher eingeweiht hatte, brüllten vor Lachen. Wenn Blicke töten könnten, hätte mich Shalom in Nanosekunden atomisiert. Wenigstens dieses eine Mal verschlug es ihm, der dunkelrot angelaufen war und schwer atmete, völlig die Sprache. Ich erzählte meinen Kommilitonen nie, und erst recht nicht Shalom, dass mein Großvater, meine Großmutter und ihr ungeborenes Kind sowie mein Onkel im Jahr 1948 von amerikanischen Soldaten entweder grob fahrlässig und rücksichtslos getötet oder ganz bewusst ermordet worden waren. Das war zu persönlich und ging sie daher nichts an.

*

Mir wurde zunehmend klarer, dass ich mehrere Trittsteine an der richtigen Stelle platzieren musste, damit daraus ein erfolgreicher Pfad in die Finanzwelt wurde, in der ich mich betätigen wollte. Mein Ziel war, von den Besten alle Tricks und Kniffe zu lernen und dann das Spielfeld zu beherrschen. Dafür war unter anderem ein Praktikum wichtig, und so arbeitete ich nach meinem ersten Studienjahr einen Sommer in Südafrika. Meine Eltern hatten dort einige Geldanlagen und kannten den südafrikanischen Politiker Howard Odell. Ich arbeitete im Carlton Centre in Johannesburg für die Nedbank, der damals größten privaten südafrikanischen Bank, und erstellte und interpretierte Statistiken für ihre Wirtschaftsabteilung, die damals die beste des Landes war. Es herrschte noch strikte Apartheid und die Arbeit hatte im Wesentlichen mit Entwicklungsökonomie zu tun – ein Thema, das innerhalb des spezifischen Kontextes interessanter wird. Die gesamten südafrikanischen Daten wiesen darauf hin, dass es der schwarzen Bevölkerung Südafrikas weitaus besser ging als den Schwarzen in Botswana und Malawi. Eine detaillierte Analyse mehrerer Homelands oder Bantustans, wie sie im Sprachgebrauch des Apartheidregimes genannt wurden, enthüllte jedoch, dass die Armut, das Analphabetentum und die Gewaltkriminalität möglicherweise schlimmer waren als in anderen Ländern Schwarzafrikas. Ich ging nach Soweto, obwohl das streng verboten war, und sah eine Kriminalität und Gewalt, wie ich sie mir nie hätte vorstellen können. Ciskei, ein weiteres Homeland, war viel ärmer als Sambia, Botswana, Namibia oder sogar Angola.

Als Afroamerikanerin konnte meine Freundin Lynne als »achtbare Weiße« nach Südafrika kommen und alle Privilegien weißer Südafrikaner genießen. Sie konnte sogar in Hotels wohnen, die ausschließlich Weißen vorbehalten waren. Die Abteilung für Wirtschaftsinformationen der Nedbank beschäftigte Weiße und Schwarze. Die Schwarzen waren sehr kompetent und luden mich zu ihnen nach Hause in die Townships ein. Das war nach den südafrikanischen Apartheidgesetzen illegal. Ich nahm in Südafrika an Protestmärschen gegen die Apartheid teil, und Lynne und ich demonstrierten auch mehrmals in den USA, was für einen arischen Kapitalisten, der bei einer großen südafrikanischen Bank arbeitete, sehr ungewöhnlich war. Zu schweigen wäre jedoch heuchlerisch gewesen und hätte gegen meine Überzeugungen verstoßen.

Zu dieser Zeit gründete ich gemeinsam mit Michael Kagan die Investmentpartnerschaft Interinvest. Trotz drastischer Marktkorrekturen ging es Interinvest von 1979 bis 1982 sehr gut. Wir konzentrierten uns ausschließlich auf Übernahmekandidaten und riskante Arbitrage-Situationen. Das generelle Konzept lautete, Netzwerke und Kontakte zum Aufspüren von Unternehmen zu entwickeln, die weitaus mehr wert waren als die Summe ihrer Teile und sich daher höchstwahrscheinlich mit einem saftigen Aufschlag auf unseren Akquisitionspreis weiterverkaufen ließen. Mit dieser Methode erzielten wir in einer Zeit, in der sich der allgemeine Markt negativ entwickelte, solide Renditen. Außerdem begann ich, mir ein herausragendes Wissen anzueignen und ein Kontaktnetz aufzubauen, das mir viele Jahre später große Wettbewerbsvorteile verschaffen sollte. Mein Fokus auf sensible Informationen brachte mich während meiner Entwicklung zum Babymagnaten dabei mehr als einmal in Schwierigkeiten.

Einer der größten Investoren war der Typ aus dem angrenzenden Schlafraum während meines ersten Studienjahrs. Er hieß Carlos, stammte aus einer großen griechischen Reederdynastie und sein Bruder Nicholas heiratete später ein Bond-Girl. Carlos war noch abgedrehter als ich. Ich lernte ihn kennen, als er an meine Tür pochte und mich fragte, ob ich wüsste, wo er Nadeln herbekäme, damit er sich einen Heroinschuss setzen konnte. Zwar hatte ich das Zeug geschnupft und geraucht, aber ich sagte ihm, es zu spritzen sei nicht mein Ding. Wenn er dringend ein paar Nadeln brauchte, sollte er am besten den Gesundheitsdienst der Uni aufsuchen und eine Lebensmittelvergiftung oder irgendeine exotische Infektion vortäuschen, damit ein Bluttest gemacht würde. Und wenn gerade niemand hinsah, könnte er leicht einige Nadeln mitgehen lassen.

Carlos konvertierte zum Islam und wurde ein Vollblut-Mudschahed, arbeitete an der Wall Street und gab Literaturzeitschriften heraus. Er erinnerte mich an meine Schwester. Die beiden hätten ein großartiges, völlig durchgedrehtes Paar abgegeben. Irgendwann hatte er eine Affäre mit der Frau von Bobby Kennedy Jr., die ich ebenfalls kennenlernte. Angeblich starb Carlos in einem heruntergekommenen Hotel in Peschawar an einer Überdosis Heroin. Die Erklärung für seinen Tod war völlig absurd. Carlos liebte und hasste sich zu sehr, um sich umzubringen, sei es durch einen Unfall oder einen absichtlichen goldenen Schuss. Er musste sich stets etwas beweisen, auffallen und andere schockieren. Mit der Zeit wurde er ruhiger und es gab Dinge, auf die er sich freute. Außerdem war er ein ultra-raffinierter »Meisterdrogist«, ein echter Drogenapotheker. In Wahrheit wurde Carlos liquidiert, weil er für die CBS-Nachrichtensendung *60 Minutes* einer hochexplosiven Sache nachging und über äußerst gefährliche Leute recherchierte. Er war auf einer sehr heißen Spur und wurde zu einem ernsthaften Risiko. Nichts ist in diesen Ländern leichter, als einen Tod durch Überdosis zu fingieren. Carlos war einfach mit den falschen Leuten zur falschen Zeit am falschen Ort. Seine Zeit war abgelaufen. Ende der Geschichte! Nicholas, der zurückhaltender ist, als es Carlos war, machte mich zwei Jahrzehnte nachdem er zum Gründungsmitglied von Interinvest geworden war, mit potenziellen Investoren bekannt. Mike Kagan wurde ein sehr erfolgreicher Fondsmanager in New York.

Damit es nicht langweilig wurde, hatte ich zu Beginn meines zweiten Studien-jahres einen lukrativen Vertrag mit einem professionellen deutschen Basket-ballklub, dem BC Giants Osnabrück, unterschrieben. Von diesem Zeitpunkt bis zu meinem Diplom pendelte ich zwischen Boston und Deutschland, zu-meist für ein verlängertes Wochenende, um Basketball zu spielen. Oft muss-te ich aus »dringenden persönlichen Gründen« Prüfungstermine verschieben: Mein Bruder starb bei einem Autounfall. Die Contras in Nicaragua ermorde-ten meine geliebte Schwester. Zwei Tanten verstarben an Brustkrebs und drei Onkel mussten ebenfalls dran glauben – Herzversagen, Darmkrebs respektive Lungenkrebs. Mein Vater erlitt zwei schwere Schlaganfälle und musste künst-lich ernährt werden. Ich erreichte einen neuen moralischen Tiefpunkt, als ich behauptete, meine Mutter sei nach einem Nervenzusammenbruch in eine Ir-renanstalt eingewiesen worden. Meine Großeltern starben mindestens zwei-mal an Altersschwäche. Insgesamt machte ich in drei Jahren 15 Todesfälle und vier schwere Unfälle in meiner Familie geltend, die alle meine dringende An-wesenheit in Deutschland erforderten. Meine unterirdische Anwesenheitsbi-lanz war jedoch kein Einzelfall. Der Schauspieler John Stockwell, der in dem Film *Christine* mitspielte und eine Nebenrolle in *Top Gun* hatte und später Regisseur mehrerer kommerzieller Kinoerfolge, zum Beispiel *Blue Crush*, war, arbeitete während seines Studiums Vollzeit als Schauspieler und Model. Ein anderer und noch viel begabterer Collegestudent unserer Zeit, Bill Gates, ver-ließ im dritten Studienjahr das College und machte nie einen Abschluss.

Um mich in der Uni bei Laune zu halten, spielte ich eine ziemlich anspruchs-volle Rolle in Dürrenmatts *Die Physiker*, das im Experimental Theater von Har-vard aufgeführt wurde. Außerdem belegte ich einige Kurse in Zeichnen und bildender Kunst sowie mehrere Diplomkurse in deutscher Literatur, Demogra-fie und Geburtenkontrolle und wurde Präsident des SPEE Club, eines elitären studentischen Gesellschaftsklubs, zu dessen berühmtesten Mitgliedern JFK und Bobby Kennedy gehört hatten. Ich genoss Harvards Vielfalt, lernte Berge an Informationen zu verdauen, entwickelte analytische, geschäftliche und Füh-rungskompetenzen und schloss mehrere dauerhafte Freundschaften. Ich prü-gelte mich seltener und wurde ein wenig menschlicher und sozial sensibler. Ich schaffte es sogar, mein Wirtschaftsstudium *cum laude* abzuschließen.

4. NYC

Eine unerfüllte Berufung lässt die gesamte Existenz
eines Mannes farblos werden.
Honoré de Balzac

Als ich Harvard verließ, lockten einige Profibasketball-Verträge, aber ich begann, die Dinge mit Verstand zu betrachten. Ich liebte Basketball und es gab für einen jungen Spieler durchaus lukrative Verträge, aber warum sollte man ein regelmäßiges Einkommen für sieben Jahre, selbst in dieser Höhe, einem 40-jährigen Einkommen vorziehen? Natürlich wäre es traumhaft gewesen, in der NBA zu spielen, aber auf diesen Traum konnte ich leicht verzichten. Ich empfand keine wirkliche Angst bei der Entscheidung, vor allem, weil der andere Traum, »Necko auszustechen«, zunehmend Formen annahm. Nachdem sich Necko kurz zuvor von seinen Geschäftssorgen befreit hatte, entspannte er sich in einem Leben ohne kaufmännischen Antrieb, und das gelang ihm ziemlich gut. Das bedeutete, dass sich die eiskalte Rücksichtslosigkeit, die für unsere Familie so typisch war, einen anderen Ort suchen musste, und ich war mehr als bereit, meine Tür zu öffnen und ihr für eine weitere Generation ein bequemes Zuhause zu bieten.

Die ersten Schritte in dieses Dunkel unternahm ich 1982, als ich mich um ein Management-Trainee-Programm bei einer großen Investmentbank bewarb. Ich gehörte zu den fünf erfolgreichen Kandidaten, die aus 2.000 Bewerbern ausgewählt wurden. Ich war zwei Jahre lang bezahlter Direktor der Harvard Cooperative Society gewesen, einer 100-Millionen-Dollar-Einzelhandelsorganisation, wo ich den Pensionsfonds und die Investmentausschüsse überwacht hatte. Hilfreich war selbstverständlich auch, dass ich bereits ein funktionierendes, profitables Unternehmen in der Investmentwelt besaß (das ich

ironischerweise aus ethischen Gründen verkaufte, bevor ich den Direktoren-
posten annahm) und dass ich mehrere Jahre in den Schulferien für meinen
Vater gearbeitet hatte. Auch das Praktikum in Südafrika und meine Sprachkenntnisse waren ein Pluspunkt. Alles zusammen bedeutete, dass ich über eine Erfahrung verfügte, mit der kaum ein Bewerber mithalten konnte. Tatsächlich hatte ich mehr Trading- und Investmenterfahrung als die 30-Jährigen in
dem Geschäft. Wie ich schon sagte, wusste ich ganz genau, was ich brauchte,
um erfolgreich zu sein, und hatte mehrere Jahre lang die richtigen Trittsteine richtig platziert – Erfahrung, Führungsqualitäten, soziales Engagement etc.
Der Erfolg ist mir nicht in den Schoß gefallen; mein Aufstieg war sorgfältig geplant und wurde ebenso sorgfältig umgesetzt.

Wahrscheinlich war die Ausbildung bei dieser Investmentbank die prestige-
trächtigste, die es damals gab, und auf jeden Fall besser als die, die Goldman
Sachs damals anbot. Sie beinhaltete ein fünfzehnmonatiges Training in den
Niederlassungen in London, Frankfurt und New York auf den Gebieten Wert-
papiere, Kredite, Rohstoffe, Investmentbanking, Verkauf – die ganze Kapital-
marktpalette. Das Ziel dieser Ausbildung war, die nächste Führungsgeneration
des damals größten Maklerhauses der Welt heranzuziehen. Die anderen vier
erfolgreichen Kandidaten der Endrunde waren eine Frau aus Oxford, die anschließend nicht einmal die Lizenzprüfung schaffte, die wir alle ablegen mussten, ein hochintelligenter Typ aus Panama, ein Franzose, aus dem ein äußerst
kompetenter M&A-Experte wurde, und ein deutscher Langweiler, der viel zu
introvertiert und nicht intelligent genug war, um Spuren zu hinterlassen.

Nachdem ich alle technischen und zum Teil unverständlichen Zulassungen
für den Handel mit Wertpapieren, Futures, Rohstoffen und Optionen erworben hatte, wurde ich der Maklersparte eines vermögenden Maklerbüros im
Herzen von Mayfair, London zugewiesen. Dabei handelte es sich um eine
geradezu irrsinnige Neureichenszene. Ich war 22 Jahre alt, fuhr mit meinem
Porsche oder Mercedes ins Büro, lebte ganz alleine in einem riesigen Haus
und trug eine Rolex, die 30.000 Dollar wert war. Während die Welt um uns
herum von einer zweistelligen Inflationsrate und Massenarbeitslosigkeit erschüttert wurde, waren wir eine neue Generation einflussreicher Profis – die

Londoner Yuppies. Später arbeiteten wir auf den Gebieten Euromarkt-Anleihen, Rohstoffe und Investmentbanking. Zu einer Zeit, als Margaret Thatcher und Ronald Reagan die Rahmenbedingungen schufen, damit Haie ungehindert Beute machen konnten, war das Investmentbanking ein äußerst lukratives und wachstumsstarkes Betätigungsfeld. Die Dynamik war beeindruckend. Die Zinsen sanken jeden Monat, die Märkte schossen in die Höhe und die Wirtschaft begann kräftig zu wachsen. Und darüber hinaus erfreute sich unsere Branche ständig wachsender Gewinne und astronomischer Bonuszahlungen.

Nach der Ausbildung wurde ich 1983 in New York der jüngste Wertpapieranalyst in der Geschichte der Bank. Ich ließ meinen Porsche von London nach New York überführen und mietete ein schickes Apartment mit Blick über den Hudson und den Broadway. Verglichen mit London hatte New York zu der Zeit seinen Fuß ständig auf dem Gaspedal – keinerlei Seilschaften aus alten Schulverbindungen behinderten das Unternehmen, das wendig, gerissen, analytisch und brutal effizient war. Es war der reinste Goldrausch, und das gleich neben der wüsten Verwahrlosung, die in der South Bronx, in Harlem und der Lower East Side herrschte. Aus meiner Sicht war das sehr unterhaltsam. Im Verlauf des Jahrzehnts nahm der allgemeine Wohlstand zu und schwappte auf breitere Teile der Stadt über, und alles veränderte sich in rasantem Tempo.

Ob im Beruf oder privat, ich hatte jedenfalls sehr viel Spaß. Ohne jeden Grund oder vielleicht auch aus vielen Gründen – die Verwandtschaft zu Neckermann, mein exotisches Deutschsein, Harvard, meine großartigen Zukunftsaussichten, mein Reichtum, meine Intelligenz und mein Hedonismus – wurde ich ein hervorstechendes Mitglied des Junior International Club (JIC), der den großen Nachtklubs von Manhattan lose angegliedert war. Dieser Klub, dessen Mitglieder im Wesentlichen eine Ansammlung vermögender Eurotrash-Typen und reicher New Yorker war, bezeichnete sich als exklusivster Partymittelpunkt der Stadt. Der Klub versandte üblicherweise formelle Einladungen, auf denen zum Beispiel stand: »Florian Homm und Ingrid Rockefeller laden Sie zu einer privaten Party im Studio 54 ein.« Ich ging allerdings nur selten zu diesen Partys, wobei ich die Hälfte der Zeit nicht einmal mitbekam, dass ich Gastgeber einer Klubparty oder selber eingeladen war.

Am Ende feierte ich doch zu viel und wurde nach neun Monaten als Analyst gefeuert, weil man mich wiederholt unrasiert, ungewaschen und schlafend in meinem Büro, das einen Blick auf die Freiheitsstatue und die Bucht von Manhattan bot, überrascht hatte. Das war für einen ordentlichen Unternehmensvertreter und Mitglied der Wall Street kein angemessenes Verhalten. Meine Vorgesetzten hatten kein Problem mit meiner Arbeit oder der Qualität meiner Recherchen; zum Problem wurden meine Einstellung und mein Lebensstil. Als mich die Research-Abteilung feuerte, ging ich daher einfach über den Flur des 49. Stockwerks und landete einen neuen Job als Finanzberater und Commission-Broker im Foreign Office, was effektiv bedeutete, dass ich innerhalb der Unternehmensstruktur mein eigener Lizenz-Makler und damit fast so etwas wie ein selbstständiger Unternehmer war. Die neue Abteilung bat um ein Zeugnis ihrer Kollegen vom anderen Ende des Flurs, in dessen letzter Zeile stand: »Er ist eine ziemlich eigenwillige Person und könnte auf sich allein gestellt sehr erfolgreich sein.« Das unterschreibe ich sofort.

In dieser Zeit befand ich mich in meiner körperlichen Blütezeit und blieb süchtig nach Basketball. Alle hochgewachsenen Menschen sollten Gott für Basketball danken. Der wettbewerbsorientierte Sport übte einen großartigen Einfluss aus und schützte mich vor intellektuellem und physischem Nihilismus. Leistungssport erfordert beständige Disziplin und pflegt den Wettbewerbsinstinkt. Diejenigen, denen es gelingt, ihre sportlichen Fähigkeiten später ins Geschäftsleben zu übertragen, sind oft sehr erfolgreich.

Als ich als schlaksiger Zwölfjähriger begann, Basketball zu spielen, sagte mein deutscher Trainer, man solle alle meine Knochen brechen und neu anordnen, damit meine Bewegungen weniger linkisch wären. Ich war einfach zu schnell gewachsen und ein unkoordinierter Klotz, der deswegen oft ausgelacht wurde.

Wenn man sich einer Sache täglich fünf oder sechs Stunden lang widmet, wird man auf diesem Gebiet in ungefähr fünf oder sechs Jahren wahrscheinlich ein

Virtuose. Das nennt man die »10.000-Stunden-Regel.« Bis zu meinem 18. Lebensjahr hatte ich mich von einem linkischen Klotz zu einem wendigen Basketballspieler entwickelt, der von diesem Sport leben konnte und Deutschland bei internationalen Turnieren vertrat.

Wenn man einen Moment lang den finanziellen Aspekt außer Acht lässt, lassen sich mit Sport zudem wunderbar Rassen-, Klassen- und Kulturbarrieren einreißen. Ich spielte Basketball in Afrika, China, in der Karibik, in Mexiko, Kontinentaleuropa, England und den USA. Ich spielte in Slums, die selbst hartgesottene Polizisten nicht zu betreten wagten. Ich spiele vor 20.000 Zuschauern und gegen internationale Superstars und NBA-Legenden und schnitt dabei nicht schlecht ab. Und ich lernte dabei einige großartige Leute kennen.

Mithilfe des Basketballsports lernte ich auch, mich zu behaupten. Angesichts der Tatsache, dass viele meiner Mannschaftskollegen hartgesottene Raufbolde, wenn nicht sogar waschechte Kriminelle waren, führten die ständige Übung und das De-facto-Nahkampftraining dazu, dass ich später im Leben nicht so leicht einzuschüchtern war. Das war für meine spätere Karriere als feindselige »Heuschrecke«, Leerverkäufer, Greenmailer[4], Nachtklub- und Bordellbesitzer äußerst nützlich.

Im Sommer 1984, während einer Auszeit vom Investmentbanking, spielte ich in mehreren Amateur- und Profiligen wie zum Beispiel der Michelob Professional League am Manhattan College, nahm am legendären Basketballturnier im Rucker Park in Harlem teil und spielte in der West 4th Street Summer Pro League in Greenwich Village auf dem berühmten Basketballfeld, das aufgrund seines mannshohen Maschendrahtzauns nur The Cage (der Käfig) genannt wird. Praktisch alle Spieler waren herausragende College-Sportler, Legenden von den innerstädtischen Basketballplätzen oder Ersatzspieler der NBA. In meinem besten Match warf ich 33 Punkte gegen einen Ersatzbankspieler der

---

[4] Greenmailing ist eine Taktik, bei der ein Käufer zunächst ein Aktienpaket an einem Unternehmen erwirbt und anschließend ein komplettes Übernahmeangebot vorlegt, begleitet von dem Vorschlag, darauf zu verzichten, falls das Unternehmen sein Aktienpaket mit einem üppigen Aufschlag zurückkauft. Greenmailing ist in Deutschland nicht erlaubt. (A. d. Ü.)

Detroit Pistons namens John Bostic, ein kompletter *Bricklayer* – totale Brutalität, aber null Finesse, eben ein wahres Monster von einem Kerl. Okay, es war nicht sein bester Tag und er warf sogar einige Airballs – das heißt, er traf nicht einmal die Korbanlage –, aber wenigstens war ich in Hochform.

Nach dem Spiel kam ein 300 Pfund schwerer, narbenzerfurchter Bär mit grotesken Tätowierungen im Nacken auf mich zu und lud mich auf ein paar Drinks ein. Was wollte diese Bestie von mir? Wie sich herausstellte, wollten Vincent und sein bester Kumpel Smokey, der berüchtigte Drogendealer von East Harlem, mich für ihre Mannschaft in der St. Mary's Basketballliga in der South Bronx gewinnen. Damals war die South Bronx für jeden, der auch nur im Entferntesten als weiß galt, absolutes Sperrgebiet. Die South Bronx machte Bedford-Stuyvesant (»Do or die in Bed-Stuy«) eindeutig Konkurrenz um den ersten Platz als verwahrlostes und gefährlichstes Viertel New Yorks. Der New Yorker Drogenhandel wurde als professionelle Industrie über mehrere Drogenwarenhäuser geführt. Kleinere Dealer hatten ihre Verkaufsstände auf dem Bürgersteig. Gangs beherrschten jede Straßenzeile des Gebiets. Schießereien aus fahrenden Autos heraus – *Drive-by shootings* – waren an der Tagesordnung, sodass sich die Polizei gar nicht mehr darum kümmerte und sich zum Teil nicht einmal mehr die Mühe machte, zu ermitteln. Jedes fünfte Gebäude wurde für einen Versicherungsbetrug angezündet und brannte aus. Dieses Viertel war reiner Mord. Ich wurde munter.

In der Liga tummelten sich College-Superstars und mehrere bekannte NBA-Basketballer, wie zum Beispiel Gus Williams, Rodney und Scooter McCray, die in dieser Liga spielten, während sie darauf warteten, für neue NBA-Mannschaften aufgestellt zu werden. Außerdem gab es ein reichhaltiges Angebot an Muschis, Möglichkeiten zum Geldausgeben und zum Kokskonsum, falls mir danach war. Vincent gab mir zwei 100-Dollar-Scheine und versprach, mich in meiner Wohnung in Central Park South abzuholen, um mich zum Training zu chauffieren.

Vincent fuhr einen zehn Meter langen, gepimpten 200.000-Dollar-Van mit Maßausstattung. Er enthielt ein beeindruckendes TV- und Stereosystem, Glastische zum Koksschnupfen und Ruhesessel, die so groß waren, dass sie bei Orgien auch als Betten dienen konnten. Ich hatte so etwas noch nie gesehen, nicht einmal in MTV-Videos. Vincent erfüllte in Smokeys Organisation mehrere Funktionen. Natürlich war er der Basketballtrainer, aber daneben war er auch für Marketing und Logistik in Smokeys Kokain- und Heroinkonzern verantwortlich.

Unser Team war sehr gut aufgestellt. Dazu gehörten Art Green, der zuvor in der Basketballmannschaft der Marquette University in Milwaukee – den Golden Eagles – gespielt hatte und NCAA-Champion war, Tony Price, der die Universität von Pennsylvania in die Viererendrunde Final Four brachte und in der zweiten Runde von der NBA rekrutiert wurde, sowie Pookie Wilson, ein Verteidiger von NBA-Kaliber und Playground-Legende, der routinemäßig 30 Punkte pro Spiel warf. Wir beherrschten diese Provinzliga. Die Spiele waren alle gut besucht und am Ende des ersten Quarters trieben die Cannabis-Rauchschwaden bis zum Center Court. Da die meisten der Fans nie ihren Distrikt verlassen hatten und weiße Menschen nur aus dem Fernsehen kannten, wurde ich bald als »Larry« – nach Larry Bird, der Legende der Boston Celtics und des einzigen hochgewachsenen Weißen, den diese Jungs zu kennen schienen – bekannt. Auch wenn Bird nichts anderes als ein hässlicher Bauerntölpel aus French Lick, Indiana, war, fühlte ich mich von diesem Vergleich geschmeichelt, weil er ein Basketballgott und ein großartiger Führungsspieler war.

Lamar, einer meiner Mannschaftskollegen, der zuvor an der Universität von Las Vegas studiert hatte (eine großartige höhere Ausbildungsstätte mit einer Abschlussrate von zehn Prozent unter den Football- und Basketball-Stipendiaten), fragte mich, woher ich kam. Ich sagte ihm, ich käme aus Deutschland, und er antwortete: »Dann bist du also ein Nazi?« Das war das erste Mal, dass mich jemand als Nazi bezeichnete, nur weil ich aus Deutschland kam. Ich war leicht verwirrt. Es dauerte fast eine Stunde, bis ich ihm erklärt hatte, dass es Nazideutschland seit dem Ende des großen Kriegs nicht mehr gab und dass Deutschland heute sowohl eine Demokratie als auch ein treuer Verbündeter der USA in der NATO war. Lamar kaufte mir diesen Geschichtsunterricht nicht ganz ab, denn er fragte mich weiterhin über Wolfsrudeltaktik und diesen

»fiesen kleinen Typen mit dem Schnauzer« (Hitler) aus, der die Juden ausgeräuchert hatte, und beäugte mich mindestens zwei weitere Wochen mit großem Misstrauen. Als er schließlich mitbekam, dass ich mit einer bekannten 1,85 Meter großen Mulattin, dem Fotomodell Charmaine Williams ausging, sagte er mir: »Du bist vielleicht immer noch ein Nazi, aber offensichtlich stehst du auf schwarze Muschis. Also nehme ich an, dass Nigger vergasen am Ende doch nicht dein Ding ist.«

Als er mir gegenüber etwas entspannter und offener wurde, erzählte ich ihm, ich stamme aus einer alten germanischen Familie, die bis zu Rittern und Drachen zurückreiche, wobei ich meine historischen Wurzeln etwas vereinfacht darstellte. Er erfasste das Bild aber perfekt und begann, mich »Der Graf« zu nennen. Dieser Spitzname setzte sich durch. Ich war nicht mehr länger die große weiße Hoffnung, der fliegende Holländer oder einfach Larry. Für meine Mannschaftskollegen war ich ab jetzt »Der Graf«.

Dank Smokeys und Vincents Schutzfunktion war ich in East Harlem und der South Bronx völlig sicher. Wenn ich meinen Porsche im Viertel parkte, wurden mir nie die Reifen oder der Motor geklaut. Stattdessen fand ich üblicherweise ein paar Amateurhuren in Miniröcken vor, die sich auf meiner Motorhaube rekelten und auf ein heißes Date nach dem Spiel warteten. Niemand legte sich mit dem Grafen oder seinem Auto an. Ich war definitiv gut vernetzt und geschützt, aber ich hielt mich so weit wie möglich von den Geschäften meiner Beschützer fern. Ich hatte keine Lust, nach meinen kurzen Pariser Ausflügen in die Drogenindustrie Scarface Konkurrenz zu machen. Ich benutzte meinen Porsche, um damit zu den Spielen zu fahren, allerdings zog ich es vor, von Vincent in seinem großartigen gepimpten Van abgeholt zu werden, nachdem er in Central Manhattan und der Wall Street seine Bestellungen abgeliefert hatte.

Eines Morgens hatte ich in Begleitung von vier Investmentbankern und dem Vorstandsvorsitzenden des größten Energieversorgers Deutschlands gerade die Unternehmenszentrale verlassen, als ich jemanden nach mir rufen hörte: »Yo, Graf, Graf, alter *Motherfucker*, schau hierher *Nigga*. Ich bin's, Vince.

Komm und grüß deinen Trainer.« Aus dem Augenwinkel sah ich, wie Vincent sein überdimensioniertes Pimpmobil am Straßenrand parkte und seine beeindruckende Körpermasse auf die verblüfften Bankiers und den Unternehmensführer zubewegte. Ich konnte die Angst in ihren Augen sehen, als Vincent näher kam. Dieser erfasste die Situation sofort und wiegelte ab: »Entspannt euch, ihr *Snowflakes*[5]. Werde euch schon nicht auf offener Straße ausrauben. Das ist mein *Homeboy*, der Graf. Er hat gestern 20 Punkte gegen Rod geworfen.« Und ich kam in den Genuss einer seiner berühmten Knochenbrecher-Umarmungen.

Beim Mittagessen war der deutsche Vorstandsvorsitzende neugierig, was es mit dieser ungewöhnlichen Begegnung auf sich hatte. Meine Kollegen fürchteten, uns könnte aufgrund dieses Vorfalls eine große Anleiheemission durch die Lappen gehen, aber ich hatte die Situation im Griff. Auf die Frage, wer dieser merkwürdige Mann war, der mir beinahe die Wirbelsäule gebrochen und mich »Nigga« genannt hatte, antwortete ich ihm, ich spiele bei wohltätigen Basketballturnieren mit, um sozial benachteiligte Kinder der Pfarrgemeinde St. Mary's in der South Bronx zu unterstützen, und Vince sei mein Trainer. Außerdem hätten wir vor Kurzem 5.000 Dollar für die Kinderbücherei gespendet. Er war eindeutig beeindruckt und gratulierte mir zu meinem wohltätigen Engagement und meiner Großzügigkeit sowie meinem bereitwilligen Umgang mit Menschen, die weniger Glück im Leben hatten. Wir bekamen die Anleiheemission. Meine Kollegen wussten nicht, was sie von dem Ganzen halten sollten, vor allem, weil einige dieser Schleimbeutel ihr Crack eindeutig von Smokey Inc. bezogen.

Mein letztes Saisonturnier mit Smokeys Team fand in East New York über einen Zeitraum von vier Wochen statt. Zwar verfügte ich in Teilen von Harlem und der South Bronx über ausgezeichnete Beziehungen, aber East New York war sozusagen fremdes Feindesland. Dort genoss ich keine Protektion und mein Porsche war in der Werkstatt. Das Turnier war für uns alle wichtig, weil einer unserer Mannschaftskollegen dort erschossen worden war, und die-

---

[5] abfälliger Slangausdruck für »Weiße« (A. d. Ü.)

ses Turnier war das dritte Jahresturnier zu seinem Gedenken. Bei dem Eröffnungsspiel nicht aufzutauchen war undenkbar. Alle würden da sein. Ich musste einfach hin.

Es war Freitagnachmittag und ich hatte soeben einen lahmen Research-Bericht über den deutschen Einzelhandel fertiggestellt. Ich musste nach Hause und mich umziehen – einen 1000-Dollar-Anzug und einen Lederaktenkoffer von Etienne Aigner in East New York spazieren zu führen war nicht ratsam. Selbst die Kinderbanden würden der Versuchung eines derart attraktiven Ziels nicht widerstehen können. Ich zog eine schwarze Hose, ein maßgeschneidertes italienisches Hemd und meine bequeme maßgeschneiderte schwarze Lederjacke an. Ich sah wie ein strammer hochrangiger Mafioso der kalabrischen 'Ndrangheta aus.

Dann fuhr ich mit der Metro Richtung Bushwick Avenue, wo mich Vince aufsammeln und zum Basketballcourt fahren sollte. Mitte der Achtzigerjahre war das heruntergekommene New Yorker Metrosystem für seine Unsicherheit berüchtigt. Der berühmte Bernard Goetz, der als *Subway Vigilante* bekannt wurde, weil er in Notwehr auf vier Afroamerikaner schoss, die ihn überfallen wollten, wusste, was er tat. Selbst ein überdimensionierter Rowdy wie ich musste aufpassen.

Das Schicksal schlug unbarmherzig zu. Ich wurde von drei kriminellen Mitgliedern der Bürgerrechtsvereinigung Nationale Organisation für die Förderung farbiger Menschen ausgeraubt. Ihr Anführer schien mit einer Körpergröße von rund 1,98 Meter eine wirklich böse, schwarze, wenn auch von zu viel Crack und Koks schwer lädierte Ausgabe meiner eigenen Person zu sein. Sein respektloses Auftreten und sein leicht distanziertes, bedrohliches Lächeln kamen mir entwaffnend vertraut vor. Selbst seine Nase war so gerade wie meine. Hatte ich Halluzinationen oder passierte das wirklich? War ich in die Hölle hinabgestiegen und hatte mich in einen ungebildeten, ausgemergelten, schwarzen, drogensüchtigen Gewalträuber verwandelt? War das Gottes Rache für mein ausschweifendes Leben? Mein afroamerikanischer Doppelgänger raubte mich aus – mich, den Grafen, sein weißes Spiegelbild.

Nachdem ich den Typen angesichts des gezückten Messers, mit dem sie mich bedrohten, ein Bündel 20-Dollar-Scheine ausgehändigt hatte, fielen dem Anführer meine schicken Stiefel aus Eidechsenleder und meine Lederjacke auf und er konfiszierte beides mit einem wirklich einschmeichelnden Millionen-Dollar-Lächeln. Als sich die vier anschließend zurückzogen, ließ er mich in breitestem schwarzen Straßenslang an seiner unendlichen Weisheit teilhaben: »Das iss hier nich dein Viertel, Cowboy. Nächsses Ma' nehm ich deine Kohle und schlitz dich auf, einfach so zum Spaß.« Zwar war er ein schwachsinniger, heroinsüchtiger Schwätzer, aber er hatte ein cooles, gewinnendes Lächeln. Und so beschloss ich, ihn Smiley zu nennen.

Ich war ein Jahr zuvor mit meiner Freundin Lynne im Schlepptau während des Karnevals in Rio überfallen worden. Die jungen Räuber mussten für eine billige Seiko-Uhr einen hohen Preis bezahlen. Zwei Favela-Jungs trugen eine Gehirnerschütterung davon und einer hatte Atemprobleme als Folge eines perfekten Schlags auf seinen Kehlkopf. Meine Uhr bekam ich nicht zurück, weil der, der sie trug, entkommen konnte. Es war nicht sinnvoll, ihn zu verfolgen, es sei denn, ich hätte eine Kugel in den Kopf bekommen wollen.

Dieses Mal war meine Chance auf eine befriedigende nonverbale Revanche wesentlich schlechter. Selbst wenn ich einen dieser Metropiraten fertigmachen konnte, würde ich von den anderen drei garantiert erstochen. Ich war in Topform, zumindest verbal, redete meine Räuber mit *Sirs* und *Gentlemen* an und stellte einem von ihnen eine mögliche Zulassung an einer Eliteuniversität in Aussicht, falls wir in naher Zukunft im Harvard Club von New York beim Mittagessen näher miteinander bekannt würden. Diese Typen hielten mich für ernstlich geistesgestört, aber sie fügten mir keinerlei körperlichen Schaden zu. Sie lachten sich tot und wünschten Bleichgesicht »glückliche Tage«, bevor sie mit 500 Dollar Bargeld und 1.500 Dollar an Qualitätsbekleidung abschwirrten, die sie vermutlich für einen »Hunni« verhökern würden.

Ich war sauer, aber nicht richtig wütend, und dachte, Smiley mache einfach seinen Job. Ich beschloss zu versuchen, den Vorfall zu vergessen, was mir allerdings überhaupt nicht gelingen wollte. Ich habe einen bösartigen Charakterzug und der lässt sich manchmal nur schwer unterdrücken. Ich wollte Rache, ein Blutbad, eine kleine Kastration würde vielleicht auch genügen. Und so besorgte ich mir bei einem netten italienischen »Partner« eine 38er Cobra mit Gummigriffschalen und fuhr weiterhin mit der Metro zum Basketballplatz in East New York.

An einen sonnigen Sonntagnachmittag landete ich schließlich einen Volltreffer. Wer kam dort den Metrogang entlang? Mein Doppelgänger Smiley, allerdings mit einer anderen Unterstützercrew. Er sah mich und nach einer gewissen Spätzündung setzte er sein breites Von-Ohr-zu-Ohr-Grinsen auf. »Dämlicher weißer *Motherfucker*. Hab dir letzes Ma' gesagt, solls dich vom Viertel fernhalten. Was has'n heute für mich, 'ne Rolex für mein Daddy oder vielleich'n niedlichen Diamantohrring für meine Schlampe? Starr mich nich an wie so'n Alien. Hab dich was gefragt, du weißes Toastbrot.«

Ich nahm ein kleines Bündel Ein-Dollar-Scheine heraus und überreichte es ihm. Dann nahm ich meine Einkaufstüte und holte ein brandneues Paar Michael-Jordan-Sportschuhe, Größe 47, heraus – damals in vornehmlich schwarzen Vierteln ein sehr geschätzter Artikel. Smiley schien das zuzusagen, aber er war sichtlich gestresst über die Ein-Dollar-Scheine, weil er entweder nicht über zehn hinaus zählen konnte oder wollte. Während ich ihm beide Schuhe mit der linken Hand überreichte, stand ich auf und zog mit der rechten Hand die Cobra aus einem der Schuhe. Dann rammte ich ihm den harten Lauf in den Mund, zertrümmerte ihm einige Vorderzähne und riss ihm seine dicke Unterlippe auf. Seine messerwedelnden Gefolgsleute wichen augenblicklich zurück angesichts der Tatsache, dass ich ziemlich motiviert zu sein schien, den Abzug zu drücken. Diese Typen waren keine Helden. Sie rechneten sich ihre Chancen aus, und was sie sahen, gefiel ihnen nicht.

An diesem Punkt fiel mir auf, dass Smiley meine 500-Dollar-Eidechsenlederstiefel trug. Das machte mich richtig wütend und ich richtete die Waffe auf seine Leute, während er versuchte, seine verletzte Unterlippe wieder an ihren richtigen Platz zu bringen. Die beiden Helden rannten weg wie Speedy Gonzalez, in der vollen Erwartung, zwei Kugeln in den Rücken zu bekommen.

Zu ihrem Glück kann ich Waffen nicht ausstehen und schieße nicht gerne auf Menschen. Ich schieße nur auf Fasane und Raufußhühner, und das auch nur aus kulinarischen Gründen. Ich schlug meinen Doppelgänger mit der Pistole, brach ihm die Nase und zerfetzte ihm dabei ein wenig das Gesicht neben seiner Fresse. Was für eine Sauerei – überall war Blut.

Smileys Knie zitterten und er war kurz davor, zusammenzubrechen. Er konnte sich nur mit Mühe an einer Haltestange des Metrowaggons festhalten. Ich rammte ihm die Pistole in den Schritt. Smiley sackte auf seinen Hintern, wobei sein Kopf auf die Brust fiel. Ich forderte ihn auf, meine verdammten Stiefel auszuziehen. Er war völlig hilflos, reagierte nicht und hielt sich mit offensichtlichen Schmerzen die Genitalien. Dann fragte ich ihn ganz ruhig: »Wer lacht jetzt, Smiley?« Ich hielt ihm die Cobra an den Kopf und tat so, als wolle ich ihm den Gnadenschuss verpassen. Er begann zu wimmern und schien irgendwie in einer anderen Welt zu sein. Während ich meinen moralischen Sieg feierte, begann Smiley heftig zu urinieren. Zu meinem großen Entsetzen bahnte sich der Urinstrom schnell einen Weg in meine Stiefel. Ich brach das Stiefelrettungsprojekt ab, ließ ihn mit 20 von Pisse durchweichten Dollarscheinen zurück, verließ die Metro, wechselte zu einem anderen Bahnsteig und fuhr zurück in die Zivilisation. Ich war ein wenig aufgewühlt und entdeckte einige Blutflecken auf meinem Mantel.

Zurück im Stadtzentrum erstand ich einige erstklassige Eintrittskarten für den Madison Square Garden, um mitanzusehen, wie die Knicks um 20 Punkte verloren. Anschließend fuhr ich nach Hause in meine Bude mit Blick über den Times Square, die hellen Lichter des Broadways und den Hudson River. Annette, eine ausgeflippte Freundin aus Berlin, war zu Besuch. Sie hatte endlose Beine, einen Mund wie die Bardot, natürliche blonde Haare und blaugrüne Augen. Ihr arisches Wesen kontrastierte wunderbar mit Lynnes *Négritude* und der cajungeprägten Persönlichkeit einer anderen Harvard-Freundin, Colette Creppel. Nach dem Zwischenfall mit Smiley & Co war unser Sex in dieser Nacht ein wenig abgedreht. Welch Vergnügen, in so vielen verschiedenen Blumenbeeten zu nächtigen, und welch glorreicher Samstag.

Es gab keine Smokey/Vincent-Neuauflage. Bei einem Turnier auf dem Gelände der 128th Street Police Athletic League in Harlem traf ich Pookie und fragte, wie die Pläne für die nächste Saison aussahen. Er starrte mich ungläubig an und sagte: »Graf, weißt du das nicht? Der Scheiß war überall in den *Amsterdam News*. Smokey wurde aus nächster Nähe ins Gesicht geschossen und Vince ist irgendwo in der South Bronx abgetaucht.«

Ich war wie vom Donner gerührt. Smokey, der geschmeidige, elegante und liebenswürdige großstädtische Unternehmer weilte nicht mehr länger unter uns. Dieser ehrgeizige afroamerikanische Multimillionär war erst Mitte 20, als das Schicksal ihn ereilte. Ich hatte ihn sehr gemocht. Anders als ich hatte er Kraftausdrücke aus seinem Vokabular gestrichen. Er war galant, sprach leise und höflich, war stets makellos gekleidet, sehr organisiert und auffallend intelligent. Auf seiner Rennfahrt zu Ruhm und Reichtum hatte er einige Konkurrenten aus dem Weg geschafft. Nun hatte jemand ihn aus dem Weg geräumt. »Eine echte Schande«, dachte ich zunächst, aber nach einigem Nachdenken kam ich zu dem Schluss: »Es kommt alles zurück im Leben.« Smokey war kein Heiliger und er hatte viel zu lange mit dem Feuer gespielt.

*

Als Commission-Broker im Foreign Office verdiente ich ungefähr 10.000 Dollar pro Monat, indem ich US-Wertpapiere an Drogenkartelle, korrupte Politiker, Schwarzmarkt-Devisenhändler, Geldwäscher, reiche Familien und Steuersünder aus ganz Südamerika und der Karibik verhökerte. Von einem kolumbianischen Blumenexporteur kassierte ich sogar eine fünfprozentige Verkaufsgebühr für ein Einlagenzertifikat mit einer Laufzeit von zwei Jahren. Ein mexikanischer Präsident, kolumbianische Kaffeexporteure, peruanische Devisenhändler, Rohstoffproduzenten, Händler, hochrangige Militärangehörige, legitime Unternehmer, Familien und Unternehmen, halbseidene Banken, Juden und *Old Boys* aus Deutschland (geflüchtete Altnazis) gehörten zu unseren Kunden. Angesichts der Fülle an Informationen war es kein Wunder, dass diese Abteilung von einer kompetenten ehemaligen Führungskraft des CIA geleitet wurde.

Ich will Ihnen mal das ganze Ausmaß unserer Sittenlosigkeit und Verderbtheit schildern. Die USA und ihre allgegenwärtigen Finanzinstitute sind seit jeher die größten Geldwaschmaschinen für Lateinamerika, den Nahen Osten und einen Großteil Asiens gewesen und sind es noch. Skrupellose Leute aus Entwicklungsländern, die ihr Vermögen auf amerikanischem Boden anlegen, gehen keinerlei Risiko ein, von amerikanischen Behörden an ihre jeweiligen Regierungen verraten zu werden. Diese Geldanlagen sind äußerst willkommen und derzeit für das Überleben des amerikanischen Bankensystems von geradezu kritischer Bedeutung, vor allem in den Regionen, die an Mexiko grenzen. Die USA frieren nur dann Vermögen ein, wenn sie entweder einen Krieg führen (Irak, Libyen) oder eine bestimmte Nation boykottieren, wie zum Beispiel den Iran. Unterdessen attackieren die USA jedes Land der Welt, das niedrige Zinsen, eine funktionierende Finanzinfrastruktur und solide Finanzen hat, so wie die Schweiz und viele karibische Länder, die ein Anziehungspunkt für private Anleger sind. Genau wie die Franzosen und die Deutschen greifen die USA zu kriminellen Mitteln wie Bestechung und politischen und wirtschaftlichen Druck, um sich gesetzlich geschützte Kundendaten aus diesen Ländern zu verschaffen.

Unser Office in Lower Manhattan war eines der Nervenzentren der Geldwäsche in den USA. Technisch gesehen brachen wir keines der damaligen amerikanischen Gesetze, und das war das Einzige, das uns interessierte. Allerdings brachen wir definitiv die Gesetze zahlreicher anderer Länder, in denen wir tätig waren. Keine andere Niederlassung des ausgedehnten internationalen Netzwerks erzielte höhere Provisionen pro Makler als wir. Ich entwickelte meine Kundenliste auf zweifache Weise: Erstens stellte ich sicher, dass die interessantesten Kontakte auf meinem Schreibtisch landeten, nachdem die Kundenanfragen, die im Anschluss an Werbekampagnen bei uns eingingen, unter den Maklern verteilt wurden. Das bedeutete im Wesentlichen, dass ich die Anfragen aus den Postfächern anderer Makler fischte und sie zu meinen Kunden machte. Die zweite Formel für den Aufbau eines umfangreichen Kundenportfolios bestand in ausgiebigen Reisen in einige der gefährlichsten Ecken Südamerikas. Nach meiner Logik gab es weitaus weniger Konkurrenz bei der Werbung um die Verwaltung eines Kundenvermögens, wenn dieser Kunde sehr viel Geld hatte, aber in der Hölle lebte oder arbeitete, als wenn er an beliebten Orten wie Rio de Janeiro oder Punta del Este zu Hause war. Außerdem schätzten diese Kunden einen Bankier, der erhebliche Risiken auf sich nahm, um langfristige Beziehungen zu entwickeln.

Meine drei wichtigsten Geschäftsentwicklungszonen waren daher Peru, das damals zum größten Teil von der maoistischen Guerilla Leuchtender Pfad kontrolliert wurde; Panama, das von General Noriega und seinen Kumpanen regiert wurde, und Kolumbien, das größtenteils unter der Kontrolle der FARC und anderer terroristischer Organisationen stand.

Anfang und Mitte der Achtzigerjahre war Peru absolutes Sperrgebiet für jeden, der über ein Mindestmaß an gesundem Menschenverstand und einen funktionierenden Selbsterhaltungstrieb verfügte. Der Leuchtende Pfad kontrollierte gut die Hälfte des Landes, wobei brutale Attentate in Lima an der Tagesordnung waren. So sprengte der Leuchtende Pfad die Industrieanlage von Bayer, die zentralen Kraftwerke und die Büros der herrschenden Partei in die Luft. Sie ermordeten mehrere Tausend Menschen. Prominente Ausländer waren begehrte Ziele für Entführungen. Die peruanische Wirtschaft und Lima selbst pfiffen derweil aus dem letzten Loch. Lediglich ein Prozent der Bevölkerung besaß 99 Prozent des nationalen Reichtums. Die Mehrheit konnte weder lesen noch schreiben und war bettelarm und ohne jede Aussicht auf Verbesserung ihrer Lebensumstände. Die Arbeitslosigkeit betrug mehr als 50 Prozent. Mangelernährung war die Regel, nicht die Ausnahme. Peru bot den jämmerlichen Anblick einer waschechten Bananenrepublik.

Meine peruanische Kundenliste bestand hauptsächlich aus Schwarzmarkt-Devisenhändlern, die die peruanischen Unternehmen mit dringend benötigten Devisen versorgten, und zwar zu wettbewerbsfähigeren Kursen als den völlig unrealistischen offiziellen Wechselkursen. Die Unterschiede zwischen dem offiziellen und dem Schwarzmarktkurs betrugen bis zu 50 Prozent und machten die größeren Devisenhändler des Schwarzmarktes in kürzester Zeit reich. Sie sorgen dafür, dass die Unternehmen wettbewerbsfähig blieben und ihre Importe in harter Währung zahlen konnten. Außerdem ermöglichten sie den vermögenden Peruanern, ihre wertlose einheimische Währung in US-Dollar zu wechseln und das Vermögen anschließend an sicherere Orte, zumeist die USA, zu schaffen.

Mir wurde schnell klar, dass mich die Forex-Händler irgendwann mit ihren finanziell potentesten und noch wesentlich größeren Kunden bekannt machen würden, wenn ich sie wie Götter behandelte. Alles, was ich tat, war damals in Peru vollkommen illegal. Das war mir jedoch völlig egal. Nur weil gerade bestimmte Gesetze herrschen, heißt das nicht, dass sie gerecht oder sinnvoll sind. Mein Großvater war ein großer und mein Vater ein kleinerer Schwarzmarkthändler gewesen. Milton Friedman, der prominenteste Ökonom des 20. Jahrhunderts, hatte Folgendes über den Schwarzmarkt zu sagen: »Der Schwarzmarkt war eine Methode, um die Regierungskontrollen zu umgehen. Er war eine Methode, um den freien Markt zu ermöglichen und eine Methode der Öffnung und der Befähigung der Menschen.« Und das ist genau das, was ich damals tat. Ich trug dazu bei, die freien Märkte in Peru zu entwickeln und die Menschen in die Lage zu versetzen, ihr Geld außer Landes zu bringen.

Und so wusch ich um des Kapitalismus und der zivilen und wirtschaftlichen Freiheit willen Geld. Die amerikanische Unabhängigkeit gründet zumindest teilweise auf einer Revolte gegen das prohibitive und monopolistische englische Steuersystem sowie Import- und Exportbeschränkungen. Schwarzmarktoperationen in Neuengland und den Südstaaten haben eine lange Tradition. Die amerikanischen Händler haben über Jahrhunderte ein Vermögen verdient, indem sie die englischen, spanischen und französischen Zollkontrollen umgingen. In meiner gestörten Wahrnehmung sah ich mich als Freiheitskämpfer für den westlichen Kapitalismus.

Auf Basis meines 24-Stunden-Kundenservices und meiner Bereitschaft, mir für meine Kunden ein Bein auszureißen, hatte ich das Vertrauen der größten peruanischen Forex-Händler gewonnen. Ich half ihnen dabei, ihre Gelder über unsere Niederlassung nach Panama zu schaffen und in sichere, ertragreiche und attraktive Anleihen zu investieren. Es sprach sich herum, dass ich Ahnung hatte und vertrauenswürdig war. Die Devisenhändler wurden lockerer und machten mich mit ihren hochrangigen Geschäfts- und Regierungskontakten bekannt. In kurzer Zeit wurde ich zum getreuen Finanzberater des Chefs der Nationalen Sicherheit, einem General und die Nummer eins einer der wichtigsten Regionen für die Erzeugung und Verarbeitung von Kokain sowie Berater der peruanischen Zentralbank.

Meine letzte Reise nach Peru war besonders eindrücklich. An einem Freitag hatte ich der peruanischen Zentralbank geraten, eine große Summe ihrer gesamten Fremdwährungsreserven in eine scheinbar verrückte fremdfinanzierte Transaktion zu investieren. Ich überzeugte den Zentralbankchef und seine Stellvertreter, 100 Millionen Dollar ihrer Reserven in US-Staatsanleihen mit zehnjähriger Laufzeit zu investieren, die zu der Zeit zwölf Prozent abwarfen. Das war an sich schon eine lukrative Investition, wenn man bedenkt, dass die Inflation sank und die Anleihen mit Sicherheit an Wert gewinnen würden. Eine derart einfache Geldanlage konnte jedoch jeder vorschlagen. Mein Dreh- und Angelpunkt war, dass ich ihnen vorschlug, weitere 300 Millionen auf zwei Jahre und zu einer Verzinsung von sechs Prozent zu leihen und diesen Kredit ebenfalls in die ertragreichen Anleihen zu investieren. Nach Abzug unserer übertriebenen Gebühren und Provisionen würden ihnen netto immer noch 25 Prozent Rendite pro Jahr bleiben. Und falls die Zinssätze und die Inflation weiter sanken, würden sie noch erheblich mehr verdienen. Unsere Provisionen für diese Transaktion würden mehr als drei Millionen Dollar betragen, von denen ich ungefähr 1,2 Millionen erhielt. Kein schlechter Zahltag für einen 25-Jährigen in den Achtzigerjahren für nur wenige Tage Arbeit. Wir setzten Vorverträge auf, wobei ich mit unserer Abteilung für institutionelle Investoren in New York in ständigem Kontakt stand, um diese Transaktion abzuschließen.

Leider wurde nichts daraus. Ich war einfach zu blauäugig gewesen. Unser größter Konkurrent, eine große amerikanische Bank, stahl die Idee und machte das Geschäft, weil ihre Makler clever genug waren, 50 Prozent ihrer Gebühren mit dem Zentralbankchef und seinen Stellvertretern zu teilen und auf einem Offshore-Sonderkonto auf den Bahamas zu deponieren. Ich war zu gierig

gewesen. Darauf hätte ich nämlich auch selber kommen können. Ich war eben
noch jung, sehr ethisch eingestellt und sehr naiv.

An einem Wochenende wurde ich in einem Militärflugzeug nach Ayacucho,
dem Bollwerk des Leuchtenden Pfads, geflogen. Ayacucho hat 33 prächtige
Kirchen und Überreste einer antiken Zivilisation, die erstaunliche 15.000 Jahre zurückreicht. Damals war diese Gegend jedoch möglicherweise einer der
gefährlichsten Orte der Welt. Ich wurde von einem Oberst in einem gepan-
zerten Fahrzeug abgeholt, um den General an seinem Stützpunkt zu treffen.
Der General war in gesprächiger Laune. Offenbar hatte er mit den regionalen
Anführern des Leuchtenden Pfads einen Waffenstillstand ausgehandelt (was
so viel bedeutete, dass er an den Einnahmen aus dem regionalen Kokainhan-
del beteiligt werden würde, anstatt ihn zu bekämpfen), was ihm in Huaman-
ga, einer der führenden kokainproduzierenden Provinzen Perus, eine ruhigere
und profitable Existenz ermöglichte. Anders als die aalglatten Zentralbanker
hielt der General sein Wort und wurde ein Großkunde. Was ich nicht wusste,
war, dass ich auf meinen letzten drei Reisen nach Peru praktisch unaufhörlich
verfolgt und ausspioniert worden war. Anscheinend war irgendwie durchgesi-
ckert, dass ich mich mit dem Zentralbankchef und seinen Leuten in Lima getroffen hatte, und der Flug nach Ayacucho auf Einladung des peruanischen
Militärs war auch nicht gerade ein unauffälliger Schritt.

Auf meinem Rückflug nach Miami saß der Nationale Sicherheitschef von Peru
neben mir und war so freundlich, mich davon in Kenntnis zu setzen, dass ich
es als wichtiger ausländischer Kollaborateur auf die Abschussliste des Leuchtenden Pfads geschafft hatte. Er riet mir dringend, Peru zu meiden, bis sich die
Lage beruhigt hatte. Er könne einfach nicht für meine Sicherheit garantieren.
Nur eine Woche später warf der Leuchtende Pfad eine Handgranate auf einen anderen Banker unserer Niederlassung, der sich in Ayacucho aufhielt. Er
überlebte den Anschlag nur knapp.

Peru hat sich dank seines straff regierenden und höchst effektiven Führers
Alberto Fujimori, der gegenwärtig in Lima im Gefängnis sitzt, erholt. Zwei
Jahrzehnte ununterbrochenes Wirtschaftswachstum auf Basis einer soliden

Marktpolitik haben Lima und selbst Ayacucho in Städte verwandelt, in denen es sich leben lässt. Außerdem hat sich eine dauerhafte Mittelschicht gebildet. Im vergangenen Jahr hat Peru Kolumbien als größter Kokainproduzent der Welt überholt.

Während Peru in Agonie lag, generierte ich von 183 Maklern, die ihren MBA-Abschluss machten, die höchsten Provisionen. Ich scheffelte mehr Geld, als die besten Absolventen der Harvard Business School bei ihrem Abschluss im Jahr 1987 verdienten, aber ich war davon gelangweilt, möglichst hohe Gebühren aus schwerreichen Kunden zu pressen. Ich war seit drei Jahren bei derselben Bank, war 26 Jahre alt und hatte gelernt zu verkaufen. Meine Arbeitszufriedenheit sank zunehmend gegen null, denn es gab weiter nichts mehr zu lernen; und so war der Zeitpunkt für etwas Neues gekommen.

5. Ein Junghai wetzt die Zähne

Kapitalismus hat nichts mit der freien Wettbewerbsauswahl von Menschen zu tun, die über eine mehr oder weniger vergleichbare Kauf- und Verkaufskraft verfügen, sondern mit der Konzentration von Kapital und Wirtschaftsmacht in wenigen Händen, die diese Macht dazu nutzen, jeden zu zerschmettern, der sich ihnen in den Weg stellt.
David Korten

Kapitalismus ist der rechtmäßige Baseballschläger der herrschenden Klasse.
Al Capone

Üblicherweise kehren Babyhaie nach einer Zeit, in der sie alleine schwimmen, wieder in die Schule zurück, und das tat ich auch. Vor allem in den USA ist man ohne einen MBA-Stempel auf der Stirn ein Niemand. Arrogant wie ich nun einmal bin, bewarb ich mich nur an der Harvard Business School und in Stanford und fand mich in Boston an der Harvard Business School wieder, an der die besten Absolventen der Welt studieren. Laut Broschüre lernt man dort Operations Management (Planung, Gestaltung und Steuerung der wertschöpfenden Prozesse eines Unternehmens), Managerial Economics – das ist so etwas wie angewandte Mikroökonomik –, Advanced Accounting (Konzernrechnungslegung), International Business etc. Übersetzt heißt das, dass Babyhaie lernen, hart zuzubeißen. Es ging um Beziehungen und Geldverdienen – viel Geld, achtstellige Summen und sonst nichts.

Jedes Jahr schreiben sich rund 800 hirngewaschene Kapitalisten im Entwicklungsstadium an der HBS ein. Im Jahr 1985 war die überwältigende Mehrheit der MBA-Studenten langweilig, fad und grau – zumeist unauffällige Ameisen, die versuchten, sich so schnell wie möglich das größte Stück vom

Kuchen in den Mund zu stopfen. In dieser Hinsicht gehörte ich eindeutig dazu, aber was diesen Ort so seelenlos machte, waren seine Konformität und die kleinen kontrollierten Welten, in denen sich diese Menschen bewegten. Die Kleiderordnung war yuppiehaft und adrett, die Diskussionen im Unterricht gemäßigt und zum großen Teil monoton. Der allgemeine Intelligenzquotient war jedoch hoch und mehrere Professoren waren wirklich brillant, vor allem Michael Porter, der ein echtes Genie mit wirklich revolutionären Geschäftsideen ist. Abgesehen davon, dass er ein großes theoretisches Wissen hat, ist er ein erfolgreicher Geschäftsmann, der eine große Unternehmensberatung aufgebaut hat.

Alle wollten im Investmentbanking oder in einer Unternehmensberatung arbeiten, was insofern ironisch war, als wir zwei Jahre später, zum Zeitpunkt unseres MBA-Abschlusses, nur wenige Monate vom Schwarzen Montag entfernt waren. Professoren in den Hintern zu kriechen war das Lieblingshobby vieler MBA-Studenten, und den meisten Professoren gefiel es. Es gab allerdings auch Ausnahmen, zum Beispiel die Koreaner, die kein Wort Englisch sprachen, meinen Zimmergenossen JD, der am Fiddlebury College (in Middlebury) Französisch studiert hatte, einen Jungunternehmer, der über die Warteliste zugelassen wurde, einige Leute aus dem Non-Profit-Bereich, die die Seiten wechseln wollten, einige professionelle Mörder von Special Operations – einer Spezialeinheit der US-Armee – und meine eigene Wenigkeit.

Die meisten Abende verbrachte ich damit, mit JD und seinen wirrköpfigen Freunden Unmengen von Bierdosen zu leeren und mir mit Bongs das Hirn zuzudröhnen, um nach mehreren Wiederholungen der TV-Serie *Hawaii Five-0* auf unserem stinkenden Sofa schließlich in einen komatösen Schlaf zu verfallen. JD hatte viel mehr Angst vor dem Studium als ich, weil er nicht den leisesten Schimmer von Mathematik, Buchführung, Finanzen oder Wirtschaft hatte.

Wie sollte ich meinen Kommilitonen erklären, dass ich hauptsächlich in den Bereichen Geldwäsche und Steuerhinterziehung gearbeitet hatte? Für die meisten war ich bereits ein wirklich merkwürdiges Subjekt. Allerdings stellte sich heraus, dass sie viel zu sehr mit sich selber beschäftigt waren, um sich groß darüber Gedanken zu machen, also sprach ich viel über internationale Kapitalmärkte und ließ die wirklich pikanten und verfänglichen Dinge aus. Was mir ein besseres Gefühl gab, war der Umstand, dass einige der Typen der militärischen Spezialeinheit genauso unkommunikativ waren, was ihre früheren Aktivitäten auf den Philippinen, in Nicaragua und Guatemala betraf. Vielleicht war ich ein skrupelloser, kleiner Gauner, aber wenigstens war ich kein staatlich gedungener Mörder.

Obwohl ich seit meinem ersten Studienjahr am Harvard College einigermaßen über die Gepflogenheiten in Harvard im Bilde war, war ich dennoch nicht auf die gestrengen Regeln der Business School vorbereitet. Anwesenheit im Unterricht war Pflicht, die familiären Todesfälle würden hier also nicht funktionieren. Und Zuspätkommen wurde schwer bestraft. Ich traf am ersten Morgen um 8.25 Uhr im Hörsaal der Sektion A ein, ganze fünf Minuten vor Unterrichtsbeginn, und war auf meine herausragende Pünktlichkeit stolz wie ein Pfau. Als ich den Saal betrat, stellte ich fest, dass alle anderen bereits ihre Plätze eingenommen hatten – wahrscheinlich waren sie schon seit sechs Uhr da. Im gesamten mehrstufigen Hörsaal war nur noch ein einziger Platz frei, der im Allgemeinen für das emsige Bienchen, den arschleckenden Stipendiaten des Baker-Scholar-Programms und Idioten wie mich reserviert war, die nicht wussten, dass die Sitzordnung so funktioniert, dass man ganze zwei Semester den Platz behält, den man am ersten Tag einnimmt. Ich war auf dem Streberplatz gelandet und saß den Professoren so nahe, dass ich förmlich riechen konnte, welche Zahnpasta sie benutzten. Das Problem mit dem Streberplatz ist, dass die Professoren die Aufzeichnungen sehen, die man sich macht, und merken, ob man aufpasst. Ein Nickerchen während des Unterrichts kam damit also nicht in Frage. Man musste die ganze Zeit hellwach wirken. Ich war so fertig, dass ich hätte heulen können. Möglicherweise war das die poetische Gerechtigkeit für meinen jahrelangen Missbrauch des Systems während meines College-Studiums, in dessen Verlauf ich nie mehr als das absolute Minimum getan hatte, um maximale Ergebnisse zu erzielen.

Im dritten Semester gab es jedoch keine feste Sitzordnung mehr. Ich konnte sitzen, wo ich wollte, und ein Wortbeitrag zu Beginn des Unterrichts reichte aus, um die Anforderungen an die mündliche Beteiligung zu erfüllen. So konnte ich mich anschließend mit dem Studium der Fälle für den nächsten Tag beschäftigen, während die Klasse über irgendeine nutzlose Matrix-Management-Struktur diskutierte.

Ich war sehr gut auf Gebieten wie Organisation und Karrieremanagement. Tatsächlich war ich derart engagiert und gut, dass ich bemerkenswerterweise und meinem naturgegebenen rebellischen Wesen zum Trotz offizieller Tutor für mehrere Fächer wurde und von zwei Abteilungen gebeten wurde, darüber nachzudenken, ob ich nicht Assistenzprofessor werden wollte. Ich, der nachlässige Schwänzer oder der idiotische Inselbegabte? Ich musste lachen. Und dann lehnte ich ab, weil die Positionen eine zu geringe stündliche Rendite und zu wenig finanzielle Vorteile boten.

Außerdem war ich Präsident des Investment Clubs und Vizepräsident des Venture Capital Clubs. Ich war dem SPEE Club in der 76 Mount Auburn Street beigetreten. Bobby Kennedy Jr. und der Sohn des amtierenden Präsidenten von Kolumbien waren meine Flurgenossen, was sicherlich eine interessante Konstellation war. Bobby Kennedy Jr. lud mich mehrmals ein, ein Wochenende auf seinem Familienanwesen in Hyannis Port zu verbringen. Aber ich lehnte ab, weil ich viel zu sehr damit beschäftigt war, Kokspartys für meine Klubkameraden zu schmeißen oder mit meinem alten College-Freund Costi Zombanakis, der die Kennedy School of Government besuchte, heiße Girls von Wellesley, Smith, Mount Holyoke und Harvard College aufzureißen.

*

Kokain ist ungefähr die am meisten suchterzeugende Droge auf dem Planeten. In einem Experiment wurde ein Schimpanse darauf abgerichtet, auf eine Stange in seinem Käfig zu schlagen, damit er eine Dosis Koks bekam. In regelmäßigen Abständen wurde die Zahl der Schläge erhöht, die der Schimpanse machen musste, um sein Koks zu bekommen. Das Experiment wurde abgebrochen, als der Schimpanse für eine einzige Dosis mehr als 12.000 Mal auf die Stange schlug.

Sigmund Freud, der mehr als zwei Jahrzehnte Unmengen von Koks schnupfte, gab zu: »Ich nehme Kokain in sehr geringen Dosen ... Ich nehme es regelmäßig gegen Depressionen und Verdauungsbeschwerden, und das mit dem größten Erfolg.« Das ist eine totale Lüge. »Geringe« und »regelmäßige« Dosen Kokain sind ein Widerspruch in sich. Lieber Siggi, ich sag's dir wirklich ungern: Du bist ein kokssüchtiger Affe.

Insgesamt konsumierte ich ungefähr acht Jahre lang immer wieder mal größere Dosen Koks. Wenn ich das ganze Geld zusammenzähle, das ich für Koks ausgegeben habe, sowie das Geld, das ich damit verdiente, meinen wohlhabenden Patienten Koks zu »verschreiben«, dann habe ich finanziell betrachtet einen guten Schnitt gemacht.

Ich habe außerdem mit Opium, Heroin, Haschisch, Ecstasy, Crack, LSD, Magic Mushrooms und Speed experimentiert. Meine einzige Kenntnis des Morphins ist die als Schmerzmittel. In dieser Funktion ist es unschlagbar, aber es ist einfach zu angenehm und zu suchterzeugend, um als Freizeitdroge in Frage zu kommen. Ich habe mich nie für pharmakologische Substanzen und Medikamente interessiert. Mein Appetit auf Drogen ist eigentlich eher begrenzt, und nach einem intensiven Studium kann ich nur sagen, dass sie überbewertet sind. Opium ist mir zu heftig und verwandelt mich in einen Zombie. Starkes Gras ist besser als das meiste Haschisch. Halluzinogene Pilze können wirklich merkwürdige und höchst unangenehme Trips auslösen. LSD und Ecstasy zerstören die grauen Zellen. Warum sollte man sich das antun? Heroin lässt sich schnupfen, muss aber intravenös gespritzt werden, um seine volle Wirkung zu entfalten, und dann führt es dazu, dass man sich übergibt. Wenn man eine infizierte Nadel benutzt, bekommt man wahrscheinlich Aids und stirbt. Es gibt schnellere und bessere Methoden, um Selbstmord zu begehen.

Freitauchen, Wandern in der Sierra von Santa Marta und den von der FARC kontrollierten Gebieten der panamaischen Provinz Darién (gesetzloses Gebiet

an der Grenze zu Kolumbien), adrenalinsteigernde Autounfälle, von Opium-
dealern im Goldenen Dreieck gejagt und beschossen zu werden, hochkreati-
ver physisch-emotionaler Sex, Kitesurfen auf zehn Meter hohen Wellen, ein
Sprung von 20 Meter hohen Klippen, sich von Weltklasse-Schwergewichts-
boxern verprügeln zu lassen und selbst Fallschirmspringen und Bungee-Jum-
ping sind allesamt weitaus aufregendere und interessantere Aktivitäten. Außerdem ist der Drogenkonsum total passiv und teuer. Und wenn Sie nicht
wollen, dass der Drogenkonsum Ihr Vermögen beeinträchtigt, sollten Sie darüber nachdenken, selber Drogen zu vertreiben, um Ihr Hobby aufrechterhalten zu können. Und das ist langfristig keine gute Idee.

In all den Jahren, in denen ich Kokain konsumierte, ließ ich nie zu, dass Drogen mein Studium, Sport, Sex oder mein Geschäft behinderten. Ich wurde nie
verhaftet oder eingesperrt und selbst auf der Höhe meiner Vertriebsaktivitäten
war ich nie mehr als ein Kleindealer. Ich lungerte auch nicht auf Schulhöfen
herum, um Schüler der Mittelstufe zum Drogenkonsum zu verleiten, und hatte
auch keine Kokshuren als Konkubinen. Meine Kunden waren ausschließlich
verrückte, reiche und verwöhnte Yuppies, die mehr Geld als gesunden Menschenverstand besaßen. Ungefähr so wie ich.

Während meines Studiums an der HBS hatte mich mein Lieblingsprofessor
gut durchschaut. Wir hatten ein langes Vieraugengespräch in seinem Büro, in
dessen Verlauf er mir sagte, ich mache mir im Hinblick auf das Kokain etwas
vor und sei süchtig. Er wusste, wovon er sprach, denn er war selber ein alter
Koksschnupfer von der Wall Street, wenn auch ein reformierter. Er sagte mir
auch, er würde gerne näher mit mir Kontakt haben, denn er sei davon überzeugt, dass ich stinkreich werden würde. Allerdings, so fügte er hinzu, halte er
es auch für möglich, dass ich eines Tages im Gefängnis landen würde. Ob ich
wirklich stinkreich werden und nur mit dem Strafgesetzbuch flirten oder hinter Gittern verrotten würde, könne nur die Zeit zeigen.

Ich ignorierte seine Ratschläge nicht komplett, aber zu dem Zeitpunkt wuchs
mein Vertriebsgeschäft ein wenig zu schnell und zu heftig, und mein Freund
Charles hatte mich gerade einigen schweren Burschen einer irisch-kolumbi-

anischen Verbindung vorgestellt. Nicht nur konnte ich fast reines Koks in unbegrenzten Mengen zu Superpreisen von Murph und Angel beziehen, das Einkommenspotenzial überstieg alles, was ich bei Goldman, McKinsey oder Fidelity verdienen konnte, um den Faktor drei nach Steuern. Als ich während einer 48-stündigen Koksorgie über dieses Dilemma nachdachte, präsentierte sich die Antwort von alleine. Nach der obligatorischen 18-stündigen regenerativen Tiefschlafphase, in der mein Körper langsam das Koks abbaute, schaffte ich es, die Treppen meines Stadthauses in Cambridge hinunterzukriechen, um ein paar Freunde zu einem späten sonntäglichen Abendessen zu treffen. Ich versuchte zu sprechen, brachte aber nur ein Sabbern zustande und stammelte irgendeinen Schwachsinn. Es schien, als sei mein ganzes Gesicht gelähmt und ich sei dauerhaft sprachbehindert. Es dauerte ungefähr fünf Minuten, bis ich meine Sprachfähigkeit und die uneingeschränkte Kontrolle über meine Gesichtsmuskulatur wiedererlangt hatte. An diesem Tag hörte ich auf zu koksen.

*

Nach meinem ersten Jahr an der Business School arbeitete ich bei Bain Consulting in München und London. Zwar waren der Job und die Kollegen intellektuell anregend, aber die Arbeit selbst war für meinen Geschmack nicht praktisch und zupackend genug. Die beiden Fälle, an denen ich in jenem Sommer 1986 arbeitete, waren ein großer Kreditkartenkonzern und ein junger Einzelhandelskonzern. Der erste war eine solide Wachstumsstory auf internationalem Expansionstrip und der zweite kämpfte ums Überleben. Ich verdiente in sechs Wochen satte 20.000 Dollar nach Steuern. Die Teams waren klein und hochmotiviert und bestanden ausnahmslos aus hochintelligenten Yuppies. Ich sammelte eine Menge Daten und zeichnete endlose Grafiken. Es wurde viel Zeit mit radikaler und kreativer Analyse verbracht.

Die großen Tiere, die die Niederlassungen in London und München leiteten, arbeiteten 80 Stunden pro Woche und verdienten ungefähr so viel wie Seniorpartner in erstklassigen Anwaltsfirmen. Unternehmensberatung ist eine risikoarme, einigermaßen gut bezahlte Ratgeberfunktion. Selbst die absoluten Topberater waren auf den Listen der reichsten Amerikaner oder Deutschen solcher

Magazine wie *Forbes, Fortune* oder *Manager Magazin* nicht zu finden. Die Dealmaker oder die Commission-Broker von Goldman verdienten viel mehr.

Wie in Anwaltsfirmen wurden den Kunden die abrechenbaren Stunden in Rechnung gestellt, was mich völlig nervte. Ich wollte ein großes Stück vom Kuchen. Das hieß Kapitalbeteiligung, einen fetten Anteil an den Gewinnen, irrsinnige Risikokapitalrenditen, irgendetwas, das nach oben unbegrenzt war. Wie sollte ich bei einem derart schwachen Vergütungssystem jemals ein D-Mark-Milliardär werden? Wenn ich Glück hatte, würde ich mit Anfang sechzig gerade so eben einen zweistelligen Millionenbetrag zusammengekratzt haben. Und was noch schlimmer war, ich würde dafür schuften müssen wie ein Sklave und null Spaß haben. Eines Tages würde ich die besten Anwälte und Berater engagieren. Ich war viel zu sehr in Risiko und Abenteuer verliebt, um mich einer derart vorhersagbaren Zunft anzuschließen.

Während meines zweiten Studienjahrs an der Business School arbeitete ich bei Fidelity Investment als Analyst für Schiffsaktien. Diese Art Job neben der monströsen Studienbelastung auszuüben, die MBA-Studenten in Harvard aufgebürdet bekamen, galt als absolut unerhört. Ganz sicher bewegte ich mich damit außerhalb des Systems und verdiente ein wenig Bares, mit dem ich unter anderem die nicht unwesentlichen Studiengebühren bezahlte. Dieses Einkommen sowie das Geld, das ich im Sommer zuvor bei Bain verdient hatte, bedeuteten, dass ich nie meine Seele an irgendein Unternehmen verkaufen musste, das im Austausch dafür, dass ich nach dem Diplom einige Jahre an das Unternehmen gebunden war, die Gebühren übernahm. Ich brauchte auch nie einen Studienkredit. Ich liebe Freiheit und Unabhängigkeit über alles, und das heißt, dass ich es hasse, irgendjemandem auch nur einen Cent zu schulden. Das gilt gleichermaßen für Banken, Familie, Freunde oder die Regierung. Ich verdiente mit mehreren Schiffsaktien ein Vermögen und verließ die Harvard Business School mit einem Stadthaus in Cambridge, einer Wohnung in Manhattan und einer Bargeldreserve, die größer war als je zuvor.

Insgesamt ist die HBS einer der seelenlosesten Orte der Welt. Wie immer gibt es Ausnahmen, aber allgemein gilt, wenn Sie ein besserer Mensch sein, die Welt zu einem besseren Ort machen, Spaß haben und interessante, faszinierende Menschen kennenlernen wollen, dann meiden Sie die HBS wie der Teufel das Weihwasser. Wenn Sie ein einflussreiches Netzwerk knüpfen und Multimilliardär werden wollen, bewerben Sie sich.

Sechs Jahre Harvard hatten mich gezwungen, tatsächlich etwas zu lernen. Ich war intellektuell weniger oberflächlich und hatte ausgezeichnete Analysefähigkeiten. Ich war gewiefter als die meisten und immer noch respektlos und spaßorientiert. Ich wusste zudem, dass ich gewiss nicht stinkreich werden würde, indem ich nach Stunden abrechnete, wie Berater oder Anwälte, oder an Transaktionsgebühren verdiente, wie Investmentbanker, während ich mich zum Partner hochschleimen musste. Ich würde stinkreich werden, indem ich lernte, wie ich meinen ständig wachsenden Geldberg am besten investierte, und indem ich mein eigenes Unternehmen aufbaute. Ich wollte Branchen- und Unternehmensdynamiken verstehen, damit ich eines Tages mein eigenes Unternehmen gründen und später verkaufen konnte. Anstatt zu viel Energie auf immer gleiche Fallstudien zu verschwenden, konzentrierte ich mich ganz und gar auf den Bewerbungsprozess. Als Folge erhielt ich zahlreiche lukrative Angebote von mehreren Investmentbanken, Spitzenberatungen wie Bain und McKinsey und Investmentmanagern wie Fidelity und T. Rowe Price.

Ende September 1987 ging ich als Fondsmanager und Analyst zu Fidelity Management and Research in Bean Town (Boston), wenngleich das Vergütungspaket schlechter war als die Angebote der Investmentbanken und Unternehmensberatungen. Von zentraler Bedeutung und extrem attraktiv war allerdings der Umstand, dass einige der cleversten Investoren dort arbeiteten, darunter die Ikone des Fondsmanagements, Peter Lynch, und ich würde die Chance haben, mit ihnen zu arbeiten und täglich von ihnen zu lernen. Lynch ist und bleibt eine Legende. Während seiner Zeit als Manager des Fidelity-Magellan-Fonds von 1977 bis 1990 erzielte er Jahresrenditen von 29 Prozent auf Vermögenswerte, die von 20 Millionen auf 14 Milliarden anwuchsen. Fidelity war eine echt globale Truppe, die größte Investmentfondsgesellschaft der Welt, die in allen möglichen Industrien investierte. Es würde sehr nützlich sein, in ihrer Nähe zu sein.

Mein jüngster Rückzug von den Drogen war gepaart mit der Entschlossenheit, ein pflichterfülltes Angestelltenleben zu führen. An meinem ersten Tag gab mir Fidelity meinen eigenen Fonds (einen ihrer schwankungsanfälligsten High-Beta-Fonds, den Fidelity Broadcast and Media Fund), was bis dahin beispiellos war. 22 Tage später, am Montag, den 19. Oktober 1987, büßte der Dow Jones Industrial Average in dem größten Einbruch innerhalb eines Tages in der Geschichte 22,6 Prozent ein. Die weltweite Finanzindustrie befand sich in einem tiefen Schockzustand und war ebenso tief verunsichert. Selbst die relativ stabile Investmentfondsbranche wurde vom Schwarzen Montag schwer getroffen.

Bei Fidelity wurden in der Abteilung Operations Research Entlassungen angekündigt. Die Absolventen der Eliteuniversitäten, die im Vermögensmanagement arbeiteten, blieben jedoch unangetastet, und es wurde nach wie vor selektiv eingestellt. Erfahrene Fondsmanager verdienten wahrscheinlich im Schnitt das 25-fache eines durchschnittlichen Mitarbeiters von Operations Research, wo die Stimmung besonders düster war. Diese Typen konnten uns so schon nicht ausstehen. Jetzt hassten sie uns.

Meine eigene Situation hätte nicht besser sein können. Ich hatte kurz vor dem Börsensturz zahlreiche Positionen verkauft und den Bargeldbestand erhöht, weil die meisten Bewertungen schwachsinnig hoch waren. Mit diesem Geld wollte ich weniger teure Medienaktien in Europa und Asien sowie einige äußerst ertragreiche konvertible Anleihen kaufen. Der Fonds verfügte am Tag des Börsenzusammenbruchs über fast 40 Prozent Bargeld. Das war eine Mischung aus Glück und Geschick. Kein anderer von Fidelitys mehr als hundert Wertpapierfonds hatte an diesem Tag einen größeren Portfolioschutz und schnitt im Vergleich zu seinen Benchmarks besser ab. Daher war ich in bester Stimmung und sehr optimistisch, während sich einige meiner weniger glücklichen Kollegen über Entlassungen Sorgen machten und für alle Fälle ihren Kontostand überprüften. Ich habe depressive Märkte schon immer geliebt. Sie bieten so viele Chancen.

Einige Tage später traf die Fondsmanagementgruppe in der unternehmensinternen Basketballliga auf das Team von Operations Research. In der Vergangenheit deklassierten die Jungs von Operations und Research die Fondsma-nagement-Streber stets um mindestens 40 Punkte. Ihre Mannschaft bestand aus ehemaligen Wettkampfsportlern, zumeist aus South Boston, alias »Sou-thie«, Bostons rauem irischen Arbeiterviertel. Ich spielte in der Mannschaft des Fondsmanagements zusammen mit Frank Bracken, einem massiven 1,92 Meter großen ehemaligen College-Football-Spieler, der sich auch im High-school-Basketball hervorgetan hatte.

Mit zwei Schwergewichten im Team, nämlich Frank und mir, sowie unseren körperlich stark unterlegenen Mannschaftskollegen zerschmetterten wir den Stolz von South Boston in tausend Stücke. Die Jungs von Operations began-nen unglaublich link zu spielen und hatten drei Leute zu meiner ständigen Bewachung abkommandiert. Ich bekam Ellbogen in den Kiefer gerammt und wurde bei Korblegern und Freiwürfen unterlaufen, sodass ich mehrmals auf den Betonboden stürzte. Einer quetschte meine Eier, als ich nach einem Korb-abpraller versuchte, den Ball zu fangen. Das verwandelte sich langsam in Eis-hockey, wobei der Schiedsrichter entweder nicht bereit oder nicht in der La-ge war, das Spiel im Griff zu behalten. Entweder war er blind oder hatte eine Freundin aus der South-Boston-Truppe. Es war an der Zeit, diesen Kinder-quatsch zu beenden.

Als der Typ, der meine Hoden misshandelt hatte, über den Halfcourt lief, brachte ich ihn zum Stolpern, wobei ich gleichzeitig mit der linken Hand nachhalf und ihn zu Boden schubste. Sein harter, abrupter Aufprall war bis zur Tribüne zu hören. Ich sorgte dafür, dass es wie ein rein zufälliger, unglück-licher Unfall aussah, ein Bild völliger Unschuld, und bot ihm meine Hand, um ihm aufzuhelfen. Er schlug sie aus, stand auf und provozierte mich mit erho-benen Fäusten, wobei er irgendetwas in breitem irischem Slang grummelte.

Ich musterte ihn kurz – nicht schlecht, rund 230 Pfund, 1,92 Meter Körpergrö-ße, ein paar scheußliche Tätowierungen und ziemlich massive Arme, aber oh-ne Muskeldefinition. Wahrscheinlich war er langsam, eher ein Rabauke als ein Boxer, und zweifellos der Schulhofschläger der Highschool, der inzwischen zu viel Bier trank. Bei allen Straßenkämpfen kommt es entscheidend darauf an, als

Erster loszuschlagen. Und wenn man sich abgelenkt oder unvorbereitet gibt, hat man größere Chancen, dem Gegner einen satten Faustschlag auf den Kehlkopf zu versetzen, der ihn buchstäblich sprach- und atemlos macht.

Dies war jedoch die Basketballliga von Fidelity. Ich konnte einfach nicht als Anstifter einer Schlägerei dastehen. Das würde meine Karriereaussichten beeinträchtigen und damit den Kapitalwert meiner zukünftigen lebenslangen Einkünfte. Ich musste ihn dazu bringen, als Erster zuzuschlagen. »Provozier ihn. Bring ihn dazu, auf dich loszugehen, aber schlag nicht als Erster zu; bleib ruhig«, sagte ich zu mir selbst. Also sagte ich ihm ruhig und bestimmt, er solle heute Abend besser seine Kündigung aus dem Briefkasten ziehen. Darüber war er sichtlich sauer, aber noch nicht bereit zum Angriff. Fehlt nicht mehr viel, dachte ich. »Wie hat sich das angefühlt, als dich der Schiedsrichter vor dem Spiel in den Arsch gefickt hat, du Flamer?«[6] Jetzt kämpfte er sichtlich mit sich. Ich setzte noch mal nach. »Willst du mich schlagen, Alter«, sagte ich und deutete auf mein Kinn, »oder gehst du heim zu Mama und heulst dich aus wie 'ne kleine Tussi?«

Mama in dieser Art verbalem Schlagabtausch zu erwähnen funktioniert bei Latinos und eingefleischten Katholiken fast immer. Der Stolz der Saint-Patrick's-Day-Parade unternahm einen affenartigen Rundumschlag, um mich auszuknocken. Während sich seine Faust langsam auf meinen Kopf zubewegte, kam ich als erfahrener Faustkämpfer nicht umhin zu denken: »Wie langsam kann ein Mensch einen anderen schlagen?« Als dieser behäbige Schlag in Ultrazeitlupe an mir vorbeiging, duckte ich mich, konzentrierte meine Kraft und ließ sie von meinen Knöcheln, über meine Waden, in meine Oberschenkel, meine Bauch- und Rückenmuskeln, meine Brust, meine Arme und meine Faust aufsteigen und landete zwei Linke auf seine Stirn und Wange sowie einen krachenden Schwinger auf sein weiches Kinn. Die Schläge waren heftig, aber dieser Typ stand noch immer. Meine Hand vibrierte von dem Aufprall. Er hob seine Hände zum Kampf und stammelte: »Ist das alles, du Schwuchtel?« – und sank dann langsam rückwärts zu Boden.

---

[6] In der Computerspiel-Branche beliebtes Schimpfwort für Zockerkollegen, die rumheulen, nachdem sie verloren haben. (A. d. Ü.)

Die Vorstellung, einen Kerl in wenigen Sekunden auszuschalten und zu hoffen, dass das seine Kumpels davon abhält, dich zu zerfleischen, funktioniert nur in der Basketballliga der Harvard Business School und in Eddie-Murphy-Filmen. Erfahrene Schläger und Nahkämpfer gehen bei dem, was sie am besten können – Leute fertigmachen – sehr rational vor. Solange die Chancen zu ihren Gunsten stehen, werden sie alles tun, um die Aufgabe zu erledigen. Von überlegenem Kampfgeschick eines Mannes lassen sie sich nicht so leicht beeindrucken. Anders als in Filmen, in denen sich alle Angreifer ordentlich in einer Reihe aufstellen, um nacheinander Bruce Lee anzugreifen, wartet in der Realität niemand auf seine Runde. Vier massige Southies fielen gleichzeitig über mich her, bereit und in der Lage, mir bleibende Schäden zuzufügen.

Ich spürte, wie sich jemand in meine Haare krallte und versuchte, mein Gesicht auf den Betonboden zu schmettern. Unerwartete Schläge landeten auf beiden Seiten meines Kopfes sowie auf meinem Hinterkopf. Die Vorstellung, eine Gehirnerschütterung, einen Nasenbeinbruch und gebrochene Kieferknochen davonzutragen, gefiel mir überhaupt nicht. Noch weniger gefiel mir die Vorstellung einer rekonstruktiven Gesichtschirurgie. Irgendwie gelang es mir, den Arm des Typen zu fassen zu kriegen, der mein Gesicht plattmachen wollte, und ich biss zu wie ein Bullenhai im Methamphetamin-Rausch. Gott stand mir bei, als meine Zähne leicht durch seine Haut drangen und eine Arterie trafen, wenn auch nur eine kleine. Ich hatte Überreste seiner behaarten Haut sowie Fleisch und Blut im Mund, als ich eine kleine rote Fontäne bemerkte, die ungefähr einen Meter hoch in die Luft spritzte. Das war schwer zu übersehen, denn das Blut landete auf einigen Freunden des Angreifers, die sich ebenfalls auf mich gestürzt hatten. Das führte für den Bruchteil einer Sekunde zum Einhalt und ich blickte verzweifelt zu meinen Mannschaftskollegen, in der Hoffnung, sie würden zu meiner Verstärkung herbeieilen.

Keine Chance. Diese Typen standen am Spielfeldrand, zitterten buchstäblich wie Espenlaub und bissen sich auf die Fingernägel. In ihrem ganzen behüteten Leben waren sie der nackten Gewalt noch nie so nahe gekommen. Ich kannte einige Homegirls aus East Harlem, die mehr Mumm hatten als diese Seegurken. Einem meiner Angreifer rammte ich meinen Kopf ins Kinn und verursachte ein unschönes Knacken, aber ich wusste, dass ich erledigt war. Bei gut 500 Kilo roher irisch-republikanischer Aggression, die auf mich niederprasselten, konnte ich auf die Dauer kein Glück haben. »Wir sehen uns in der Chirurgie« dachte ich.

Doch dann fühlte sich Frank Bracken plötzlich in seine alten rowdyhaften Football-Zeiten in Texas zurückversetzt. Frank war damals topfit und stemmte beim Bankdrücken mehr als 150 Kilo. Wahrscheinlich nahm er auch Steroide. Außerdem hatte er eine sehr nützliche böse Ader. Er ließ die Weicheier am Spielfeldrand zurück und begann, mich von den fremden Körpern zu befreien. Selbst der Schiedsrichter hatte seinen Sinn für Pflichtgefühl wiedererlangt und half Frank, die Ordnung wiederherzustellen. Angesichts der zahlreichen Blutlachen auf dem Boden und Franks Eingreifen kamen die Southies wieder zu Sinnen. Selbst Saint Patrick rappelte sich wieder auf. Er schien noch benebelt zu sein, aber insgesamt intakt. Jemand stillte den Blutstrom, der aus dem Arm des Typen quoll, den ich gebissen hatte, und brachte ihn eilig ins Krankenhaus. Wir wurden wegen Nichterscheinens der gegnerischen Mannschaft zu Gewinnern erklärt, da wir einige Punkte Vorsprung hatten, als die Schlägerei ausbrach. Ich hatte das zeitlich gut eingerichtet.

Mein Ruf bei Fidelity als Faustkämpfer war nun fest etabliert. Einige Kollegen mieden den direkten Blickkontakt mit mir, da sie offensichtlich eingeschüchtert waren und fürchteten, ich könnte ihnen einen unerwarteten Schlag versetzen, falls sie einmal nicht meiner Meinung waren. Andere waren sichtbar beeindruckt und fanden meine verwegene Selbstverteidigung gut. Einige Tage später traf ich Saint Patrick im Aufzug. Man hatte ihn nicht gefeuert. Ich freute mich für ihn. Er war nicht wirklich schlecht, sondern lediglich ein mittlerer Rabauke, der am falschen Abend auf den falschen Typen getroffen war. Allerdings konnte ich mir ein Lachen nicht verkneifen, als ich in seinem Gesicht drei Beulen so groß wie Tischtennisbälle entdeckte.

*

Das war nicht das einzige emotional aufgeladene Zusammentreffen, das ich zu jener Zeit mit jemandem hatte, der über irische Vorfahren verfügte. Nach etwa einem Jahr bei Fidelity lernte ich Susan Elaine Devine kennen.

Ich war zuvor dreimal verlobt gewesen. Eine meiner Verlobten war ein heißes mulattisches Fotomodell, das mir bei einem scheußlichen Curry in ihrer Wohnung in London einen Heiratsantrag machte. Die zweite war Lynne Perry, die mir sagte, es sei an der Zeit zu heiraten, was ich nicht so sah. Und die letzte war Colette Creppel, deren Eltern unsere Verlobung auf einer Silvesterparty im historischen Columns Hotel von New Orleans, das ihnen gehörte, vor mehreren Hundert ihrer engsten Freunde feierlich bekannt gegeben hatten. Das Problem war, dass keiner von uns beiden dem anderen einen Heiratsantrag gemacht hatte – wir hatten nicht einmal über Heirat gesprochen. Ich mochte die Creppels. Sie versuchten einfach, mich unter Einsatz ihres charmanten Südstaaten-Charmes zur Heirat ihrer Tochter zu bewegen.

Ich hatte schon immer große Probleme mit dauerhafter Bindung und einer Beziehung in lebenslanger Monogamie. Oscar Wilde sagte einmal: »Man sollte immer verliebt sein. Und aus diesem Grund sollte man nie heiraten.« Ich fand, da war einiges dran. Tagsüber ein Fidelity (Treue)-Mann zu sein, hatte etwas Komisches, wenn man bedenkt, dass ich nicht an dieses Konzept glaube. Es gibt zu viele empirische Beweise, die zeigen, dass die männlichen unserer Vorfahren, die über einen herausragenden Status verfügten, viele Frauen beziehungsweise viele Paarungsmöglichkeiten hatten. Ich hatte nicht vor, gegen das, was den meisten Männern von Natur aus gegeben ist, groß anzukämpfen: vielfältige Sexualpartner. Selbstverständlich gibt es auch einige Frauen, die so veranlagt sind. Meine Mutter war ein gutes Beispiel und hatte mich das gelehrt.

Aber abgesehen davon fühlte ich mich nach zahlreichen oberflächlichen Sexaffären zunehmend hohl und leer und begann zu definieren, wonach ich suchte. Die meisten Männer widmen dem Kauf ihres Autos mehr Gedanken und Energie als der Überlegung, wie ihre zukünftige Frau beschaffen sein soll. Ganz anders ich, der Überflieger, der selbst erklärte hochleistungsfähige Meister der geistigen Selbstbefriedigung und Extrospektion. Während meiner Arbeitsstunden bei Fidelity skizzierte ich eine vieldimensionale Matrixanalyse der perfekten Ehefrau mit Formeln und Ergebnissen auf Basis von Alter, Aussehen, Intelligenz, Humor, Stärke, Reichtum, Mütterlichkeit und so weiter. Sie würde Europäerin und gleichzeitig Latina sein müssen. Europäische Frauen haben im Allgemeinen mehr Klasse, verkomplizieren aber immer alles und nehmen sich selber zu wichtig. Dagegen sind Latinas warmherziger und spaßorientierter. Sie würde mindestens vier Sprachen sprechen müssen. Ich konnte mir nicht vorstellen, mit jemandem die Welt zu bereisen, für den ich ständig die Speisekarten übersetzen musste. Natürlich musste sie stark, freundlich und geduldig sein. Sie würde einen Sinn für fatalistischen Humor besitzen müssen, um mich an meinen dunklen Tagen auszuhalten. Außerdem musste sie sich allein beschäftigen können und sich selbst genug sein, denn ich plante ganz gewiss nicht, viel Zeit zu Hause zu verbringen. Zudem zog ich eine Alleinerbin mit einem unbegrenzten Treuhandfonds und einem großen zu erwartenden Erbe vor. Selbstverständlich musste sie mich mehr lieben als sich selbst und in alle Ewigkeit treu sein. Alles was ich tun musste, war, eine Frau zu finden und zu verführen, die meine bescheidenen Auswahlkriterien erfüllte.

Ich traf Susan in einem geschmacklosen Bostoner Nachtklub namens Sansibar. Es war ein trauriger Dienstagabend, und die patriotische Frauenvereinigung Töchter der Amerikanischen Revolution hatte offensichtlich Ausgang erhalten. In Unkenntnis der Kleidervorschrift (Anzug und Krawatte) trug ich ein kurzärmeliges Hemd, auf dessen Vorderseite in großen Lettern die Aufschrift »DOO-DOO« (ein gekürztes Shakespeare-Zitat) prangte. Ich war von einem Ferienaufenthalt auf den Bermudas ziemlich braun gebrannt und wirkte zwischen den kreidebleichen, teigigen Neuengländern äußerst fehl am Platze. Was ich vor allem sah, waren schwer übergewichtige falsche Blondinen in schwarzen Rollkragenpullovern mit Perlenketten.

Als ich mich bereits damit abgefunden hatte, an diesem Abend alleine zu bleiben, fiel mir plötzlich diese schlanke, wohlgeformte ungefähr 1,75 Meter große Sensation am anderen Ende der Tanzfläche auf. Sie trug ein enges schwarzes Ganzkörperoutfit und einen glänzenden Ledergürtel, der sich eng um ihre schlanke Taille schmiegte (man darf nicht vergessen, es war Ende der Achtzigerjahre). Außerdem hatte sie ein tolles Gesicht mit hervorstehenden Wangenknochen, einem süßen, sexy Mund und feste, hohe Titten. Offensichtlich hatte sie ein Gefühl für Rhythmus, denn ihre Hüften bewegten sich prächtig zur Musik. Ihre Haare hatten die Farbe von dunklem Mahagoni und ihre blauen Augen funkelten durchdringend. Außerdem trug sie – Gott sei Dank – nicht eine einzige verdammte Perle.

Susan war offenbar mit irgend so einem Glatzkopf unterwegs, der sie am Ellbogen fasste, als sei sie seine ungezogene siebenjährige Tochter. Als ich mir überlegte, wie ich sie von diesem Gnom loseisen konnte, trafen sich unsere Blicke. Ich lächelte. Susan grinste, als sie erkannte, dass ich ihre missliche Lage verstand. Dann warf sie lachend ihren Kopf zurück, und zwar gerade genug, damit ich ihren perfekten, aristokratischen Porzellanhals betrachten konnte. Sie löste elegant den Griff ihres Begleiters von ihrem Ellbogen und gewährte mir ein wissendes Nicken des Einverständnisses.

Ich holte tief Luft und bahnte mir meinen Weg an Glatzkopf und einem halben Dutzend asexuellen, bleichen Waspy[7]-Bewunderern vorbei. Ich ging auf sie zu und fragte sie in perfektem Portugiesisch: »Gostaria uma Caipirinha?« (»Möchtest du einen Caipirinha?«) Sie sah mich leicht neugierig an und antwortete: »Sim, por favor.« Ich hatte ihre authentischen Samba-Bewegungen auf der Tanzfläche beobachtet. Die Töchter der Amerikanischen Revolution waren nicht in der Lage, ihre Hüften und ihren Hintern derartig zu bewegen. Sie würde diesen brasilianischen Cocktail mit Sicherheit kennen und einen Wechsel ihrer Begleitung begrüßen.

Der Einsatz hatte sich gelohnt und das Eis war gebrochen. Als sie mir ihr jedoch ihren Nachnamen verriet, lachte ich. Wer in aller Welt hieß Divine – Göttlich? Niemand. Ich dachte, sie mache sich über mich lustig. Was ich nicht wusste, war, dass Devine ein sehr häufiger irischer Nachname ist. Sie war ein

---

[7] WASP (White Anglo-Saxon Protestant) ist die oft abfällig gemeinte Bezeichnung für englischstämmige, weiße, puritanisch-konservative Amerikaner. (A. d. Ü.)

wenig irritiert, wahrscheinlich weil sie mehr an Antworten wie zum Beispiel »Dieser Name passt zu dir« gewöhnt war. Eindeutig dachte sie: »Von welchem Planeten bist du denn?«, aber sie war interessiert genug, um mir zu erzählen, wo sie arbeitete, wenn auch nicht interessiert genug, um mir ihre Telefonnummer zu verraten. »Nicht toll, aber machbar«, dachte ich, als sie ging. Ich mag es, wenn ich mich anstrengen muss. Wie sich herausstellte, hatte diese Frau Prinzipien. Es dauerte mehr als zwei Verabredungen, bis sie sich auf mich einließ.

Sie war 26 Jahre alt und damit fast so alt wie ich und lebte noch bei ihren Eltern. Sie war relativ unberührt, aber nicht zehn Jahre jünger als ich, und über ein pralles Investmentkonto verfügte sie auch nicht, geschweige denn einen Treuhandfonds. Ich gab in einem Jahr mehr Geld für Zigarren aus, als ihre hübsche Antiquitätensammlung wert war beziehungsweise ihr Jahresgehalt betrug. Allerdings erfüllte sie fast alle anderen Kriterien meiner Liste. Die europäischen Wurzeln waren mit brasilianischem Charme gepaart – daher die authentischen Samba-Schritte. Und das war laut meiner Matrix die perfekte Mischung. Ich verliebte mich in Susan, meinen engelsgleichen Gegenpart. Und sie verliebte sich in den Bad Boy, den unternehmenslustigen und unterhaltsamen Rüpel. Sechs Monate später heirateten wir im Schweizer Gruyère.

Zwar hatte sie weder eine Mitgift noch einen Treuhandfonds, aber das machte sie mehr als wett, indem sie mir dabei half, große Reichtümer anzuhäufen. Außerdem wurde sie mein Resonanzboden und mein moralischer Kompass, der mich meistens vor Problemen bewahrte. Als ich zum europäischen Partner einer legendären Investmentgesellschaft aufstieg, erledigte Susan in der europäischen Niederlassung ungefähr drei Jobs gleichzeitig. Sie half mir nicht nur dabei, diese Niederlassung aufzubauen, in der ich Minderheitspartner war. Später half sie mir auch dabei, die Value Management und Research AG in eine internationale börsennotierte Kapitalmarktgruppe mit einem Aktienvermögen von 500 Millionen Dollar zu verwandeln. Wir ergänzten uns großartig, hatten zwei Kinder, viele Hunde und waren über fast 20 Jahre Seelengefährten. Susan war der beste Deal, den ich je gemacht habe, und im Rückblick der einzige, der wirklich zählt. Necko selbst, der ultimative Sachverständige in der Bewertung von geschäftlichen Transaktionen, sagte einst, selbst ich, ein rücksichtsloser, unbekümmerter Casanova, hätte wenigstens einmal eine weise Entscheidung getroffen. Susan hatte ein heiteres Gemüt; sie fühlte sich wohl in ihrer Haut – *bien dans sa peau* – wie man auf Französisch sagt. Sie konnte über sich selber lachen und mich noch besser aufziehen. Die Götter meinten es gut mit mir. Ich war beinahe glücklich.

Außerdem alterte Susan auf unglaublich gute Art und sah leicht zehn Jahre jünger aus, als sie tatsächlich war. »Die Fähigkeit, gut zu altern« hatte ich nie als maßgebliche Variabel in meiner Matrixanalyse berücksichtigt – ich hatte nur den absoluten Altersparameter verwendet. Ich hätte mich selber in den Hintern treten können. Analyse ist ein mühseliges Geschäft und die Ergebnisse lassen sich immer verbessern. Es ist leicht, Fehler zu machen, und man lernt nie aus.

*

Insgesamt war Fidelity eine bereichernde Erfahrung. Mein Broadcast and Media-Fund wurde 1988 von Lipper, dem weltweit führenden Informations- und Bewertungsdienst über Investmentfonds, als bevorzugter Investment-fonds bewertet und erzielte unter meinem Management weitaus höhere Ren-diten als seine Vergleichsfonds.

Gewöhnlich war Peter Lynch samstags im Büro. Seine Theorie lautete, jedes Mal, wenn er am Wochenende im Büro sei, würde er einen kleinen Vorsprung vor anderen gewinnen, die zu Hause blieben, und wenn man das mit 25 oder 30 Jahren multipliziere, ergebe das einen ernsthaften Wettbewerbsvorteil. Ich erinnere mich an einen Samstag, an dem ich mit ihm und einem anderen be-rühmten Manager, Jeff Vinik, der als Lynchs Assistent arbeitete, im Aufzug fuhr. Jeff schleppte Unmengen von Geschenken und Lynch sagte in seiner merkwürdigen, stockenden Art zu ihm: »Uh, Jeff, sind das all diese, uh, Weih-nachtsgeschenke, die du, ehem, noch nicht mit nach Hause genommen hast?«

»Nein, das sind die Hochzeitsgeschenke von meinen Kollegen«, antwortete Jeff.

»Oh, uh, ich wusste nicht, dass du geheiratet hast«, erwiderte Lynch. Die beiden hatten jahrelang jeden Tag 14 Stunden nebeneinandergesessen.

»Peter, du warst eingeladen.«

Fidelity Boston bot eine steile Lernkurve. 20 Prozent der Manager waren nicht nur hochintelligent, sondern arbeiteten sehr hart. Und die brillantesten Leute schienen alle auffällig merkwürdig zu sein. Ein extrem introvertierter Manager war Schachmeister eines per Post ausgetragenen Schachturniers. Ein anderer war ein extrem massiger Amateurgewichtheber. Das Hauptziel eines anderen Managers bestand darin, eine rabbinische Schule zu besuchen. Der Spinnerfaktor war sehr hoch, wobei ich als europäischer Frauenheld genauso merkwürdig und verrückt wie alle anderen war. Aber wenn man mit all den Merkwürdigkeiten umgehen konnte und Augen und Ohren offen hielt, konnte man sehr viel lernen. Damals existierte in Europa oder Asien nichts, das sich auch nur im Entferntesten mit Fidelity vergleichen ließ.

Nach zwei Jahren in Boston verbrachte ich 1989/90 in der Londoner Niederlassung. London hatte sich zum unangefochtenen Mittelpunkt der europäischen Finanzmacht und -kreativität entwickelt, wenngleich es auf globaler Ebene immer noch New Yorks kleine Schwester war. In der Londoner Niederlassung arbeitete ein brillanter Fondsmanager, Anthony Bolton, der Fidelitys Special Situation Fund von 1979 an für fast 30 Jahre derart erfolgreich managte, dass er am Ende geteilt werden musste, weil er so groß geworden war – möglicherweise zu groß, um weiterhin erfolgreich zu sein. Bolton gilt allgemein als der begabteste britische Investor seiner Generation. Was ich mir von Bolton abschaute, waren seine analytischen Erkenntnisse darüber, wie man europäische Buchführung seziert.

Das Problem mit der Londoner Niederlassung war jedoch, dass es höllisch schwierig war, einen wirklich brillanten Kollegen zu finden, wenn man von Bolton absah. Es herrschte viel zu viel Anschein und Konformismus, als dass Weltklasse-Investmentfähigkeiten kultiviert worden wären. Die Leute von Fidelity London waren sehr gut, was die Form anging, aber sehr schwach, was den Inhalt betraf – das genaue Gegenteil der komischen Käuze in Boston.

Nichtsdestotrotz befand ich mich im Lichtkegel der cleversten und umstrittensten Manager, und ich genoss London sehr, weil die Unternehmerszene und die Mitspieler nicht mehr so blaublütig waren. Die Tage, in denen die Büros der Partner bei Cazenoves und Barings sagenumwobene, ferne Orte waren, waren vorbei. Man konnte den Staub darin riechen. Gott sei Dank bevölkerten inzwischen mehr Cockneys, Juden und Ausländer die Stadt als je zuvor. Mit den elitären Cliquen der alten Schule hatte ich ein großes Problem, sowohl was die Form als auch den Inhalt betraf. Die hochnäsige Art dieser Dinosaurier ging mir völlig gegen den Strich. Ist es für eine Transaktion wichtig, wer Ihr Vater war oder welche Schule Sie besucht haben oder bei welchen Klubs Sie Mitglied sind und wo Sie Golf beziehungsweise Tennis spielen? Das ist nur leeres Getöse. Es lenkt ab und ist eine verdammte Verschwendung von Zeit und Energie. Glauben Sie wirklich, Sie könnten einen überaus wichtigen Investmentbanking-Deal abschließen, wenn Sie so blasiert sind? Glauben Sie allen Ernstes, Sie hätten eine Chance gegen die neue Generation an ultraaggressiven, hochkonzentrierten, eiskalt kalkulierenden, messerscharfen und mit allen Wassern gewaschenen Finanzinvestoren, die sich von nichts und niemandem ins Bockshorn jagen lassen? Verzichten Sie auf die aristokratische amerikanische Eliteuni/Oxbridge-Scheiße, kommen Sie von Ihrem aufgeblasenen hohen Ross herunter und konzentrieren Sie sich auf das Geschäft. Zeigen Sie, dass Sie Geld machen können, oder gehen Sie besser zurück zur Gartenparty Ihres Dining Clubs.

Ganz entscheidend war, dass die ausgereifte Thatcher-Reagan-Achse den geldhungrigen Haien eine derartige Macht verlieh, indem sie sie auf beiden Seiten des Ozeans fütterte, dass die Jungs der alten Schule wussten, dass sie nicht mehr wendig genug waren. Während die alten Säcke verkauften oder in den Ruhestand gingen, erhielten wir die richtigen Instrumente und die entsprechenden Rahmenbedingungen, um sie rücksichtslos einzusetzen. Die großen Haie der Wall Street setzten eine Armee an Lobbyisten ein, um die Abschaffung des Glass-Steagall Act zu erreichen – ein sehr sinnvolles Bankengesetz, das die Trennung zwischen Investmentbanking und Geschäfts- und Privatkreditgeschäften verlangte. Die Anforderungen an die Eigenkapitalausstattung wurden ständig gesenkt, um dem Eigenhandel der Finanzinstitute eine größere Flexibilität und die Möglichkeit zu einer größeren Fremdfinanzierung zu verschaffen, mit dem Ziel der kurzfristigen Gewinnmaximierung. Natürliche Hemmungen, Selbstbeschränkung und ethische Etikette sind unter blutrünstigen Haien unbekannt. Das wurde von einer Gesellschaft und ihren gewählten Politikern *ermöglicht*, die schuldensüchtig war und sich einseitig auf materielle Werte konzentrierte. Es kam uns damals nie in den Sinn, dass viele von uns einen hohen Preis für unseren Leichtsinn – sei es in Bezug auf zerrüttete Familien oder finanziell oder beides – würden zahlen müssen.

Die Wall Street und ihre Finanzprofis waren jedoch nicht die Einzigen, die für die folgenden Exzesse und die sichtbarsten Katastrophen der letzten 30 Jahre verantwortlich waren: die Krise der Spar- und Darlehensinstitute, die Internetblase und das Hypothekendesaster. Die Schulden und die Zahlungsverpflichtungen des amerikanischen Staats verwandelten sich in vier Jahrzehnten von einem Überschuss in 90 Billionen Dollar an konsolidierten Schulden. Niemand zwang die amerikanischen Haushalte, jede Selbstbeschränkung fallen zu lassen und in grenzenlosen finanziellen Leichtsinn zu verfallen. Die Schulden der Privathaushalte stiegen zwischen 1985 und 2007 auf 14 Billionen Dollar beziehungsweise um 600 Prozent. In der gleichen Zeit sank die private Sparquote von zwölf Prozent auf eine negative Quote. Währenddessen stieg das inflationsbereinigte Realeinkommen kaum, und das selbst in Doppelverdienerfamilien.

Seit Jimmy Carter hat jede US-Regierung, ob republikanisch oder demokratisch, die wichtigsten Wirtschaftsindikatoren (Inflation, Wachstum des Bruttoinlandsprodukts, Beschäftigung, Produktivität etc.) verändert beziehungsweise manipuliert, damit die Wirtschaftslage rosiger aussah, als sie tatsächlich war. Die Sozialversicherung ist ein klassisches betrügerisches Schneeballsystem und die Buchführung der US-Regierung ist undurchsichtig, archaisch, irreführend und weist Ähnlichkeit zu Enron auf. Ohne eine künstlich niedrige und manipulierte Inflation hätte sich die amerikanische Hypothekenkrise niemals zu einer umfassenden weltweiten Finanzkatastrophe entwickeln können.

Die einflussreichsten Special-Interest-Gruppen waren mindestens genauso aktiv wie die Wall Street, wenn es darum ging, die Politiker nach ihrer Pfeife tanzen zu lassen. Sie waren weniger sichtbar, aber deswegen nicht weniger effektiv, was die Zerstörung der amerikanischen Wirtschaft, ihrer Bilanz und ihrer Einkünfte betrifft, und gleichzeitig haben sie die Mittelschicht dezimiert.

Der Nationale Sicherheitskomplex Y-12 hat es geschafft, Amerika in zahllose kriegerische Konflikte zu verwickeln, was zu den größten Militär-, Spionage- und Heimatschutzbudgets aller Zeiten geführt hat – sie sind 50 Prozent größer als selbst zu Zeiten des Kalten Kriegs. Zuverlässige Studien bestätigen die Existenz von 737 US-Militärbasen in 62 Ländern und die Präsenz von US-Militär in 159 von 193 Ländern der Welt. Die Kosten der Kriege in Irak und Afghanistan betragen nahezu fünf Billionen Dollar oder 50.000 Dollar pro Privathaushalt. Laut Chris Hellman des National Priorities Projects gibt der Nationale Sicherheitskomplex jedes Jahr mindestens 1,2 Billionen Dollar aus. Das entspricht exakt den Gesamteinnahmen der US-Regierung im Jahr 2010 nach Abzug der Beiträge für die Sozialversicherung und Medicare. Nicht ein einziger Cent bleibt für irgendetwas anderes übrig, ohne dass die Regierung weitere Schulden aufnimmt und damit ihr Defizit und ihre Zahlungsverpflichtungen erhöht.

Die Strafverfolgungslobby hat Amerika in einen sinnlosen Krieg gegen Drogen verwickelt, der vier Billionen Dollar kostet (weitere 40.000 Dollar pro Haushalt) und Inhaftierungsquoten erzeugt, die höher sind als in jedem anderen Land der Welt. Jeder fünfte Amerikaner hat eine Strafakte. Viele Bundesstaaten geben mehr für Inhaftierung aus als für eine bessere Bildung.

Seit Jahrzehnten steigen die Gesundheitskosten jedes Jahr stärker als die Kerninflation, wovon hauptsächlich die amerikanischen Ärzte, Krankenkassen und die Pharmaindustrie profitieren. Unterdessen sind die Amerikaner zum süchtigsten Volk der Erde geworden – mit nur fünf Prozent der Weltbevölkerung konsumieren sie die Hälfte aller Drogen.

Die großen Lebensmittelkonzerne haben von beträchtlichen Subventionen profitiert, während die Amerikaner zum fettleibigsten Volk der Welt geworden sind. Unlogische, schlecht strukturierte Agrarsubventionen haben dazu geführt, dass ungesunde und abhängig machende Nahrungsmittel billiger sind als gesunde Nahrungsmittel. Große hyperprofitable Ölkonzerne kassierten Regierungsgelder. Selbst die eher linksgerichteten Lehrergewerkschaften haben ihren Teil zur Degenerierung Amerikas beigetragen, was zu einem absurden Anstieg der Kosten für private und öffentliche Schulen geführt hat, die weit über der Inflationsrate liegen, ohne dass erkennbare Verbesserungen der mathematischen und sprachlichen Fähigkeiten der Schüler erzielt worden wären. Allein in den letzten zehn Jahren sind die Kosten für ein College-Studium viermal so schnell angestiegen wie die Kerninflationsrate. »Werden die Amerikaner zu Idioten?«, fragt der Professor und UN-Berater Jeffrey Sachs angesichts der Tatsache, dass der durchschnittliche amerikanische Erwachsene inzwischen 13 Jahre seines Lebens vor dem Fernseher verbringt.

Die Banken der Wall Street und ihre Finanzexperten sind also nicht die Einzigen, die für die Finanzmisere Amerikas und der westlichen Welt, die unterdurchschnittlichen amerikanischen Bildungsstandards und eine zunehmend zweitklassige Infrastruktur verantwortlich sind. Während die angeblich Schuldigen an der weltweiten Krise – die Geschäfts- und Investmentbanken – stark angeschlagen sind und um ihr Überleben kämpfen, sind die Pharma-, Nahrungsmittel-, Öl- und Rüstungskonzerne so profitabel und ihre Kriegskassen so prall gefüllt wie noch nie.

Als 1982 der große Bullenmarkt einsetzte, erkannte die neue Generation an Finanzspekulanten lukrative Möglichkeiten, die Unternehmensparty auf beiden Seiten des Atlantiks aufzumischen. Das Establishment war seit den Fünfzigerjahren fett, träge und selbstzufrieden geworden. Die Unternehmen leisteten sich völlig aufgeblähte administrative Wasserköpfe, beschäftigten auf allen Ebenen zu viele Mitarbeiter und die Unternehmensführungen verschanzten sich hinter einem Wall von Selbstgefälligkeit, unterstützt von willfährigen Aufsichtsräten und unbeobachtet von verschlafenen, desinteressierten Aktionären.

Die Unternehmensergebnisse spielten kaum eine Rolle, und als Folge daraus erwirtschafteten die Unternehmen lächerlich geringe Gewinne und einen niedrigen Cashflow. Unsere messerscharfen Tranchiermesser waren die Finanzierung von Leveraged Buy-outs, Proxy Fights[8], Brückenfinanzierungen, außerordentliche Aktionärsversammlungen, Kontrollbeteiligungen, eine geringe Einmischung seitens der Regulierungsbehörden und eine äußerst laxe Verfolgung der Wertpapiergesetze. Das Ziel war, Beteiligungen an Unternehmen zu erwerben, die zu viel Fett angesetzt hatten, und dieses Fett zu eliminieren, um höhere Gewinne zu produzieren, die wiederum die Aktienkurse ansteigen ließen.

Das war Darwinismus in Reinform. Nur die Stärksten überlebten. Diese Regel galt für Unternehmen, Manager, Investoren und Finanzgeber. Ich wurde zunehmend gefräßig, tough und geschmeidig. Mein Wissen nahm in rasantem Tempo zu und ich hatte beruflichen Kontakt mit energiegeladenen Figuren, Marktteilnehmern und Unternehmern wie James Goldsmith, John Malone, den Barclay-Brüdern, Ted Turner, Jim Slater, Michael Green, Robert Maxwell und Tiny Rowland, die mich baten, ihr Unternehmen unter die Lupe zu nehmen, a) weil ich für Fidelity arbeitete und später b) weil sie das Gefühl hatten, ich hätte etwas anzubieten. Oft behalten große Haie Babyhaie unter strenger Aufsicht an ihrer Seite, für den Fall, dass sie Daddy in den Schwanz beißen wollen. Zu Terry Smith, Autor des Buches *Accounting for Growth*, der große britische Unternehmen öffentlich des Bilanzbetrugs überführte, hatte ich damals engen Kontakt. Außerdem war er eine fantastische Quelle für Shortselling-Ideen.

---

[8] Übernahmetechnik, bei der versucht wird, über Stimmrechtsvollmachten Kontrolle über ein Unternehmen zu bekommen, ohne Aktien erwerben zu müssen. (A. d. Ü.)

Allerdings war es mir zunehmend lästig, dass mir jemand sagte, was oder wie ich etwas zu tun hatte. Obwohl ich in der Zeit extrem viel dazulernte, war ich immer auf der Suche nach meiner eigenen Herausforderung – einem Kampfplatz, auf dem ich meine Fähigkeiten zu meinem eigenen größtmöglichen Vorteil einsetzen konnte. Und eines meiner ewigen Probleme ist, dass ich mich relativ schnell auf den Weg mache, wenn ich keine Herausforderung verspüre. Ich habe mein Leben lang Schwierigkeiten mit Autoritäten und der Obrigkeit gehabt. Und wohin geht ein Hai? Dahin, wo die fettesten, ahnungslosesten Fische schwimmen und wo sich nur wenige andere Haie tummeln. Während die großen Haie und ihre Pilotfische auf den angelsächsischen Märkten nach Beute fischten, wurde Kontinentaleuropa weitgehend ignoriert.

Ich wusste, dass die echte Musik – zumindest für mich – auf dem europäischen Kontinent spielen würde, der sich wirklich und wahrhaftig noch im Mittelalter befand. Es gab zum Beispiel weder einen Markt für Börsengänge noch einen NASDAQ. Der Leerverkauf steckte in den Kinderschuhen und feindliche Übernahmen machte man einfach nicht. Die analytischen Lektionen über die Zerlegung von Industrien, die ich von Peter Lynch, und über die Zerlegung von Unternehmen, die ich von Anthony Bolton gelernt hatte, würden hier von größtem Wert sein. Und innerhalb von Europa boten deutsche, österreichische und Schweizer Unternehmen die größten Chancen, weil ihre Aktienkurse erstens völlig falsch angesetzt und sie zweitens im Vergleich zu ihren globalen Kollegen völlig unterbewertet waren. Im Lichte der unvermeidlichen Harmonisierung der Aktionärsstrukturen, der Wertpapiergesetze und der Bilanzrichtlinien würden die Kurse korrigiert werden. Ich wollte nach Kontinentaleuropa, um ordentlich Beute zu machen. Es gab dort wenig Konkurrenz. Und so beschloss ich, einer der größten Haie in diesen stillen, fischreichen Gewässern zu werden.

Schließlich wurde ich von Richard Trader, dem Personalverantwortlichen von Fidelity London, gefeuert, weil ich neben meiner Angestelltentätigkeit ein voll eingetragenes paralleles Unternehmen betrieb, und zwar die Vermögensverwaltung Interinvest Ltd. Glücklicherweise hatte ich vorausgesehen, dass das passieren würde, und hatte zu meinem Schutz bereits einen Vertrag als Senior Vice President eines alten privaten jüdischen Bankhauses in der Schweiz – Bank Julius Bär – unterschrieben, das eine Niederlassung in Frankfurt hatte.

Zwar hatte ich schon seit dem Alter von 18 Jahren den Drang, auf eigenen Füßen zu stehen, stellte nach einer Selbstanalyse aber ganz richtig fest, dass ich noch nicht so weit war. Es fehlten noch einige Trittsteine an den richtigen Stellen, und wenn ich mich selbstständig machte, wollte ich einige wichtige Kunden mitnehmen – institutionelle Investoren und andere finanzielle Schwergewichte, die meine Fähigkeiten kannten. Auf keinen Fall wollte ich ein Unternehmen gründen und ums Überleben kämpfen, nur um selbstständig zu sein. Wenn ich diesen Schritt tat, wollte ich vom ersten Tag an Erfolg haben.

Peter Lynch schrieb mir ein langes, äußerst positives persönliches Empfehlungsschreiben, das ich in den folgenden 15 Jahren intensiv strapazierte, um Eigenmarketing bei institutionellen Investoren zu betreiben. Das war offensichtlich kaltschnäuzig und unsensibel. Danke und sorry, Peter. Vertrau mir, es wird nicht wieder passieren.

Ich konnte meine Vergütung um 50 Prozent steigern, war eher ein Direktor als ein niedriger Analyst und Fondsmanager, fuhr einen schicken BMW der Fünferreihe in Blaumetallic und zog in eine Villa im besten Viertel vor den Toren Frankfurts. Ich war gerade einmal 30 Jahre alt und brannte darauf, mein erstklassiges Finanzarsenal auf den unentwickelten europäischen Märkten zum Einsatz zu bringen. Die merkwürdigen Bilanzierungspraktiken, die pathologische Aversion gegen das Staubaufwirbeln, die engen, verschwiegenen Allianzen – all das waren Elemente der kontinentaleuropäischen Geschäftswelt, die nach meinem Gespür nicht nur konservativ, sondern rückwärtsgewandt waren und die ich ordentlich aufmischen wollte.

Es fiel mir jedoch sehr schwer, mich wieder in Deutschland einzugewöhnen, weil dort immer mein ganzes deutsches Wesen wieder hervorkommt. Ich rege mich auf, wenn das Wohnzimmer unaufgeräumt ist, und werde nervös, wenn jemand zu spät kommt. Deutschland ist eine derart streng geregelte Gesellschaft, dass es vorkam, dass die wenigen von uns, die bis spätabends arbeiteten und um Mitternacht das Büro verließen, von der Polizei verfolgt wurden, die glaubte, wir wären dort eingebrochen. Einer meiner Freunde, Michael Uhlemann, wurde von der Gewerkschaft kritisiert, weil er 60–70 Stunden pro Woche arbeitete. Die Begründung der Gewerkschaft lautete, wenn Michael sich auf die normale Arbeitszeit beschränke, würde die Bank einen weiteren, gewerkschaftlich organisierten Mitarbeiter einstellen müssen. Das war keine besonders haifreundliche Umgebung.

Während London und New York boomten und jeder reich werden wollte – und je reicher, desto besser –, war der Sozialneid in Deutschland äußerst ausgeprägt – ein Problem, das es in Großbritannien und den USA damals nicht gab. Ich spürte das ganz besonders, weil ich einer der bestbezahlten 30-Jährigen Deutschlands war und zudem bei Julius Bär in den Genuss eines üppigen Bonusplans kam, was zu der Zeit nicht üblich war. Ich war der Jüngste im besten Wohnviertel, verdiente das meiste Geld und hatte dazu eine schöne, kosmopolitische Frau und ein schickes neues Auto. Meine Kollegen hassten mich. Sie hassten mich auch, weil mir alles in den Schoß zu fallen schien, und ich stellte fest, dass meine Kollegen oft versuchten, an meinem Stuhl zu sägen.

Neid, Gehässigkeit und Rachsucht sind natürlich ärgerlich und ziemlich ermüdend, wenn man versucht, etwas Gutes für ein Unternehmen zu tun, aber was wirklich unangenehm war, war die Art und Weise, wie die Niederlassung geführt wurde. Private Banking ist der Kern energiearmer, amateurhafter, konsensorientierter Ideenflüsse. Die Bank Julius Bär wollte mehr sein, als sie war – ihr quoll das Geld, das sie mit ihrem erfolgreichen Private-Management-Geschäft verdiente, aus den Ohren, aber sie wollte ins Geschäft mit Übernahmen und Fusionen einsteigen, institutionelle Investoren anwerben und im Research aktiv werden. Aus all diesen Gründen hatte die Bank eine Niederlassung in Frankfurt eröffnet und mich als aufgehenden Stern ins Unternehmen geholt, um die institutionelle Vermögensverwaltung personell zu besetzen und zu entwickeln. Sie waren Karpfen, die Haie sein wollten.

In gewisser Hinsicht bot dieser Job eine dringend benötigte Gelegenheit für echtes Unternehmertum ohne wirkliche Nachteile, und der Fonds, den wir managten, wurde schnell zum besten europäischen Wertpapierfonds – nicht nur, weil wir ihn extrem gut managten, sondern auch, weil es kaum Konkurrenz gab. Eine maßgebliche Erfolgskomponente war die Tatsache, dass ich Susans älteren Bruder Kevin einstellte, um mir dabei zu helfen, ein brandneues Computerprogramm zu entwickeln, das eine revolutionäre Analyse und beeindruckend genaue Vorhersagen ermöglichte.

Kevin war ein Genie. Er hatte in allen allgemeinen und fachspezifischen Hochschulzulassungstests hervorragende Noten erzielt, hielt ein Diplom von Dartmouth, besuchte die Harvard Medical School und machte seinen MBA an der Stanford Business School. Das ist nicht einfach intelligent. Vor drei Jahrzehnten war das der Beweis einer absoluten Ausnahmeintelligenz. Ich hatte ihn aus einem stinklangweiligen Streberjob bei Hewlett-Packard in Paris gerettet. Außerdem war er mein bester Freund (bis er Ute, die Exfrau meines Bruders, heiratete). Wir zwei waren eine perfekte Kombination: der hochintelligente, aber zerstreute Professor und der fokussierte, mit allen Wassern gewaschene Kapitalist. Kevin konnte meine analytischen Konzepte in hochfunktionelle und effektive Investment-Softwareprogramme übersetzen. Abgesehen davon, dass er ein Genie war, war Kevin außerdem ein Weltklasse-Programmierer. Wie seine Schwester war Kevin tief religiös, und anders als ich konnte er Richtig von Falsch unterscheiden. Wir waren ein tolles Team.

Wir harmonisierten die unterschiedlichen Bilanzrichtlinien in Europa, und zwar viele Jahre, bevor das Standard wurde. Das Konzept war sowohl einfach als auch revolutionär. Außerdem war die Anwendung eine unglaubliche Herausforderung. Damals hatte jedes europäische Land seine eigenen Bilanzrichtlinien. Englische Unternehmen überbewerteten ihre Gewinne in den veröffentlichten Bilanzen, wohingegen deutsche und Schweizer Unternehmen ihren Aktionären im Wesentlichen ultrakonservative Steuererklärungen präsentierten, wobei sie ihre Profitabilität dramatisch unterbewerteten. Wenn man zum Beispiel an die Bilanzen der Lufthansa die britischen Bilanzrichtlinien anlegte, erhielt man ein Kurs-Gewinn-Verhältnis von drei. Legte man an die Bilanzen der British Airways umgekehrt deutsche Bilanzrichtlinien an, ergab sich ein Verlust.

Eine Software, die die Unternehmensergebnisse bei all diesen unterschiedlichen Bilanzrichtlinien vergleichbar machen und sich auf Cashflow und Hard Assets konzentrieren würde, vermittelte ein profundes, zuverlässiges Verständnis des relativen Werts und der relativen Attraktivität europäischer Unternehmen und Industrien. Diese Analyse würde mir nicht nur ermöglichen, die besten versteckten europäischen Eigenkapitalwerte aufzuspüren, sondern wäre auch ein Ausgangspunkt zur Bestimmung der besten Leerverkaufskandidaten, denn sie würde zutage fördern, welche Unternehmen ihre Gewinne mit Bilanztricks aufpolierten. Was das Ganze noch interessanter machte, war der Umstand, dass die europäischen Bilanzrichtlinien im folgenden Jahrzehnt mit Sicherheit harmonisiert würden. Als Folge würden die Investoren ihr Geld aus überbewerteten Unternehmen abziehen und vermehrt in unterbewertete Unternehmen investieren, mit der Aussicht auf überdurchschnittliche Kapitalgewinne. Wir kannten also bereits die Gewinner und Verlierer von morgen. Wir mussten lediglich unser Portfolio entsprechend ausrichten.

Die meisten Wertanalysen versagen, weil sie nicht über die simpelste Kurs-Gewinn-Formel hinausreichen. Was interessiert mich das? Das ist nutzlos. Was ich bei der Analyse eines Unternehmens wissen wollte, waren die Ergebnisse, die es in den letzten hundert Jahren erzielt hat, in welchem Bereich sich die Gewinne bewegten – hilft mir das, um den zukünftigen Aktienkurs zu bestimmen? Hilft es mir, den Punkt zu bestimmen, an dem ich in das Unternehmen investieren will? Dabei geht es ausschließlich um den Einstieg zum niedrigstmöglichen Kurs. Mein Ziel war, in diesem scheinbar endlosen analytischen Feld die seltenen Goldklümpchen zu finden, die mich reich machen würden.

Eine weitere radikal neue Investmentsoftware, die Kevin und ich entwickelten, basierte auf der einfachen Theorie, dass sich Unternehmens- und Marktbewertungen innerhalb relativ vorhersagbarer Bandbreiten bewegen. Zum Beispiel wurden Aktien am US-Markt in den vergangenen 50 Jahren zwischen dem Doppelten und dem Dreifachen des Wiederbeschaffungswerts gehandelt. Am deutschen Markt wurden Aktien beständig zwischen dem Zwei- und Fünffachen des Cashflows gehandelt und am britischen Markt üblicherweise bei einer Dividendenrendite zwischen drei und sieben Prozent. Wenn sich die Bewertungen den oberen und unteren Quintilen nähern, müssen Sie sich auf der Long- oder Short-Seite positionieren.

Ich hatte bei Fidelity ein solches Bewertungsmodell für die Schiffsindustrie entwickelt. Mitte der Achtzigerjahre wurden Reedereiaktien zum Zweifachen des Cashflows und zu 50 Prozent des Liquidationswertes gehandelt. Ihr historischer Bereich hatte zwischen dem 1,6- und 7-fachen Cashflow und zwischen dem 0,4- bis 1,7-fachen Liquidationswert gelegen. Nicht nur war der operative Cashflow sehr gering, der gesamte Sektor wurde auf einem historisch niedrigen Niveau mit einem hohen Abschlag auf den Wiederbeschaffungswert gehandelt. Was würde passieren, wenn sich die Cashflows erholen und die Cashflow-Multiplikatoren ebenfalls steigen würden? Dieser Sektor würde in wenigen Jahren leicht um 500 bis 1.000 Prozent anziehen.

Diesen Punkt hatte ich Peter Lynch und einigen wenigen anderen Fondsmanagern von Fidelity nahegebracht, und plötzlich besaß das Unternehmen, das in dieser Industrie zuvor praktisch überhaupt nicht vertreten war, viele Hundert Millionen Schiffsaktien. Als die Renditen kräftig anzogen, hielten wir einen beträchtlichen Anteil an diesem Sektor. Die Unternehmen erzielten innerhalb von drei Jahren einen Wertzuwachs von 620 Prozent, was mich sehr gut dastehen ließ. Peter war noch cleverer. Er stieg 1987 und 1988 ein, als sich die Aktien in dieser Industrie, die damals unter Investoren höchst unbeliebt war, am Tiefpunkt bewegten. 1989 begann er, seine Positionen abzustoßen, und war 1990 ganz draußen, als sich die üblichen Lemminge rudelweise auf die Aktien der inzwischen überbewerteten Reedereien stürzten. Peter nutzte die Markteuphorie aus und stieg ganz aus dem Sektor aus, wobei er viele Hundert Millionen Dollar Gewinn für seine Anleger erzielte.

Schließlich besaßen Kevin und ich hochmoderne, erstklassige Datenbanken, die uns einen ebenso erstklassigen Wettbewerbsvorsprung verschafften. Heute nennen professionelle Investoren diese Disziplin »wertbasiertes Range-Trading«. Als wir dieses Konzept entwickelten, hatte noch nie jemand davon gehört, geschweige denn einen Namen dafür gefunden. Wir hatten das Goldene Vlies gefunden. Das sprach sich herum, und die von uns entwickelten Bewertungscharakteristiken wurden schließlich von USB Warburg übernommen, das diese für seine gesamten paneuropäischen Research-Aktivitäten übernahm. M6G, das beste britische Fondshaus, bot uns eine Million Pfund Sterling für das Programm. Das war 1995 eine ganz ordentliche Summe. Kevin und ich sahen uns an, sagten »Neee« und lehnten das Angebot höflich ab. Es war so viel mehr wert, wenn man wusste, wie man es richtig einsetzt, und es würde uns beide in den kommenden fünf Jahren zu x-fachen Multimillionären machen. Dennoch war das Interesse schmeichelhaft.

Kulturell war Julius Bär eindeutig nicht auf eine derart innovative, anspruchsvolle analytische Methodologie eingestellt, weil unser Ansatz bis zu einem gewissen Grad auf einer grundlegenden Pietätlosigkeit basierte, die laterales Denken erforderte und dessen Mantra lautete: »Nichts als gegeben hinnehmen, alles anzweifeln.« Ich war absolut die falsche Person für eine ultrakonservative Schweizer Bank im Familienbesitz. Das war so, als hätte die Barings Bank den exzentrischen und zu Exzessen neigenden Journalisten Hunter S. Thompson angeheuert, um ihre Marktberichte zu schreiben. Ich hielt es kaum zwei Jahre aus. Was mich wirklich nervte, war, dass die Leute bei Bär nicht einmal die Grundlagen der Aktieninvestition beherrschten. Ich war von einem eifrigen Schüler zum Lehrer geworden, das heißt, mein Nutzen im Hinblick auf Erfahrungszuwachs und Wissensgewinn war gleich null. Meine Lernkurve war flacher als die Salzebenen von Utah. Warum sollte ich da bleiben wollen? Ich hatte das Gefühl, ein großer Teil von mir sei dabei, abzusterben, anstatt aufzublühen.

Und noch etwas anderes, das mir sehr naheging, neigte sich dem Ende zu – diese Jahre waren Neckos letzte Lebensjahre, in deren Verlauf er sich in einen sympathischen Alten verwandelte und überraschend menschlich und fröhlich wurde. Sein Geschäft war Jahre zuvor verkauft worden und die Deutsche Sporthilfe führte inzwischen jemand anderes. Zum Entsetzen der Speichellecker, die ihn umgaben, wurde die Beziehung zwischen meiner Mutter Uschi und ihm sehr eng und er unterstützte sie während des Scheidungsprozesses gegen meinen Vater. Tatsächlich war er während der Scheidung ihr wichtigster Verbündeter. Er entwickelte einen Sinn für Selbstironie und lernte, aus ganzem Herzen zu lachen. Wer sagt, dass alte Hunde keine neuen Tricks mehr lernen? Ich nehme an, es gab nichts mehr zu erreichen, sodass er sich schließlich erlaubte, sich die Zeit zum Nachdenken zu nehmen. Meine eigenen Gedanken und Überlegungen, die ich später nach meinem Ausstieg aus der Finanzwelt anstellte, machten mich ebenfalls zu einem großzügigeren, humorvolleren Menschen.

Necko lehrte mich, dass Ausreden etwas für Verlierer sind und dass ich die Verantwortung für mein eigenes Schicksal übernehmen müsse. Wir sind, was wir tun, und können alles sein, was wir wollen. Das Leben ist viel zu kurz, um uns in Selbstmitleid darüber zu ergehen, was andere uns angetan haben. »Werde erwachsen, mach etwas anderes, lass dir einen Bart wachsen, aber hör um Gottes willen auf zu jammern«, war einer meiner Lieblingssätze.

Ich erinnere mich daran, dass Susan und ich ihn an einem wunderschönen Samstagnachmittag zu einem Spaziergang im Park in der Nähe seines Hauses einluden. Dabei liefen wir an einem jungen Paar vorbei, das seinen Hund spazieren führte. Die beiden grüßten uns mit einem Nicken, wie es in einer so kleinen Gemeinde üblich ist. Zu meiner Überraschung ging Necko auf die beiden zu, schüttelte ihnen die Hände und verwickelte sie in ein Gespräch. Das ging zu weit. Das Paar war verblüfft. Sie hatten keine Ahnung, wer dieser merkwürdige alte Mann war. Necko dachte, sie hätten ihn erkannt. Ich dachte damals: »Lieber Gott, bitte erschieß mich, falls ich je berühmt werde und anfange zu glauben, jeder kenne und erkenne mich.« Aber es war ein sonniger Tag und jeder hatte das Recht, einen Narren aus sich zu machen, vor allem ein so charmanter alter Pfau wie Necko, der in seinem Leben so viel erreicht hatte.

Er wollte nicht, dass ich ihn auf seinem Totenbett sehe. Er wollte als Eroberer und nicht als besiegter alter Mann in den letzten Atemzügen erinnert werden. Im Januar 1992 starb er an Lungenkrebs. An seiner Beerdigung nahmen 20.000 Trauergäste teil, unter den zahllosen Prominenten befand sich auch der damalige Bundeskanzler Helmut Kohl. Es war ein verregneter, scheuß-licher Tag. Das Requiem »Ave Maria« war überwältigend und ich weinte wie ein junger Hund, der sein Herrchen verloren hat.

Der alte Geizkragen hatte mir jedoch nichts hinterlassen. Zu seiner Vertei-digung muss gesagt werden, dass sein ältester Sohn Peter das Erbe verteil-te. Aber diese Verantwortung seinem habgierigen Sohn zu überlassen war schwach. Auch Maria, seine liebevolle Haushälterin, die ihn mehr als 20 Jahre lang betreut hat, ging leer aus. Sie begleitete mich in Neckos Kellerräume, wo die unverkäuflichen Dinge gelagert wurden, die niemand haben wollte. Wie ein gemeiner Dieb nahm ich zwei Pflanzentöpfe und ein graviertes silbernes Zigarettenetui mit, das von einem Reitturnier stammte, um wenigstens ein Er-innerungsstück zu haben.

An diesem Tag beschloss ich, meine Karriere zu beschleunigen. Ich war si-cher, dass ich nie etwas erben würde. Mein Vermögen würde größer sein als Neckos, schwor ich mir. Es bot keinerlei Vorteile, irgendjemandem diesen Plan mitzuteilen, nicht einmal meinen engsten Freunden und Verwandten. Nur Susan hatte eine vage Vorstellung davon, wohin die Reise gehen würde: geradewegs in die Liga der reichsten Deutschen. Außerdem ging das nieman-den etwas an. Männer erkennt man an Taten, nicht an Worten. Das Spiel hat-te begonnen und niemand würde mich aufhalten können. Ich würde zu einem grenzenlosen Erfolg werden, selbst wenn das unterwegs zu Kollateralschäden führen würde. Das Streben nach Liebe und Glück war ein flüchtiges, abstrak-tes Konzept. In meiner Welt hatte ich es nirgendwo entdeckt. Ich hatte keine Ahnung, wie es aussah oder sich anfühlte, warum sollte ich also danach stre-ben? Damit blieben als Ziele Geld und Macht übrig. Die rasante Fahrt in Rich-tung Klippen hatte begonnen. Ich war mir sicher, dass ich fliegen würde, wenn ich dort ankam.

Finanziell entwickelten sich die Dinge in die richtige Richtung. Meine Off-shore-Bankkonten waren auf mehrere Millionen Dollar angewachsen – nicht schlecht für einen Angestellten Mitte 30. Daneben besaß ich ein Haus in ei-ner erstklassigen Gegend vor den Toren Frankfurts, ein Stadthaus in Cambridge, eine Wohnung in New York City, mehrere Mietwohnungen und ein Strandhaus im französischen Médoc. Susan hatte keine Ahnung, dass wir bereits ziemlich reich waren. Sie dachte, wir würden gerade genug verdienen, um die Monatsrechnungen zu bezahlen. Sie fuhr einen alten Fiat Panda. Wenn es schneite, drangen die Schneeflocken durch die Luftfilter und wenn man genau hinsah, konnte man die Straße unter den Füßen sehen. Überraschenderweise war ich zum ersten Mal in meinem Leben monogam, was zum größten Teil an Susans emotionaler Leuchtkraft lag. Unterdessen sorgte Kevin dafür, dass ich im Job nicht vom rechten Weg abkam.

Zu diesem Zeitpunkt hatte ich nicht die geringste Ahnung, wie lächerlich meine Initiativen zur Wohlstandsmaximierung waren. Ich betete rund um die Uhr Mammon an. Wenn ich gerade kein Geld scheffelte, sparte ich es. Ich jammerte über die hohen Telefonrechnungen als Folge von Susans ständigen Telefonaten mit ihrer Mutter in den USA und sagte ihr, wie müssten uns möglicherweise von unserem Hausmädchen trennen (die nur einmal die Woche kam), wenn wir unsere Ausgaben nicht in den Griff bekämen. Ja, ich war kleinkariert, aber wir hatten den Laden fest im Griff. Ich brauchte das Kapital, um zu wachsen. Ich konnte nicht zulassen, dass Susan es für Telefontherapie mit ihrer Mutter verschwendete, weil ich kaum vor zehn Uhr abends zu Hause auftauchte und üblicherweise auch am Wochenende arbeitete. Außerdem wäre es für einen angehenden Magnaten sowohl unverzeihlich als auch unprofessionell gewesen, das Betriebskapital anzutasten, anstatt von den Zinsen und Dividenden zu leben. Mein Plan lautete, drei bis fünf weitere Jahre als Angestellter zu arbeiten und dann meine Erfolgsbilanz und meine Reputation als kompetenter, erfahrener Geldmacher zu benutzen, um meine eigene Vermögensmanagementgesellschaft zu gründen – mit einigen attraktiven Kunden im Schlepptau. Es kam aber ein wenig anders.

Ich blieb in Frankfurt und erhielt eine Beteiligung an der europäischen Niederlassung meines nächsten Arbeitgebers, Jonathan & White, wo ich Minderheitspartner war. Jonathan & White hatte seine Hauptniederlassung in New York, unterhielt aber große europäische Zweigstellen. Die Jungs aßen, tranken und atmeten Wertpapieranalyse und Value Investing (wertbasierte Anlagestrategie), auf deren Prinzipien alle Fonds basierten, die sie verwalteten. Sie waren die Großmeister des Discountshoppings, die direkten Nachkommen des Vaters des Value Investings, Professor Benjamin Graham. Der sogenannte Dekan der Wall Street hatte Ende der Zwanzigerjahre damit begonnen, diese Strategie an der Columbia Business School zu lehren. Warren Buffett, einer von Grahams Schülern, wendete dasselbe Paradigma in großem Stil an und wurde damit der reichste Mensch der Welt. Wieder lernte ich dazu. Was ich allerdings über Value Investing lernte, war, dass diese Strategie zwar bis zu einem gewissen Grad meinem Verstand zusagte, aber ganz gewiss nicht zu meinem Temperament passte.

Richtig angewendet erzeugt keine andere Anlagetechnik langfristig überlegenere, risikoangepasstere Anlagerenditen. Zwar wenden nur weniger als zehn Prozent der Investmentmanager diese Technik diszipliniert, konsequent und konsistent an, aber diejenigen, die das tun, werden nicht nur überdurchschnittliche Kapitalzuwächse einfahren, sondern auch über reichlich Freizeit verfügen.

Und genau das ist der Punkt, an dem ich ein ganz persönliches Problem mit Value Investing hatte. Ich bin ein hyperaktiver Irrer und bestenfalls beschränkt normal. Als Konsequenz langweile ich mich schnell. Ich brauche ständige Adrenalinschübe, um bei Laune zu bleiben. Value Manager sind üblicherweise ausgeglichene Menschen, die ganz schlechte Witze machen, wie die Partner von Jonathan & White. Sie haben das Temperament von Scheintoten und sind weder gierig noch ängstlich. Möglicherweise fehlt es ihnen an emotionaler Tiefe; sie interessieren sich nur für den inneren Wert, die Free-Cash-flow-Rendite und niedrige Kurs-Gewinn-Wachstums-Verhältnisse und die Verwegeneren unter ihnen für relative Anleihe- und Dividendenrenditen, Sum-of-the-parts-Bewertung und so weiter. Value Investing hat viel gemeinsam mit antizyklischem Bottom Fishing von Gewerbeimmobilien – eine völlig anspruchslose Disziplin. Das ist weder Quantenphysik noch Fuzzy Logic. Wenn man es lange genug macht, kann es ziemlich stumpfsinnig werden, allerdings wird man dabei ständig reicher.

Ich bin auf den Kapitalmärkten, im Eigenhandel, im Fondsmanagement und in der Wertpapieranalyse immer eine Art Sonderling gewesen. Ich bin weder Armenier noch Libanese, Inder, Chinese oder aus Londons East End. Ich bin nicht 1,68 m groß, komme nicht aus Brooklyn und habe keine dunklen Locken und eng zusammenstehenden Augen.

Glücklicherweise gibt es viele Wege, um Geld zu verdienen, die besser zu meinem aggressiven, hellwachen und ungeduldigen Temperament passen. Ich brauchte schneller höhere Renditen. Ich konnte nicht vier Jahre darauf warten, mit einer Position Geld zu machen. Ich brauchte zahlenmäßig Befriedigung – je schneller, desto besser. Ich musste den Rausch im Kopf und das Knistern in meiner Brieftasche spüren, um mich lebendig zu fühlen. Eine dieser Techniken war das Activist Investing.

Ich war seit zwei Jahren bei Jonathan & White, als ich getreu meinen Prinzipien einen Hersteller für Babynahrung angriff, der über einen hohen Bargeldbestand und große Vermögenswerte verfügte und eine offene Aktionärsstruktur mit breiter Streuung hatte – der perfekte Kandidat für eine Zerschlagung. Ein Wertzuwachs von 100 bis 200 Prozent innerhalb von sechs bis neun Monaten war praktisch garantiert, wenn man genug Staub aufwirbelte. Galactina AG (später Asklia AG – das Unternehmen firmierte um, zahlte hohe Dividenden und der Aktienkurs verdreifachte sich) hatte mehr Bargeld als Marktwert sowie wertvolle Grundstücke und andere versteckte Vermögenswerte. Deren Wert in der Bilanz war mit einem Schweizer Franken *pro memoria* angegeben, damit das Unternehmen nicht vergaß, dass es sie besaß, denn alle Vermögenswerte waren aus Gründen der Steueroptimierung auf null abgeschrieben worden. Man musste lediglich einen signifikanten Anteil erwerben und dieses ultrakonservative Unternehmen, das über wertvolle Aktiva verfügte, an Aktionäre vertickern, und dann wäre man reich. Und man könnte sogar noch reicher werden, wenn es einem gelänge, das Unternehmen zu zerschlagen und häppchenweise zu verkaufen. Das war ein echter Selbstläufer.

Ich gewann mit einigen Komplizen die Kontrolle über 35 Prozent der ausstehenden Aktien und war in den Besitz äußerst nützlicher und hochsensibler

Informationen gelangt. Ein ausführliches Studium der Interna enthüllte, dass die Unternehmensführung die Anleger bewusst in die Irre führten, was den wahren Wert des Unternehmens und seinen Cashflow betraf, weil sie plante, es selber von der Börse zu nehmen. Ein weiteres Dokument zeigte, dass ein Vorstandsmitglied 700.000 Schweizer Franken dafür kassiert hatte, einen handschriftlichen fünfseitigen Bericht von Oberschulqualität zu verfassen. Ich sandte diese Dokumente umgehend an meine Kontakte in den Schweizer Medien, um meine Verhandlungsposition zu stärken und die Unterstützung anderer Anleger zu gewinnen. Eine große Schweizer Zeitung veröffentlichte die Beweise. Die Medienreaktion war ausnahmsweise überraschend positiv. Endlich einmal war ich der Gute, der missbräuchliche Managementmethoden im Schweizer Establishment offenlegte. Die meisten Journalisten standen auf meiner Seite.

Der Medienwirbel geriet jedoch außer Kontrolle. Überall war mein Foto abgebildet. Meine Seniorpartner waren mit dem Erwerb der Beteiligung grundsätzlich zwar einverstanden, aber rügten mich dafür, dass ich sie nicht über jeden Schritt informiert hatte. Sie erhielten Anfragen für Presseinterviews, hatten aber nicht den blassesten Schimmer, was eigentlich los war. Außerdem verwaltete Jonathan & White große Summen für andere börsennotierte schweizer Unternehmen. Eine dieser Firmen – ein ähnlich intransparentes und unterbewertetes potenzielles Angriffsziel – fragte sie, »ob Homm sie als Nächstes in die Enge treiben« würde. Seniorpartner hassen es, von ihrem Juniorpartner überrascht und in den Hintergrund gedrängt zu werden.

Jonathan & White waren nicht sonderlich erfreut. Ich wurde aus den üblichen Gründen gefeuert (mangelnde Kommunikation und Koordination, Nichtbefolgung der Etikette, zu »skrupellos«, Interessenkonflikt …). Da ich nur zwei Jahre für das Unternehmen gearbeitet hatte, ging ich mit nichts außer einigen Kunden: einem Nahrungsmittelgiganten, einem großen Medienhaus und dem Nachfahren einer berühmten Wiener Ärztefamilie. Außerdem hatte ich nicht genügend Zeit gehabt, eine Unternehmensstruktur für meine neue Firma aufzubauen oder fähige Händler und Analysten anzuwerben. Allerdings war ich inzwischen ein extrem guter Schwimmer und hatte mich genügend aufgepumpt, um alleine ins kalte Wasser zu springen und eine mächtige Fontäne zu erzeugen.

Es gab aber auch noch einen anderen Grund, weswegen ich das dringende Bedürfnis hatte, alleine zu schwimmen. Aus irgendeinem Grund, den ich selber nie herausfand, war ich immer davon überzeugt gewesen, dass ich mit 50 Jahren sterben würde und das alles – *wirklich alles* – bis dahin ausprobiert und erreicht sein musste. Wenn man davon ausgeht, dass das Arbeitsleben zwischen 18 und 50 Jahren stattfindet, dann lautete die einfache Berechnung, dass ich 1993 bereits die Hälfte des Wegs in die Dunkelheit zurückgelegt hatte, die Necko vor Kurzem eingehüllt hatte. Es war höchste Zeit, ein echtes Vermögen zu machen.

Außerdem war da die Angst vor Monotonie und Stagnation, was bis zu einem gewissen Grad genau daran lag, dass ich mehrere Millionen auf der Bank hatte und sofort hätte aufhören können zu arbeiten. Wenn Sie aufhören zu lernen, hören Sie auf sich zu bewegen, und das ist eine Art Tod. Wenn der Verstand eingeschaltet ist, bleibt man jung, und man bleibt noch jünger, wenn das Herz eingeschaltet ist. Der harte Teil ist natürlich das Herz. Mein Herz war einzig und allein auf Susan fokussiert und in etwas geringerem Maße auf Kevin und meine verrückte Schwester. Ich war nach wie vor auf den Reichtumstrip fixiert, aber wenngleich dadurch einige der wichtigen emotionalen Aspekte des Lebens allmählich verdrängt wurden, befand ich mich noch nicht an dem Punkt des chronischen Werteverfalls. Allerdings begannen sich die charakterlichen Verfehlungen zu wiederholen, und so entfernte ich mich immer schneller von dem Jungen, der im Wald bei Oberursel Rehe gefüttert hatte. Ich glaubte jedoch, mich noch immer in sicherer Entfernung vom Abgrund zu bewegen.

Wenn mich all das nicht davon überzeugt hätte, dass der Tag gekommen war, an dem ich endlich nach Belieben rauben und plündern konnte, dann gab es zumindest einen ausschlaggebenden Grund, dessen Logik unwiderlegbar war. Wenn man mehr als einmal wegen Nonkonformismus gefeuert wurde und nicht wegen mangelnder Leistung, dann muss man sein eigener Chef sein. Wenn man schon für ein Arschloch arbeitet, dann ist man das am besten selber.

TEIL III
RAUBZÜGE

6. ABENTEUERKAPITALISMUS

Unternehmer sind einfach diejenigen, die verstehen, dass es kaum einen
Unterschied zwischen Hindernis und Chance gibt, und in der Lage sind,
beides zu ihrem Vorteil zu nutzen.
Niccolò Machiavelli

Ich nannte mein Unternehmen Value Management and Research (VMR) nach meinem ehemaligen Arbeitgeber Fidelity Management and Research. Das klang rechtschaffen, aufrichtig, professionell und vertrauenswürdig. Kurzum, alles das, was ich nicht war. Das Unternehmen war ein Marktpenetrationsvehikel und ein ziemlich neuartiges Vorhaben. Es hatte ein Hedgefondselement, zu einer Zeit, da es in ganz Europa lediglich rund 20 Hedgefonds gab, und keiner wurde von Deutschland aus gemanagt. Pionier zu sein macht Spaß.

VMR begann in meinem Billardzimmer. Der Hauptgrund dafür war, dass ich von Anfang an die administrativen Kosten gering halten wollte. Außerdem hasse ich die täglichen Pendelfahrten zur Arbeit. Sie sind meiner Ansicht nach inhuman und eine völlige Zeitverschwendung. Bald darauf zogen wir in Büroräume im obersten Stockwerk eines Gebäudes in dem hübschen mittelalterlichen Städtchen Königstein am Fuße des Taunusgebirges nahe Frankfurt. Von meinen kathedralenartigen Fenstern aus hatte ich einen umwerfenden Blick auf die Burg und eine ernüchternde Aussicht auf das Pornovideogeschäft und das Büro eines Kredithais im Erdgeschoss. Wir quetschten acht Mitarbeiter in das 65 Quadratmeter große Büro, aber schon innerhalb von fünf Jahren beschäftigten wir alleine in der Frankfurter Hauptniederlassung 100 Kapitalmarktprofis. Unsere internationale Investmentbanking-Gruppe mit Büros in Madrid, Luxemburg und Los Angeles wurde inzwischen von einem sehr eleganten und respektablen ultramodernen Bürogebäude aus geführt, das wir uns mit Dow Chemical teilten. Und wir besaßen unsere eigene börsennotierte und hochprofitable Bank in München.

Anfangs übernahm meine Frau Susan die Fondsbuchhaltung sowie die operativen und administrativen Bürofunktionen. Ihre Effizienz und harte Arbeit wirkten Wunder auf unsere Gewinnmargen. Auf diese Weise kompensierte sie den fehlenden Treuhandfonds. 1994 wurde sie von drei Vollzeitkräften ersetzt, da sie im achten Monat mit unserem Sohn Conrad schwanger war. Ihr Bruder Kevin, der bei Julius Bär meine Nummer zwei und bei Jonathan & White wie ich Minderheitspartner gewesen war, wurde sofort gleichwertiger Partner. Er lebte fast ein Jahr bei mir und Susan, bevor er in derselben Straße ein Haus kaufte.

Kevin schrieb erstklassige Softwareprogramme und beschaffte hochmoderne Geräte, die alle Berechnungen durchführten. Von Programmieren verstand ich nichts, aber ich war ein kreativer Projektdesigner. Wir testeten unter Anwendung unseres firmeninternen Bewertungsmodells 69 Finanzvariablen von 5.000 Unternehmen in 17 Ländern und 28 Sektoren. Unsere Anforderungen an die Rechenleistung und die Speicherkapazität der Computer waren enorm. Unser Ziel lautete, die Faktoren zu bestimmen, die die höchste Korrelation zur Aktienkursentwicklung aufwiesen. Sobald diese Faktoren identifiziert waren, bestimmten wir den Bewertungskorridor, innerhalb dessen wir in ein bestimmtes Unternehmen, einen Sektor oder Markt investieren oder ihn leerverkaufen würden. Wir führten umfangreiche Backtests der Datensätze durch, um die zuverlässigsten Korrelationen und Marktwert-Trigger zu bestimmen und um quantitative und qualitative Fehler in unseren Modellen zu vermeiden. Es ging allein um Wahrscheinlichkeit und antizyklisches Anlageverhalten. Die Ergebnisse waren herausragend. Mit diesen Systemen ließen sich perfekte Parameter finden, die uns Aufschluss darüber geben würden, wann und zu welchem Preis wir ein Unternehmen, einen Sektor und manchmal sogar den ganzen Markt kaufen sollten. Mit zunehmender Verfeinerung der Systeme entwickelten sich unsere Long-Only-Fonds zu herausragenden Erfolgen und gewannen zahlreiche

Auszeichnungen, zum Beispiel als bester europäischer Pensionsfonds über drei Jahre, bester europäischer Aktienfonds, bester deutscher Fonds und so weiter. Das von uns verwaltete Kundenvermögen nahm dramatisch zu. Was die Identifizierung von überbewerteten Unternehmen und vor allem den Leerverkauf von Wachstumsunternehmen betraf, waren die Systeme allerdings weniger genau und zuverlässig.

Um meinem Hedgefondsmanagement einen zusätzlichen Vorteil zu verschaffen, hatte ich Ende der Achtzigerjahre eine Technik entwickelt, die sich damals Competitive Verification (CV) nannte – eine Art Überprüfung der Unternehmensinformationen durch die Befragung externer Quellen. Die Philosophie hinter diesem Konzept basiert auf der Tatsache, dass Vorstandsvorsitzende und Finanzvorstände sehr oft schwindeln. Wenn sie nicht gerade lügen, dann haben sie weder irgendeinen Schimmer, warum ihr Geschäft Erfolg hat, noch haben sie irgendeine Vorstellung davon, mit welchen Herausforderungen sie in der Zukunft konfrontiert werden könnten. Der Standardunternehmensbesuch beziehungsweise das Standardgespräch mit einem Vorstandsvorsitzenden ist völlig überbewertet und meist reine Zeitverschwendung. Viel mehr erfährt man aus der Analyse scheinbar nebensächlicher Unternehmensarchive, der Beobachtung der Aktienverkäufe hochrangiger Führungskräfte – sogenannter Insiderverkäufe – und der Auswertung nützlicher Hinweise von Wettbewerbern, Kunden, Mitarbeitern und Zulieferern. Die wichtigsten Informationen erhielten wir oft von aufgebrachten Wettbewerbern, großen Kunden, Geschäftskreditgebern, ehemaligen Mitarbeitern und esoterischen Handelspublikationen, die außer Freaks wie uns niemand las. Bei CV ging es allein darum, das Unternehmen auszuschnüffeln und echte Schwächen und potenzielle Risiken aufzudecken. Tatsächlich ähnelt CV stark der Arbeit, die knallhart ermittelnde Journalisten, Unternehmensberater und Industriespione machen. Unsere Betriebsphilosophie lautete: Tief schürfen, niemandem vertrauen, sich selber ein Bild machen und eigene Schlussfolgerungen ziehen. Unsere besten Analysten waren ohne Ausnahme allesamt ehemalige Journalisten, die investigativ gearbeitet hatten. Riesige Schmutzhaufen auszubuddeln lag in ihrem Naturell.

Akademisch betrachtet basiert CV auf den Lehren Michael Porters: *Wettbe-werbsstrategie: Methoden zur Analyse von Branchen und Konkurrenten* und *Wettbewerbsvorteile: Spitzenleistungen erreichen und behaupten.* Beide Bü-cher sind unbedingte Pflichtlektüre für jeden, der ein größeres Unternehmen führen will. Ich war zwei Jahre zusammen mit Professor Porter Mitglied des Verwaltungsrats der Harvard Cooperative Society und konnte ihn in Aktion beobachten. Seine Einsichten waren atemberaubend. Competitive Verifica-tion reichte über Porters Ansatz hinaus, da wir auch Denunzianten, Detektive und verstimmte Mitarbeiter anzapften, um uns einen Informationsvorteil zu verschaffen. Aus unerfindlichem Grund war bisher niemand in Europa auf die Idee gekommen, Porters wegweisende Konzepte hochstrukturiert auf grund-legende Wertpapieranalyse oder Leerverkäufe anzuwenden. Ich war der Erste.

Ein weiteres unentwickeltes Element und gleichzeitig das größte von allen war der deutsche Kapitalmarkt – ein jungfräuliches Terrain für jeden, der nach fet-ter Beute Ausschau hielt. Auf dieser Wiese tummelten sich eine Menge fet-ter Kühe, unbeaufsichtigt und ohne Zaun. Zudem gab es kaum Finanzregulie-rung. Kapitalbeteiligungen mussten nur dann offengelegt werden, wenn sie die 25-Prozent-Grenze überschritten (in den USA betrug diese Grenze fünf Pro-zent und in England drei Prozent). Die Regulierung des Insiderhandels steck-te noch in den Kinderschuhen und der IPO-Markt war praktisch inexistent. In den vorhergehenden Jahren hatte es im Schnitt zehn Börsengänge pro Jahr ge-geben, wobei die durchschnittlichen Börsenkandidaten irgendwelche wachs-tumsschwachen Industrie-Dinosaurier waren, die im Schnitt fast 50 Jahre alt waren.

In Amerika dagegen fanden jedes Jahr viele Hundert Börsengänge statt, wo-bei das durchschnittliche Unternehmensalter der Börsenkandidaten fünf Jah-re betrug. Die Qualität der deutschen Research-Aktivitäten war dilettantisch und oberflächlich und die finanzielle Offenlegung bestenfalls intransparent. Deutsche, Schweizer oder österreichische Berichte ähnelten Steuererklärun-gen, in denen die wahre Profitabilität des Unternehmens oft verschleiert wur-de. Somit gab es eine Vielzahl von Kandidaten, aus denen man auswählen konnte. Britische Unternehmen neigten dazu, ihre Gewinne aufzublähen, und boten damit zahlreiche leichte Leerverkaufsziele. Viele große Unternehmen veröffentlichten zudem keine Jahresberichte in englischer Sprache. Man verfügte bereits über einen Wettbewerbsvorteil, wenn man nur Italienisch, Portugiesisch oder Spanisch verstand. Ich betrachtete Deutschland als eine gewaltige Kapitalmarktchance. Und nach einem hässlichen anhaltenden Börsensturz war der Markt spottbillig und die Wettbewerber relativ orientierungslos. Der einzige echte Nachteil war mein persönlicher Steuersatz, der knapp unter 60 Prozent lag. Ich hätte vom Schweizer Ort Zug aus agieren sollen, wie mein Kunde Señor Rico. Im nächsten Leben bin ich wahrscheinlich klüger.

Als fleißiger Schüler Machiavellis setzte ich alles zu meinem maximalen Vorteil in Bewegung. Es gab zwei konkurrierende Organisationen, die den Markt für Wachstumsaktien in Europa beherrschen wollten: Deutschlands Neuer Markt und der EASDAQ, der dem NASDAQ nachempfunden ist. Auf beide Seiten der Gleichung zu setzen war für mich etwas ganz Natürliches.

Der NASDAQ war Anfang der Neunzigerjahre der größte Markt für den Handel mit Aktien amerikanischer und internationaler Wachstumsunternehmen weltweit. Microsoft, Google und Apple sind am NASDAQ notiert. In Europa existierte damals keine vergleichbare oder auch nur annähernd ähnliche Struktur. Viele europäische, israelische und sogar asiatische Wachstumsunternehmen gingen an den NASDAQ, weil amerikanische Anleger um ein Vielfaches erfahrener und vertrauter mit Investitionen in wachstumsstarke Hochtechnologieunternehmen waren als die schwerfälligen Europäer.

Warum sollten europäische Wachstumsunternehmen nach Amerika gehen, um sich Kapital zu beschaffen? Der EASDAQ und der Neue Markt wollten Wachstumsunternehmen auf heimischem Boden halten und einen besseren lokalen und regionalen Zugang zu Risikokapital bieten. Für den europäischen Bankensektor und europäische Investoren war es viel besser und profitabler, wenn diese attraktiven Unternehmen in ihren Heimatländern finanziert werden konnten. Der Neue Markt, der EASDAQ und der NASDAQ konkurrierten daher miteinander um die aussichtsreichsten europäischen Wachstumskandidaten.

Angesichts meiner breiten Erfahrung mit den US-Kapitalmärkten wurde ich als Mitglied der Taskforce des Neuen Marktes ausgewählt, die dessen Regeln und Regulierungen definieren sollte. VMR war ein Gründungsaktionär und ich selber Vorstandsmitglied des Organs, das die Entwicklung des EASDAQ überwachte, sodass ich auch in diesem Topf mitrühren konnte. Ich war die einzige Person in ganz Europa, die in der Lage war, bei einem Pferderennen mit zwei Teilnehmern auf beide Pferde zu setzen. Da ich nicht die leiseste Idee hatte, welche Organisation sich am Ende durchsetzen würde, wettete ich große Einsätze auf beide. Wir hielten in der Tat eine 50-prozentige Beteiligung an einem US-Aktienmakler und -händler mit umfangreichen Handels- und Notierungsressourcen am NASDAQ. In einem Satz: Wir waren hervorragend positioniert.

Was dann kam, ist Geschichte. Der Neue Markt entwickelte sich angesichts des großen deutschen Reichtums und des unersättlichen Hungers auf Wachstumsunternehmen ausgezeichnet. Der EASDAQ geriet unterwegs ins Straucheln, weil andere europäische Nationen ihren eigenen NASDAQ gründeten, aber das war mir egal. Solange er existierte, verdienten wir damit Geld und noch viel mehr Geld am Neuen Markt. Auf der Höhe unserer Macht hielten wir einen Marktanteil von mehr als zehn Prozent an allen Börsengängen in Deutschland. Die Liste der zukünftigen IPO-Kandidaten schien endlos. Wir waren Underwriter, Placement-Agents, Pre-IPO-Berater, Pre-IPO-Investoren, PR-Service, Research-Service – was Sie wollen. Wir molken jede Kuh auf jede erdenkliche Weise. Die Kapitalmarktaktivitäten waren bereits hochprofitabel, aber unser Informationsvorteil wirkte sich direkt und positiv auf die Fondsrenditen und unsere Private-Banking-Sparte aus und steigerte die Gewinne aus unserem Eigenhandel.

Jedes Jahr gingen Dutzende von Unternehmen an die Börse, wobei unsere Research-Abteilung alle Neuen Markt-Werte analysierte. Die sogenannte Chinesische Mauer zwischen Unternehmensfinanzierung und Wertpapierrecherche war in Deutschland damals ziemlich durchlässig, um nicht zu sagen nicht vorhanden. Die Insider-Regulierung steckte noch in den Kinderschuhen und war wenig effektiv. Kaum ein Börsenspekulant war so gut vernetzt wie wir. Die

Regulierung des Neuen Marktes war gemessen an deutschen Standards progressiv, aber immer noch Lichtjahre von den strangulierenden Einschränkungen amerikanischer Wertpapiermärkte entfernt. Indem ich für sehr niedrige regulatorische Standards und minimale Strafen plädierte, hatte ich sichergestellt, dass meine Investmententscheidungen nicht von strengen Gesetzen über Marktmanipulation und Insiderhandel eingeschränkt würden. Jeder Leser, der mit hochentwickelten, ausgeklügelten internationalen Finanzen Erfahrung hat, wird von dieser Strategie alles andere als überrascht sein. Und jeder Leser, der keine Erfahrung auf diesem Gebiet hat, sollte wissen, dass sich ab einem bestimmten Niveau jeder in einer Grauzone bewegt und die Regulierungsgesetze, die alles in Schwarz oder Weiß unterteilen, stets einen Schritt hinter der Realität herhinken.

In den Jahren 1995 und 1996 gelang mir mein erster großer Börsencoup mit dem Leerverkauf und der Bloßstellung der Bremer Vulkan, damals der größte deutsche Schiffsbaukonzern, der so treffend als »Brennender Berg« und »Höllenschlund« von Bremen bezeichnet wurde. Ich habe die Bremer Vulkan nicht »plattgemacht«, wie viele Analysten behauptet haben. Natürlich flog der Laden in die Luft, aber ich war lediglich der Überbringer der schlechten Botschaft und finanziell der Hauptnutznießer. Das Unternehmen hatte die undurchsichtigsten Finanzen aller Zeiten und untragbare außerbilanzielle Schulden – ungefähr so wie die USA heute. Nach eingehender Betrachtung der Zahlen (wozu man verstaubte Büros aufsuchen musste, um sich die Daten der Tochtergesellschaften zu besorgen), wurde klar, dass die Bremer Vulkan hauptsächlich von den Subventionen des Landes Bremen lebte, während die Finanzberichte recht fantasievoll gestaltet wurden. Ich schloss daraus, dass die Bremer Vulkan ständig am Rande der Insolvenz stand. Der nächste Schritt bestand darin, die Auftragslage des Konzerns bei seinen Wettbewerbern zu verifizieren. Einer der größten europäischen Konkurrenten bestätigte, keine Reederei der Bremer Vulkan verfüge über profitable Aufträge. Vielmehr versuche der Konzern nun, sich vom Bau einfacher verlustbringender Containerschiffe auf den Bau hochspezialisierter Kreuzfahrtschiffe zu verlegen.

Dann verkündete die Bremer Vulkan, das Unternehmen habe von Costa Crociere, einem anderen börsennotierten Unternehmen mit Sitz in Genua, zwei Großaufträge über den Bau von Kreuzfahrtschiffen erhalten. Wir befragten Costa Crociere und hatten Glück, weil der Finanzvorstand an jenem Tag in mitteilsamer Laune war. Er hatte keine Ahnung, dass wir einen Leerverkaufsraubzug gegen die Bremer Vulkan planten. Was wir über die Aufträge erfuhren, war unglaublich: Falls die Bremer Vulkan die Schiffe nicht pünktlich und exakt den Spezifikationen entsprechend fertigstellte, würden hohe Vertragsstrafen fällig (eine Millarde D-Mark), die den gesamten Konzern mit Sicherheit in den Bankrott treiben würden. Die Bremer Vulkan besaß eine beeindruckende Militärsparte, die auf den Bau hochmoderner Marineschiffe und entsprechender Technologien spezialisiert war. Im Falle eines Bankrotts würde diese profitable Sparte geopfert werden müssen, um die Forderungen der Gläubiger zu bedienen. Angesichts der Tatsache, dass die italienischen Auftraggeber staatliche Garantien besaßen, würde das Land Bremen einspringen und für alle finanziellen Schäden aufkommen müssen, die die Bremer Vulkan aus eigener Kraft nicht leisten konnte, womit möglicherweise eine Staatskrise ausgelöst würde. Die Italiener waren sicher, dass sich die Bremer Vulkan an dem Bau dieser Hightech-Schiffe verheben und schwere Verluste erleiden würde, aber die Kosten dieser Schiffe waren für Costa Crociere so gering, dass sie bereit waren, unter Umständen auch etwas länger auf die Auslieferung zu warten. Wir hatten eine Shortselling-Goldader gefunden: einen echten Bankrottkandidaten. Viele Hunderttausend Aktien, die 100 D-Mark oder mehr kosteten, konnten in der Zukunft für ein paar Mark zurückgekauft werden, wenn der Konzern pleiteging.

Was ging bloß in den Köpfen der Unternehmensführung vor? Mit einer einzigen fatalen Managemententscheidung, mit der sie sich zum Bau von zwei Schiffen in einem Segment verpflichtete, in dem sie weder Erfahrung noch das nötige Fachwissen besaß, setzte sie die gesamte Unternehmensexistenz aufs Spiel. Das musste schiefgehen und würde den Untergang einer 108 Jahre alten Traditionsreederei sowie den Verlust von mehr als 23.000 Arbeitsplätzen bedeuten. Für die Subunternehmer, von denen viele kein Geld sehen würden, wären die Folgen noch katastrophaler.

Wir drangen noch zwei Ebenen tiefer vor und sprachen mit mehreren Kreuz-
fahrtreedereien und anderen Schiffsbauunternehmen in Deutschland und
Skandinavien. Es herrschte allgemeiner Konsens darüber, dass die Italiener
ziemlich clever waren und mit Sicherheit kein Geld verlieren würden, die
Bremer Vulkan diese Schiffe aber niemals pünktlich und zu den kalkulier-
ten Kosten würde ausliefern können. Anschließend stellten wir einige flüchtige Untersuchungen der finanziellen Situation des Landes Bremen an, um zu
überprüfen, ob die Regierung der Freien Hansestadt eine halbe bis eine Milliarde D-Mark irgendwo herumliegen hatte, die sie der Bremer Vulkan im Not-
fall in die Hand drücken konnte, um das Überleben des Unternehmens zu
sichern. Zu diesem Zeitpunkt befand sich Bremen in einem totalen Finanz-
chaos und wäre wahrscheinlich nicht in der Lage gewesen, den Konzern mit
Kapitalspritzen, Notkrediten, einer Kapitalbeteiligung oder einem Debt-Equi-
ty-Swap (Umwandlung von Verbindlichkeiten in Eigenkapital) zu retten, falls
sich das Worst-Case-Szenario bewahrheiten sollte.

Und schließlich heuerten wir Informanten und Detektive an, die uns über den
Bau der beiden Schiffe auf dem Laufenden hielten. Niemand in der Schiffs-
bauindustrie war überrascht, als die Bremer Vulkan den Auftrag gründlich
verpatzte. Allerdings hatten die Finanzinvestoren noch keine Ahnung von
den Entwicklungen. Die Bremer Vulkan berichtete über ständige Fortschritte und Gewinne, wobei sie ganz offensichtlich frisierte Zahlen präsentierte.
Qualitätsprobleme, fehlerhafte Designs, Materialverknappung – all das führte zu gigantischen Budgetüberschreitungen und massiven Verzögerungen. Bei
der Bremer Vulkan war es die Norm, Dinge zu vermurksen, und Dinge richtig zu machen, die Ausnahme. Wir liehen uns mehrere Hunderttausend Akti-
en und verkauften sie zu Preisen zwischen 80 und 100 D-Mark. Zu dem Zeitpunkt hielten meine ehemaligen Kollegen bei Fidelity satte 12 Prozent an der
BV und der Templeton Growth Fund fast 20 Prozent. Die Aktien über unseren Prime-Broker[9] zu leihen, um sie weiterzuverkaufen, war überhaupt kein
Problem.

---

[9] Finanzdienstleister, die in erster Linie oder ausschließlich Hedgefonds bedienen. (A.d.Ü.)

Ich wusste zudem, dass die Jungs, die sich beim fidelityinternen Basketball-match vor Angst die Fingernägel zerkaut hatten, weder die Ausdauer noch die Entschlossenheit zu aufwendiger und umfassender Recherchearbeit hatten. Sie lungerten lieber im luxuriösen Bremer Park Hotel herum und unterhielten sich mit den Topmanagern der BV in deren repräsentativen Büros. Ich dagegen hatte mir Zugang zur Schiffswerft verschafft, indem ich mich als amerikanischer Tourist und angehender Schiffsingenieur ausgab, und hockte mit den Arbeitern in lokalen Kneipen, um nützliche Kontakte zu knüpfen und wichtige Informationen zu erhalten. Meine Fassade war glaubwürdig. Einmal ließ ich mich volllaufen und sprach Deutsch mit perfektem amerikanischem Akzent. Nachdem ich Schiffsinvestor und jahrelang Eigentümer eines Container-schiffes gewesen war, wusste ich genug über Schiffstechnik, um nicht aufzu-fallen. Natürlich war ich kein Ingenieur, aber ich wusste, wann ich technisch anspruchsvollere Gespräche abbiegen musste.

Die »Analysten« von Templeton und Fidelity glaubten der Propaganda der Unternehmensführung, die Aufträge von Costa Crociere würden die Bremer Vulkan in ein neues Zeitalter der Profitabilitäts- und Wachstumszuwächse füh-ren. Diese Fachidioten verfügten über keinerlei Wissen auf diesem Gebiet; das würde ein Riesenspektakel geben. Ich sprach sogar mit Anthony Bolton und seinem schlecht informierten deutschen Analysten über die Bremer Vulkan, um ihn dazu zu bewegen, seine Aktien vor der Implosion loszuschlagen. Er glaubte mir nicht und wollte meinem Rat nicht folgen. Ebenso nutzlose Ge-spräche führte ich mit dem Analysten von Templeton. Außerdem sandte ich unsere Recherchen an alle Fondsmanager, die Aktien der Bremer Vulkan hiel-ten.

Ungefähr 90 Prozent der Menschen leiden unter dem sogenannten Normali-tätsbias, das heißt einer verzerrten Wahrnehmung, derzufolge nicht sein kann, was nicht sein darf, beziehungsweise dem Konsenssyndrom. Außerdem leiden sie an einem Autoritätskomplex. Sie haben ein natürliches Vertrauen zu Men-schen in Machtpositionen, weil sie selber eher Gefolgsleute als Führer sind. Sie sind von Haus aus vertrauensselig und haben nie gelernt und sind unfähig, zwischen den Zeilen zu lesen. Die meisten glauben blind an Autorität und stellen die Informationen, mit denen man sie abfüttert, nie in Frage. Das ist einer der Gründe, warum Amerika mit seinen schlampigen und archaischen Bilanzierungspraktiken, seinen manipulierten Wirtschaftsdaten, seinen kolossalen Defiziten, dem nicht konsolidierten Schuldenberg und inflationsbereinigten Zahlungsverpflichtungen ungeschoren davonkommt. Sehen Sie sich Madoff an: Es gab zahlreiche gut dokumentierte Warnungen, aber die Mehrheit zog es vor, den veröffentlichten Zahlen, den Wirtschaftsprüfern und den Machthabern zu glauben, anstatt den Informationen der Wettbewerber, Kunden, Zulieferer und Mitarbeiter. Die gleichen Warnsignale gibt es über die US-Schulden, den US-Dollar und die Renten- und Sozialversicherungsansprüche der Bürger. Niemandem zu glauben und sich nach intensiven Recherchen auf allen Ebenen und allen Seiten eine eigene Meinung zu bilden ist einer der wenigen wirklich sicheren Wege zu außergewöhnlichen Renditen.

Die überwältigende Mehrheit erleidet lieber dramatische Verluste, anstatt nach vollkommen rationalen Informationen und einer soliden Analyse zu handeln. Fidelity und Templeton hielten fast bis zum bitteren Ende am größten Teil ihrer Aktien fest und verloren dabei viele Hundert Millionen D-Mark an verwaltetem Fondsvermögen, weil sie es vorzogen, einem orientierungslosen Management zu glauben, obwohl sie erstklassige investigative Rechercheergebnisse zur Hand hatten.

Nun, das Geld war nicht wirklich verloren. Es war nur von den Templeton- und Fidelity-Fonds in unsere Taschen geflossen. Es war mir gelungen, mehrere weniger vertrauensselige Investoren mit umfangreichen Beteiligungen dazu zu bewegen, ihre Aktien zu verkaufen oder wenigstens den Bestand zu reduzieren, bevor innerhalb weniger Monate der Aktienkurs der Bremer Vulkan völlig zusammenbrach.

Auf der Höhe des Leerverkaufsdramas bot ein aufgebrachter Privatanleger öffentlich und über mehrere Zeitungsanzeigen demjenigen eine Belohnung von 100.000 D-Mark, der den Schurken finden würde, der den Zusammenbruch der BV-Aktie inszeniert hatte. Ich rief diesen Irren an, um mich zu erkennen zu geben und die Belohnung zu kassieren. Ich konnte ihm leicht beweisen, dass ich der Typ war, nach dem er suchte. Ich bot ihm sogar meine Recherchen an. Es erübrigt sich zu erwähnen, dass ich die Belohnung nie sah, obwohl ich hundertprozentig dazu berechtigt war, sie zu kassieren. Ich hätte diesen Idioten verklagen sollen.

Wir entkamen wie die Räuber und kauften die Aktien zu wesentlich niedrigeren Kursen zurück, und zwar noch einige Zeit, bevor das Unternehmen offiziell seinen Bankrott anmeldete. Der richtige Zeitpunkt war immer eine wichtige Überlegung gewesen. Je schneller die Bremer Vulkan zusammenbrach, desto höher unsere annualisierte Rendite. Daher teilten wir jedem, der es hören wollte, unsere Erkenntnisse mit. Wenn Sie entweder in sechs Monaten oder in zwei Jahren 20 Millionen Dollar verdienen und eine Investmentrendite von 200 respektive 50 Prozent erzielen können, wofür würden Sie sich entscheiden? Wäre es nicht vollkommen sinnvoll, zum Telefon zu greifen und einige Aktionäre wie Templeton und Fidelity anzurufen und einige faule Journalisten zu informieren? Ich tat nur, wofür jeder Investmentprofi bezahlt wird: solide, tiefgründige Recherchen. Natürlich war ich wesentlich aktiver. Es war nur logisch, dass ich ordentlich verdienen sollte, während andere ihren Hintern platt saßen.

Wie sich herausstellte, hatte die Bremer Vulkan mehr als 900 Millionen D-Mark Landes- und Bundessubventionen veruntreut, was Zivil- und Strafprozesse nach sich zog. Mehrere Mitglieder der Bremer Establishment schienen in diesen Skandal verwickelt zu sein. Was meinen Sie, was am Ende geschah? Zwei Vorstandsmitglieder erreichten eine außergerichtliche Einigung, und alle anderen gingen straffrei aus.

Die Regulierungsbehörden schießen ständig am Ziel vorbei. Wenn Sie zum Establishment gehören, können Sie echte Verheerungen anrichten und ungeschoren davonkommen. Das Schlimmste, was Ihnen passieren kann, ist eine Verwarnung oder eine milde Strafe. Wenn Sie aber ein unabhängiger Einzelgänger oder eine unabhängige Organisation und Gegner des Establishments sind, fällt bei der geringsten angeblichen Verfehlung das gesamte System, einschließlich der lemminghaften Journalisten, über Sie her.

Die Moral der Geschichte ist einfach: Es ist besser, sich seine eigene gründlich fundierte Meinung zu bilden, als das zu glauben, was die zwanghaften Lügner der Abteilung für Unternehmenspropaganda Ihnen und dem Markt weismachen wollen. Aus diesem Grund sind mindestens 60 Prozent aller Finanzanalysten und Reporter Versager, und aus diesem Grund schaffen es nur ganz wenige Fondsmanager, die Indizes langfristig zu schlagen. Die meisten sind faul, vertrauensselig und unkreativ in ihren Recherchen. Sie sind nicht zu nonkonformistischem Denken in der Lage und machen sich ständig Sorgen über ihre kurzfristige Performance im Vergleich zu irgendeinem bedeutungslosen Index und den Ergebnissen ihrer Berufskollegen, anstatt sich auf absolute Renditen und Verlustbegrenzung zu konzentrieren. Und das Wichtigste: Sie können sich das Undenkbare nicht vorstellen, zum Beispiel den Zahlungsausfall der US-Regierung, Finanzrepression, Nullwachstum, Deflation oder traumatische Hyperinflation. »Bilde dir stets deine eigene Meinung«, wurde nach der Erfahrung mit der Bremer Vulkan zu einer meiner Maximen.

Mit der Technik Competitive Verification lassen sich noch immer hohe Renditen erzielen. Die führenden Fondsgesellschaften wie Fidelity, Jonathan & White und Templeton sind weit davon entfernt, dieses Konzept anzuwenden. Peter Lynch war der erste und einzige meiner Vorgesetzten, der mich ausdrücklich aufforderte, bei jeder sich bietenden Gelegenheit mit Kunden und Wettbewerbern zu sprechen. Seine Aufforderung traf nicht auf taube Ohren. Ich glaube, dass jeder qualitativ hochwertige Unternehmensbericht Kunden, Wettbewerber, Preismacht, Markteintrittsbarrieren und Wettbewerbspositionen analysieren sollte. Warum all diese maßgeblichen Elemente immer noch nicht berücksichtigt werden, verblüfft mich nach wie vor. Zum Teil liegt das sicher daran, dass es zeitaufwendig, teuer, zermürbend und unglamourös ist und man viel schmutzige Wäsche durchwühlen muss.

*

Manchmal drohen diese und andere höchst unangenehme Elemente, die Szene zu beherrschen. In solchen Zeiten brauchen Sie eine Schutzschale – ein

Schutzschild, der ein grundlegender Teil des Jobs ist und den Sie über viele Jahre gepflegt haben sollten, damit er stets in erstklassigem Zustand ist. Am Harvard College nahm mein enger Freund Steven Larab ein Semester Auszeit und ging nach New York City, um »seinen Horizont zu erweitern«. Er kam aus einer praktizierenden jüdischen Familie in Australien und hatte bis zu seiner Ankunft in Harvard ein behütetes Dasein geführt. Sein Intelligenzquotient war abnorm hoch, aber Steven war ein wenig verrückter, als ihm guttat. Er war manisch-depressiv. Außerdem verbrachte er viel zu viel Zeit mit mir, und ich habe wahrscheinlich seine jungfräuliche Seele verdorben.

Während er in New York war, verkehrte er mit Mitgliedern der berüchtigten Mafiafamilie Gambino und der russischen Mafia von Brighton Beach (Brooklyn). Sein bester Freund in der Stadt war ein koksabhängiger Strafanwalt, der für Carlo Gambino arbeitete. Außerdem mietete er ein äußerst glamouröses und pompöses Apartment auf der Upper East Side, das Steve Rubell (Besitzer des Studio 54) gehörte. Übermäßiger Kokskonsum – geschnupft und geraucht – war an der Tagesordnung, bis Steven irgendwann den Verstand verlor. Er transportierte sogar mehr als eine Million Dollar in ungeschliffenen Diamanten für ein Mitglied der Russenmafia, das sich einer Gesichtschirurgie unterzogen hatte, um einem Auftragsmord zu entgehen. Irgendwann war Steven am Ende und landete im McLean Psychiatric Hospital, das der Harvard Medical School angeschlossen ist. Nach seiner Genesung ging er zur israelischen Armee und heiratete eine liebevolle und fürsorgliche orthodoxe Jüdin. Ich war zur Hochzeit nicht eingeladen, vermutlich weil ich ein *Goi* (Ungläubiger) und ein schlechter Einfluss war. Nach einigen kleineren Rückfällen fand Steven sein Selbstvertrauen wieder und meisterte seine Irrungen und Wirrungen gut.

Bevor er in die Klapsmühle kam, stellte er mich seinem Sortiment an zwielichtigen Freunden vor. Danach verbrachte ich einige Zeit mit Mafiamitgliedern aus der New Yorker Müllwirtschaft. Es war irgendwie irritierend, in allen Bereichen des Lebens auf diese Organisation zu stoßen: Müllentsorgung, Glücksspiel, Zement, Bauwirtschaft, Transport, Gewerkschaften und selbst Wertpapierfirmen sowie natürlich bei dem ganzen Schmutz von Heroin- bis zu Menschenhandel. Der Anwalt der Mafiafamilie bot mir ein halbes Dutzend maßgeschneiderter Armani-Anzüge. Sie waren hochelegant und mehr als 10.000 Dollar wert, aber ich hatte die gute Eingebung, sie abzulehnen. Mein regelmäßiger Umgang mit den »Gehirnen« der Organisation vermittelte mir zudem die Erkenntnis, welche Mafiagruppen an welchen Wertpapiermärkten beteiligt waren.

Anfang der Neunzigerjahre sponserte ich Ben Towers, Mehrheitseigner der Technology Group, ein kleines, aber vielversprechendes börsennotiertes IT-Unternehmen mit Sitz in Manhattan. Ben Towers wurde einer meiner neuen Freunde. Ich habe Respekt vor seinem Mut, seinem Rückgrat und seiner Loyalität. Ich bewundere seine Intelligenz und sein Beharrungsvermögen. Damals brauchte er dringend Geld. Er hatte keinen seriösen Investmentbanking-Partner, Promoter oder Börsenmakler beziehungsweise Börsenhändler, der sein Wachstum finanzierte, nur einen Haufen Beutelschneider, die versuchten, völlig übertriebene Gebühren für nicht existierende Dienste zur Kapitalbeschaffung zu kassieren. Seine geschäftlichen Aussichten waren spannend, und so finanzierten wir ihn, ohne ihm übertriebene Gebühren zu berechnen, und stellten ihn zahlreichen interessanten Kapitalmarkt- und Fondsmanagementkontakten vor. Unsere Werbung für Towers hatte Erfolg, und der Aktienkurs verdoppelte sich auf einen Dollar pro Anteilsschein.

Doch sobald der Aktienkurs dieses Niveau erreicht hatte, scheiterten alle unsere weiteren Werbungsversuche jämmerlich. Obwohl unsere Kunden viele Hunderttausend Aktien kauften, stieg der Kurs nicht einen Cent. Wir waren auf erbitterte Gegnerschaft von Leerverkäufern und Marktmanipulierern gestoßen. Und es kam noch schlimmer. Der dahinter steckende Gauner verdiente sich seinen Lebensunterhalt damit, junge und vielversprechende Unternehmen illegalerweise leerzuverkaufen und anschließend vom Eigentümer oder der Unternehmensführung große Bargeldsummen zu erpressen, damit er vom Unternehmen abließ. Dank Stevens Einführung in den Kreis seiner illustren Freunde wusste ich verdammt gut, wie diese Erpressungen funktionierten. Unsere Hausaufgaben förderten zutage, dass die Marktmanipulierer extrem gut vernetzt waren und im Zweifelsfall möglicherweise noch ganz andere Methoden anwenden würden als skrupellose Finanztechniken. Wir dachten daran, diesen Vorfall der Abteilung für organisiertes Verbrechen der New Yorker Polizei zu melden, kamen aber zu dem Schluss, dass die Technology Group zu dem Zeitpunkt, zu dem es zu einer Verurteilung käme, tot und begraben wäre – möglicherweise zusammen mit seinem Vorstandsvorsitzenden.

Die Gauner boten an, mehrere Millionen Aktien von Towers Firma mit einem Abschlag von 90 Prozent auf den Marktpreis zu kaufen, um ihre Leerverkäufe zu decken und dabei Millionen an illegalen Gewinnen zu scheffeln. Die üblichen versteckten Drohungen waren nicht zu überhören und Teil der ersten Verhandlungen.

Während Towers in New York standhaft blieb, ging meine Reputation als Finanzinvestor und Promoter in Deutschland zum Teufel. Die einst mächtige Bremer Vulkan war soeben zusammengebrochen, was mir den Ruf eines erbarmungs- und skrupellosen Profiteurs einbrachte. In manchen Gegenden galt ich als Antichrist der Finanzen. Der Promistatus als hartgesottener Unternehmensplünderer beziehungsweise ein gewisser Grad an Verrufenheit als gnadenloser Leerverkäufer war äußerst nützlich. Solange unsere Erfolgsbilanz so überwältigend blieb, wuchs unser Markt weiterhin. Schon eine Unternehmensbeteiligung in Höhe von fünf Prozent konnte zu einem Anstieg des Aktienkurses um 30 Prozent führen, wenn andere Spekulanten unserer Initiative folgten. Oft nutzten wir diese Dynamik und luden unsere Aktien im rechten Moment auf die blinden Privatanleger ab, die versuchten, unseren Schritten zu folgen und weiterhin Aktien kauften. Da ich eitel bin, war ich im Allgemeinen von der Medienaufmerksamkeit erheitert. Einseitige und völlig negative Darstellungen haben mich jedoch immer schon geärgert.

VMR war auf dem besten Wege, einen Marktwert von einer halben Milliarde Dollar zu erzielen – das war selbst nach den New Yorker Mafiastandards keine Kleinigkeit. Wir verwalteten mehr als eine Milliarde D-Mark an Kundengeldern, hatten unsere eigene Bank, eine eigene Maklergesellschaft, eine Abteilung für die Betreuung institutioneller Investoren, eine große Wertpapier-Research-Firma, eine Tochtergesellschaft im Private Banking und selbst eine PR-Organisation. Wir konnten Menschen beeinflussen und Unternehmen und Märkte bewegen, selbst in den USA.

Zu dem Zeitpunkt, da Towers sein Leben riskierte, war ich einen Schritt vom Schlachtfeld entfernt. Ich hatte ein wenig mehr über unsere Gegner recherchiert und war zu dem Schluss gekommen, dass diese definitiv keine Kontakte in Deutschland hatten, folglich fühlte ich mich relativ sicher. Towers war um ein Vielfaches verwundbarer. Wenn er seine Aktien nicht verkaufte, würde er unter Umständen ermordet werden. Ohne seine treibende Kraft würde der Aktienkurs der Firma einbrechen und unser Gegner würde prächtig daran verdienen und seine illegalen Leerverkäufe eindecken können. Außerdem würden wir und unsere Kunden ein kleines Vermögen verlieren. Sich auf ein Abkommen zu einigen würde den sicheren Untergang für Towers und die Technology Group bedeuten – dieser Gegner würde sich niemals abschütteln lassen, bis es nicht den gesamten Wert aus dem Unternehmen gepresst hätte. Wir entschieden uns für den Krieg.

Ich erarbeitete einen ausgefeilten Short-Squeeze-Plan, unter Verwendung diverser Off- und Onshore-Vehikel, die begannen, in großem Stil Aktien von unterschiedlichen Ländern und Einrichtungen aus zu kaufen. Es sah so aus, als hätten plötzlich alle Unternehmen unter der Sonne beschlossen, Aktien von Towers Firma zu besitzen. Alle unsere Fonds verlangten die physische Auslieferung der Aktien, was unserem Gegner erhebliches Kopfzerbrechen bescherte, als er seine betrügerische Short-Position decken wollte. Dann brachten wir Towers Firma mit großem Trara an die Frankfurter Börse und organisierten eine europäische Investor-Roadshow. Die PR-Abteilung verschaffte Towers zahlreiche Artikel in einflussreichen Finanzjournalen. Deutsche Privatanleger kauften die Aktien in Massen. Schweizer Banken kauften. Der Aktienkurs verdoppelte sich innerhalb von fünf Tagen. Inzwischen hatte unser Gegner seine eigenen Recherchen angestellt und wollte uns sprechen, und zwar dringend.

Plötzlich hatten sie es nicht mehr mit einem aufstrebenden New Yorker Unternehmer, sondern einem mächtigen, berüchtigten Finanzinvestor und legendären Leerverkäufer zu tun. Wir trieben die Mafiosi weiter in die Enge und der Aktienpreis verdoppelte sich erneut. Die Gauner verloren Millionen. Als Ergebnis unseres zweiten Short Squeezes änderte sich der Ton der Verhandlungen merklich. Die versteckten Drohungen hörten ganz auf. Wir hatten knallharte Bandagen angelegt und der Feind blutete. Am Ende deckten unsere Gegner ihre Leerposition unter heftigen Verlusten.

Im Anschluss erlebte Towers Firma mehrere Wachstumsschübe, in deren Verlauf sich der Aktienkurs in fünf Jahren verachtzigfachte. Inzwischen hieß das viele Milliarden Dollar schwere Unternehmen World Tex. Im Jahr 2000 waren zwei große Investmentbanken die vorrangigen Finanzinvestoren von Towers. World Tex überlebte den Zusammenbruch der New Economy sowie den 11. September nicht. Die Unternehmenszentrale in der Nähe des World Trade Centers fiel den Terroranschlägen zum Opfer.

Einige Jahre später, genauer gesagt im Jahr 2003, kauften Towers, sein Partner, ein weiterer begabter Serienunternehmer und ich die Penthouse Media Group. Ohne Wissen meiner tugendhaften Frau hatte ich sie zur Aktionärin mit einer beträchtlichen Beteiligung gemacht, womit sie technisch gesehen zur Investorin der Pornoindustrie wurde. Im Jahr 2007 kaufte die Gruppe für 500 Millionen Dollar eine Internetkontaktbörse und benannte sich um. Die im Anschluss gegründete Internetholding für zahlreiche Internetunternehmen, Online Dating Websites, Portale für Sexkontakte einschließlich der Flaggschiff-Website, hat 30 Millionen aktive Mitglieder weltweit. Insgesamt besitzt die Holding 30.000 Websites und rund 405 Millionen registrierte Nutzer in 185 Ländern. Und sie ist erstaunlich profitabel. Towers ist Mehrheitseigner und CEO. Nachdem wir ihn finanziert und gegen die Mafiaspekulanten verteidigt hatten, revanchierte er sich, indem er viel Geld für uns verdiente. Er hatte seine Höhen und Tiefen, aber er hat es an die Spitze geschafft. Er ist immer noch das Sinnbild des amerikanischen Traums, wenngleich er von seinen Kämpfen und einer Scheidung tiefe Narben davongetragen hat. Anders als ich hat Towers nie seinen internen Anker verloren. Meiner war zum größten Teil extern, repräsentiert durch Susan und Kevin. Towers war immer ein aktiver, liebevoller Vater und ließ nie zu, dass ihm Geld, Liebesaffären und Macht zu Kopf stiegen. Von Towers kann ich eine Menge lernen.

*

Zu den vielen positiven und befriedigenden Aspekten der Risikokapital- oder Early-Stage-Finanzierung (auf die die Medien fast nie ihren Fokus richten, zum Beispiel im Hinblick auf die Arbeitsplätze, die junge, aufstrebende Unternehmen schaffen, oder die Verschwendung, die sie verhindern) gehört die emotionale Rendite, die sich gelegentlich neben der finanziellen Rendite ansammelt. Seit ich Mitte 20 war, hatte ich mich intensiv mit den Juden und ihren Sitten und Gebräuchen beschäftigt und das Leben vieler wichtiger jüdischer Finanziers (Goldman, Saffra, Rothschild, Wertheim, Warburg, Soros …) und großer Philosophen (Fromm, Wittgenstein, Lessing, Hillel, Horkheimer, Spinoza …) studiert.

Ich bin nicht ausschließlich von kaufmännischem Kalkül und Eigenvorteil getrieben. Ich denke über mein Verhalten nach und höre gelegentlich auf weise Menschen in meiner Umgebung. Diejenigen, die mich gut kennen, wissen, dass ich ein soziales Gewissen habe. Ich habe Leute ohne jede Aussichten eingestellt, die große Familien ernähren mussten. Mein Fahrer, Herr Hinze, war 61 Jahre alt und arbeitslos. Meine persönliche Sekretärin, Frau Ballmer die Mitte 50 und stark übergewichtig war, war das Opfer einer Unternehmensrestrukturierung. Beide waren äußerst fähig, aber niemand gab ihnen eine Chance, weil sie als zu alt und daher als unbrauchbar galten. Außerdem waren sie aufgrund der deutschen Arbeitnehmergesetze, die ältere Mitarbeiter schützen, teurer und schwerer zu kündigen als jüngere Mitarbeiter. Beide leisteten ausgezeichnete Arbeit und verdienten die Chance, die sie erhielten, voll und ganz. René Müller von Fortune Management stand auf der Straße und hatte geringe Aussichten auf eine ähnlich lukrative Anstellung, als sein Arbeitgeber Schwierigkeiten hatte. Er hatte fünf Kindern, einige davon behindert. Und er bat mich um Hilfe. Ich unterstützte ihn finanziell und half ihm, eine Reihe von Unternehmen zu gründen. Anschließend wurde er Multimillionär und hatte nie wieder finanzielle Sorgen. Burkhard Brauch, Geschäftsführer von VMR in Spanien, war in einen chaotischen Finanzskandal verwickelt, als er für Morgan Stanley arbeitete. Er war ein junger Vater und ein Freund aus Frankfurt. Damals herrschte in Spanien – wie heute auch wieder – eine hohe Arbeitslosigkeit. Ich stellte ihn ein und gab ihm eine zweite Chance, als alle einen großen Bogen um ihn machten. Ich habe Menschen im Finanzwesen geschult, die überhaupt keine Ausbildung hatten, wie Álvaro Guzman, der einer von Spaniens angesehensten und am meisten gefeierten Fondsmanager wurde, und auch andere, die ganz unten waren, wie DR, der nach der Dotcom-Krise arbeitslos war und anschließend in weniger als drei Jahren reich wurde.

Der positivste Aspekt der Risikokapitalfinanzierung besteht darin, dass diese Unternehmen häufig vielen Tausend Menschen Arbeit und Schulung bieten, die Effizienz steigern und damit einen gesellschaftlich wichtigen Beitrag leisten. Ich hatte immer ein gewisses Maß an sozialem Bewusstsein, wenngleich es ein wenig angeschlagen war. Unter sonst gleichen Bedingungen würde ich es vorziehen, Unternehmen zu finanzieren, die einen positiven Einfluss auf die Gesellschaft haben, anstatt in etablierte Waffenproduzenten, Hersteller von Junkfood, private Gefängnisbetreiber oder Alkoholproduzenten zu investieren. Ich bin nicht »judophil«, aber ich habe eine leichte positive Voreingenommenheit gegenüber Juden, die Philanthropie und den karitativen Gedanken einschließt. Wenn man auf Finanzen, Medien und Technologie konzentriert ist und nachts von 1000-Schweizer-Franken-Banknoten träumt, wenn man Finanzen, Wahrscheinlichkeiten und Philosophie liebt, dann wird man viele Juden kennenlernen, und im Allgemeinen mag ich sie. Alle drei Elemente, Wohlstandsmaximierung, soziales Bewusstsein und Semitismus, waren vorhanden, als ich JDate entdeckte.

Von 1997 bis 2001 war ich der Angel-Investor, Hauptfinanzgeber und Berater von JDate, der bei weitem größten jüdischen Internetkontaktbörse der Welt. Das entsprach einem Marktanteil von 15 Prozent aller in Frage kommenden jüdischen Singles weltweit. JDate half jüdischen Singles auf der ganzen Welt, mit anderen jüdischen Singles Kontakt zu knüpfen. JDate hat viele Tausend Ehen gestiftet (und zweifellos auch viele Scheidungen verursacht) und ist in der jüdischen Gemeinde ein Markenname. Die Mutterorganisation, Spark Networks, aus der JDate hervorgegangen ist, hat gegenwärtig 40 Millionen registrierte Nutzer weltweit.

Ich traf mich mit Alon Carmel und Joe Shapira im Cumberland Hotel in London, um über eine mögliche Risikokapitalfinanzierung zu sprechen. Da dieses Treffen auf meiner Prioritätenliste ganz unten rangierte, hatte ich es für zwei Uhr morgens angesetzt und das Ende auf sechs Uhr festgelegt, da ich um diese Zeit mein erstes Geschäftsfrühstück hatte. Entweder würde in diesen vier Stunden eine Vereinbarung zustande kommen, einschließlich aller notwendigen Verträge, oder das Tel-Aviv-Duo würde zurück nach Los Angeles fliegen und für seinen Lebensunterhalt Videos vertickern müssen.

Joe und Alon war eindeutig das Geld ausgegangen. JDate hatte magere 27.000 nicht zahlende Mitglieder und hatte es nicht geschafft, sich über irgendeinen der etablierten Angel-Investoren und Kapitalrisikofinanzierer im Silicon Valley Geld zu beschaffen. Ich dachte mir, dass die beiden wahrscheinlich verzweifelt waren und ich ein ausgezeichnetes Geschäft machen konnte. Das Konzept einer Internetkontaktbörse war damals für die Masse und vor allem den durchschnittlichen Kapitalgeber, der zu alt war, um einen Computer zu bedienen, geschweige denn, um die gewaltigen Veränderungen zu erfassen, die das Internet in jedem Bereich des Lebens bewirken würde, unvorstellbar.

Glücklicherweise wusste ich, wie Männer und Frauen ticken, die jemanden kennenlernen wollen, und Joes Software war besser als der Durchschnitt. Zwar war ihre Folienpräsentation nicht nur grottenschlecht, sondern geradezu eine Beleidigung für einen anspruchsvollen Investor – einen Mitarbeiter von VMR, der mir einen solchen Müll präsentiert hätte, hätte ich auf der Stelle gefeuert –, aber Joes Story war interessant. Er hatte JDate gegründet, weil er schwer übergewichtig war und wenig Geld hatte und es ihm insofern schwerfiel, in Los Angeles eine Freundin zu finden. Genauso ging es 30 Millionen anderen Single-Typen, die mehr Ähnlichkeit mit dem Komiker Rodney Dangerfield hatten als mit Tom Cruise. Joe war alles andere als attraktiv, hatte aber ein großes Herz und einen hintertriebenen Humor. Dieser Teil seiner Persönlichkeit ließ sich im Internet wesentlich besser transportieren als in einem angesagten Nachtklub von Los Angeles. Zwar ging er nicht gerade mit Cindy Crawford aus, aber er hatte definitiv Sex, indem er über JDate Frauen kennenlernte. Wenn Joe mit JDate eine Partnerin fand, würde fast jeder eine finden. Dieses Konzept überzeugte mich. Ich vermutete, mit der richtigen Finanzierung und Werbung könnte sich JDate in eine Goldmine verwandeln.

Wenn es dem Unternehmen gelingen würde, 100.000 zahlende Mitglieder zu gewinnen, könnte ich mindestens 10 Millionen Dollar herausholen, indem ich es an einen größeren Interessenten verkaufte. Angesichts meiner Lust am Risiko und ohne jede Konkurrenz bei diesem Geschäft erwarb ich 35 Prozent von JDate für die lächerlich geringe Summe von 350.000 Dollar. JDate wuchs viel schneller, als ich erwartet hatte. Innerhalb von 18 Monaten hatten wir das Unternehmen an die Frankfurter Börse gebracht und mit dem Börsengang 40 Millionen Dollar an Kapital beschafft. Mein ewiger Anwalt und Freund Adam Kravitz wurde Verwaltungsratsmitglied und Finanzvorstand, um sicherzustellen, dass das Geld nicht vollständig für Privatjets, Superjachten und Bentleys verschleudert wurde. Adam war allerdings nur begrenzt erfolgreich, weil Joe und Alon die Unternehmensbilanz oft mit ihrer eigenen Brieftasche verwechselten. Als ich Mitglied des Vorstands wurde, überhitzte sich die Aktienperformance und es war Zeit, auszusteigen.

Auf ihrem Höhepunkt überstieg die Unternehmensbewertung 300 Millionen Dollar und der Wert unserer Beteiligung stieg um das Dreihundertfache. Meine persönlichen Aktienoptionen als Vorstandsmitglied waren zehn Millonen Dollar wert. Alon und Joe machten ein Vermögen. Adam machte seine Sache bemerkenswert gut. Wenn jemand viel Geld für mich verdient, hat das schon immer den Kern meiner Seele berührt und mich zu überschwänglichsten Dankesbekundungen veranlasst. Alon und Joe wurden meine Helden, da ich prächtig an ihnen verdiente. Wir wurden sogar beinahe Freunde, was für mich kein geringer Kraftakt war. Überflüssig zu erwähnen, dass Joe mit einem Covergirl nach dem anderen ausging, sobald JDate abhob. Da er in der Welt der reichen Internetunternehmer berühmt war, brauchte er keine Liposuktion und keine falschen Zähne mehr, um bei den Frauen von Beverly Hills zu landen.

*

Im Jahr 1999 war ich seit mehr als zwölf Jahren ein umstrittener, erfahrener Geldmanager. Ich hatte zahlreiche Unternehmen geplündert, leerverkauft und Greenmailing betrieben. In viele andere, wie zum Beispiel JDate, hatte ich investiert – mit äußerst positiven Ergebnissen für viele Tausend Menschen. Ich hatte mehrere prestigeträchtige Investmentauszeichnungen erhalten. Ich war alles andere als branchenunerfahren. Sokrates sagte einst: »Der Klügste ist derjenige, der weiß, dass er nichts weiß.« Unglücklicherweise litt ich an der Überzeugung, mehr zu wissen, als ich tatsächlich wusste. Was folgt, zeigt, was eingebildete Weisheit anrichten kann. Und es zeigt einem, dass alles im Leben irgendwann zurückkommt.

Während meiner Zeit bei Julius Bär hatte ich Dietrich Walther, den ehemaligen CEO und Mehrheitsaktionär von Gold-Zack kennengelernt. Er war einer der innovativsten und kreativsten Finanzinvestoren, die ich je getroffen hatte. Auf der Höhe seines Erfolgs war er Multimilliardär. Außerdem war er mein Mentor. Wir führten regelmäßig Gespräche und er brachte mir einiges über Finanzen und Rechnungslegung bei. Einmal übersetzte ich an einem Wochenende seinen Jahresbericht vom Deutschen ins Englische.

Während er sein Investmentimperium aufbaute, trafen wir uns, um über ein mögliches Geschäft zu sprechen. Er wollte einen Anteil an VMR erwerben. Ihm gefielen unsere Research-Aktivitäten und unser hochprofitables Vermögensmanagement. Der Preis, den er für eine 25-prozentige Beteiligung aushandelte, war lächerlich niedrig – geringer als die Vorsteuergewinne des folgenden Jahres. Er verfügte über beeindruckende Verhandlungskompetenz und war ein noch besserer Käufer. Zwar würden wir uns von Aktien trennen müssen, aber die Tatsache, dass wir mit ihm ein Mitglied der hundert größten deutschen börsennotierten Spitzenunternehmen als strategischen Aktionär besaßen, verlieh uns augenblicklich Glaubwürdigkeit und öffnete Türen, die bis dahin verschlossen gewesen waren. Auf diese Weise konnten wir unsere Profitabilität um ein Vielfaches steigern. Die verbleibenden 75 Prozent von VMR, die Kevin und ich weiterhin hielten, waren viel mehr wert als die 100 Prozent, die uns zuvor gehört hatten. Wir konnten damit leben, DW ein großartiges Geschäft zu gewähren. VMR wurde im Oktober 1998 an die Frankfurter Börse gebracht und verzeichnete in den folgenden sieben Quartalen einen Wertzuwachs von 700 Prozent.

Die Beziehung war so harmonisch und für beide Seiten so vorteilhaft, dass wir beschlossen, zu fusionieren und auf diese Weise eine vollständig integrierte, internationale Kapitalmarktgruppe mit einem Marktwert von mehr als zwei Milliarden Euro zu schaffen. In Wirklichkeit handelte es sich dabei um eine freundliche Übernahme seitens Gold-Zack, das einen wesentlich höheren Marktwert hatte als VMR. Ich war zum Kronprinzen auserkoren, der DWs omnipräsentes Imperium übernehmen sollte, wenn er in einigen Jahren in den Ruhestand ging. Ich konnte keine Nachteile an diesem Geschäft erkennen. Ich würde noch mehr als vorher verdienen – gut zehn Millionen Euro pro Jahr – und am Ende eines der größten deutschen und europäischen Unternehmen leiten. Bis ich zum CEO ernannt würde, würde ich von DW lernen und in sein ausgedehntes, mächtiges Netzwerk eingeführt werden. Meine Aktien würden aufgewertet werden und heiß begehrt sein, falls ich irgendwann beschließen sollte, zu verkaufen. Ich würde in nicht allzu ferner Zeit, wahrscheinlich in zehn Jahren, Milliardär werden. Wir konnten nichts Negatives daran entdecken, und so waren Kevin und ich uns einig: Das machen wir.

Ich wusste zudem, dass Walther in Finanzdingen einer der gerissensten Köpfe war, die Deutschland jemals hervorgebracht hat. Mir war vollkommen klar, dass er jeden bekannten und viele bis dahin noch unbekannte Bilanztricks beherrschte. Kevin und ich wussten, dass wir uns seine internen Konten würden ansehen müssen, bevor wir unsere Zustimmung zur »Fusion« gaben. Wir waren wettergegerbte forensische Wirtschaftsprüfer und knallharte Ermittler. Wir würden Gold-Zack bis auf die Knochen bloßlegen und alle Leichen im Keller zutage fördern, bevor wir irgendetwas unterschrieben.

Um es kurz zu machen: Walther war beleidigt und schickte uns zum Teufel. Er sagte, die veröffentlichten Zahlen müssten genügen. Das Geschäft platzte, aber zu unserer großen Verblüffung zog Walther sein Übernahmeangebot nicht zurück. Der Mentor hatte sich gegen seinen eigenen Schüler und designierten Nachfolger gewendet. Papa Hai wollte sich Baby Hai zum Mittagessen einverleiben, während alle Goldfische zusahen. Nachdem wir selber relativ erfahren in feindlichen Taktiken waren, gelang es uns, seinen Anteil an VMR bei knapp über 40 Prozent zu halten und schafften es gerade so eben, die Kontrolle über unser eigenes Schicksal zu bewahren.

Er reagierte unverschämt auf unseren Mangel an Vertrauen in seine Bilanzen und ich war wütend, dass er nicht bereit war, die Hosen herunterzulassen, dennoch sprachen wir weiterhin miteinander, als ob nichts geschehen wäre. Jeder andere wäre ausgeflippt und hätte eine Armada an Anwälten, Detektiven, Investmentbankern und PR-Agenturen angeheuert. Normalerweise hätte es Klagen und Gegenklagen gegeben. Walther setzte seinen schleimigen PR-Clown auf mich an, um meinen Namen in Verruf zu bringen. Ich hatte dabei geholfen, das windige, wichtigtuerische Geschäft dieses Kugelfischs an die Frankfurter Börse zu bringen, und nun ließ er sich dafür bezahlen, meinen Ruf in den Medien kaputt zu machen. Aber ich ignorierte das. »Reines Getöse«, war meine Interpretation. Ich kam zu dem Schluss, dass Walther mir im Wesentlichen eine Lektion für die Zukunft erteilen wollte: Unterschätze niemals den großen, bösen Wolf.

Zwei Wochen später trafen wir uns und kamen beide zur selben Einschätzung. Die Dinge in den Medien wurden ein wenig hässlich. Die Presse ist wie ein Rudel Straßenhunde. Sobald sich etwas bewegt, fangen sie an zu kläffen. Morgen kläffen sie jemand anderen an. Wir schlossen daraus: Vergessen wir die Sache, finden wir eine Lösung und verdienen damit Geld.

Im Rückblick muss ich sagen, dass er mir eine echte Lehre erteilt hat. Während ich nur an meine Vorteile dachte, war er mir zu jedem Zeitpunkt einen Schritt voraus. War die Übernahme erfolgreich, würde er in den Ruhestand gehen können und einen der intelligentesten aufstrebenden europäischen Finanzinvestoren am Steuer seines Finanzkonglomerats haben. Lief die Übernahme schief, wusste er ganz genau, dass wir ihn mit einem massiven Aufschlag auf seinen Einstiegspreis herauskaufen würden. Nun wendete er die Greenmailing-Taktik an. Seine Szenarioanalyse und Erfahrung waren meiner einfach überlegen. Wir fanden einige andere Aktionäre und Walther verabschiedete sich mit einem Nettogewinn von 160 Millionen Euro. Papa Hai hatte soeben seine Babys aufgefressen.

Ich bin in unregelmäßigen Abständen mit Walther im Kontakt geblieben. Einige der Typen, die er dazu ausgewählt hatte, sein Konglomerat zu führen, waren schwachsinnige Alkoholiker, und das einst mächtige Unternehmen Gold-Zack ging im Verlauf des Börsenzusammenbruchs von 2000 bis 2003 pleite. Nach seinem Rückzug aus den Kapitalmärkten gründete Walther eine der besten deutschen Business Schools. Warum er beschloss, in seiner Freizeit mehr Babyhaie aufzuziehen, bleibt mir ein Rätsel. Vielleicht hat er nicht genügend nachgedacht.

*

Ich musste drei Heiratsanträge machen, bis ich verheiratet war, und nun sollte ich selber meinen ersten geschäftlichen Heiratsantrag ablehnen. Ungefähr ein Jahr nach der gescheiterten Fusion mit Gold-Zack begannen wir, mit Deutschlands erstklassiger, börsennotierter Risikokapitalgruppe, Knorr Capital Partners, zu flirten. Mit dieser Fusion würde die zweitgrößte börsennotierte europäische Risikokapitalgruppe mit einem kombinierten Marktwert von nahezu einer Milliarde Euro entstehen. Wieder einmal war dieser Zusammenschluss äußerst sinnvoll, nur dass es sich dieses Mal tatsächlich eher um einen Zusammenschluss als eine Übernahme handelte. Diese Transaktion hatte den zusätzlichen positiven Nebeneffekt, dass eine der größten deutschen Banken, die mächtige Hessische Landesbank (HELABA) 40 Millionen Euro in eine Kapitalbeteiligung investiert hatte, auf Basis der Annahme, dass wir mit Knorr zusammengehen und dieser Risikokapital- und Fondsmanagementgigant entstehen würde.

Fehlannahme. Wir behielten das Kapital und bliesen die Fusion ab. Nicht nur war Knorrs enronähnliche Rechnungslegung nach unserem Geschmack viel zu lässig, wir waren zudem auch sehr besorgt, weil es praktisch unmöglich sein würde, Risikokapitalanteile bei anhaltenden Bärenmärkten zu verkaufen. Knorr Capital Partners ging pleite, weil es, genau wie Gold-Zack, nicht refinanzierbare Schulden hatte, zu sehr an seinen eigenen Mist glaubte und sich in die bizarre Welt aus Optimismus, Unglaube, Selbsttäuschung und Hoffnung geflüchtet hatte. Die allmächtige HELABA drohte und verklagte uns. Sie verlor. Die Erfahrung mit Gold-Zack hatte uns wertvolle Lektionen gelehrt: Unterschätze nie deinen Gegner und nimm nie einen Heiratsantrag an, bevor du ihn nicht von allen Seiten abgeklopft hast.

Unsere Bilanz befand sich nun in einem makellosen Zustand und konnte jeder Erschütterung am Aktienmarkt standhalten, wohingegen Knorr nicht nur pleiteging, sondern auch einen Großteil seiner Mitarbeiter mit sich in die Tiefe riss. Anders als VMR, dessen Mitarbeiter und Partner Kasse gemacht hatten, waren Knorr und seine Leute in Millionenschulden gefangen, die das Ergebnis der gehebelten Struktur der Mitarbeiteraktienpläne waren. Mehr als 80 Prozent der unabhängigen, börsennotierten Finanzunternehmen in Deutschland überlebten den Bärenmarkt von 2000 bis 2003 nicht. VMR gehörte zu den stolzen Überlebenden, weil es Bargeld statt Schulden und stabile Einnahmen und alle kostenintensiven, zyklischen Geschäftsbereiche rechtzeitig geschlossen oder verkauft hatte.

Wir hatten VMR 1998 an die Frankfurter Börse gebracht. In dem Moment, als der Marktwert des Unternehmens die 400-Millionen-Grenze überschritt und obwohl der Aktienkurs weiter anzog, begann ich zu verkaufen. Ich zwang auch unseren Finanzvorstand Matthias Girnth, im Rahmen des Mitarbeiteroptionsplans VMR-Aktien zu verkaufen. Meine Anweisungen im Jahr 1999 waren glasklar: Verkaufe mindestens zwei Drittel der VMR-Aktien oder such dir einen neuen Job. Matthias hielt mich für verrückt. Wir boten in Frankfurt die komplette Palette an Kapitalmarktleistungen an und entwickelten in München die erste Internetbank, besaßen ein hochprofitables Vermögensmanagement für Privatkunden in Luxemburg, ein lizenziertes Maklerhaus in den USA und hatten alle administrativen Funktionen in Madrid rationalisiert. Die Gewinne stiegen mit jedem Quartal. Einige dachten, wir lebten im Schlaraffenland, wo unsere Teller und Tassen, serviert von pummeligen Putten, vor Milch und Honig überflossen.

Ich wusste es besser, und zwar auf Basis vieler Jahre an Datamining und empirischer Wertanalyse. Es war einfach nicht möglich, dass der Marktwert einer diversifizierten Kapitalmarktgruppe länger als ein paar Jahre das Zehnfache ihres Buchwerts betrug. Wir konnten unseren Marktwert nur dann dauerhaft aufrechterhalten, wenn die weltweiten Aktienmärkte weiterhin so rasant zulegten und wir weiterhin eine Rendite von 100 Prozent auf das eingesetzte Kapital erzielen würden. Das war natürlich völlig unrealistisch.

Der Zusammenbruch von 2000 bis 2002 war unvermeidlich. Unternehmen wurden nicht mehr auf Grundlage harter finanzieller Variablen bewertet, sondern auf Basis von Websiteaufrufen. Die Bewertungsparameter, die sich über Jahrzehnte bewährt und sich innerhalb definierter Bandbreiten bewegt hatten (Verhältnis zwischen Enterprise Value und freiem, operativem oder Brutto-Cashflow, Verhältnis zwischen Enterprise Value und Wiederbeschaffungswert, Kapitalrendite, Enterprise Value/Umsatz ...), waren vorübergehend durch windige und bedeutungslose Kriterien ersetzt worden, die auf sehr wackeligem Boden standen. Die Bewertungen am US-Markt lagen gemessen an den greifbaren Buchwerten so hoch wie nie, und selbst der britische Markt bot die jämmerlichsten Dividendenrenditen der Geschichte. Profitabilitätsmaßstäbe, wie zum Beispiel die Aktienrendite, waren astronomisch hoch. Die Auftragsbücher für Luxusspielzeuge (Privatjets, Luxusjachten, Helikopter und exotische Luxusautos) waren so prallvoll wie nie (ein todsicherer konträrer Indikator für kaum noch steigerbare Markthöchststände), und frisch gebackene Internetmillionäre, die Unternehmen an die Börse gebracht hatten, die bis dahin nicht einen Cent Umsatz oder Gewinn gemacht hatten, gaben in den Nachtklubs von Monte Carlo und Saint-Tropez Unsummen für mittelmäßigen Champagner und billige Frauen aus.

Sechs Jahre lang hatten wir einen fantastischen Rückenwind genossen, aber nun befanden wir uns in einer Nussschale, die auf einen Hurrikan zusteuerte. Der Markt war zudem auf dem besten Weg zu einer Vereinheitlichung der

Bilanzstandards, und auch andere schlaue Manager begannen, Bewertungs-korridore als Kauf- und Verkaufsauslöser zu verwenden. Die europäischen Märkte hatten sich entwickelt und die Regulierung wurde strenger. Unser Wettbewerbsvorteil schrumpfte. Ich war weit davon entfernt, Raublust und ein glückliches Timing mit Genialität zu verwechseln.

Alles leicht verdiente Geld war erzielt. Von nun an würde ein rauerer Wind wehen. Die Party war vorbei und es kam zu ersten Schlägereien unter den betrunkenen Partygästen. Warum weitermachen und einen bösartigen Bären-markt bekämpfen? Wer, der noch alle Sinne beisammenhatte, würde freiwil-lig drei oder mehr Jahre lang gegen den Wind segeln wollen? Gott sei Dank wollte mein Schwager, der fast ein Jahrzehnt lang in meinem Schatten gestan-den hatte, die Nummer eins sein. Er wollte in dieses opportunistische, unbere-chenbare und sich ständig verändernde Kapitalmarktunternehmen Präzision und Stabilität bringen. Er war ein Ingenieur und kein eiskalt kalkulierender Fi-nanzinvestor. Er glaubte daran, dass das Universum einer Newtonschen Ord-nung gehorchte; ich dagegen glaubte an die Chaostheorie. Ich wünschte ihm viel Glück und übergab ihm das Zepter.

*

Selbst die negativsten Umstände können manchmal zu positiven Ergebnissen führen. Ein maßgeblicher Grund, weswegen ich im Jahr 2000 bereit war, die Kontrolle abzugeben, bestand darin, dass mir Professor Martin, einer der bes-ten Neurologen der Universität von Frankfurt im Winter des vorhergehenden Jahres multiple Sklerose (MS) diagnostiziert hatte. Meine Schwester hatte an einer schweren Form dieser Krankheit gelitten und bis zu ihrem Tod im Roll-stuhl gesessen, konnte kaum sprechen und brauchte eine 24-Stunden-Rund-umbetreuung.

Ich hatte zu viele Hirnläsionen und eine sehr große Läsion im Nackenbereich, um diesen Befund anzuzweifeln. Mein gesamter linker Arm und mein rechter Fuß waren taub. Ich fiel bei einfachen Koordinations- und Sehtests durch. Au-ßerdem nahm ich Unmengen an Kortison zu mir, was mich in einen pickeligen 130-Kilo-Zombie verwandelte. Ich war erledigt. Ich würde noch vor meinem 50. Geburtstag sterben und mich in den Jahren vor meinem Tod ständig einkoten.

Ich verschlang Unmengen an Informationen, um eine Lösung zu finden. Ich studierte alle verfügbaren Therapien. Ich beschäftigte mich intensiv mit alternativen Behandlungsmethoden, menschlichen Wachstumshormonen, Homöopathie, Knochenmarkstransplantation, Nahrungsmittelergänzungspräparaten, Vitaminkuren und so weiter. Allerdings wurden diese empirischen Untersuchungen in den obskuren Regalen esoterischer medizinischer Literatur versteckt. Multiple Sklerose ist eine Industrie, in der viele Milliarden Dollar verdient werden. Mit der Empfehlung an MS-Patienten, ihren Lebensstil zu verändern, in sonnigere, trockenere und freudvollere Regionen zu ziehen und viel Vitamin D zu sich zu nehmen, lassen sich keine Gewinne erzielen. Die Forschungsergebnisse legten nahe, dass ein veränderter Lebensstil und eine Klimaveränderung genauso effektiv waren wie die fortschrittlichsten medizinischen Behandlungen. Ich begann mit anderen MS-Patienten zu sprechen, die ihren Lebensstil radikal verändert hatten und in sonnigere und trockenere Regionen in Europa und den USA gezogen waren, viele mit unerwartet positiven Folgen.

Das Wetter in Königstein rangierte von nebelig bis wolkenverhangen – zehn Monate im Jahr war die Sonne nicht zu sehen. Wenn sie gelegentlich hervorkam, arbeitete ich 100 Stunden pro Woche im Büro oder war auf Reisen. Zwischen 1990 und 2000 – in meiner absoluten Workaholicphase – sah ich kaum das Tageslicht, von Sonnenlicht ganz zu schweigen. Ich hatte sogar ein Bettsofa im Büro. In der Aufbauphase meines Imperiums nahm ich weniger als eine Woche Urlaub pro Jahr. Meine Exfrau behauptete, wir hätten in zehn Jahren nicht mehr als insgesamt fünf Wochen Urlaub miteinander verbracht. (Sie vergaß allerdings »Arbeitsurlaube« und einige verlängerte Wochenenden.) Die Tatsache, dass ich damals 100 Zigaretten am Tag rauchte und kaum noch Sport machte, trug auch nicht gerade zu meiner Gesundheit bei. Ich war kampfgeschädigt. Wenn ich überleben wollte, und zwar im buchstäblichen Sinne, dann musste ich mein Leben radikal verändern.

Vitamin D stärkt die Knochen und reduziert das Osteoporose-Risiko. Es reguliert die neuromuskuläre Funktion, wirkt entzündungshemmend und beeinflusst das Verhalten vieler Gene, die die Zellvermehrung, Zellteilung und die Apoptose (programmierter Zelltod) regulieren. Vitamin D wird von der Haut erzeugt, nachdem diese UVB-Sonnenstrahlen ausgesetzt wurde, und kommt in einigen wenigen Lebensmitteln vor. Ich begann, Vitaminpräparate einzunehmen, und ging viel in die Sonne. Ich lehnte jede weitere Impfung ab, obwohl mich das verschiedentlich an Reisen nach Asien, Zentral- und Südamerika hinderte. Neben den genetischen Faktoren gibt es überzeugende Hinweise darauf, dass eine enge Korrelation zwischen Vitamin-D-Mangel, häufigen Impfungen, Blei und anderen Mineralien in unserem Körper und multipler Sklerose besteht.

Nachdem ich mich auf Mallorca in den Ruhestand zurückgezogen hatte, weigerte ich mich, diese Krankheit zu akzeptieren. Ich hörte auf, mich mit dem Thema zu beschäftigen, sprach nie mehr darüber und sagte meinem Gehirn, die Beschwerden seien weg. Ich begann eine radikale Gesundheitsdiät, wurde zum Sportfanatiker und Sonnenanbeter. Bevor ich schlafen ging, stellte ich mir vor, mir ginge es jeden Tag besser. Ich versuchte mein Gehirn dazu zu zwingen, meinem Körper zu signalisieren, dass ich vollkommen gesund war. Ich stellte mir vor, das taube Gefühl in meinen Gliedmaßen ließe nach. Ich nahm überhaupt keine Medikamente mehr, rauchte Zigarren statt Zigaretten und reduzierte damit die Zufuhr toxischer Chemikalien auf einen Schlag um 93 Prozent. Ich ließ alle Amalgam- und Goldfüllungen durch Keramik ersetzen. 18 Monate lang veränderte ich absolut alles in meinem Leben, außer meiner Frau und meinen Kindern.

Zwei Jahrzehnte danach bin ich weit davon entfernt, auf einen Gehstock angewiesen zu sein, auch wenn ein leichtes Taubheitsgefühl in meinem rechten Fuß geblieben ist. Aber damit kann ich umgehen. Die meisten der inneren Läsionen haben sich zurückgebildet, und ich habe in einigermaßen guter Form die Fünfziger erreicht.

Ich hatte mich mit meiner Familie in meinen Palast auf Mallorca zurückgezogen, um meinen Ruhestand zu genießen. Neben den gesundheitlichen Vorteilen des sonnigen und trockenen Klimas liegt der Charme der Insel darin, dass sie ausgezeichnete Elemente vereinigt, wenngleich keines wirklich herausragend ist. Ihre Küstenstraße ist nicht so spektakulär wie die von Amalfi, aber sie ist verdammt gut. Ihre Restaurants sind nicht so exquisit wie in Paris, aber sie sind verdammt gut, und ihre Kathedrale ist nicht die größte in Spanien, aber als fünftgrößte ist sie immer noch verdammt beeindruckend. Mallorca verfügt über eine lebendige natürliche Schönheit und eine abwechslungsreiche Pflanzen- und Tierwelt, vor allem im Inselinneren, und das ist mir seit meinen Kindheitsabenteuern im Wald nahe Oberursel immer wichtig gewesen.

Bei diesen und vielen anderen Kriterien schneidet Mallorca beständig sehr gut ab, und wenn man alles zusammenzählt, hat man etwas, das dem Paradies sehr nahe kommt. Außerdem bietet Mallorca eine sehr attraktive Mischung an Leuten – eine bunte Mischung aus Möchtegernkünstlern und Bohemiens und knallharten Wirtschaftsmagnaten. Was Sommerset Maugham einst über Monte Carlo sagte, gilt auch für Mallorca: »Es ist ein sonniger Ort für lichtscheue Gestalten.« Ich halte mich nicht für »lichtscheu«, aber das verleiht der Atmosphäre eine interessante zusätzliche Dynamik beziehungsweise Struktur. Ab und zu ist es schön, wenn man sich eine Weile im Schatten aufhalten kann.

Sobald ich mich dort eingerichtet hatte, verkaufte ich meine verbliebenen VMR-Aktien. Kevin hielt durch, stabilisierte das Unternehmen während des Marktzusammenbruchs und bot mir Rückendeckung, bewahrte den Bargeldbestand, feuerte fast alle Mitarbeiter und verkaufte das profitable und mit Vermögenswerten bestückte, aber völlig fantasielose und lethargische VMR an einen risikofreudigen Unternehmer. Kevin hat zwei Kinder, keinen Hund, geht regelmäßig in die Kirche, liebt Deutschland über alles und scheint mit seiner berechnenden Ehefrau gut klarzukommen. Er ist ein Supertyp, aber er sollte an einen sonnigeren und lebensfroheren Ort ziehen.

Ich hatte gerade meinen 40. Geburtstag hinter mir und mein Reichtum hatte sich im vorhergehenden Jahrzehnt verzwanzigfacht. Das Familienvermögen war um einen Palast auf einer Mittelmeerinsel, ein Schloss an der Mosel, eine Gemäldesammlung alter Meister, eine Motorjacht, ein Rolls-Royce-Cabrio und andere Kleinigkeiten reicher geworden. Meine lang währende Liebesaffäre mit Geld und meine Vision von Reichtum waren Wirklichkeit geworden. Die Götter des Reichtums, der Macht und der Eitelkeit hatten meine Gebete erhört. Ich hatte keine Ahnung, dass ich die falschen Götter verehrte.

TEIL IV
ZERFALL

7. Haie im Blutrausch – vom Exzess zum Niedergang

Mäßigung ist eine verhängnisvolle Sache.
Nichts ist so erfolgreich wie der Exzess.
Oscar Wilde

Der Ruhestand ist überbewertet. Wenn man geistig und emotional nicht vollkommen darauf vorbereitet ist, kann er gewaltiges Leiden verursachen. Mich machte er völlig verrückt – ich war noch hyperaktiver als zuvor. In den ersten Monaten strich ich das Garagentor, baute ein Gästehaus für unsere Bären und Papageien, ein weiteres für unsere menschlichen Gäste (es wurde nie benutzt), kaufte eine Tennismaschine, ein Speedboot, einen Schachcomputer, ein Motorrad und 58 Bücher. Während meine Frau damit beschäftigt war, die Kinder aufzuziehen, hatte ich nichts zu tun.

Und so sah ein ganz normaler Tag aus: Ich verbrachte zwei Stunden mit meiner Tennismaschine, in dem Versuch, meine jämmerliche Rückhand zu verbessern, gefolgt von einem 30-minütigen Schwimmtraining, um meine Rückenmuskeln zu stärken. Anschließend spielte ich zwei Runden gegen den Schachcomputer und unterhielt mich dabei mit einem imaginären Kontrahenten. Mittags servierte unser Koch eine äußerst nahrhafte, leichte Mahlzeit und dazu ein Glas deutschen Riesling, der meinem Gaumen schmeichelte. Nach dem Essen zog ich mich für 51 Minuten zu einer unverdienten Siesta zurück. Nachdem ich mich ausgeruht hatte, verpflichtete ich André, Fjodor, Erich, Sören oder Friedrich dazu, mich zu unterhalten und drehte dann eine leichte Joggingrunde, um meine Waden- und Oberschenkelmuskulatur zu stärken, gefolgt von einem kurzen Bad im Whirlpool.

Nach einer siebenminütigen lauwarmen Dusche setzte ich mich entweder auf mein Motorrad oder unternahm mit meinem Speedboot eine frühabendliche Runde. Nach meiner Rückkehr grüßte ich die Gärtner, die auf dem Nachhauseweg waren, und pflückte einige frische Orangen für das Frühstück am nächsten Morgen. Nach dem Aperitif küsste ich um 19.30 Uhr vor dem Abendessen meine geliebte Ehefrau, und nach dem Abendessen machten wir einen 30-minütigen Spaziergang über unser Grundstück, vorbei an Papageien, Enten, Bären, Kaninchen, Schafen, Ziegen sowie anderen wilden und domestizierten Kreaturen, die wir zu unserem Amüsement als Haustiere hielten. Anschließend spielte ich mit meiner Frau Backgammon oder verwickelte sie in nichtssagende, esoterische Gespräche. Während sie die Kinder ins Bett brachte, sah ich mir mäßig interessante Dokumentarfilme auf staatlichen Fernsehkanälen oder CNN an. Zweimal die Woche hatten wir Sex: Mittwochs nachdem die Kinder im Bett waren und samstags nach einem eleganten Abendessen in einem Sternerestaurant.

Ich erfand Geschichten für meine Kinder und versuchte mich Dienstag- und Donnerstagnachmittags als Basketballtrainer in der Schule meines Sohnes. Der Umgang mit Kindern wirkt Wunder auf die Seele, doch trotz aller Seelenpflege weigerte sich mein Verstand zu kooperieren. Ich hätte glücklich sein sollen oder zumindest zufrieden. Nach mehr als einem Jahr einer gesunden Ernährung und konsequenter sportlicher Betätigung war ich topfit und mein Leben schien geordnet.

Leider war ich dabei auch einem Nervenzusammenbruch näher als je zuvor. Die psychologisch bedingte innere Distanz, die ich zu meiner neuen Rolle als Familienvater und Ruheständler hatte, wurde nicht kleiner, sondern größer. Ich war zum Familienmensch geworden, aber aufgrund meiner eigenen Familiengeschichte und meiner persönlichen Beschaffenheit konnte ich damit nichts anfangen. Familienglück war nie Teil meiner Vision und spielte in meinem absurden Wertesystem keine Rolle. Seit zwei Jahrzehnten war ich darauf konditioniert, mir den Kick auf andere Weise zu holen. Die emotionale Befriedigung, Vater und Ehemann zu sein, wollte sich einfach nicht einstellen, weil ich mich ihr verschloss.

Ich vermisste die Aufregung und Spannung, die damit verbunden ist, riesige Geldsummen zu investieren, Unternehmen zu bewegen und Schicksale zu verändern. Ich war noch nicht an dem Punkt, an dem ich mich von weltlichen Ambitionen und dem Streben nach Ruhm und Reichtum verabschieden wollte. In mir brodelte es noch immer, weil der Traum, Necko zu übertrumpfen, erst teilweise erreicht war. Ich war eine verlorene Seele im Paradies. Meine falschen Götter fragten sich, wo ich, Kind und Schüler des Marktes, wohl stecke. Welche Verschwendung!

Die Terrorangriffe vom 11. September bedeuteten eine gewaltige Erschütterung der Märkte. Mein Instinkt sagte mir, etwas sehr Ernstes sei im Gange, und zwar nicht nur an den Märkten (die bereits sehr schwach waren), sondern in den Köpfen der Marktteilnehmer. Ich spürte eine Furcht und Unberechenbarkeit, die leicht zu Fehlbewertungen führen konnten. Zunächst verlor ich mit meiner Aktieninvestition Geld, weil der Markt erneut einbrach, nachdem das zweite Flugzeug in das World Trade Center flog. An diesem Punkt dachte ich, dass dieses Ereignis alle möglichen Auswirkungen haben würde, nicht nur wirtschaftliche. Vielleicht würden wir einen beschleunigten Bärenmarkt erleben, eine chaotische Situation, die ich ausnutzen könnte. In einem steigenden Markt kann jeder Idiot Geld verdienen, denn die Flut nimmt alle Boote mit. In einer freundlichen Umgebung ist es sehr schwer, sich von der Masse abzuheben. Diese neue Situation war die perfekte Chance, ein neues Imperium zu gründen.

Ich finde es absolut unlogisch, dass Anleger versuchen, in guten Zeiten, wenn alle kaufen, in den Markt einzusteigen. Die Logik diktiert, dass chaotische Märkte und selbst Katastrophen die besten Gewinnchancen eröffnen. Wenn sich die Wogen geglättet haben, stabilisieren sich die Märkte und steigen. Sowohl Necko als auch mein Großvater Hans Lang demonstrierten das während des Kriegs und noch überzeugender in den gesetzlosen, chaotischen Nachkriegsjahren. In harten Zeiten ist die Konkurrenz erschüttert und gelähmt. Wendige Unternehmer tun sich leichter, unzufriedene und frustrierte Kunden abzuwerben. Vor mir lag eine riesige Chance. Ich konnte dem Ruf des Marktes nicht länger widerstehen.

Die Zeichen waren nicht zu übersehen: Die Märkte waren angeschlagen. Alle Parameter zur Erstellung von Kursprognosen waren 2000 bis 2001 aus dem Gleichgewicht geraten. Das europäische Hedgefondsuniversum war in weniger als einem Jahrzehnt um das Zehnfache auf mehr als 600 bösartige Wettbewerber angewachsen. Ich war davon überzeugt, dass die Cleversten unter ihnen bei einem Marktzusammenbruch lediglich bescheidene Renditen erzielen oder gerade eben das eingesetzte Kapital retten konnten. Ich wusste, wie man Katastrophen in Millionengewinne verwandelt. Wenn wir die Märkte richtig ausspielten, würden wir uns deutlich von unseren Wettbewerbern unterscheiden und ihnen um Lichtjahre voraus sein. Es war höchste Zeit, sich wieder auf den Geldzug zu schwingen.

Schließlich hörte ich auf, vor Langeweile die Wände hochzugehen, kehrte zum aktiven Management meiner eigenen Fonds zurück und begann, gewaltigen Profit aus dem Markteinbruch zu schlagen. Kurz nach meinem Ausstieg aus VMR war mir aufgefallen, dass der Aktienkurs des Unternehmens als Folge des Marktzusammenbruchs vom Zehnfachen des Buchwerts – ein geradezu absurder Aufschlag auf den inneren Wert – fast auf Penny-Stock-Niveau gesunken war. Der Aktienkurs schwankte um einen Euro; ich hatte meine Anteile für knapp unter 40 Euro pro Aktie verkauft. Ich dachte, ich könnte einfach einen Teil meiner Einnahmen nehmen, einige toughe Spekulanten anrufen und eine feindliche Übernahme zu einem Aufschlag von bescheidenen 30 Prozent organisieren und das Unternehmen dann entweder zerschlagen oder es zu vier Euro pro Aktie weiterverkaufen. Abgesehen von Kevins Beteiligung war die Aktionärsstruktur breit gestreut. Das Unternehmen war zu einer unterbewerteten, wehrlosen leichten Beute geworden, die nur darauf wartete, geschlachtet zu werden. Das wäre wie ein Elfmeter ohne Torwart.

Ich verfügte über reichlich Bargeld und genug hinterhältige Komplizen, um VMR in die Enge zu treiben und auseinanderzunehmen. Für ungefähr acht Monate Arbeit würde ich netto rund fünf bis acht Millionen Euro kassieren. Das klang nicht nur machbar, sondern extrem logisch. Meine damalige Frau unternahm die größten Anstrengungen, um mich davon zu überzeugen, dass die Familienharmonie sehr darunter leiden würde, wenn ich VMR übernehmen und ihren Bruder sowie den gesamten Vorstand feuern würde. Außerdem meinte sie, Kevin verdiene seine Chance, sich seinen Unternehmertraum zu erfüllen. »Was hat das mit Gewinnmaximierung oder so zu tun?«, fragte ich mich.

Meine Konflikttoleranz ist sehr hoch, wenn es um Gewinnerzielung geht. Ich gab schließlich nach, allerdings nicht, weil mir ein wenig mehr Familienspannungen schlaflose Nächte beschert hätten. Das würde nicht passieren. Gut, Kevin war mein bester Freund gewesen (bis er, wie ich schon erwähnte, die Exfrau meines Bruders heiratete). Daher wünschte ich ihm generell alles Gute, und das machte schon etwas aus. Es waren jedoch zwei Faktoren, die mich dazu veranlassten, meine Meinung zu ändern. Erstens war dieses Projekt langweilig. Ich hatte bereits mehrmals feindliche Übernahmen getätigt, Unternehmen zerschlagen und Greenmailing betrieben. Zweitens, und das war wichtiger, würde ich um ein Vielfaches mehr Geld verdienen, wenn ich mich auf die Goldader aller Finanzprojekte konzentrieren würde: die Gründung einer reinen Hedgefondsgesellschaft.

Was konnte man heutzutage schließlich mit fünf Millionen Euro nach Steuern noch anfangen? Dafür würde ich einen suboptimalen gebrauchten Privatjet und vielleicht einige zweitklassige Landschaftsimpressionisten bekommen. Wie wäre es mit einer echten Jacht, einem majestätischen maurischen Strandpalast mit 1.860 Quadratmetern, einem anständigen Gästehaus mit 740 Quadratmetern, einem Hubschrauberlandeplatz und einem angemessenen Domizil für die Familie und Gäste auf Mallorca, einem kleineren Gästehaus für deren Gäste, einem großen Landsitz mit zehn Schlafzimmern und Möglichkeiten zum Jagen und Angeln sowie einigen weiteren alten Meistern, um den trübsinnig wirkenden, kahlen Säulengang rund um den Innenhof meiner mallorquinischen Villa zu schmücken. Zwar hätte ich jedes dieser Spielzeuge so auch schon kaufen können, aber ich wollte dafür auf keinen Fall meine Investmentreserven angreifen. Es war dringend nötig, dass ich mich auf ein anderes unternehmerisches Projekt konzentrierte. Und dieses Mal musste es so groß sein, dass es meinen unersättlichen Hunger auf Reichtum und Luxus stillen konnte.

Es war viel besser, etwas ganz Neues zu beginnen. Der kluge Einsatz positiver, kreativer Energie bietet grundsätzlich mehr Vorteile als die negative Energie, die notwendig ist, um ein wehrloses kleines unterbewertetes Unternehmen zu zerlegen. Es ist daher viel sinnvoller, sich auf große Vorhaben zu konzentrieren.

Nachdem ich ein Jahr vertrödelt hatte, hatte sich meine Gesundheit dramatisch verbessert. Die letzte Magnetresonanztomografie zeigte, dass die Hirnläsionen weniger geworden waren und die große Läsion im Nackenbereich fast verschwunden war. Es sah nicht so aus, als würde ich in absehbarer Zeit auf einen Rollstuhl angewiesen sein. Der Wechsel von Zigaretten zu Zigarren hatte meine Lungen befreit, das Taubheitsgefühl in meinem linken Arm war verschwunden und die Märkte warteten mit Sicherheit auf meine glorreiche Rückkehr. Ich hatte die multiple Sklerose besiegt. Ich war gesund und hungrig. Mein Gehirn brannte darauf, sich wieder in die Arbeit zu stürzen. Nichts konnte mich nun aufhalten, außer mir selber natürlich. Es würde sechs Monate dauern, bis alle notwendigen Strukturen aufgebaut waren. Und dann würde ich wieder auf dem Schlachtfeld mitmischen und anderen die Eier zerquetschen.

Selbst wenn mir jemand auf Mallorca den Satz »Du bist im Himmel« auf die Stirn gebrannt hätte, wäre ich nicht in der Lage gewesen, es so zu sehen. Energiegeladen, gesund und dumm wie immer, lechzte ich nach finanziellen Herausforderungen, der elektrisierenden Spannung von Übernahmeschlachten und der Möglichkeit, mich in Leerverkaufsgefechten zu beweisen.

*

Wenn Sie wirklich hinter Geld her sind, warum sollten Sie dann irgendetwas anderes sein wollen als ein Hedgefondsmanager? Die Gebühren für das Management von Investmentfonds betragen ein Prozent. Nicht nur verlangen Hedgefonds zwei Prozent, außerdem kassieren sie 20 Prozent der Gewinne und halten dabei null Risiko. Das heißt, wenn Sie einen Investmentfonds mit 100 Millionen Dollar Fondsvermögen verwalten, der 30 Prozent Rendite erwirtschaftet hat, dann erzielen Sie knapp über eine Million Dollar. Der gleiche Hedgefonds würde Ihnen acht Millionen einbringen. Zwar war der Arbeitsaufwand doppelt so hoch, aber wenn man diesen Extraaufwand berücksichtigte, lag die Rendite immer noch um 400 Prozent höher.

Im Jahr 2002 verfügte ich über rund zwölf Jahre Erfahrung im Eigenhandel und im Hedgefondsmanagement, daher war die Wahrscheinlichkeit, dass ich in die Luft fliegen würde, geringer als früher. Der European Value Fund von VMR war 1994 der beste europäische Hedgefonds. Unglücklicherweise wollte der Markt 1995 Blue Chips und Wachstumsaktien, und so gab der Fonds um 25 Prozent nach und lieferte eine extrem schlechte Performance ab. In jenen dunklen Tagen wollte ich einfach recht behalten, anstatt die Verluste zu begrenzen und Kapital zu erhalten, und verlor daher sehr viel Geld. In diesem Jahr lernten wir viel darüber, Verluste zu begrenzen und Gewinne laufen zu lassen. Wir lernten außerdem, dass ein zu großes Volumen und ein schneller Geldzufluss der Erzielung hoher Renditen und Strategien zum Handel mit Nebenwerten nicht zuträglich waren.

In den folgenden fünf Jahren erzielten beide VMR-Hedgefonds dann sensationelle schwankungsbereinigte Renditen. Zahlreiche Investoren waren jedoch bereits abgewandert. Diejenigen, die dabeigeblieben waren, konnten innerhalb von 16 Monaten nicht nur ihre Verluste wettmachen, sondern machten überdies fette Gewinne. Das waren allerdings nur wenige. Währenddessen erzielten die Long-Only-Fonds und die Kapitalmarktaktivitäten hervorragende Ergebnisse, solange die Märkte aufwärts tendierten. Dabei handelt es sich jedoch bekanntermaßen um äußerst zyklische Aktivitäten, um die man bei abwärts tendierenden Märkten einen großen Bogen machen sollte.

Angesichts der äußerst positiven Zahlen sollte mein neues Unternehmen ein reiner Hedgefonds und eine weniger zyklische, dafür aber hochprofitable Aktivität sein. Wer braucht den ganzen zyklischen, gewinnarmen Mist? Wenn Sie schnell stinkreich werden wollen, müssen Sie Hedgefondsmanager, ein großer Waffenhändler, ein Internetgenie, ein Drogenbaron oder ein peruanischer Schwarzmarkt-Devisenhändler werden.

Wie VMR begann Absolute Capital Management Holdings in meinem Billardzimmer. Unser erster Mitarbeiter war DR, der bei VMR in Investmentbanking und Research geschult worden war. Als er zu uns kam, verstand er sehr wenig von Unternehmensbewertung und nichts von Activist Investing. DR war ein komischer Kauz. Er war Mitglied des Houston Youth Symphonieorchesters und ein aufblühender Geigenvirtuose gewesen. Er hatte ein armseliges Selbstbild, gepaart mit einem übertriebenen Selbstwertgefühl. Er hatte fast nie Sex, weil er es vorzog, Frauen zu beleidigen, anstatt sie zu umgarnen. Vielleicht zog er Männer vor. Während andere versuchen, ihre Gefühle zu sortieren, denke ich über Wahrscheinlichkeit und das Chancen-Risiko-Verhältnis nach, während ich gleichzeitig versuche, das klügste Vorgehen zu kalkulieren. Dieses Verfahren wendete ich auch auf die Mitarbeitergewinnung an. Im Rückblick erscheint das folgende Einstellungsverfahren sonderbar. Damals erschien es jedoch vollkommen vernünftig.

Ich forderte DR und einen weiteren potenziellen gehobenen Angestellten, Guillermo Hernandez, auf, von einer zehn Meter hohen Klippe auf Mallorca in relativ flaches Wasser zu springen, um zu beweisen, dass sie die *Cojones* hatten, um mit mir zu arbeiten. Ich machte einen Rückwärtssalto, um ihnen zu zeigen, wie einfach es war. Das Gespräch würde weniger als fünf Minuten dauern und ich würde keine Zeit damit verschwenden müssen, ihre tiefere Psyche und Motivationslage monatelang zu ergründen und ihre aufpolierten Zeugnisse und Referenzen zu studieren. Alles was ich wissen wollte, war, ob Guillermo, mein potenzieller Chefhändler, keine unangemessenen, dummen Risiken eingehen würde. Er würde jedes Jahr ein mehrere Milliarden schweres Handelsvolumen bewältigen und ständig Risiken bewerten müssen. Ich konnte niemanden brauchen, der verrückte Dinge tat, wie sich von irgendwelchen Klippen ins Mittelmeer zu stürzen und sich dabei möglicherweise den Kopf, die Beine oder die Wirbelsäule zu brechen. *Gracias a Dios* weigerte sich Guillermo und so stellte ich ihn ein.

DR arbeitete bereits für mich, aber ich war mir nicht sicher, ob er dem großen Druck standhalten würde. Ich war unentschlossen, ob ich ihn zum Eigenkapitalpartner machen sollte. Er würde springen müssen, um mir zu beweisen, dass er bereit war, Risiken einzugehen und Stress auszuhalten, weil er intensive Recherchen im Rahmen der Competitive Verification durchführen, wichtige Entscheidungen treffen und für mich einspringen musste, wenn ich auf Reisen war. Er sprang, trug aber einige blaue Flecken am Hintern davon und ging zwei Wochen lang wie John Wayne. »Perfektes Ergebnis«, dachte ich. Beide Jungs hatten die jeweils richtige Entscheidung getroffen. Das Einstellungsgespräch war beendet. Sie waren beide eingestellt und würden Kapitaleigner am Unternehmen werden. Sie wurden Millionäre und beide lernten, dass »das Leben ohne eine Spur Verrücktheit nicht komplett ist« (Paulo Coelho).

Ich befand mich auf Necko-Mission. Wir würden triumphieren. Wir würden unsere Konkurrenten lächerlich und armselig aussehen lassen, während wir sensationelle Renditen erzielten und das verwaltete Fondsvermögen beträchtlich steigerten. Weniger als 100 Prozent Anstrengung und perfekte Ergebnisse würden eine umgehende Bestrafung und Demütigung zur Folge haben. DR erfüllte die Erwartungen und – wie zuvor Susan – erledigte alles, von der Fondsbuchhaltung über Office Management bis zur Programmierung und Analyse. Als Händler taugte er nicht, aber er war ein überdurchschnittlich guter Analyst und hatte aufgrund seiner früheren Tätigkeit als langjähriger ermittelnder Journalist keine Probleme mit Competitive Verification. In drei Jahren verdiente er mit mir einige Millionen, verkaufte seinen Anteil am Unternehmen aber noch vor dem Börsengang. Hätte er nur ein Jahr länger gewartet, hätte er auf einem Geldberg in zweistelliger Millionenhöhe gesessen.

Ich hatte fünf Millionen Dollar an Eigenmitteln in den Fonds gesteckt und weitere fünf Millionen Dollar an Seed-Kapital von einem deutsch-schweizer Family Office erhalten, das mein Junior-Venture-Partner wurde. Morgan Stanley war erneut unser Prime-Broker, Fortis unsere Depotbank und Ernst and Young unsere Wirtschaftsprüfer. Ullrich Angersbach war mein Geschäftsführungspartner in der Schweiz. Er war ein äußerst reservierter Mann, aber einer der beharrlichsten und am härtesten arbeitenden Deutschen, die ich je kennengelernt habe, und somit ein unschätzbarer Vermögenswert.

In den ersten drei Jahren arbeiteten wir bis zwei Uhr morgens und nahmen um acht Uhr erneut die Arbeit auf. Sonntags arbeiteten wir lediglich den halben Tag (neun Stunden). Ullrichs Beiträge waren von unschätzbarem Wert, aber nach drei Jahren in diesem Arbeitstempo drohte seine Ehe zu zerbrechen. Er fuhr seine Arbeitszeit auf 50 Wochenstunden herunter. Auf den ersten Blick war er der Prototyp eines Deutschen: organisiert, diszipliniert, zuverlässig, reserviert und nicht sehr humorvoll. Nachdem ich ihn zehn Jahre kannte, erzählte er mir dann eines Tages, seine Großmutter sei im Konzentrationslager umgekommen.

Ich war in der europäischen Finanzwelt äußerst bekannt als ein Einzelkämpfer, der ultramoderne Bewertungssysteme und ausgezeichnete Industriekontakte nutzte, um erstklassige Ergebnisse zu erzielen. Ich war in Europa damals einer der wenigen erfahrenen und kompetenten Leerverkäufer, Greenmailer und aktivistischen Investoren mit einer langen Erfolgsbilanz an den Aktienmärkten. Bei einigen Investoren war ich allerdings auch äußerst umstritten.

Viele der Fonds, die ich in der Vergangenheit gemanagt oder mitverwaltet habe, wurden mit nationalen und internationalen Investmentauszeichnungen geehrt. Dennoch hatte ich bei einigen potenziellen Kunden den Ruf, unbeständig und waghalsig zu sein – vor allem bei den Kunden, die darauf fixiert waren, das der VMR European Value Fund, der einstige Starperfomer, in einem absolut freundlichen Aufwärtsmarkt innerhalb eines einzigen Jahres ein Viertel seines Werts eingebüßt hatte.

Im ersten Jahr erzielte unser Absolute Return Europe Fund eine Rendite von 29 Prozent und schlug damit im Crashjahr 2002 alle anderen europäischen Hedgefonds um Längen. Der Markt hatte stark nachgegeben (in Europa betrug der Rückgang vom Höchst- auf den Tiefststand 37 Prozent) und der durchschnittliche Hedgefonds war entweder flat oder machte Verluste, während der durchschnittliche Investmentfonds schwer blutete. Wir hatten unter mehreren Hundert Wettbewerbern die Spitzenposition erlangt, indem wir den Markt über die zwei Kandidaten mit der liberalsten Rechnungslegung des DAX 100 belehrten: MLP und WCM. Natürlich waren wir bei beiden Aktien umfangreiche Short-Positionen eingegangen. Die MLP-Aktie verlor insgesamt 90 Prozent und WCM meldete Bankrott an, wodurch wir praktisch grenzenlose Renditen auf das eingesetzte Kapital erzielten. Meine Strategie, bei extrem widrigen Marktverhältnissen durchzuhalten, hatte sich auf traumhafte Weise bewährt. Die Ironie lag darin, dass zu dem Zeitpunkt, da wir unsere Leerverkaufsattacke gegen MLP und WCM starteten, keiner der 50 Analysten, die diese Aktie beobachteten, auch nur eine einzige Verkaufsempfehlung aussprach. Die Mehrheit empfahl diese Aktie sogar aktiv zum Kauf. Das war eine Wiederholung der Geschichte der Bremer Vulkan. Analysten sind Schafe und absolut nutzlos, es sei denn, sie würden wirklich in die Tiefe und die Breite recherchieren (Competitive Verification) oder die Interpretation von Cashflow und Bilanzen sowie die Branchendynamiken beherrschen. Das kommt aber selten vor. Ökonomen sind manchmal noch schlimmer und produzieren zuviel einfallslosen Konsensmüll.

Anders als VMR brach die Performance unseres Hedgefonds nicht im zweiten Jahr ein. Mit wachsendem Fondsvermögen wurde mein Büro in meinem Anwesen auf Mallorca zu klein. In weniger als vier Monaten zog ich auf meinem Grundstück ein zweigeschossiges Gebäude hoch. Im Erdgeschoss saßen bis zu zwölf Investmentprofis und im ersten Stock arbeiteten unsere angestellten Mitarbeiter. Wir engagierten sogar einen Koch, damit die Mitarbeiter in der Mittagspause das Gebäude nicht verlassen mussten. Alles war darauf ausgerichtet, ein Höchstmaß an Effektivität, Effizienz und Produktivität zu garantieren.

Im dritten, vierten und fünften Jahr erzielten wir solide Ergebnisse. Wir gründeten neue Fonds und verzeichneten rasante Mittelzuflüsse. Im Jahr 2006 waren wir Weltspitze und gewannen die Auszeichnungen Beste Europäische Hedgefondsgesellschaft und Bester Europäischer Hedgefonds, die von dem führenden Magazin *Hedge Fund Review* vergeben werden. Wir kauften eine gut positionierte und profitable Hedgefondsgesellschaft auf dem Gebiet Aufstrebende Märkte (Argo Capital Management Ltd.) mit Sitz in London und Niederlassungen in Lateinamerika, Zypern und Asien sowie einen großen Immobilienfonds. Wir verwalteten ein Fondsvermögen von mehr als drei Milliarden Dollar und erwarteten einen Cashflow von 80 Millionen Dollar. Mein Anteil an ACMH war rund 250 Millionen Dollar wert. Seit unserem Börsengang hatte sich der Aktienkurs versiebenfacht, und seit der Gründung fünf Jahre zuvor war das verwaltete Fondsvermögen um das Dreihundertfache angestiegen. Wir hatten Büros in London, Palma, Zug, Rio, São Paulo, der Karibik und im Fernen Osten. Wir waren eine Erfolgsstory ohne Gleichen. Viele unserer Händler und Manager wurden Millionäre. Alle hätten glücklich und zufrieden sein sollen.

Waren wir aber nicht.

*

Im Jahr 2004 war JR ins Unternehmen gekommen, um die betrieblichen Abläufe, die Besteuerung, das Wachstum und unser Marketing zu optimieren. Er professionalisierte ACMH und setzte am richtigen Platz die richtigen Hebel für ein schnelles organisches Wachstum und solide Organisationsstrukturen an. Die Zeiten, in denen ich mit Einkaufstüten durchs Büro lief, die mit 500-Euro-Scheinen vollgestopft waren, um meinen Leuten die Boni auszuzahlen, waren vorbei.

Ich hatte JR Ende der Neunzigerjahre kennengelernt, als ich Farlake Plc., eine börsennotierte Fondsmanagementgesellschaft mit Sitz in London, plünderte. Mit einer Kurs/Gewinn-Bewertung von sechs war Farlake spottbillig. JR war in einer gehobenen Position des Unternehmens und wir hatten soeben einen Anteil von 29 Prozent erworben. Unser Ziel war, das viel kleinere Farlake mittels einer Aktien- oder Bargeldofferte in unser VMR zu »verschmelzen«. Die Direktoren von Farlake waren erzürnt, weil wir das Unternehmen in die Enge trieben. Hätten wir versucht, es jedem recht zu machen, indem wir die Unternehmensetikette eingehalten hätten, hätten wir die Beteiligung nie zu diesem niedrigen Preis bekommen.

Nachdem sich die emotionalen Wogen geglättet hatten, trafen Kevin und ich mit JR zusammen. Er ist ein kleiner, aber äußerst streitlustiger Ire und ein fieser, ausgebuffter Konkurrent. Er ist ein Scratch-Golfer und war an der Uni ein gefürchteter Rugbyspieler. Er war mindestens genauso berechnend, auf seinen

Meine Mutter und mein Vater jungverheiratet

Mein erstes Büro

Taufe meines Sohnes Conrad in der katholischen Kirche in Königstein

Familie Homm beim Familientreffen auf Schloss Kronberg

Ich und Oskar Lafontaine bei »Sabine Christiansen«

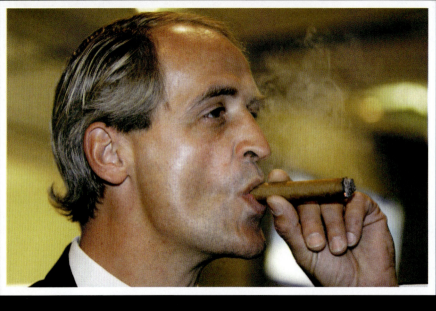

Ich als Großaktionär bei Borussia Dortmund

Aktionärsversammlung von Borussia Dortmund,
Bundesliga-Saison 04/05

Ich zusammen mit Howard Marks, dem legendären und in den 70er- und 80er-Jahren weltgrößten Cannabis-Dealer und Autor des Millionensellers *Mr. Nice*

Gründungstag und Kunstausstellung der Primarschule der von mir unterstützten
Liberia Renaissance Foundation

Vorteil bedacht und entschlossen wie ich. Der einzige Unterschied bestand darin, dass er weniger Charisma hatte und nie verstand, dass man Weltklasse-Mitarbeiter braucht, um Weltklasse-Ergebnisse zu erzielen. JR hatte sich stets mit loyalen, aber mittelmäßigen Jasagern umgeben – ein Charakterzug, der uns später noch echte Probleme machen sollte. Er machte sich ständig Sorgen um die Kosten und kurzfristigen Gewinne, anstatt auf Qualität und Nachhaltigkeit zu achten. Außerdem hätte er sein pomadiges Menjou-Bärtchen rasieren sollen. Damit wirkte er einfach wie ein Pariser Kellner. Und anders als mein früherer Partner Kevin Devine war JR kein moralischer Anker. Sein Wertesystem war mindestens genauso verrottet wie meins.

Bei dieser Zusammenkunft schaffte JR etwas, das noch niemand je zuvor geschafft hat. Er überzeugte uns davon, unsere feindlichen Übernahmepläne aufzugeben und seine ehrgeizigen Wachstumsziele aktiv zu unterstützen. Die Berechnungen, die er anstellte, erschienen Kevin und mir sinnvoll und somit waren wir zu einem Versuch bereit. Wir konnten ihn später immer noch schlucken, falls er die in Aussicht gestellten Ergebnisse verfehlen sollte. JR hielt sein Wort und wir unterstützten ihn vorbehaltlos. Nach zwei Jahren verkauften wir an einen größeren Wettbewerber. Wir hatten einen Anstieg von 400 Prozent auf unsere beträchtliche Kapitalinvestition erzielt und JR scheffelte Millionen. In den folgenden Jahren blieben wir in Kontakt.

Als JR zu ACMH stieß, zogen wir aus den Büroräumen auf meinem Grundstück aus. Ich verstand seine Argumentation. Für steife, konservative Europäer war Mallorca als Standort für eine seriöse Investmentmanagementgesellschaft zu halbseiden. Sie konnten Sonne, blauen Himmel und ein blaues Meer nicht mit professioneller Geldanlage unter einen Hut bringen. Es war mir völlig egal. Meine Argumentation lautete, solange wir wesentlich bessere Ergebnisse erzielten als unsere Wettbewerber, würde das Geld auch auf dem Mond den Weg zu uns finden. JR waren äußerer Schein und formale Aspekte wesentlich wichtiger. Mir machte die zehnminütige Fahrt in einem meiner Cabrios oder auf meiner Vespa keinen Spaß. Viel lieber schritt ich die majestätische Freitreppe mit meinen Hunden hinab, ging an barocken Statuen, Bronzeskulpturen und zahlreichen Springbrunnen, künstlichen Höhlen, dem

Tennisplatz, den verschiedenen Terrassenanlagen mit ihren Birnen- und Zitronenbäumen, den Teichen und den Orangenhainen vorbei, passierte unsere Nasenbären, unsere Schafe, Ziegen und Papageien, bis ich schließlich in unser Bürogebäude eintrat. Das war ein zivilisierter Arbeitsweg. Die Vorstellung, selber Auto zu fahren und mir einen Weg durch den Verkehr bahnen zu müssen, in einer engen Gemeinschaftsgarage zu parken und dann den öffentlichen Aufzug zu einem Stadtbüro zu nehmen, war weitaus weniger idyllisch und ganz ehrlich gesagt eine brutale und entmutigende Erfahrung.

Letztlich war das aber Jammern auf hohem Niveau. Unser Penthousebüro bot den besten Blick über die Bucht von Palma, den es gab. Mein Speedboot lag nur einen zweiminütigen Fußmarsch entfernt vor Anker, sodass ich mir in der Mittagspause und nach der Arbeit gelegentlich Adrenalinschübe bei 100 Stundenkilometern verschaffen konnte. Zwar vermisste ich die gelegentlichen Mahlzeiten mit Susan in unserem Anwesen, aber der Jachtklub Club de Mar bot einen überdimensionierten Swimmingpool und eine solide Mittelmeerküche zu meiner kulinarischen Befriedigung. Für Party und Vergnügen blieb sowieso kaum Zeit.

In Wahrheit war die Arbeitsbelastung kaum zu bewältigen und das Arbeitstempo war brutal fordernd, da unser Geschäft um mehrere 100 Prozent pro Jahr wuchs. Es blieb kaum Zeit für irgendetwas anderes. Eine 100-Stunden-Woche war die Regel. Ich managte Fonds, stellte Mitarbeiter ein, kümmerte mich um das Marketing, erstellte Konzepte und gründete ständig neue Fonds und suchte nach Übernahmezielen. Mehr als hundert Tage pro Jahr war ich auf Reisen und machte überhaupt keinen Urlaub mehr. Susan und die Kinder sah ich nur noch selten, gelegentlich am Wochenende oder spätnachts. Ich wurde genau wie Necko.

Zu der Zeit, als ACMH so schnell, aber unkontrolliert wuchs, wurde JR nicht nur CEO von ACMH, sondern auch zweitgrößter Anteilseigner. Zwar konnte ich das Unternehmen viel schneller und effektiver an den Markt bringen als er, aber ich wollte nichts mit Verwaltung, Organisation, Steueroptimierung, internationalen Wachstums- und Berichtsstrukturen zu tun haben. Das fand ich alles unerträglich monoton, mühselig und intellektuell anspruchslos. »Habe ich erlebt, habe ich gemacht, kein Grund zur Wiederholung«, lautete meine Schlussfolgerung. Ein gerader Pfad führt niemals irgendwo anders hin als zum Vorhersagbaren, und Vorhersagbarkeit ist die Definition von langweilig. Daher begrüßte ich JR in seiner neuen Rolle.

JRs erster IPO-Plan war ein totaler Abzockversuch. Ich hatte vor meinem 40. Geburtstag bereits dutzende Börsengänge begleitet. Im richtigen Klima hätte ich eine offene Tür an die Börse bringen können. JR brauchte viel zu lange, die Berater gaben sich die Türklinke in die Hand und wir hatten bereits mehr als eine Million Euro an Kosten angehäuft. JR brachte die Jungs aus seinem Londoner Pseudoestablishment an, führte ein paar irische Pirouetten auf und versuchte, mir mehr als die Hälfte meiner Eigenkapitalbeteiligung abzujagen. Ich hatte das Unternehmen aufgebaut, besaß die überwiegende Mehrheit und sollte nach dem Börsengang mit 20 Prozent abgespeist werden. JR hatte zwar die ersten drei maßgeblichen Wachstumsjahre nicht miterlebt, sollte hinterher aber genauso viele Anteile besitzen wie ich. Seine Pre-IPO-Investor-Kumpels aus London würden weitere 20 Prozent bekommen. Das würde bedeuten, dass ich mindestens 50 Millionen Euro verschenken und die Kontrolle über das Unternehmen an Leute verlieren würde, die ich kaum kannte und zudem nicht mochte.

Glücklicherweise hatte ich mir für alle Fälle Rückendeckung besorgt. Jacob, ein sehr cleverer israelischer Dealmaker und enger Freund, stand in Habachtstellung und zum Eingreifen bereit, falls JR einen seiner Fast-Eddie-Tricks[10] versuchen würde. Jacob, ehemaliger Mossad-Agent in Moskau und Anwalt in New York, überbot JR während der Verhandlungen ständig und manövrierte ihn an jeder Ecke ins Aus. Am Ende gelang es ihm, JR auf einen wesentlich geringeren Anteil zu beschränken, als er ursprünglich hatte aushandeln wollen. Dann befreiten wir uns von JRs nutzlosen Kumpanen. Wer brauchte diese Versager? Einige ihrer Namen machten auf dem Papier einen guten Eindruck,

---

[10] »Fast Eddie« ist der Spitzname eines britischen Millionendiebs, der erst nach 20 Jahren Flucht geschnappt werden konnte. (A.d.Ü.)

aber sie boten nichts, das uns dabei helfen würde, unsere aggressiven Pläne umzusetzen. (Im Gegenzug für seine unschätzbare Schützenhilfe half ich Jacob dabei, bei seinem nächsten Greenmailing 35 Millionen Euro zu gewinnen. JR war nicht glücklich, aber am Ende verdiente er dabei rund 30 Millionen Dollar. Nicht schlecht für weniger als drei Jahre Arbeit.)

In seinen ersten 18 Monaten bei ACMH leistete JR auf den Gebieten Steueroptimierung, Optimierung der betrieblichen Abläufe, Shareholder Relations und Unternehmensentwicklung hervorragende Arbeit. Er war ein solider Marketingexperte und Fundraiser. JR war ein echter Erfolg und wurde von den Mitarbeitern respektiert. Laut Medienberichten war er zudem auf dem besten Wege, einer der reichsten Männer Irlands zu werden. JRs übergeordnetes Ziel war stets gewesen, das Unternehmen weiterzuentwickeln, die kurzfristigen Gewinne zu maximieren und ACMH an einen Wettbewerber oder seine Anteile an der Börse zu verkaufen. Sein Verhalten wurde jedoch zunehmend kontraproduktiv und irrational.

Irgendwann kippte es. JR begann eine Affäre mit Ida »Eine-von-Vielen«, der Frau unseres fähigeren Händlers, C. Vielleicht hatte sich JR Andy Warhols Rat zu sehr zu Herzen genommen: »Mitarbeiter sind die besten Affären.« Man muss sie nicht abholen und sie lassen sich von der Steuer absetzen. Beide Ehegatten arbeiteten bei ACMH und jeder wusste über die Affäre Bescheid, was JRs Glaubwürdigkeit im Unternehmen erheblich untergrub. Niemand erzählte es mir, aber mir fiel auf, dass die allgemeine Produktivität nachließ und der Teamgeist nicht mehr derselbe war. Ich lud C. in mein Anwesen auf Mallorca ein. Er würde in den Genuss der 24-Stunden-Einrichtungen und Serviceleistungen kommen: Pool, Whirlpool, Tennis, Billard, Medienraum, Küchenchef, Reinigungskräfte und eine Auswahl von vier Häusern und 14 Schlafzimmern, in denen er sich häuslich einrichten konnte. Die Kehrseite war, dass C. meinen nächtlichen Aktivitäten (ich ging selten vor dem Morgengrauen ins Bett), meinem Geschimpfe über die Auflösungserscheinungen meiner Familie und sehr wahrscheinlich einem großen Markteinbruch ausgesetzt war. Die perverse Ironie der JR-Ida-Affäre war, dass JR und D., C. gegenüber in Angriffslaune gerieten. C., der es leid war, gemobbt und gehörnt zu werden, kündigte. In seiner unendlichen Weisheit begann JR zudem, nicht nur mich, sondern auch meine wichtigsten Unterstützer zu mobben. Meine persönliche Assistentin Daniela wurde aus der Unternehmenszentrale verbannt und musste von meinem Homeoffice aus arbeiten, was meine Produktivität erheblich beeinträchtigte. Unser Chefhändler Guillermo provozierte wegen der »Affäre Heatherington« heftigste Auseinandersetzungen mit JR, verlor und machte sich zu anderen Ufern auf. Ullrich Angersbach, der über viele Jahre wahrscheinlich unser größter Vermögenswert war, war in die Isolation gedrängt und Monate zuvor in eine relativ banale operative Funktion abgeschoben worden. Er wäre der perfekte Finanzvorstand oder globale Marketingvorstand gewesen. Er hatte absolut das Zeug für eine Position im Verwaltungsrat, auch wenn er ein wenig pedantisch, habgierig und risikoscheu war. Alle, die mir gegenüber loyal waren oder mich unterstützten, wurden entweder gefeuert oder weggemobbt.

Warum? JR wusste, dass das Unternehmen stark von meinen Fähigkeiten als *Rainmaker* abhing. Er glaubte tatsächlich, indem er mich schwächte, würde das Unternehmen diversifizierter und widerstandsfähiger werden. Er glaubte, andere würden die Lücke mit ihren Ergebnissen auffüllen. Da lag er völlig falsch. Er hatte immer noch nicht verstanden, wie die Hedgefondsindustrie funktionierte. Sie ist angefüllt mit rasiermesserscharf denkenden und handelnden Köpfen, und nicht mit Leuten, die die lemminghafte Mentalität von Geschäftsbanken haben. Erfolgreiche Hedgefondsmanager sind die brillantesten und intelligentesten Köpfe der Kapitalmärkte. Aus diesem Grund machen sie derart obszön viel Geld. Wenn Sie diese Geldmacher untergraben und zerstören, werden Sie zwar weniger von ihnen abhängig sein, aber Ihre Investmentrenditen werden den Bach runtergehen und Ihre Gewinne werden sich in Luft auflösen. Sie können ein Raumschiff einfach nicht von jedem x-beliebigen Ackerknecht steuern lassen. JRs großer Plan bestand darin, mich ins Marketing abzuschieben, meine wenigen verbleibenden Unterstützer zu feuern und seine Jasager das Geld verdienen zu lassen. Das grundlegende Problem an diesem Plan war, dass die anderen Manager überhaupt nicht in der Lage waren, die Renditen zu erzielen, die ich seit zwei Jahrzehnten erzielte, und das vor allem in Bärenmärkten.

Als die Fondsvolumen weiter zunahmen und der Ergebnisdruck stieg, fiel JR nichts weiter ein, als unfähige Schwachköpfe einzustellen, die keinen eigenständigen Gedanken entwickeln konnten und mit nutzlosen Konsensmeinungen vollgestopft waren. Auf dem Papier wirkten sie vielleicht noch halbwegs brauchbar, aber für die knallharte, umstrittene Hedgefondsindustrie waren sie ungeeignet. Leistungsschwache Manager, die ich aufgrund inakzeptabler Ergebnisse zuvor entlassen hatte, wurden von JR wieder eingestellt. Er maximierte die kurzfristigen Gewinne und die persönliche Loyalität zulasten der langfristigen Wirtschaftlichkeit und Profitabilität. Außerdem machte er einen klassischen Fehler: Indem man starke Leute schwächt, macht man Schwache nicht unbedingt stärker.

Ein weiterer schwerer Fehler war JRs Vergütungsmodell. JR zahlte unseren Spitzenleuten eine erheblich geringere Vergütung als unsere Wettbewerber. Entweder war er schwer von Begriff oder so gierig, dass er glaubte, wir könnten Weltklasse-Händler dauerhaft die Hälfte ihres Marktwertes zahlen, sie im Unternehmen halten und weiterhin erstklassige Ergebnisse erzielen. Ich führte rund ein halbes Dutzend Bewerbungsgespräche mit angehenden Superstars. Keiner von ihnen wollte zu uns, weil die Bezahlung nicht annähernd den Angeboten unserer Wettbewerber entsprach. All das geschah, während sich unser Fondsvermögen und die Zahl der Fonds, die wir auflegten und verwalteten, verdoppelte bis verdreifachte. Wir brauchten dringend mehr teure Superstars, anstatt mehr schlecht bezahlte Schwachköpfe. Selbst unsere intelligenteren Vorstandsmitglieder glaubten an JRs Märchen. Währenddessen begann ich, offen über den Mangel an frischem Blut zu klagen, das unsere wachsenden Fonds managen könnte. Es bahnte sich ein Desaster an.

Als ACMH Argo Capital Management im Austausch für Bargeld und Aktien übernahm, ging JR noch weiter und garantierte unseren neuen Partnern, dass wir unseren Händlern niemals mehr als 20 Prozent der gesamten Performance-Gebühren, die die Fonds erzielten, als Anreiz zahlen würden. Der Industriestandard lag bei 40 bis 50 Prozent und damit mehr als doppelt so hoch. Selbst die Händler von Argo wurden nach Branchenstandard bezahlt. Das war nicht nur lächerlich, sondern völlig unrealistisch. Niemand hatte mich zu diesem haarsträubenden Zugeständnis befragt. Ich war weder Mitglied des Verwaltungsrats noch an den Verhandlungen beteiligt.

Die offensichtliche Frage, die einer Antwort bedarf, lautet: Warum saß ich nicht im Verwaltungsrat? Warum war ich, der Gründer und bei Weitem größte Aktionär sowie ein äußerst zupackender und erfahrener Unternehmer, so weit weg von den maßgeblichen Entscheidungen? Ich war bei VMR CEO und Chairman gewesen und hatte in den vorhergehenden zwei Jahrzehnten den Verwaltungsräten von mehreren Dutzend börsennotierten Unternehmen angehört. Angesichts meiner Historie und meiner Referenzen war es nur logisch, dass ich Mitglied des Verwaltungsrats von ACMH war.

Es gab jedoch mehrere Gründe, weswegen ich es vorzog, nicht im Verwaltungsrat zu sitzen. Erstens ist diese Position überbewertet. Sie ist zeitaufwendig, oft unglaublich bürokratisch und üblicherweise sind damit erhebliche Haftungsrisiken verbunden. Ich hatte kein Interesse, CEO und Chairman zu sein. Allein die Vorstellung langweilte mich zu Tode. Ich hatte das bereits hinter mir. Warum sollte ich es wiederholen wollen? Unsere Investoren wollten, dass ich mich auf die Fonds konzentriere und nicht auf Verwaltung und Unternehmensentwicklung. Außerdem galt ich als rücksichtsloser Rüpel, wenn man die juristischen Vorwürfe der Marktmanipulation bedenkt, die in zwei konkreten Fällen (Sixt und WCM) gegen mich erhoben wurden. Und es galt als Zeichen einer guten Corporate Governance, die potenziellen Interessenkonflikte, wie zum Beispiel auf den Gebieten Vergütung, Aktienoptionen und Bonuspläne, zwischen dem größten Einzelaktionär (und zugleich langjährigen Angestellten) und den anderen kleineren Aktionären zu minimieren. Und letztlich wollte JR auch nicht, dass ich ihm bei der Führung des ACMH-Zirkus in die Parade fuhr, während er sich und seinen Kumpanen großzügige Gehälter, Bonuszahlungen und Optionspläne sicherte. Als Folge war es für mich nicht sinnvoll, Mitglied im Verwaltungsrat zu sein. Unglücklicherweise führte meine mangelnde Präsenz in diesem Gremium zu mindestens einem fatalen Fehler, der sich leicht hätte vermeiden lassen.

JRs Richtlinien für den Mid-Year-Bonus von 2007 waren geradezu eine Beleidigung. Wir standen kurz vom Exodus unserer Spitzenmanager. Die dringend
gebrauchten *Rainmaker* und Superstars würden nie zu uns kommen. Mein
Mid-Year-Bonus, der auf exakt derselben Vergütungsformel basierte wie der
Bonus aller anderen Senior-Händler und Analysten, betrug mehr als acht Millionen Euro. Der einzige Weg, um die anderen Händler nach Branchenstandard zu bezahlen, war der Verzicht auf meinen gesamten Bonus. Mein Fest-
gehalt betrug 120.000 Euro pro Jahr, folglich war mir der Bonus wichtig. Im
Vorjahr hatte ich bereits mehr als die Hälfte meiner Bonusansprüche an andere Händler abgetreten. Im Jahr 2007 hing gut die Hälfte der gesamten Unternehmensergebnisse direkt mit den Fonds beziehungsweise Positionen zusammen, die ich managte. JR war sich sehr wohl im Klaren über diese verfahrene
Situation und war bei allen Leistungs- und Vergütungsgesprächen, die er zuvor stets selber oder zusammen mit D. geführt hatte, auffällig abwesend. Er
hatte sich selbst und das Unternehmen in die Ecke geboxt und ließ mich für
seine Fehler bezahlen.

JR und der Verwaltungsrat hatten eine ganz einfache Wette abgeschlossen: Im
Zweifelsfall würde Florian seinen gesamten Bonus opfern, um das Team zu-
sammenzuhalten. Ihre Begründung lautete, dass ich mit den Dividendenzah-
lungen und Aktienverkäufen reicher würde. Das sollte mir genügen. Und auf
diese Weise würde der Verwaltungsrat nicht die idiotischen Vertragsgaran-
tien überprüfen müssen, die sie den Argo-Aktionären gegeben hatten. Und
schließlich gingen sie davon aus, dass ich auf keinen Fall auf eine Unternehmensbeteiligung im Wert von 200 Millionen Dollar verzichten würde.

Sie hatten allerdings eine falsche Rechnung aufgestellt. Der Anteil war bereits
auf weniger als die Hälfte geschrumpft, weil ich 50 Millionen Dollar in die
Fonds investiert und ungefähr die gleiche Summe an meine Exfrau gezahlt
hatte. Ich war nicht mehr der dominante Aktionär wie zuvor. Warum sollte
derjenige, der mehr als die Hälfte der Unternehmensgewinne generiert, seinen gesamten Bonus opfern, während die Verwaltungsratsmitglieder und die
Topmanager sich selber Rekordboni auszahlten? Nun, sie täuschten sich und
waren eine sehr dumme Wette auf Basis falscher Annahmen eingegangen. Mit

multidimensionalen Wahrscheinlichkeitsszenarien zu arbeiten war noch nie JRs Stärke gewesen.

Ich wollte kein Teil dieses haarsträubenden Plans sein, mich ins Marketing drängen und diese unfähigen Jasager die Fonds managen zu lassen. Die erbärmliche Performance, die die ACMH-Hedgefonds nach meinem Ausstieg erzielten, sowie die Liquidation meiner gesamten Positionen bewiesen die Dummheit dieser unglückseligen Unternehmensstrategie, die hauptsächlich auf niedrige Kosten fokussierte. Die Renditen aller Fonds litten darunter.

JR und ich waren die Schlüssel für den Erfolg von ACMH, aber auch für sein Scheitern. Die kombinierte Energie zweier Energiebomben kann zunächst zwar herausragende Ergebnisse produzieren, aber am Ende zerstört sie sich selbst. Wie konnte irgendjemand annehmen, die Verbindung zwischen einem funktionalen Psychopathen und einem funktionalen Schizophrenen könnte langfristig Erfolg haben? Wie hätten wir angesichts unseres Mangels an Ethik und unseres teuflischen Wertesystems Probleme vermeiden können?

Ich hatte mich also von meiner gesamten Vergütung verabschiedet. Ich war immer noch sehr reich, aber jetzt stellten sich tiefer greifende Fragen. War ich dabei, mit meinem Geld Inkompetenz und morsche Fusionsstrukturen zu belohnen? Nein. Wollte ich für 10.000 Euro monatlich arbeiten? Vergiss es. Wollte ich weiterhin mit diesen Clowns zusammenarbeiten? Keine Chance. Gefiel mir meine Arbeit so gut, dass ich unter allen Umständen bleiben wollte? Ich hasste meinen Job. War mir meine Reputation wirklich wichtig? Nein. Hatte ich mir in meinem korrupten, berechnenden Wesen noch einen Rest professionellen Stolz bewahrt? Überraschenderweise ja. Das war noch etwas Grundlegenderes als die schnöde Jagd nach Geld. Hier ging es um Respekt. Hier ging es darum, dass mein zentraler Vermögenswert, immerhin war ich ein menschliches Wesen, als selbstverständlich hingenommen wurde, während ich gleichzeitig ständig untergraben und gemobbt wurde. Ich war zu sehr damit beschäftigt, mir ständig Messer aus dem Rücken zu ziehen, um die Fonds effektiv managen zu können. Mein Berufsleben war zu einem sinnentleerten, undankbaren Spiel geworden. Ich wollte raus.

Nicht ein Händler, Analyst oder Manager dankte mir in irgendeiner Form für den freiwilligen Transfer von acht Millionen Euro. Alle hatten ihre vollen Boni erhalten. Alle wussten, dass das nur möglich war, weil ich meinen Bonus aus meiner Brieftasche in ihre Brieftaschen geleitet hatte. Nicht ein anderer Topmanager von ACMH hatte auch nur einen Cent geopfert, um fähige Mitarbeiter zu halten, wobei viele von ihnen ebenfalls erhebliche Unternehmensanteile hielten. Wer nicht versteht, warum ich damals so wütend war, sollte eine Karriere im Kinderhandel oder als Serienmörder anstreben. Dort wird er sich sehr wohlfühlen.

Ich bekam sogar Anrufe von einigen dieser Deppen, die sich beschwerten, die Vergütung sei ungerecht und müsse nachgebessert werden. »Und woher soll das Geld kommen?«, fragte ich mich. Konnten sie wirklich nicht begreifen, dass ich soeben meinen gesamten Bonus in ihre Taschen gestopft hatte? Erwarteten sie etwa, dass ich einen persönlichen Kredit aufnahm, um sie für ihre mickrigen Ergebnisse zu bezahlen? Die meisten würden nie wieder einen derart fetten Bonus sehen. Sie konnten sich extrem glücklich schätzen, ihren Job zu behalten. Die meisten hatten Fähigkeit mit Glück und dem richtigen Zeitpunkt verwechselt. Sie hielten sich tatsächlich für kompetent. In Wahrheit hatten sie lediglich einige Jahre von einem guten Rückenwind profitiert. Sie waren einfach zum richtigen Zeitpunkt am richtigen Ort gewesen.

Es gab einige wenige Ausnahmen. Ich mochte Sascha, der für Señor Rico gearbeitet hatte, seinen Schweizer Assistenten, unsere beiden italienischen Händler und zwei *Krauts*, Frank und Stephan. Sie waren zumindest kompetent. Wie lange würden die verbleibenden selbst ernannten Superstars ohne mich aushalten: einen Monat, ein Quartal oder maximal ein Jahr? Die Märkte befanden sich am Rande des Zusammenbruchs und wie üblich sah niemand die Zeichen der Zeit. Niemand bei ACMH war in der Lage, in einem Bärenmarkt Asche zu machen. Die Party war vorbei, und wieder einmal verließ ich sie gerade rechtzeitig, bevor sich die Betrunkenen um die wenigen müde dreinblickenden Huren prügelten, die noch an der Bar saßen. Ich konnte meine Gedanken, die ich damals hatte, nicht besser als mit Goethes Worten ausdrücken: »Nichts ist schrecklicher als aktive Ignoranz.«

Selbstverständlich nehme ich einen Großteil des Verdienstes für den Aufstieg des Unternehmens in Anspruch, akzeptiere aber auch einen Großteil der Verantwortung für seinen Niedergang. Meine unstillbare Gier und mein skrupelloser Ehrgeiz sowie mein verzerrtes Wertesystem trugen sowohl zu ACMHs Aufstieg als auch zu seinem Niedergang bei. Erfolg hat viele Väter, Scheitern keinen. In diesem konkreten Fall soll ich allein für den Zusammenbruch des Unternehmens verantwortlich gewesen sein? Das ist lächerlich.

Die Investoren wussten ganz genau, wer die Firma zusammenhielt und der Treiber hinter den erzielten Gewinnen war. Sie durchschauten JRs Bullshit. Innerhalb weniger Stunden nach meinem Abgang stürzte der Aktienkurs um 88 Prozent ab. Davon hat sich das Unternehmen nie erholt.

Die gesamte Dunkelheit lag jedoch in der Zukunft. Einige der Geschichten in den folgenden Kapiteln geben einen Eindruck von der extremen Vielfalt meiner Tätigkeit als Finanzinvestor von ACMH, die einerseits negativ, aber andererseits überraschenderweise auch positiv war.

8. EINE LANZE FÜR DIE »HEUSCHRECKEN«

Nicht vom Wohlwollen des Metzgers, Brauers und Bäckers erwarten wir das,
was wir zum Essen brauchen, sondern davon, dass sie ihre eigenen Interessen
wahrnehmen.
Adam Smith

Einige Jahre vor der großen Finanzkrise von 2008 bis 2009 begannen deutsche Politiker und Medien, die Manager von Hedgefonds und LBO-Fonds, einschließlich meiner Person, als »Heuschrecken« zu bezeichnen, die wie eine Plage über hilflose Unternehmen herfallen und sie kaputt machen. Neben der Zerstörung großer Unternehmen verdienten wir angeblich viel zu viel Geld und waren eine Schande für die Gesellschaft. Wir wurden zum Staatsfeind Nummer eins der Bundeskanzlerin Angela Merkel, die uns Investmentprofis als größtes Risiko für die weltweite Finanzstabilität brandmarkte. Große deutsche Zeitungen veröffentlichten sogar Fotos dieser Bestien. Ich wurde vom »Kurskiller« zu einem blindwütigen, zerstörerischen Insekt herabgewürdigt.

Im Jahr 2009 wurde selbst den stupidesten Politikern schmerzhaft bewusst, dass die eigentlichen Wurzeln der Finanzkrise sowie der größten Rezession seit der Großen Depression in ultraliberalen Kreditvergabepraktiken, verschwenderischen Regierungen, zweifelhaften Ratingagenturen, aalglatten und unverantwortlichen Investmentbanken, skrupellosen Kreditgebern, staatlichen Banken, die in großem Stil Subprime-Hypotheken kauften, sowie fehlgeleiteten Normalbürger zu suchen waren, die auf Pump und Kredit munter Häuser kauften, die sie sich gar nicht leisten konnten. Hedgefonds- und LBO-Fonds-Manager spielten bei dem finanziellen Zusammenbruch eher eine untergeordnete Rolle. Angela Merkel irrte sich gewaltig.

Als ich irgendwann Ende der Achtzigerjahre erstmals die europäische Investmentszene betrat, gab es praktisch keine aktivistischen Aktionäre. Die Europäer hinkten, was die Kapitalmarktentwicklung betraf, Jahrzehnte hinter den Amerikanern her. Greenmailing, Raiding, Asset-Stripping und Leerverkauf steckten in den Kinderschuhen. Angesichts des mangelnden Wettbewerbs, einer inexistenten Gesetzgebung und der zahlreichen fetten Ziele war dieser Markt von 1985 bis ungefähr 2005 reif für die Ernte.

Greenmailing und Raiding sind die reinsten Formen des darwinistischen, kapitalistischen Merkantilismus, ein multidimensionales Schachspiel, das erhebliche Fähigkeiten, ein ausgedehntes Verbindungsnetz und massive Ressourcen erfordert. Greenmailing ist eine Form der legalen finanziellen Erpressung. Ein Greenmailer erwirbt einen beträchtlichen Anteil am Zielunternehmen, und zwar oft gemeinsam mit versteckten oder öffentlichen Verbündeten, um entweder eine vollständige Übernahme oder zumindest erhebliche unternehmerische, finanzielle oder managementbezogene Veränderungen zu erzwingen. Oft springen dem Zielunternehmen sogenannte freundliche weiße Ritter bei, um dem Management Schützenhilfe zu leisten, während es versucht, den feindlichen Aggressor abzuwehren. Die Strategien der weißen Ritter können von einer Unterstützung der Abwehrschlacht bis zu einer Fusion beziehungsweise einer freundlichen Übernahme reichen. Ich bin nur einmal als weißer Ritter aufgetreten, und wissen Sie was? Das war eine Farce. Die Rolle als weißer Ritter ist ziemlich ereignislos, überbewertet und einfach weniger profitabel als die Rolle des Aggressors. Bei mehr als 20 anderen Gelegenheiten in insgesamt 20 Jahren war ich der finstere Ritter der europäischen Finanzen.

Der professionelle Greenmailer ist für das etablierte Management eine ernste Bedrohung, weil er alle Optionen in Betracht zieht, vom Asset-Stripping über eine vollständige Übernahme, einer Zerschlagung, Ausgründungen einzelner Geschäftsbereiche, Veränderungen im Verwaltungsrat und der Unternehmensführung, Ausschüttung von Sonderdividenden, Reengineering bis zu Aktienrückkäufen und sogar Ausgleichszahlungen, um seinen finanziellen Gewinn zu maximieren. Ein Greenmailer treibt unfähige Manager gerne so lange in die Enge, bis sie handlungsunfähig werden und das Unternehmen entweder übergeben oder hohe Summen zahlen, um den Aggressor loszuwerden. Das klingt alles ziemlich gewalttätig und niederträchtig, aber wenn man sich einmal daran gewöhnt hat, ist es nichts anderes als eine weitere routinemäßige Finanztransaktion – so wie eine Banküberweisung. Oft setzt der Greenmailer einem schlechten Kostenmanagement, überhöhten Vergütungsstrukturen und Managementinkompetenz ein Ende. Wenn er die notwendigen Veränderungen nicht durchsetzen kann, werden seine Aktien oft mit einem Aufschlag gekauft oder zu einem höheren Kurs an Freunde des Managements abgegeben. Wenn man seine Hausaufgaben richtig macht, kann man mit Greenmailing eigentlich kein Geld verlieren.

Eine freundlichere und zivilisiertere Version des Greenmailers/Raiders ist der aktivistische Aktionär, der normalerweise auch ein viel netterer Mensch ist als der Greenmailer. Aktivistische Aktionäre wollen in erster Linie viel Lärm machen, um Veränderungen zu erreichen. Ihr Aktienanteil ist üblicherweise auch viel geringer. Oft tragen sie auf konstruktive Weise dazu bei, Unternehmen zu rationalisieren und umzubauen. Und sie verstoßen weitaus seltener gegen das Wertpapierhandelsgesetz.

Wenn man im Leben alles ausprobieren will – und das schien mir immer der einzige Sinn des Lebens zu sein –, dann bedeutet das Bücher *und* Sport, Aufs *und* Abs, Jungs *und* Mädchen, Schwarz *und* Weiß. Logischerweise bedeutet das auch Richtig *und* Falsch, Gut *und* Schlecht. Die Medien suggerieren gerne, die Kapitalmärkte hätten praktisch keine Werte, aber glücklicherweise weiß ich, dass die Zahl der ethisch korrekten Investitionen, die ich getätigt habe, weitaus größer ist als die Zahl meiner sündigen Unternehmungen. Nur sehr wenige Dinge im Leben lassen sich auf Schwarz und Weiß reduzieren, weil Wahrheit und Realität oft in einer Grauzone liegen. Positive und negative Ergebnisse haben oft denselben Ausgangsort – Sonne ist gut, wenn man an MS oder Osteoporose leidet, zu viel Sonne führt jedoch zu Hautkrebs.

Was tragen Hedgefonds, Leerverkäufer und Wertpapierhändler insgesamt betrachtet also zur Verbesserung der Gesellschaft bei?

Nicht viel, lautet die kurze Antwort. Jedes Mitglied unserer Profession, das auch nur einen ehrlichen Knochen im Körper hat, wird das zugeben. Einige, wie zum Beispiel George Soros, haben sich im Verlauf der Zeit in große Philanthropen verwandelt, aber in der Zeit, in der sie ihr Vermögen verdient haben, waren sie oft extrem opportunistisch. Andere wie ich sind zu kleineren Wohltätern geworden. Alles in allem handelt es sich dabei jedoch um eine eher herzlose und oft antiintellektuelle, zynische Truppe. Ja, wir verbessern im Allgemeinen die Liquidität und Markteffizienz. Üblicherweise schneiden wir das ungesunde Fett vom Steak ab. Haarsträubende und schamlose Werbekampagnen für bestimmte Aktien sowie chronische Überbewertung werden oft durch Leerverkauf in Grenzen gehalten. Erfolgreiche Wertpapierhändler tun nur das eine: Sie verdienen ständig Geld, während sie ein unterdurchschnittliches Risiko eingehen. Die meisten von uns sind eher Nehmer als Geber.

Hedgefonds finanzieren selten junge Wachstumsunternehmen, die das Leben vieler Tausend Menschen verbessern, Arbeitsplätze schaffen und Chancen eröffnen. Mir sind die sozialen Defizite meiner Profession immer bewusst gewesen. Im Verlauf meiner Karriere habe ich zahlreiche Unternehmen aus dem Gesundheitsbereich und andere ähnlich positive Unternehmen finanziert, manchmal ganz bewusst, manchmal eher zufällig. Ich habe bei Dutzenden jungen Wachstumsunternehmen finanziellen Anschub geleistet und ihnen beratend zur Seite gestanden, sie in ihrer Entwicklung unterstützt und sie an die Börse gebracht. Sie alle haben Arbeitsplätze geschaffen.

Meine Kritiker behaupten, ich hätte zahlreiche Unternehmen zerstört. Das ist eine grobe Vereinfachung und offen gesagt auch ungenaue Behauptung. Ich habe überbewertete, oftmals betrügerische, schwer verschuldete Unternehmen aufgespürt, die dabei waren, sich selber zu zerstören. Die Schuld für ihr Versagen lag allein bei ihnen selbst. Schlimmstenfalls war ich der Prophet, der die Katastrophe ankündigte, gelegentlich auch der Vorbote des Todes.

Ein Leerverkäufer kann ein starkes, profitables Unternehmen unmöglich zerstören. Das ist, als wolle man Kryptonit durchbeißen. Es ist dumm, weil man sich daran die Zähne ausbeißt. Leerverkäufer halten nach Schwäche Ausschau. Wir ziehen kranke Patienten vor, die sich im Verfallsstadium befinden, sich aber nach außen als omnipotente, gesunde und hochbewertete Magnaten darstellen: zum Beispiel Enron, WCM, Bremer Vulkan, der US-Dollar und die gegenwärtigen amerikanischen Regierungsschulden. Kein Geringerer als Warren Buffett befürwortet Leerverkauf, weil damit Überbewertungen korrigiert werden. Immer da, wo Schwäche, Korruption, Betrug, Inkompetenz und andere Elemente, gepaart mit überhöhten Aktienkursen zu finden sind, tauchen Leerverkäufer auf. Corporate Raiding und Activist Investing sind das genaue Gegenteil des Leerverkaufs. Die betroffenen Unternehmen sind aus allen möglichen Gründen unterbewertet. Man darf nicht vergessen, dass Corporate Raiding in den USA begann, weil Unternehmen viele Milliarden Dollar verschwendeten – oft für völlig übertriebene Privilegien der Verwaltungsratsmitglieder. Das wurde aufgedeckt und ganz richtig für eine moralisch und finanziell inakzeptable Fettschicht in einem Markt befunden, der Schlankheit und Wendigkeit erforderte.

Wäre es allein um Geld gegangen, hätte ich mich entweder auf dynamisches Value Investing, computerisiertes Pair Trading oder proprietäres Day Trading beschränkt. Computer- und Hochfrequenz-Trading ist unglaublich stumpfsinnig; es besitzt keinen Zweck und bietet keine emotionale Befriedigung. Reines Value Investing ist extrem methodisch und mir persönlich zu passiv und zu langweilig. Valuation Range Pair Trading ist mir zu mechanisch und fachidiotisch. Ich bin noch nie ein eindimensionaler Finanzspekulant und Investor gewesen, sondern habe stets die ganze Klaviatur des Kapitalmarktes bedient. Und glauben Sie mir, wenn Sie Ihre gesamte Zeit als Leerverkäufer verbringen, dann werden Sie zu einem völlig abgedrehten und pessimistischen Misanthropen, der in die Hände klatscht, wenn er hört, dass irgendein CEO einen Herzinfarkt erlitten hat. Die psychologischen und emotionalen Auswirkungen dieser Tätigkeit sind selbst für jemanden wie mich, der relativ unemotional ist, nicht besonders ansprechend. Und wenn Sie sich nur mit Asset-Stripping, Übernahmen und Leveraged Buy-outs beschäftigen, dann ist die finanzielle Rendite möglicherweise hoch, aber die emotionale Rendite sehr niedrig.

Ohne Zweifel ist die emotional befriedigendste Finanzaktivität die Risikokapitalfinanzierung und die aktive Unterstützung kleiner Unternehmen in ihrer
Entwicklung zu erfolgreichen Großunternehmen. Wenn der Geschäftszweck
dieser Unternehmen zudem etwas Nützliches darstellt, dann ist die emotionale Befriedigung umso höher. Mit diesen Aktivitäten ist ein sehr hohes Risiko
verbunden. Üblicherweise ist die Zahl der Unternehmen, die scheitern oder
unterdurchschnittliche Ergebnisse erzielen, viel höher als die Zahl der erfolgreichen Unternehmen. Langfristig überwiegen jedoch die finanzielle und die
emotionale Rendite.

JDate, das nach wie vor die größte jüdische Internetkontaktbörse weltweit ist,
hat seit mehr als einem Jahrzehnt jedes Jahr viele tausend Ehen gestiftet. Als
wir in das Unternehmen investierten, war es eine Million Dollar wert. Die bisher höchste Marktbewertung betrug mehr als 300 Millionen Dollar. Ich bot einem fast insolventen, aber wichtigen Impfstoffhersteller, ID Biomedical Systems, mit einem Marktwert von 17 Millionen Dollar, eine Notfinanzierung.
Das Unternehmen überlebte, wurde profitabel und wurde von Glaxo für 1,7
Milliarden Dollar gekauft. Ich finanzierte und beriet NuRx Pharmaceutical
und Mologen. NuRx entwickelt Retinoide zur Vorbeugung von Lungen- und
Brustkrebs. Das Unternehmen ist brillant und hält eine Vielzahl an erstklassigen Patenten, wurde aber das Opfer von Missmanagement und ging fast pleite.
Mologen konzentriert sich auf die Entwicklung neuer immunologischer Wirk-
stoffe und Therapieverfahren zur Bekämpfung von Krebs sowie auf die Entwicklung hochmoderner Impfstoffe zur Vorbeugung und Behandlung schwerer Infektionskrankheiten bei Menschen und Tieren. Das Unternehmen hat
noch kein Produkt auf den Markt gebracht, aber die Aktie hat bisher gut ab-
geschnitten.

Zu meiner eigenen moralischen Befriedigung habe ich immer nach dem Heiligen Gral gesucht. Das sind Unternehmen, die das Leben möglichst vieler Menschen verbessern und mir gleichzeitig eine hohe Investmentrendite bieten. Das
könnte Clinuvel sein, ein australisches Late-Stage-Biotechnologieunterneh-
men, dessen Errungenschaften in der Bekämpfung von Hautkrebs und der
Weißfleckenkrankheit sich möglicherweise als revolutionär erweisen werden.

Meine Faszination für die menschliche Haut begann in Harvard. Während der Bewährungszeit, die mir in meinem ersten Studienjahr auferlegt wurde, weil ich mindestens sechs wichtige Universitätsregeln verletzt hatte, lautete eine der ernsteren Anforderungen, die ich erfüllen musste, dass ich in keinem meiner Kurse des dritten Semesters eine schlechtere Note als ein C erzielen durfte. Der Basketballvertrag, den ich mit einem professionellen Basketballklub in Deutschland hatte, verlangte, dass ich mindestens zweimal pro Monat zwischen Boston und Frankfurt pendeln musste, und das kollidierte oft mit den Halbjahres- und den Abschlussprüfungen.

Damals besuchte ich einen anspruchsvollen Kurs in Physik und Astronomie, der von einem der berühmtesten Astrophysiker unserer Zeit, Professor Eric Chaisson, Bestsellerautor und Pädagoge, gehalten wurde. Meine deutsche Mannschaft hatte soeben das Halbfinale der deutschen Basketballmeisterschaft erreicht und ich sollte exakt an dem Tag spielen, an dem die Halbjahresprüfung in Astrophysik stattfand. Nicht nur war ich vertraglich zur Teilnahme an dem Turnier verpflichtet, der Klub hatte uns zudem einen besonderen finanziellen Anreiz in Aussicht gestellt, falls wir den amtierenden deutschen Meister schlagen würden.

Ich bat um einen Sonderprüfungstermin mit der Begründung, meine Mutter sei kurz zuvor nach einem Selbstmordversuch in die Psychiatrie eingewiesen worden und habe ausdrücklich nach mir verlangt. Professor Chaisson akzeptierte diese Geschichte und meine Prüfung wurde auf den folgenden Mittwochmorgen verlegt, rund zehn Stunden nach meiner Rückkehr aus Frankfurt. Ich konnte während des Hin- und Rückflugs lernen, was vermutlich ausreichen würde. Es lief allerdings anders. Irgendwie hatte ich einen völligen Blackout, was den Mittwoch betraf, und dachte, die Prüfung fände am folgenden Tag statt. Chaissons Lehrassistent wartete im Prüfungsraum geschlagene zwei Stunden auf mich – vergeblich.

Am Freitag flehte ich Professor Chaisson an, er möge mir eine zweite Chance geben. Er war ein netter, freundlicher Mensch, aber er sagte: »Florian, du musst dein Studium und deine Termine ernst nehmen. Im echten Leben erhältst du selten eine zweite Chance. Und du bittest mich hier bereits um eine dritte. Es tut mir leid, aber für die Halbjahresprüfung gebe ich dir eine Null. Deine Abschlussprüfung und dein Abschlussreferat werden ziemlich gut sein müssen, damit du diesen Kurs bestehst.« Das war verdammt untertrieben.

Dieses Fach zu bestehen war nicht gerade ein Spaziergang. Meinen letzten Physikunterricht hatte ich in der achten Klasse gehabt. Über Astronomie wusste ich weniger als nichts, und ich studierte weder ein wissenschaftliches Fach noch Pre-Medicine (eine Kombination aus verschiedenen Naturwissenschaften als Vorbereitung für das eigentliche Medizinstudium). Die Halbjahresprüfung machte 34 Prozent der Abschlussnote aus und das Schlussreferat und die Abschlussprüfung zählten jeweils 33 Prozent. Die beste Gesamtnote, die ich theoretisch erreichen konnte, wenn man von perfekten Ergebnissen in Form einer glatten A-Note sowohl für das Schlussreferat als auch für die Abschlussprüfung ausging, waren 66 Prozent, und das ergab ein C. Das würde mich vor einer Zwangsexmatrikulation retten, aber es war eine unmögliche Aufgabe. Ich steckte tief in der Klemme. Ich würde gewaltige Risiken eingehen und etwas sehr Einfallsreiches präsentieren müssen, um Professor Chaisson zu beeindrucken.

Ich hatte mich kurz zuvor ausgiebig mit biologisch-rassischen Themen, Physiognomie und Verhaltensmustern beschäftigt, die mich schon immer interessiert haben. Ich stellte mir selber unsinnige Fragen, zum Beispiel: Warum ist meine Haut weiß? Stammen Deutsche wirklich von Indogermanen ab? Können Schwarze wirklich höher springen, weil sie eine andere Muskelstruktur haben? Haben Weiße wirklich mehr Auftriebskraft und können daher besser schwimmen? Sind Größe und Struktur des Gehirns der verschiedenen Rassen wirklich identisch? Ist ein Rassenmix (wie zum Beispiel zwischen meiner damaligen Freundin Lynn und mir) genetisch vorteilhaft für die Kinder oder ist die Ernährung der maßgeblichere Faktor für die Bestimmung ihrer Zukunftsaussichten? Was führt dazu, dass Menschen helle Augen haben? Und so weiter. Seit meinen Jugendjahren bin ich ein geistiges Sammellager für allgemein nutzlose multidisziplinäre Fakten und Merkwürdigkeiten gewesen. Einige dieser Punkte mit den Anforderungen der astrophysischen Elemente des

Kurses zu verknüpfen würde eine Herausforderung sein, aber mein analytischer Streifzug durch das Gebiet der Hauttypen und Hautfarben in Relation zu Sonnenfaktoren, der Auflösung der Ozonschicht und ihrer Auswirkung auf die Strahlungsintensität klang vielversprechend.

»Und wenn die Sonnenstrahlung intensiver wird, wie Professor Chaisson behauptet?«, fragte ich mich. »Wären wir davon nicht alle betroffen? Würden hellhäutige Menschen öfter an Hautkrebs erkranken? Würde Hautkrebs weiße Gemeinden in Australien, Südafrika und im amerikanischen Süden bedrohen? Wie würde Darwin diese Entwicklung unter dem Aspekt der natürlichen Auslese nach bestimmten Haut- und Rassetypen interpretieren? Würde das zunehmende demografische Übergewicht dunkelhäutiger Menschen sowie die zunehmende Rassendurchmischung aus dem Blickwinkel der Gesamtbevölkerung betrachtet einen besseren UV-Schutz bieten und somit den Hautkrebseffekt wieder ausgleichen? Würde die Reduzierung von Fluorkohlenwasserstoffen die Zerstörung der Ozonschicht aufhalten und meine Analyse überflüssig machen? Würde der Meeresspiegel nicht ansteigen und sich bestimmte semiaride Gebiete in Wüsten verwandeln, wenn die Sonneinstrahlung zunähme? Würden das Pflanzenleben und die Migration von Insekten unser Leben in der Zukunft nicht dramatisch verändern? Wie schnell würde sich diese Veränderung vollziehen? Würden wir in unserer Lebensspanne bereits Auswirkungen zu spüren bekommen? Wie lassen sie sich messen?«

Das Thema machte mich neugierig. Damals spekulierte ich bereits intensiv mit Wertpapieren. Wenn ich also einige bahnbrechende Erkenntnisse hätte, würde das meine Investmentrenditen vielleicht anheizen. Vielleicht würden Unternehmen, die hochwertige Sonnen- und Hautschutzprodukte anbieten, wie zum Beispiel L'Oréal oder Beiersdorf (Nivea), wesentlich höhere langfristige Umsätze und Gewinne erwirtschaften, als derzeit prognostiziert. Ich suchte nach börsennotierten Unternehmen, die ausschließlich auf Medikamente und Behandlung von Hautkrebs fokussierten – sogenannte Pure Plays –, fand aber keine.

Ich vertiefte mich in das Studium der Sonneneruptionen, Vitiligo, eine erworbene Pigmentstörung, die auch Weißfleckenkrankheit genannt wird, Hautkrebs in all seinen Formen und die Funktionen von Langerhans-Zellen. In den folgenden zehn Tagen schlug ich praktisch mein Bettlager in verschiedenen Harvard-Bibliotheken auf. Mein Freund Marco Bodor half mir, eine Reihe medizinischer Wissenslücken zu schließen, und korrigierte zahlreiche Fehlannahmen und falsche Schlussfolgerungen. Lynne brachte mir Sandwiches. Mein Aufsatz beschäftigte sich mit der Erderwärmung, den steigenden Meeresspiegeln und einer deutlich intensivierten Sonneneinstrahlung. Er kam zu der Schlussfolgerung, dass sich der Hautkrebs weitaus schneller verbreiten würde, als die wissenschaftliche Gemeinde derzeit annahm, und dass eine dunklere Hautfarbe ein deutlicher Vorteil sein würde.

Das war 1979. Niemand hatte damals von globaler Klimaerwärmung und steigenden Meeresspiegeln gehört. Ich nannte es »Erderwärmung«. In diesem Aufsatz argumentierte ich, dunkelhäutigere Menschen hätten in den kommenden Jahrhunderten tatsächlich einen weit überlegenen Hauttyp, aber ihre demografische Ansiedlung in semiariden Gebieten, vor allem der Sahelzone und Nordafrika, würde zu lebensbedrohlichen gesellschaftlichen Brüchen und einem Kampf um zunehmend knapper werdende Wasserressourcen führen. Zwar würden mehrere Hundert Millionen hellhäutige Menschen an Hautkrebs erkranken, aber weniger als 200.000 pro Jahr würden an den bösartigsten Ausprägungen sterben (die aktuelle Zahl der hautkrebsbedingten Todesfälle liegt eher bei 100.000). Meine persönliche wirtschaftliche Schlussfolgerung lautete, dass Sonnenschutz ein wichtiges Thema werden würde. Ein Unternehmen, das effektive Sonnenschutzprodukte für die Bevölkerungsgruppe mit den höchsten Krebsrisiken entwickelte (Hauttyp Fitzgerald 1 und 2) würde ein Vermögen verdienen.

Ich hatte in meinem Aufsatz Ausflüge in die Anthropologie, Biologie und in Klimastudien unternommen, aber glücklicherweise war Professor Chaisson multidisziplinär und nannte meinen Forschungsaufsatz »äußerst nachdenklich stimmend«. Er bat mich um die Erlaubnis, ihn seinen Kollegen aus verschiedenen Abteilungen zu zeigen. Ich war sehr geschmeichelt, bestand auch die Abschlussprüfung und durfte in Harvard bleiben.

Clinuvel (das zunächst Epitan hieß) war genau das Unternehmen, in das ich investieren wollte, als ich meinen astrophysischen Aufsatz für Professor Chaisson schrieb. Als ich begann, in das Unternehmen zu investieren, wirkte das natürliche Hormon Melanotan 1 (*Afamelanotid*), das die Produktion des dunkeln Hautpigments Melanin auslöst, sehr vielversprechend. Es hatte keine feststellbaren Nebenwirkungen und die wissenschaftlichen Studien waren sehr ermutigend. Der wissenschaftliche Vorstand, Dr. Hank Agersborg, war eine beeindruckende Persönlichkeit, und seine Erfolgsbilanz bei der Entwicklung neuer Therapieverfahren und ihrer Vermarktung war makellos.

Das Unternehmen war jedoch ein klassisches Fallbeispiel für Managementinkompetenz. Mehr als ein Jahrzehnt nach der Entdeckung dieses Hormons, das die Haut bräunt, wurden keine nennenswerten Fortschritte bei der Zulassung des Präparats oder seiner kommerziellen Nutzung erzielt. Damals konzentrierte sich das Unternehmen auf kosmetische Anwendungen. Epitan hoffte, Melanotan, das hellhäutigen Menschen eine gesunde Bräune verlieh, ohne sich der Sonne aussetzen zu müssen, patentieren zu können. Epitan gab Unmengen von Geld aus und bewegte sich ständig am Rande der Insolvenz.

Die Finanzierung, das Kostenmanagement und die klinische und regulatorische Strategie befanden sich in einem völligen Durcheinander. Die Zulassung von Melanotan durch eine glaubwürdige Regulierungsbehörde würde eine komplette Überarbeitung der Positionierung erfordern und sich von der Heilung von Sonnenbrand auf die Therapierung ernst zu nehmender Hauterkrankungen verlagern müssen. Wir kauften 20 Prozent des Unternehmens und brachten weitere unterstützungsbereite Aktionäre mit. Unser Einfluss war groß genug, um einen kompetenten, starken CEO – Dr. Philippe Wolgen – ins Unternehmen zu holen und den Verwaltungsrat sowie das Topmanagement auszuwechseln. Außerdem beschafften wir 50 Millionen australische Dollars, um missionskritische klinische Studien durchzuführen, und sorgten dafür, dass das Unternehmen über genügend Mittel verfügte, um eine kommerzielle Rentabilität des Produkts zu gewährleisten. Während wir den Turnaround vollzogen und Epitan/Clinuvel intensiv bewarben, zog die Aktie um 600 Prozent an.

Jeder fünfte Amerikaner (60 Millionen) wird in seinem Leben an Hautkrebs erkranken. Keine Krebsart ist weiter verbreitet. In der übrigen Welt tritt Hautkrebs sogar noch häufiger auf. Viele Tausend Menschen sterben jedes Jahr daran. Weitere 50 Millionen Menschen leiden unter der Weißfleckenkrankheit. Millionen leiden an schweren Allergien und anderen Erkrankungen, die mit Sonneneinstrahlung zusammenhängen.

Clinuvel hat einen Arzneistoff entwickelt, der den Melaningehalt der Haut erhöht. Melanin schützt die Haut vor schädlichen UV-Strahlen. Es wird in Form eines Mini-Implantats, das nicht größer als ein Reiskorn ist, unter die Haut gespritzt und verleiht dieser eine vollkommen gleichmäßige, schützende und dauerhafte Bräune, und das selbst schneeweißer, sommersprossiger Haut. Der Bräunungs- und damit Schutzeffekt hält acht bis zwölf Wochen an. Das Produkt, Scenesse, wurde für die Behandlung von Lichtdermatosen zugelassen und darf in Italien bereits angewendet werden.

Mit meinem Ausstieg aus ACMH verlor Clinuvel seinen wichtigsten Unterstützer und Werber. Der Aktienkurs brach daraufhin um 80 Prozent ein. Allerdings hat das Unternehmen zunehmend an operativer Stärke gewonnen, wird von seinem CEO sehr gut geführt, verfügt über ein hervorragendes wissenschaftliches Team, einen fähigen Verwaltungsrat und ist finanziell solide. Zu seinem großen Verdienst gehört, dass CEO Philippe Wolgen sich auf die dringenden medizinischen und nicht auf die kosmetischen Anwendungen konzentriert. Das schließt jedoch nicht aus, dass ein angeschlossenes Unternehmen, eine Tochtergesellschaft oder ein Joint-Venture-Partner in einem späteren Stadium das kosmetische Potenzial ausschöpfen kann.

Clinuvel erzielt inzwischen gute Umsätze und sollte in den kommenden Jahren sehr profitabel sein. Sein Produkt genießt umfangreichen Patentschutz und ein Konkurrent ist nicht in Sicht. Deshalb ist das Unternehmen eine großartige, äußerst überzeugende wertorientierte Anlage. Nomura Securities, eines der größten Finanzinstitute weltweit, schätzt das Aufwertungspotenzial der Clinuvel-Aktie auf 370 Prozent. Die Aktie wird zu einem Mindestabschlag von 75 Prozent auf den inneren Wert gehandelt. Und ich habe noch nicht einmal über die kosmetischen Anwendungen gesprochen. Es könnte das nächste Botox werden. Ich glaube, die langfristigen Vorteile sind noch viel höher.

Ich bin reich und eitel. Scenesse würde mir die perfekte Bräune verleihen, ohne dass meine Haut altert. Es schützt mich gegen die Sonne und als Folge sinkt mein Hautkrebsrisiko ganz erheblich. Sobald es auf dem Markt ist, werde ich es kaufen. Viele andere werden zum selben Schluss kommen. Und einige werden die Clinuvel-Aktie kaufen.

Ohne mein Engagement wäre Clinuvel bankrottgegangen. Ich wäre begeistert, wenn Clinuvel viele Tausend Leben retten und das tägliche Leben weiterer Millionen dramatisch verbessern würde. Ich bin sicher, dass dies die emotional befriedigendste Investition gewesen ist, die ich je getätigt habe.

Was die emotionale Befriedigung angeht, steht Turnaround Investing an zweiter Stelle, und innerhalb dieser Kategorie wurde mein Engagement bei Borussia Dortmund (BVB) zu einem meiner interessanteren und berühmten aktivistischen Investments. Unabhängig von den damaligen öffentlichen Reaktionen handelte es sich dabei nicht um einen Plünderraubzug gegen ein hilfloses, gesundes Unternehmen. Es war todkrank und überlebte in erster Linie aufgrund hochriskanter Eigenkapitalspritzen und Schuldenrestrukturierungen. Mein Verhalten war für eine angeblich zerstörerische Heuschrecke atypisch. Wie konnte es sein, dass eine Heuschrecke ein Unternehmen rettete, anstatt es zu vernichten?

Borussia Dortmund ist einer der großen Fußballvereine der Welt. Kein anderer Verein in Europa zieht pro Spiel mehr Zuschauer an (durchschnittlich 80.000). Das schaffen nicht einmal Real Madrid, Manchester United, Bayern München oder der AC Mailand. Ungefähr drei Millionen Deutsche bezeichnen sich als Borussen-Fans. Der BVB war bis 2012 acht Mal Deutscher Meister und hat internationale Erfolge bei UEFA- und FIFA-Pokalen errungen. Der BVB ist mehr als ein Fußballverein, er ist eine Institution mit einer beeindruckenden Geschichte und großem Stolz.

Im Jahr 2004 kaufte ich von Norman Rentrop, einem großen Verleger und erfahrenen Value Investor, den ich während meiner Zeit bei Jonathan & White kennengelernt hatte, einen Aktienanteil von 9,9 Prozent an Borussia Dortmund, und zwar mit einem attraktiven Abschlag auf den Marktpreis. In einer einmaligen Missachtung meiner eigenen Regeln hatten wir nur oberflächlich recherchiert und keine Ahnung, auf welches Chaos wir uns eingelassen hatten. Weder hatten wir mit den BVB-Sponsoren gesprochen noch mit dessen Kreditgebern, ehemaligen Führungskräften oder Konkurrenten. Warum sollten wir? Das war ein vollkommen handhabbarer Anteil, den wir zu einem hervorragenden Preis bekommen hatten. Unser Engagement hatte den Aktienkurs bereits um 30 Prozent ansteigen lassen, sodass wir auf dem Papier eine satte Rendite erzielt hatten. Wir wollten ein wenig positiven Dampf machen und unsere Anteile anschließend mit einem schnellen und ordentlichen Gewinn auf den Markt werfen. »Warum sollen wir uns mit zeitaufwendiger und teurer Competitive Verification herumschlagen«, dachte ich damals. Wir standen mit zwei russischen Oligarchen in Kontakt, die nur darauf brannten, sich in einen großen europäischen Fußballverein einzukaufen. Bevor wir unseren Anteil erworben hatten, hatten wir ihn praktisch schon wieder verkauft.

Man muss unbedingt und unter allen Umständen recherchieren, *bevor* man investiert – und nicht hinterher. Versuchen Sie nicht, sich davor zu drücken. Nach eingehenderer Prüfung stellten wir fest, dass der BVB bestenfalls insolvent und schlimmstenfalls bankrott war, und nicht reich an Bargeld und Vermögenswerten, wie die Bilanz suggerierte. Das Unternehmen verlor jeden Monat Millionen und würde seine Schulden nicht bedienen können. Der BVB hatte fast 40 Millionen Euro an außerbilanziellen Schulden, die nicht in den Finanzberichten auftauchten, und mehr als 100 Millionen Euro offengelegte Schulden, die refinanziert werden mussten. Die Führungsriege betrieb ein äußerst liberales Kostenmanagement. Sie hatten sogar die Marke »BVB« und mehrere Spieler als Sicherheit für Notkredite verpfändet. Ein Großteil dieser Informationen waren der Öffentlichkeit zum Zeitpunkt unseres Einstiegs nicht bekannt. Wir hatten uns eine zweite Bremer Vulkan ans Bein gebunden. Ich würde wahrscheinlich ein erhebliches Vermögen einbüßen und von den Medien ans Kreuz genagelt werden.

Schließlich sickerten die schlechten Nachrichten zur Finanzpresse durch und die hoffnungslose Lage des BVB wurde in ihrem ganzen Ausmaß offensichtlich. Daraufhin brach der Aktienkurs ein. Ausnahmsweise war sich die gesamte Finanz- und Mediengemeinde über zwei Dinge vollkommen einig: Der BVB war bankrott und Homm hatte zu guter Letzt den Verstand verloren. Der BVB würde mein Untergang sein.

Wir hatten zwei Optionen: Unsere Beteiligung unter schweren Verlusten abzustoßen oder das Unmögliche zu erreichen und den finanziell desolatesten deutschen Profifußballverein zu retten. Da wir einen schlechten Monat hatten und uns keinen weiteren hohen Verlust in unserem hochbewerteten Deutschlandfonds leisten konnten, beschlossen wir den BVB zu retten. Nur ein ausgemachter Irrer würde einen derart hoffnungslosen Turnaround versuchen. Wir pumpten mittels einer Eigenkapitalerhöhung gewaltige Geldsummen in den BVB und wurden mit einer Beteiligung von fast 30 Prozent zum größten Aktionär des Vereins. Zu diesem Zeitpunkt hatten wir unsere Hausaufgaben gemacht und waren bereit, unseren Plan umzusetzen.

Die Forderungen, die wir im Gegenzug für unser Geld an das Unternehmen und sein Management stellten, waren brutal und diabolisch. Präsident Niebaum sollte zusagen, uns zwei Sitze im Aufsichtsrat zu garantieren. Ich sorgte dafür, dass der Vorstandsvorsitzende diese Garantien persönlich unterschrieb, in dem vollen Wissen, dass Aufsichtsratsmitglieder ausschließlich von den Anteilseignern auf der Jahreshauptversammlung ernannt werden konnten. Wir hatten unser eigenes Beratungsteam mitgebracht und angewiesen, die operativen Kosten zu senken, und wir würden, sobald machbar, den gesamten Vorstand und den halben Aufsichtsrat feuern. Wir würden gewinnen und keine Gnade walten lassen.

An der Jahreshauptversammlung nahmen 2.000 zutiefst besorgte Aktionäre und mehr als 100 Reporter und Fotografen teil. Ich attackierte das Management und warf ihm Buchführungstricks, völlige Inkompetenz und persönliche Bereicherung vor. Die Führungsgehälter wurden fast augenblicklich halbiert, und innerhalb weniger Monate hatten wir einen neuen Präsidenten, einen neuen Aufsichtsrat, Vorstandsvorsitzenden, Finanzvorstand, Leiter Merchandising und so weiter. Die Lage besserte sich. Täglich rollten Köpfe. Um das Gefühl der Dringlichkeit zu intensivieren, sagte ich der Finanzpresse, wir sollten den Namen des Vereins von BVB in so etwas wie »Erster Dortmunder Fußballklub« ändern. Damit würden die Schulden auf einen Schlag um 20 Millionen Euro reduziert, weil das Management den Markennamen des Vereins für den Notkredit verpfändet hatte. Meine Empfehlungen lösten öffentliche Proteste in Dortmund aus und brachten mir mehrere Todesdrohungen ein.

Ich hatte nie ernsthaft daran gedacht, eine Namensänderung durchzusetzen. Außerdem hätten weder der Vorstand noch der Aufsichtsrat einem derart radikalen Schritt zugestimmt. Ich schlug die Namensänderung nur deswegen vor, weil ich allen klarmachen wollte, dass es bei unseren Bemühungen zur Kostensenkung keine heiligen Kühe gab. Ich griff öffentlich den Trainer an, der übrigens ein toller Kerl ist, und schlug eine billigere Alternative vor. Meine neueste Hitliste an weiteren Sanierungsopfern wurde innerhalb von 24 Stunden nach einem Gespräch mit Jörg Weiler, einem einflussreichen Sportjournalisten, der für die *Bild-Zeitung* über den BVB berichtete, veröffentlicht.

Da die Gefahr drohte, dass der BVB seine Vereinslizenz verlieren würde, mussten einige der wirklich guten Spieler verkauft werden, um die Schulden abzutragen und Bargeld in die Kasse zu spülen. Ich machte mir Sorgen, dass der Verlust mehrerer Stars zu einem Abstieg aus der Bundesliga führen könnte, denn das wäre sowohl für die Finanzen des Vereins als auch für seine Reputation eine Katastrophe gewesen. Die anhaltende Kostensenkung und die aggressive und aufgeheizte Atmosphäre begann sich auf die Leistung der Spieler auszuwirken. Abgesehen von dem Verlust einiger der besten Spieler konnte der Trainer Bert van Marwijk, der die holländische Nationalmannschaft bei der Weltmeisterschaft von 2010 zum zweiten Platz führte, nicht einen der Spieler engagieren, die er gerne in der Mannschaft gehabt hätte. Mein Image als eiskalter Sanierer löste im Management und unter den Spielern große Verunsicherung aus. »Wer ist der Nächste auf Homms Liste?«, war eine berechtigte Frage.

Kostensenkung hat allerdings ihre Grenzen. Aufgrund der Restrukturierung hatte der BVB keine Mittel zur Verfügung, um herausragende Leistung zu belohnen. An irgendeinem Punkt müssen allerdings Anreize gesetzt und das Arbeitsklima muss stabilisiert werden, weil eine solche Situation sonst zum Albtraum wird. Jörg Weiler, der einen hintertriebenen Sinn für Humor hat, kam auf die Idee, den Spielern und den Trainern eine Million Euro zu bieten, falls sie sich für die Champions League qualifizierten. Kein Sanierer würde jemals eine derart verrückte Idee sponsern, aber ich stellte meine Berechnungen an.

Wir hatten ungefähr 35 Millionen Euro in den Verein investiert. Wenn sich der BVB für die Champions League qualifizierte, würde sich der Aktienkurs verdoppeln und ACMH würde sieben Millionen an Performance Fees – erfolgsabhängige Verwaltungsgebühren – verdienen. Das wären rund vier Millionen Euro Nettogewinn. Würde ACMH beschließen, 80 Prozent seiner Nettoeinkünfte als Dividenden auszuzahlen, würde ich 1,2 Millionen Euro verdienen versus eine Million Euro, die an den BVB gehen würden. Wenn man von einem Kurs-Gewinn-Verhältnis von zehn ausging, dann könnten die zusätzlichen Gewinne, die die BVB-Aktie einbringen würde, den Aktienpreis von ACMH leicht um 40 Millionen Euro erhöhen. Damals waren meine Anteil an ACMH rund 200 Millionen Euro wert. Da ich mit einem Anteil von 35 Prozent beteiligt war, würde der Wert meiner Beteiligung um 14 Millionen Euro steigen. Falls ich den Fußballspielern des BVB eine Million zahlen musste, musste ich nichts weiter tun, als 0,5 Prozent meiner Anteile zu verkaufen. Der Nettowert meiner ACMH-Aktien würde in diesem Fall um 13 Millionen oder sechs Prozent steigen. Das entsprach einer Investmentrendite von 1.300 Prozent.

Jörgs Idee war großartig, und ich akzeptierte. Die in Aussicht gestellte Belohnung kam bei den Fans, den Trainern und Fußballspielern ausgezeichnet an, und ich lechzte danach, sie auszubezahlen. Natürlich wusste Jörg nicht, warum ich seinem provokanten Vorschlag zugestimmt hatte. Wahrscheinlich hielt er mich einfach nur für einen weiteren reichen, eitlen Typen, der sich mehr um sein öffentliches Image sorgte als um seine Brieftasche.

Ich wurde offizielles Vereinsmitglied, sprach mit eingefleischten Mitgliedern des BVB-Fanklubs und verfolgte ein Fußballspiel statt vom VIP-Bereich teilweise von der Südtribüne aus, in der 20.000 der wildesten und ausgelassensten Fans ihr Zuhause haben. Ich ging sogar zu zwei weiteren Spielen.

Die finanzielle Restrukturierung kam unterdessen gut voran, allerdings mussten wir 38 äußerst besorgte Gläubiger dazu bewegen, unserem mittelfristigen Restrukturierungsplan zuzustimmen. Kurze Zeit später stand die abschließende und entscheidende Gläubigerversammlung an. Mittlerweile war der größte Teil des Managements durch neue Führungskräfte ersetzt und die Kostenstrukturen erheblich verbessert worden; außerdem befand sich der BVB kurz davor, seine Namensrechte am Stadion an ein Großunternehmen zu verkaufen.

Hinter den Kulissen fand ein beträchtliches Gerangel statt. Wenn sich auch nur ein einziger Gläubiger weigerte, den Restrukturierungsplan zu unterschreiben, würden wir noch mehr Geld in dieses schwarze Loch kippen müssen, ohne jede Gewähr, ob der BVB überleben würde – von einer Investmentrendite ganz zu schweigen. Wir hatten für alle Fälle eine Reserveverpflichtungserklärung vorbereitet, um jede Lücke zu stopfen, die kooperationsunwillige Gläubiger aufreißen würden. Doch selbst unsere Ressourcen hatten Grenzen, da unsere Investoren wissen wollten, warum ich in diesen »bekloppten deutschen Fußballverein« investierte. In den Tagen vor der Gläubigerversammlung verwendete ich hinter verschlossenen Türen sowohl Zuckerbrot als auch die berühmte Peitsche (natürlich nur im übertragenen Sinne), um das Ergebnis zu optimieren.

Die Gläubiger stimmten der Restrukturierung zu und wir erhielten die dringend benötigte Atempause. Das Schlimmste lag nun hinter uns. Die Medien begriffen allmählich, dass das Undenkbare dabei war, Realität zu werden. Homm und seine Partner im Management sowie der Aufsichtsrat hatten Borussia Dortmund gerettet. Der allmächtige Deutsche Fußballbund erneuerte die Profilizenz, und unser Prime-Broker Morgan Stanley organisierte eine Refinanzierung von 80 Millionen Euro, wobei das Stadion als Sicherheit diente.

Die Namensrechte am Stadion brachten substanzielle Jahreseinnahmen und die Einnahmen aus den Transfers guter Spieler ließen die schlechte Bilanz allmählich besser aussehen. Periphere Vermögenswerte waren verkauft, die operativen Kosten um mehr als 60 Prozent gesenkt und mit den vereinsmeierischen Mauscheleien war es vorbei. Inmitten der Krise konnte ein Teil der Schulden mit großen Abschlägen auf den Nennwert verkauft und zu wesentlich geringeren Zinskosten restrukturiert werden, wodurch die Profitabilität stieg. Innerhalb von zwölf Monaten wurden aus 40 Millionen Euro Verlust sechs Millionen Euro Gewinn.

Auf dem Höhepunkt der Krise hatte ich öffentlich verkündet, der Aktienkurs von BVB würde sich mindestens verdoppeln und der Verein würde innerhalb von nur drei bis vier Jahren wieder zu einer maßgeblichen Kraft in der Bundesliga und im internationalen Fußball werden. Damals erntete ich von den verschiedenen Finanzanalysten und Reportern nur höhnisches Gelächter. Drei Jahre später, im Jahr 2010, nahm der BVB am UEFA Cup teil, nachdem er in der Bundesliga Platz fünf belegt hatte. Der Verein war im Wesentlichen schuldenfrei und reich an Vermögenswerten und erzielte einen positiven Cashflow. Als Dortmund im März 2011 gegen Bayern München antrat, wurde das Spiel in 191 Ländern ausgestrahlt. Zwei Monate später wurde der BVB zum siebten Mal Deutscher Meister (was er im Jahr darauf durch den Gewinn von Meisterschaft und Pokal sogar noch toppen konnte). Die Aktie ist um 300 Prozent gestiegen. Aus dem unmöglichen Auftrag war ein durchschlagender Restrukturierungserfolg geworden, und das beinahe fahrplanmäßig. Die Berufspessimisten hatten nicht recht behalten.

Ich mag die Dortmunder, vor allem die BVB-Fans. Sie sind sehr direkt, unprätentiös, ständig provozierend aggressiv und wissen, wie man feiert und mit Widrigkeiten lebt. Selbst Dr. Niebaum, der Borussia unter die Spitzenvereine der europäischen Rangliste und der FIFA-Klub-WM platziert hat, akzeptierte die Niederlage wie ein Gentleman. Obwohl ich ihn entthront und öffentlich heftig angegriffen hatte, wahrten wir während der Phase, in der das Management ausgewechselt wurde, konstruktive und professionelle Arbeitsbeziehungen.

Der Rausschmiss des Managements und der nachfolgende Turnaround wurden von einem Hedgefondsmanager, einem ehemaligen sozialdemokratischen Minister und einem führenden Journalisten orchestriert und von einem mittelständischen Unternehmer umgesetzt. Ich war der Kahlschläger. Unser Prime-Broker Morgan Stanley organisierte die Restrukturierung der Bilanz. Diese Aufgabe wurde mithilfe eines meiner früheren VMR-Investmentbanker erledigt, der anschließend zu Morgan Stanley gewechselt war. Insgesamt war das wahrscheinlich die vielfältigste und heterogenste Gruppe, mit der ich jemals bei einem Turnaround zusammengearbeitet habe.

Präsident Rauball, Vorstandssprecher Watzke, der Trainer Jügen Klopp und Sportdirektor Michael Zorc haben ihre Sache hervorragend gemacht. Im Verlauf der herzzerreißenden Aufs und Abs des BVB bin ich zu einem echten BVB-Fan geworden. Ich war im Jahr 2011 sogar im Stadion und habe mir, getarnt mit einem falschen Bart und einer gelb-schwarzen BVB-Kappe, ein Spiel angesehen – natürlich wieder auf der Südtribüne bei den Stehplätzen und den besten Fans, dem »Herz des BVB«. Heute hat der BVB mit Siegen über Bayern München und Schalke 04 seine zweite Deutsche Meisterschaft nacheinander gewonnen. Ich feiere ihre achte Deutsche Meisterschaft mit einigen deutschen Expatriates, die mich für einen australischen Rugbytrainer names Alan Jones halten. Nach viel Bier, zahllosen Jägermeistern und Freudentränen singen sie: »Auch Du, lieber Alan, bist jetzt ein Dortmunder. Lass uns noch einen trinken. Leucht auf, Borussia. Prosit!« Insgesamt haben wir mit dem BVB Geld verloren, aber ich habe nie einen anspruchsvolleren, unterhaltsameren und emotional befriedigenderen Turnaround erlebt. Der Fußballgott ist mit Borussia sehr gnädig umgegangen.

Im Verlauf meiner Investmentkarriere war ich an mehr als 70 aktivistischen Investments beteiligt. Meine feindlichen Angriffe haben jedoch wesentlich mehr Aufmerksamkeit erregt, obwohl ich viel mehr und öfter in das Wachstum und die Restrukturierung von Unternehmen investiert habe als in Leerverkauf oder Asset-Stripping. Ich war an rund einem Dutzend Unternehmen beteiligt, die zu großen Aktienindizes gehörten und als Large Caps, Blue Chips oder Standardwerte bekannt sind. Die übrigen waren kleinere und mittelständische

Unternehmen, bei denen es kaum Mitbewerber gab und die Früchte daher niedriger hingen und leichter zu pflücken waren.

Ich bin jedoch nicht sicher, ob die abschließenden Ergebnisse besser gewesen wären, wenn ich in derselben Zeitspanne eine erstklassige Long/Short Value-Strategie verfolgt hätte. Value Investing kommt nicht in Frage, wenn sich Investoren für Websiteaufrufe anstatt für Gewinne interessieren, und es stellt sich die Frage, wer diese Art Investition und Märkte überhaupt braucht? Die Antwort lautet: praktisch alle Aktienfonds auf der ganzen Welt! Diese Fonds werden an Indizes gemessen, und wenn alle Schrott kaufen und dieser Schrott aufwertet, dann springen fast alle Investmentfonds auf den gleichen Zug auf, um zu vermeiden, dass sie schlechter abschneiden als irgendein unsinniger Marktindex. Denken Sie darüber nach, ob Sie nicht selber über Ihr Geld und den Investitionsprozess bestimmen sollten.

Value Investing ist ohne jeden Zweifel sinnvoll, allerdings sind Greenmailing, Raiding, Leerverkauf, Asset-Stripping und Risikokapitalfinanzierung auf jeden Fall unterhaltsamer, aktiver und zupackender. Außerdem passen sie besser zu meiner gestörten, psychotischen Persönlichkeit.

9. Der Tanz um das Goldene Kalb fordert seinen Preis

Die Kunst zu leben hat mit der Fechtkunst mehr Ähnlichkeit als mit der Tanzkunst.
Marcus Aurelius

Ich bin furchtloser und berechnender als die meisten, aber wenn Sie glauben, Sie könnten ständig Unternehmen zerschlagen, mit Greenmailing-Taktik erpressen, offen jene Unternehmen angreifen, deren Aktien Sie in großem Stil leerverkauft haben, und Vorstandsteams feuern, ohne irgendwann selber ernste Rückschläge zu erleiden, dann sind Sie krankhaft naiv und sollten sich zur sofortigen Behandlung in die Nervenanstalt von Gießen begeben.

Ich habe mehrere schwere Schläge einstecken müssen obwohl die Mehrheit unverdient war. WCM nutzte Ihren erheblichen Immobilienbestand jahrelang um am Aktienmarkt zu spekulieren. Solange der Markt stieg oder konstant blieb war nichts zu befürchten. In einer schweren Baisse war WCM sehr gefährdet. Der Markt fiel und fiel. Zu einem gewissen Punkt wurden die Banker und Anleger immer nervöser, weil der Dax sich in der Baisse mehr als halbierte und WCM mit Anlagepositionen wie der Commerzbank erheblich größere Kursverluste einbüßte. Irgendwann erreichte WCM die Beleihungsgrenze, die Banker wollte ihr Geld und der WCM-Kurs implodierte förmlich.

Ich wies öffentlich auf diese offensichtlichen und gut recherchierten Risiken hin und sollte dafür fünf Jahre ins Gefängnis gehen. Der Bezirksstaatsanwalt warf mir vor, ich hätte mich einer heimlichen und verdeckt arbeitenden Research-Organisation bedient und Negativschlagzeilen über die Unternehmen verbreitet, deren Aktien ich gleichzeitig über unsere Hedgefondsgesellschaft leerverkauft hätte. Das bezeichnete er naiv als »Marktmanipulation und Insi-derhandel«. Meine Research-Organisation, die United Zurich Finance, war vollkommen transparent und auf der Website und in der Unternehmensbro-schüre war ich mit einem Foto abgebildet und als Direktor genannt. ACMH war noch transparenter. Jeder, der in der Lage war, eine Website aufzurufen oder eine Suchmaschine zu benutzen, wusste innerhalb von Sekunden, dass Florian Homm an beiden Unternehmen beteiligt war. Research und Vermö-gensmanagement wurden aus rechtlichen, regulatorischen und steuerlichen Gründen von zwei unterschiedlichen Unternehmen betrieben. Die Verbin-dungen zwischen beiden Organisationen waren öffentlich dokumentiert und allgemein zugänglich. Dennoch veranstaltete der Staatsanwalt unter dem Druck des Establishments eine zweijährige Hexenjagd, um zu beweisen, dass wir uns heimlich Insiderinformationen beschafft und uns einer groß angeleg-ten Marktmanipulation schuldig gemacht hatten. Nichts war weiter von der Wahrheit entfernt.

WCM hatte allerdings genug Macht, um mir den Bezirksstaatsanwalt auf den Hals zu hetzen. Nach ausgedehnten Ermittlungen beantragte der Staatsanwalt eine Geldstrafe, die mit je 20.000 Euro dem Frankfurter Jugendverein und ei-nem Tierheim zugutekommen sollten. Das war weit von der drei- bis fünfjäh-rigen Gefängnisstrafe entfernt, die der Staatsanwalt zunächst im Sinn gehabt hatte. Ich akzeptierte, weil ich keine weiteren zwei Jahre mit einem Gerichts-verfahren verbringen wollte. Auch ACMH wollte nicht, dass ich so viel Zeit von der Arbeit abgelenkt war, und bot mir an, meine Rechtskosten zu über-nehmen.

Das Establishment hasst Typen wie mich, die ihnen an den Fersen kleben und Ärger machen. Wie üblich stürzten sie sich auf mich, anstatt auf die wahren Gauner. Die Journalisten stimmten mit Begeisterung in das Jagdgeheul ein. Diejenigen, die auf meinen Rat gehört und frühzeitig ihre Aktien abgestoßen hatte, sparten Millionen. Alle diejenigen, die unter dem Normalbias leiden und selbst angesichts der nicht zu übersehenden negativen Anzeichen den höheren Autoritäten vertrauten, verloren ein Vermögen. Wie war es möglich, dass ich in den Medien als Schuft galt? Ich hatte in meiner ganzen Berufslaufbahn nicht einen einzigen Cent für Werbung ausgegeben. Unsere Investmentergebnisse waren hervorragend und sorgten damit für genügend Aufmerksamkeit. Wenn sie mich angriffen, mussten die Journalisten nicht fürchten, einen großen Werbekunden zu verlieren. Ich hatte keine Lobby und weigerte mich, mir eine positive Presse zu erkaufen. Als Folge bin ich stets eine leichte Zielscheibe gewesen, vor allem für die Journalisten, die von meinen Feinden beeinflusst wurden.

Ein Jahr lang wurde jeder Schritt, den ich machte, von Privatdetektiven verfolgt. Mein Leben war schon mehrmals in Gefahr, und laut den Medien und zuverlässigen Quellen waren bereits die Russenmafia, die Hell's Angels und serbokroatische Erpresser hinter mir her gewesen. Im Verlauf der Jahre bin ich gegenüber Drohungen und Gefahren ziemlich immun geworden. Meine Standardantwort lautete: »Ziehen Sie eine Nummer und stellen Sie sich in der sehr langen Schlange hinten an.« Drohungen sind Teil des Geschäfts. Es heißt, man wird nach seinen Feinden beurteilt. Seit der Grundschule hatte ich mehr Feinde als die meisten Menschen.

Im Jahr 2003 erhielt ich allerdings eine äußerst glaubwürdige Drohung, die sich nicht direkt gegen mich, sondern gegen meine Familie richtete. Ich war damals in einige Leerverkaufsraubzüge involviert, als ich eines Tages auf meinem häuslichen Privattelefon einen Anruf erhielt. Ich würde liebend gerne das Unternehmen nennen, das daran beteiligt war, aber ich habe eine umfangreiche Vertraulichkeitsvereinbarung unterschrieben. Das Gespräch verlief folgendermaßen:

Gangster: *Spreche ich mit Herrn Homm?*

FH: *Wie sind Sie verdammt noch mal an diese Nummer gekommen, und wer sind Sie?*

Gangster: *Das soll nicht Ihre Sorge sein. Was Sie interessieren sollte, ist, dass wir von Ihnen möchten, dass Sie Unternehmen X in Ruhe lassen.*

FH: *Hör zu, du Arschloch. Geh aus der Leitung, zieh eine Nummer und stell dich hinten an. Sprich mit meinen Anwälten, und ansonsten wünsche ich noch einen Scheißtag.*

Gangster: *Uns gefallen diese neuen Nike-Schuhe, die Ihr Sohn in der Schule trägt, wirklich gut. Und Ihre Tochter hatte gestern einen wirklich hübschen Haarschnitt. Wir haben ein paar schöne Fotos von den beiden gemacht. Möchten Sie sie sehen?*

FH: *... Nein ... Was wollt ihr?*

Gangster: *Wir wollen, dass Sie aufhören, unser Unternehmen zu attackieren. In unserer Gruppe arbeiten mindestens 30 Leute mit einem schweren Vorstrafenregister, darunter auch Totschlag. Wollen Sie sie kennenlernen? Doch wohl nicht, oder? Aber wissen Sie was? Die würden gerne Ihre Kinder kennenlernen.*

FH: *Ich weiß, für wen du arbeitest, du Drecksack.* (Ich hatte damals nur drei feindselige Projekte laufen, und zwei davon waren eher harmlos.) *Ich werde darüber nachdenken, okay?*

Gangster: *Aber nicht zu lange.*

FH: *Fick dich ins Knie.*

Ganz eindeutig war ich hier auf einen entschlossenen Gegner gestoßen und nicht auf irgendeine sanftmütige graue Unternehmensmaus. Das waren Profis und keine bellenden Hunde. War die Transaktion diesen Ärger wert? Musste ich etwas beweisen, recht haben, irgendeine Micky-Maus-Finanzschlacht gewinnen und das Leben meiner Familie riskieren? Himmel, nein.

Die Typen, die hinter der Drohung standen, wollten zudem vier Millionen Euro Schadenersatz von mir. Das war lachhaft. Meine Anwälte zeigten ihnen unsere »ausgiebigen Recherchen unter Verwendung der Competitive-Verification-Technik«, die fragwürdige Transaktionen, eine wahrscheinliche Steuerhinterziehung, einen wahrscheinlichen Betrug, Geschäftsbeziehungen zu berüchtigten Gangstern und Terrorverbindungen in den Nahen Osten sowie mehrere potenzielle Betrugsfälle in Europa aufgedeckt hatten. Diese Typen hatten sich in mehreren Joint Ventures mit einem Geschäftsmann aus dem Nahen Osten zusammengetan, der als Finanzhirn und Finanzgeber hinter den Terroranschlägen vom 11. September vermutet wird und für den größten Betrug in der Geschichte Deutschlands gesucht wurde.

Die Informationen stammten aus erstklassigen Quellen und bestanden aus gut dokumentierten Unternehmensakten im Libanon sowie den Angaben verdeckter Informanten. Ich hatte mehrere Tage in Beirut verbracht, um mir schriftliche Beweise zu beschaffen, die meine Behauptungen untermauern würden. Giorgio hatte in mehreren europäischen und Offshore-Gerichtsbarkeiten ebenfalls Gold aufgespürt. Nach der Prüfung unserer Recherchen und der Betrachtung möglicher Finanz- und Rufschäden legten wir diese dumme Affäre auf rationale Weise bei. Die vier Millionen Euro Schadenersatzforderungen wurden fallen gelassen und beide Seiten verpflichteten sich, über die jeweilige Gegenseite zu schweigen. Ich deckte meine Short-Position mit einem bedeutungslosen Gewinn ein. Ich bedaure zutiefst, die Aktie nicht gekauft zu haben. Innerhalb der folgenden drei Jahre stieg der Aktienkurs um das Siebenfache, als die Unternehmensführung zusammen mit den Unternehmenseignern einen erstklassigen Turnaround hinlegte.

Zwei Jahre zuvor hatten ehemalige Pre-IPO-Investoren meine Familie in Deutschland bedroht, aber damals wandte ich mich an die Polizei, um sie von ihrem Vorhaben abzubringen. Das hinterließ keinen guten Nachgeschmack. Erst vor Kurzem hätte mich ein skrupelloser Finanzinvestor beinahe persönlich um 6,6 Millionen Euro und die Fonds um erheblich mehr betrogen. Es gelang ihm aber nicht. Ich nahm ihn ganz legal in den Schwitzkasten und unterminierte seine betrügerischen Handlungen auf Schritt und Tritt. An einem Tag warf ich sämtliche Aktien, die ich an seinem Unternehmen besaß, auf den Markt, was zu einem Kurseinbruch um 40 Prozent führte. Nachdem ihm die leichtgläubigen Opfer ausgegangen waren und er potenziell von Bankrott und einer Gefängnisstrafe bedroht war, beendete er sein Betrügerleben und erschoss sich. Ein Nachrichtenmagazin bezeichnete seinen Tod als »Homms Kollateralschaden«, dabei hatte ich diesem Gauner gar keinen Auftragsmörder auf den Hals gehetzt. Dieser Typ hat sich selber umgebracht. Niemand hat ihn dazu gezwungen. Aber was wäre passiert, wenn er beschlossen hätte, dass ich der Schurke war, und seine Waffe gegen mich gerichtet hätte? Auch diese Affäre hatte einen schlechten Nachgeschmack. Nach der letzten, wesentlich ernsteren Runde an Drohungen und Einschüchterungen wollte ich entweder einige Vollzeit-Vollstrecker engagieren, was aber hohe Fixkosten bedeutet hätte, oder mir gute Beziehungen verschaffen. Ich tat Letzteres und knüpfte angemessenerweise gute Beziehungen zur griechischen Göttin der Jagd und des Waldes, damit sie über mich wache.

Mit ungefähr 5.500 Quadratmetern ist das »Artemis« in Berlin Europas größtes Wellness-Bordell. Hakki Simsek, der deutsch-kurdischer Abstammung ist, und ich waren gleichrangige Partner. Artemis beherbergt ein Kino, ein türkisches Bad und eine türkische Sauna, einen hochmodernen Fitnessraum, einen Dachgarten, ein Restaurant, einen Swimmingpool im römischen Stil, beeindruckende VIP-Suiten, einige Dutzend Räume für private Geschäftsbesprechungen und rund 20 Apartments für die gewerblichen Damen, die es vorziehen, im Artemis-Komplex zu wohnen. Außerdem verfügt das Artemis über mehrere lizenzierte Masseure und Table Dancer. Im Wesentlichen ist Artemis ein Facility-Management-Unternehmen. Caligula hätte Gefallen daran gefunden.

Der Eintrittspreis beträgt 80 Euro. Auch die Frauen müssen zahlen um im Artemis ihr Gewerbe betreiben zu können. Wir waren Facility Manager und nicht Zuhälter. Diejenigen, die dort auch wohnen, zahlen eine gehobene, aber keine übertriebene Miete. Die Bar, die VIP-Räume und das Restaurant sind zusätzliche Einnahmequellen. Die Huren müssen sich jeden Monat ärztlich untersuchen lassen und das Gesundheitszeugnis wird zusammen mit der Kopie ihres Passes aufbewahrt. Sie zahlen ihre Steuern und müssen nachweisen, dass sie sich legal in Deutschland aufhalten und autorisiert sind, ihr Gewerbe auszuüben.

Arbeitsmoral und Produktivität waren während meiner Beteiligung an Artemis sehr hoch. Hakki war ein disziplinierter, hart arbeitender und fairer Geschäftspartner. Er war beliebt und wurde respektiert, regierte aber mit eiserner Faust. Personal, Kunden und Freigewerbliche wurden respektvoll behandelt. Aufgrund der intensiven Kontrollen und der Anwesenheit einer Schlägertruppe war der Schwund sehr gering, und Artemis erwirtschaftete eine bemerkenswerte Gewinnmarge.

Zuhälter und Drogenhändler hatten keinen Zutritt und der Drogenkonsum, egal in welcher Form, war streng verboten. Jeder Gast durfte maximal drei alkoholische Getränke zu sich nehmen, was die Zahl der Schlägereien erheblich senkte. Es gab ungefähr sechs furchteinflößende Gestalten, die sich der Lösung potenzieller Konflikte widmeten. Damals arbeiteten pro Nacht mehr als 100 Huren bei Artemis, die zwischen 300 und 400 Kunden bedienten.

Ich hatte Hakki über einige sehr gute und wache Immobilienprofis in Berlin kennengelernt. Er wollte mich wegen einer Refinanzierung treffen, da sein Etablissement während der Bauphase die Kosten um zwei Millionen Euro überzogen hatte. Außerdem wollte er ins europäische Ausland expandieren und benötigte dafür mehr Eigenkapitalfinanzierung. Das Geschäft war unglaublich profitabel und verzeichnete ein Wachstum von 30 Prozent jährlich. Noch attraktiver war die Tatsache, dass sich die gesamten Investitionen für einen zweiten Klub in 18 Monaten wieder reinholen ließen – eine Mindestinvestmentrendite von 66 Prozent. Über eine private Holding-Gesellschaft wurden wir gleichberechtigte Partner. Diese Investition war durch und durch sinnvoll. Endlich hatte ich solide Beziehungen zu den richtigen Leuten (Kurden) und die Renditen, die wir erzielten, waren geradezu pervers.

Der Zeitpunkt hätte nicht besser sein können. Weniger als ein Jahr nach unserer Investition erwies sich Hakkis Unterstützung als unschätzbar wertvoll. Ich hatte einen 900 Quadratmeter großen Nachtklub in bester Lage an der goldenen Partymeile von Palma de Mallorca gekauft, dem *Paseo Marítimo*. Das war für mich die Endstufe des Marktes für Luxusspielzeug. Mein Partner war Paul Bauer, der Gründer von Wirecard, einem großen Spezialisten für Fakturierungssoftware. Paul war ein dynamischer, cleverer IT-Unternehmer, aber ein wenig naiv, was die möglichen Fallstricke anging, die mit dem Besitz eines großen Nachtklubs in einer wohlhabenden europäischen Metropole verbunden sind. Ich verfügte auf diesem Gebiet bereits über eine gewisse Erfahrung, weil ich in einem früheren Leben einen großen Table-Dancing-Club in der Nähe von Euston im Zentrum von London und einen weiteren in Birmingham – den ehemaligen 69 Club – restrukturiert habe. Beide wurden an John Gray von Spearmint Rhino verkauft und haben mir Pauls Naivität gründlich ausgetrieben.

Paul überwachte das operative Geschäft und die Geschäftsentwicklung, während ich stiller Teilhaber war. Als der Klub zunehmend beliebt und profitabel wurde, erhielt Paul Besuch von mehreren wohlbekannten und körperlich einschüchternden marokkanischen Typen aus der Unterwelt. Ihr Geschäftsvorschlag lautete, unser Beleuchtungssystem zu überholen und für Sicherheit zu sorgen, und zwar für die einmalige Summe von 200.000 Euro sowie monatliche Wartungsgebühren von 15.000 Euro.

Paul, der ein ausgesprochen klassischer Hightech-Unternehmer ist und keine Straßenratte wie ich, war schreckensstarr. Zum ersten Mal im Leben stand er vor einem komplizierten Problem, das er nicht lösen konnte. Ich sagte ihm, er solle sich entspannen, und erteilte einigen zwielichtigen Detektiven den Auftrag, detaillierte Profile inklusive Fotos, Wohnadresse, Telefonnummern, Namen von Geschäftspartnern und Verwandten dieser Gauner zu erstellen. Anschließend besprach ich diese Herausforderung ausführlich mit Hakki. Paul, der zu diesem Zeitpunkt zutiefst beunruhigt war, wurde nach Berlin geschickt, um Hakki kennenzulernen und sich zu beruhigen.

Ich kann wirklich nicht näher erläutern, was in den folgenden zwei Tagen zu mir durchsickerte. 64 Stunden nach meiner Telefonkonferenz mit Hakki wurden unsere marokkanischen Freunde zu einem persönlichen Gespräch mit mir einbestellt. Sie versicherten mir, sie hätten ihren Geschäftsvorschlag schlecht präsentiert, sodass Paul sie möglicherweise missverstanden habe, und sie bedauerten zutiefst jede Komplikation, die sie dadurch verursacht hätten. Ich machte ein absolutes Pokerface und versicherte ihnen meinerseits, so etwas käme vor und ich wüsste ihre Erklärung sehr zu schätzen. Dann fragten sie mich, ob sie denn den Klub weiterhin besuchen dürften. Ich antwortete ihnen, sie seien immer willkommen, aber ich würde es sehr zu schätzen wissen, wenn sie ihren sensibleren Geschäftsangelegenheiten in ihren eigenen Räumlichkeiten nachgehen würden. Ich sagte ihnen auch, ich sei ein großer Fan von Marokko, da ich an den dortigen Schachturnieren teilnähme und stets die Gastfreundschaft der Araber genossen hätte. Bei ihrem Abschied küsste ihr CEO mir mit echter Ergebenheit die Hand.

Im folgenden Jahr gaben unsere neuen marokkanischen Freunde mehr als 100.000 Euro in unserem Klub aus und waren damit leicht unsere besten Kunden. Die Unterwelt von Mallorca und eine große deutsche Zeitung nannte mich fortan »der Pate von Mallorca«. Sie hatten mich offensichtlich mit meinen Freunden in Berlin verwechselt.

Hakki war mehr als nur mein Geschäftspartner. Er ist ein äußerst tougher Typ, aber in vielerlei Hinsicht ein freundlicher Kerl. Er war bei mir zu Hause zum Abendessen und ich habe seine äußerst sympathische Gefährtin kennengelernt. Er ist solide, zuverlässiger und hat mehr Rückgrat und Integrität als 99 Prozent aller Finanzjongleure, mit denen ich zu tun hatte. Leider kann ich nicht länger mit ihm zusammenarbeiten. Ich hätte das Unternehmen liebend gerne an die Börse gebracht, seine Expansion finanziert und es als Europas wachstumsstärkstes, profitabelstes und innovativstes Facility-Management-Unternehmen angepriesen. Allerdings gefiel mir nicht, dass Zuhälter versuchten in unserem Klub ihre Massenware zu platzieren.

*

Ich betrachte Niederlagen und Tragödien oft genauso wie Erfolge – mit analytischer Distanz. Selbst unter größten Belastungen verliere ich selten den analytischen Fokus. Meine lebenswichtigen Organe sind äußerst stressresistent. Die einzigen Gelegenheiten, bei denen ich keine Chancen-Risiken-Kalkulationen anstelle, sind, wenn ich schlafe, wenn ich bekifft bin oder Sex habe. Bestimmte grundlegende Gefühle wie Schuld, Reue, Schmerz, Angst, Bedauern und Sorge sind mir irgendwie fremd. Die meisten Dinge, die geschehen, betrachte ich einfach als Lernerfahrung. Das galt selbst, als ich im Jahr 2006 angeschossen wurde, obwohl ich daraus eine andere und bessere Lektion hätte ziehen sollen, und das auch viel schneller.

Mit mehr als 200 Morden pro 100.000 Einwohnern hat Caracas mit Abstand die höchste Mordrate unter allen Hauptstädten weltweit. Die Stadt ist drei- bis fünfmal gefährlicher als Rio de Janeiro, Johannesburg, Detroit, East Saint Louis oder Medellín. Wenn man von einer Lebenserwartung von 80 Jahren ausgeht, beträgt die Wahrscheinlichkeit, in Caracas ermordet zu werden, 16 Prozent und die Wahrscheinlichkeit, angeschossen oder mit einem Messer angegriffen zu werden, fast 80 Prozent. Seit Hugo Chávez an der Macht ist, hat die Gewaltkriminalität um 400 Prozent zugenommen. Chávez, der Champion der Umverteilung, ist der schlechteste Mikromanager in ganz Lateinamerika. Die Stadt hat ein äußerst angenehmes Klima und befindet sich auf einem fruchtbaren Plateau. Extremer Reichtum trifft hier auf bitterste Armut, aber das ist in anderen Entwicklungsländern letztlich auch nicht anders. Das Pro-Kopf-Bruttoinlandsprodukt ist ungefähr sechsmal so hoch wie in Nicaragua, die Mordrate liegt jedoch um das Zwanzigfache höher.

Laut allgemeiner Überzeugung hängt Gewaltkriminalität mit Armut zusammen. Das ist aber grundfalsch. Viele der ärmsten Länder haben auch die geringsten Kriminalitätsraten. Es gibt überhaupt keinen Zusammenhang zwischen Armut und Gewaltkriminalität. In Venezuela ist sie das reine Ergebnis eines jahrzehntelangen Missmanagements, systematischer Korruption und falsch gesetzter Prioritäten. Venezuelas Gefängnissystem ist so angelegt, dass nur zehn Prozent der gewalttätigen Wiederholungstäter eingesperrt werden können. Es gibt einfach nicht genug Gefängniszellen. Die Regierung und die Polizei wirtschaften seit Jahren in die eigene Tasche, und Chávez unternimmt nichts, um die Gewaltkriminalität zu bekämpfen, denn sie schwächt seine kapitalistischen Gegner.

Fast die Hälfte aller Gewalttaten in Caracas werden von der Polizei begangen. Einen Auftragsmörder bekommt man bereits für zehn Dollar. Im Jahr 2007 hörte die venezolanische Regierung auf, Mordraten zu veröffentlichen, da die Zahlen einfach zu schockierend waren. Das Land ist zur Heimat von rund 100.000 hartgesottenen kolumbianischen Gangstern geworden, die für lumpige 5.000 Dollar die venezolanische Staatsbürgerschaft erworben haben. Dabei wären Venezuelas beträchtliche Einnahmen aus dem Ölexport mehr als ausreichend, um das Problem zu lösen. Doch solange das in der Regierung niemanden interessiert, wird sich die Situation nur verschlimmern.

Als ich im November 2006 in Caracas angeschossen wurde, verlor ich meine Milz und einen Teil meiner Lunge und eine Kugel blieb im zwölften Wirbel stecken, nur wenige Millimeter vom Spinalnerv entfernt. Eine andere Kugel vom Kaliber 38 zerschmetterte das Knie meines Freundes. Als wir im Krankenhaus eintrafen, wurde mir dreimal der Puls gemessen. Ich war nur wenige Minuten vom Tod durch Verbluten entfernt, aber die Ärzte hatten nichts Besseres zu tun, als meinen verdammten Puls zu messen. Sie hatten einfach noch nie erlebt, dass das Opfer einer traumatischen Schießerei einen derart normalen Herzschlag hatte.

Es dauerte Jahre, bis ich mir eingestand, dass dieser Überfall möglicherweise ein verdeckter Mordversuch war, wie einige Kommentatoren meinten. Wie die Ärzte mir bestätigten, führt eine Kugel dieses Kalibers, die auf so kurze Distanz abgefeuert wird, normalerweise zum Tod. Meinem Begleiter wurde »nur« ins Knie geschossen. Der Fahrer blieb unverletzt. Dieser Überfall war gut organisiert und wurde von der venezolanischen Polizei unterstützt. Planung und Ausführung waren hervorragend.

Ich bin nicht besonders mutig oder risikofreudig. In bildgebenden Verfahren, bei denen mein Gehirn gescannt wurde, zeigte sich, dass mein Frontallappen einfach nicht vollständig ausgebildet ist. Meine geistige, emotionale und physikalische Beschaffenheit unterscheidet sich von anderen Menschen. Ich habe ein unterdurchschnittliches Schmerzempfinden. Mein Puls entspricht dem untersten Prozent der erwachsenen Bevölkerung. Die meiste Zeit bin ich beinahe klinisch tot. Ich erlebe fast nie Adrenalinschübe. All das versuchte ich dem medizinischen Personal auf Spanisch zu erklären, aber sie ignorierten mich und maßen mir immer wieder den Puls. In der Zwischenzeit war ich dabei, zu verbluten.

In Caracas habe ich Tod und Hölle gesehen. Ein Zollbeamter hatte jemanden von der Polizei informiert, dass zwei reiche Gringos in einer Limousine auf dem Weg in die Stadt waren und dass beide Rolex-Uhren trugen. Kurz bevor wir in die Innenstadt kamen, tauchte neben uns plötzlich ein Motorrad der Polizei mit zwei Fahrern auf, die begannen, einen Kugelhagel auf das Autofenster abzufeuern. Ich wurde aus einer Entfernung von etwas mehr als einem halben Meter in die Brust geschossen und mein Begleiter ins Knie. Meinem Partner nahmen sie die Rolex ab, als ich auf dem Rücksitz schwer blutend zu Boden sackte und vortäuschte, ich sei tot. Zur Vorsicht hatte ich das Bargeld in meinen Schuhen versteckt. Keine zehn Meter vor uns kam ein Polizeifahrzeug im dichten Verkehr zum Stehen. Dieser äußerst undurchsichtige Vorfall erinnert mich an den schrecklichen Unfall meiner Familie im Jahr 1948, von dem einige behaupten, es sei kein Unfall, sondern ein Anschlag gewesen. Die venezolanischen Polizisten ignorierten den Vorfall völlig und stiegen nicht einmal aus ihrem Auto aus, um uns zu helfen, als sich das Polizeimotorrad seinen Weg durch den Verkehr bahnte und verschwand.

Nachdem die Überfalltäter weg waren, richtete ich mich auf. Große Mengen Blut schossen aus der Wunde in meiner Brust. Innerhalb weniger Sekunden waren mein weißes Hemd und mein Anzug völlig durchweicht. »Die Lage ist wirklich ernst«, dachte ich und rief Susan an, um ihr zu sagen, dass unsere Kinder in Kürze wahrscheinlich keinen Vater mehr hätten. Anschließend riet ich ihr, sofort ihre ACMH-Aktien zu verkaufen. Ich dachte mir, dass der Überfall wahrscheinlich am selben Abend in Caracas in den Nachrichten kommen würde, es aber mindestens 24 Stunden dauern würde, bis sich die Nachricht in Europa verbreitet hatte. Wenn sie verkaufte, bevor die Lemminge in Europa von dem Überfall erfuhren, würde sie einen wesentlich besseren Preis erzielen und sich technisch gesehen nicht des Insiderhandels schuldig machen, weil die Nachricht in Venezuela bereits publik gemacht worden war. Meine eigenen

Banker anzurufen war wenig sinnvoll, da ich wahrscheinlich in Kürze sterben würde. Ich würde das ganze Geld nicht mit in den Sarg nehmen können. Außerdem würde die Erbschaftssteuer höher sein als der Steuersatz, den Susan für langfristige Kapitalgewinne zahlen musste. Also sagte ich ihr, dass ich sie trotz unserer Trennung weiterhin liebte und dass sie den Kindern eine feste Umarmung von mir geben solle. Ich bin nicht völlig psychotisch und gefühlskalt. Ich war zu dem Zeitpunkt nur stark auf Finanzen fokussiert. Anschließend beendete ich das Telefonat und machte das Beste aus einem Höllenszenario.

Ich konnte kaum noch atmen, weil meine linke Lunge nach innen und außen blutete und das Blut aufgrund meiner zerfetzten Milz aus der Wunde schoss wie Wasser aus einem Gartenschlauch, schaffte es aber, aus dem Auto auszusteigen. Rein zufällig fiel mein Blick auf den Wagen einer Notfallambulanz, der keine 40 Meter entfernt im Verkehr feststeckte. Ich musste meinen Begleiter ohrfeigen und ihn anschreien, damit er zu sich kam, weil er unter Schock stand. Sein linkes Knie schien völlig zerschmettert zu sein. Wir schleppten uns irgendwie zum Ambulanzfahrzeug und ich pochte mit letzter Kraft an die Tür. Der Fahrer stieg mit gezogener Pistole aus, um zu sehen, was los war. Ich sagte ihm, wir seien angeschossen worden. Ich hielt das dicke Bündel 100-Dollar-Noten, das ich in meinen Schuhen versteckt hatte, gegen meine Brust gepresst, um den Blutstrom aufzuhalten. Dann stopfte ich zehn blutverschmierte 100-Dollar-Scheine in seine Hemdtasche und sagte ihm, er solle uns so schnell wie möglich in das nächstgelegene Privatkrankenhaus fahren, was er auch sofort tat.

Die Operation dauerte sechs Stunden. Ich hatte die Hälfte meines Blutes verloren. Als Erinnerung ist mir eine 25 Zentimeter lange Narbe geblieben, die vom Brustbein bis zum Bauchnabel reicht. Die Ärzte konnten die Kugel nicht aus meiner Wirbelsäule entfernen, weil sie zu sehr feststeckte und haarscharf neben dem Spinalnerv saß. Das sitzt sie heute noch. Am meisten Sorge machte den Ärzten eine mögliche Lähmung und eine potenziell tödliche Gallenblaseninfektion. Um drei Uhr morgens wurde ich von einem Lärm geweckt, der wie ein Feuerwerk klang. Von Silvester waren wir jedoch noch ein gutes Stück entfernt. Vier Stockwerke tiefer bekämpften sich zwei Gangs mit Maschinengewehren und automatischen Schnellfeuerwaffen.

Wir waren weniger als eine Woche von den allgemeinen Wahlen in Venezuela entfernt und die Schießerei machte in allen oppositionellen Zeitungen Schlagzeilen, die hervorhoben, dass Caracas unter Chávez' Regime zum reinsten Kriegsgebiet geworden war. Dutzende von Reportern und Fotografen belagerten das Krankenhaus. Die von Chávez kontrollierten Medien behaupteten, am Tatort habe man einen Teddybär gefunden, der mit einer Million Dollar Bargeld vollgestopft gewesen sei, und man halte einen deutschen Millionär zum Verhör fest. Ich wurde unter den inhumansten Umständen verhört, während mein Leben immer noch an einem seidenen Faden hing. Kurz nach der Operation wurde ich gezwungen, während des Verhörs im Krankenhaus und später in der Polizeizentrale in Caracas mehrere Stunden zu stehen. Vor dem Krankenhauszimmer und dem Krankenhauseingang wurden Wächter postiert, die mit AK-47-Schnellfeuergewehren ausgerüstet waren. Es gab kein Entkommen.

Der deutsche Botschafter versuchte mir zu helfen, war aber viel zu eingeschüchtert, um irgendetwas zu bewirken. Die Kinder des offen regimekritischen australischen Botschafters waren gerade entführt und Mitglieder einer chinesischen Delegation wenige Wochen zuvor ermordet worden. Das Polizeiverhör war eine Farce. Ich wurde nicht befragt, ich wurde gefoltert, damit ich ihnen im Gegenzug für eine zügige Freilassung eine ordentliche Summe Bargeld rüberschob. Die Welt war auf den Kopf gestellt. Ich war das verdammte Opfer und nicht der Täter.

ACMH unternahm absolut nichts. Sie sandten mir einen nutzlosen Anwalt, der mir sagte, aufgrund »Chávez' Terroregime« seien ihm die Hände gebunden. Warum war er überhaupt erschienen? Offensichtlich war dieser Schleimbeutel nur aufgetaucht, um von meinen erbärmlichen Partnern von ACMH einige Tausend Dollar Anwaltshonorar zu kassieren. Die Teddybärgeschichte war reiner Propagandadreck in den regierungskontrollierten Zeitungen.

Ganz eindeutig würde mir niemand helfen, also musste ich mich selber aus dem Schlamassel befreien. Ich schmierte nicht die Polizei, aber ich benutzte meine blutverschmierten Geldscheine, um das Krankenhauspersonal dazu zu motivieren, ein waches Auge zu haben und mir dabei zu helfen, mein Bett so auszustopfen, dass es aussah, als schlafe ich. Montagfrüh war die Luft rein und weit und breit waren keine Polizisten in Sicht. Mit den verbleibenden 2.000 Dollar kaufte ich mir den Weg durch die Einwanderungs- und Sicherheitskontrolle am Flughafen. Ich schaffte es in ein Flugzeug der American Airlines, das nach Florida flog, und traf dort am frühen Nachmittag ein.

78 Stunden nach der Operation bezog ich in Miami ein Hotelzimmer. Aufgrund der Trennung hatte ich seit Monaten keinen körperlichen Kontakt mehr mit meiner Frau gehabt. Nun war ich wild entschlossen, diesen Zustand zu ändern. Wie konnte sie sich verweigern, nachdem ich dem Tod knapp von der Schippe gesprungen war? Ich überzeugte sie davon, eine Ausnahme zu machen. Unser Sex war geradezu teuflisch, denn ich riskierte bei jeder Bewegung, dass die inneren und äußeren Nähte meiner Wunde aufplatzten. Dennoch fühlte ich mich so lebendig wie noch nie, als ich den Höhepunkt erreichte und ein perfektes Gleichgewicht zwischen Schmerz und intensivstem Genuss empfand. Endlich verstand ich, warum nach Kriegen immer so viele Kinder geboren werden.

Wenn Sie psychopathische Tendenzen haben oder ein echter lateraler Denker sind, würden Sie sich fragen, warum das Fenster auf der Fahrerseite unversehrt blieb, warum der Fahrer keine Kugel abbekommen hatte und warum er an diesem beinahe tödlichen Dienstagnachmittag seine Waffe nicht dabeihatte. Das ist genau das, worüber ich auf dem Flug von Caracas nach Miami nachdachte. Ich hatte ganz ausdrücklich einen bewaffneten Chauffeur, einen bewaffneten Sicherheitsmann und einen Wagen mit schusssicheren Fenstern geordert, weil ich genau wusste, wie gefährlich Caracas war. Es gab keinen bewaffneten Sicherheitsmann, der Chauffeur hatte seine Waffe nicht dabei und die Fenster waren nicht schusssicher. Die einzige Person, die unverletzt blieb, *war* der Chauffeur. Statistisch betrachtet lag die Wahrscheinlichkeit, dass er an diesem Überfall beteiligt war, bei über 90 Prozent.

Sobald ich mich auf sicherem amerikanischen Boden befand, gab ich ein strenges 24-stündiges Verhör des Chauffeurs in Auftrag, um der Sache auf den Grund zu gehen. Meine Verbindungsleute arbeiteten sich bis tief in die

Unterwelt von Caracas vor. Ihre Recherchen und das Gespräch, das sie mit dem Chauffeur führten, ergaben zweifelsfrei, dass er unschuldig war. Meine Interviewer stellten ihm nachdrückliche und bohrende Fragen zu allen relevanten Aspekten, um die Wahrheit aufzudecken. Da er offensichtlich wirklich nicht in die Angelegenheit verwickelt war, zahlte ich ihm ein ganzes Monatsgehalt als Entschädigung für das stressige Verhör. Allerdings ist es mir nie gelungen, die einzige offene Frage zu beantworten, die mir im Kopf herumging. Warum hatte man mir in die Brust geschossen und meinem Begleiter lediglich ins Knie? Nach meiner Operation sagten mir die Chirurgen, ein Schuss in die Brust mit einer Kugel dieses Kalibers und aus einer Entfernung von weniger als 1,20 Meter sei fast immer tödlich. Die Chancen, einen derartigen Überfall zu überleben, seien geringer als fünf Prozent. Ich frage mich immer noch, ob das ein ganz normaler bewaffneter Raubüberfall war, der einfach schiefging, oder ob es irgendjemand ganz bewusst auf mich abgesehen hatte. Ich bin mir nicht sicher.

JR und seine billigen Bastarde weigerten sich, die Kosten für meine fluchtartige Rückreise und meine Arztkosten in Caracas und Miami zu übernehmen, die sich insgesamt auf 20.000 Dollar beliefen. Aufgrund meiner Multiple-Sklerose-Vorgeschichte hatte ich es versäumt, eine Krankenversicherung und Keyman-Versicherung[11] über das Unternehmen abzuschließen. »Diesen Scheißern werde ich es zeigen«, schwor ich mir. Der Tag der Vergeltung würde kommen.

Ich habe mich selber gefragt, warum ich nach dieser unangenehmen Episode eigentlich weitergemacht habe. Der bewaffnete Überfall hatte mir einen Promistatus und den Ruf verschafft, ein Mann aus Stahl zu sein. Als ich die Version der Geschichte in der Zeitschrift *Die Bunte* las, begann mir zu dämmern, dass das Leben mehr sein muss als die Anhäufung von Reichtümern. Entgegen meiner Intuition – oder vielleicht doch intuitiv, ich weiß selber nicht, was von beidem zutrifft – handelte ich jedoch nicht nach dieser neuen und für mich fremden Erkenntnis.

---

[11] Eine besondere Krankenversicherung für Führungskräfte und Spezialisten in Schlüsselpositionen. (A. d. Ü.)

Heute weiß ich, dass ich mich in diesem Moment an einer Weggabelung befunden habe. Entweder erkannte ich, dass das Leben mehr ist als die Welt, die ACMH repräsentierte, und begrenzte die Zeit, die ich in ihr verbringen wollte, oder ich erlaubte mir, all das Zeug zu glauben, das über mich geschrieben wurde, und stieg als jemand, der irgendwie unsterblich war, wieder in den Ring – eine Sicht, die ihre eigenen psychologischen Konsequenzen hat. Ich glaube, das Problem war, dass ich orientierungslos war und daher weder erkannte, dass ich mich für einen Pfad entscheiden musste, noch war mir bewusst, dass ich mich überhaupt an einem Scheideweg befand.

Die Tatsache, dass ich an diesem Punkt den Aktienmärkten nicht den Rücken kehrte, ist ein eindeutiges Indiz dafür, dass mein Charakter damals bereits ziemlich aus den Gleisen geraten war, denn ich glaubte das, was über mich geschrieben wurde. Die meisten Menschen würden jedoch zustimmen, dass das Überleben einer derart lebensbedrohlichen Schussverletzung ein ziemlich extremes Ereignis ist, das die eigene Existenz irgendwie unwirklich erscheinen lässt – beinahe so, als sei man über den Tod erhaben. Je nachdem, wie man als Betroffener damit umgeht, beginnt sich dieses Gefühl innerlich zu verankern. Für mich begannen Dichtung und Wahrheit miteinander zu verschmelzen und mir wurde zunehmend unklarer, wer ich wirklich war – die reale Person oder der scheinbar unantastbare stählerne »Plattmacher«, zu dem mich die Medien in einer Mischung aus Abscheu und heimlicher Bewunderung stilisierten. Zu meiner inneren Klärung trug auch nicht gerade bei, dass diese Vermischung von Dichtung und Wahrheit im Hinblick auf meine Person in späteren Medienberichten ständig wiederholt wurde. Das ging so weit, dass ich zum Teil weder die Person noch die Schilderung bestimmter Ereignisse wiedererkannte. Ein Beispiel für einen der typischen Presseartikel erschien in der *Financial Times Deutschland* am 3. Dezember 2007:

»Schrecklich nette Investoren
[...] Was sich seit dem Erwerb durch den Finanzinvestor bei dem Stuttgarter Konzern ereignet hat, gleicht einem Schurkenstück, das Hollywood nicht besser hätte inszenieren können. In den Hauptrollen: ein geldhungriger Emporkömmling, ein aggressiver Hedge-Fonds-Manager, zwei wenig zimperliche

österreichische Finanzjongleure und verunsicherte Banker. Auch die Neben-
rollen sind hochkarätig besetzt mit Staatsanwälten, Finanzaufsehern und ei-
ner betrogenen Ehefrau.«

Mit diesen Zeilen begann ein sehr informierter Artikel über unsere Übernahme des Anlagenbauers M+W Zander im Jahr 2007, einem der 50 größten
deutschen Unternehmen mit einem Umsatz von mehr als zwei Milliarden Euro und 8.000 Mitarbeitern weltweit. Gut, mein Porträt war alles andere als
schmeichelhaft – in dem Artikel wurde ich als unbeirrbar, räuberisch, eiskalt
berechnend und die Verkörperung alles Bösen beschrieben, das die Öffentlichkeit an Finanzinvestoren so hasst, aber das hatte ich alles zuvor schon gehört. Dennoch war dieser Artikel bemerkenswert unterhaltsam, gut recherchiert und kam der Wahrheit ziemlich nahe. Die Autoren hatten eine Mauer
des Schweigens durchbrochen, und obwohl die Hauptakteure in keiner Weise kooperierten, war es ihnen gelungen, die komplizierten Details dieser
Übernahme offenzulegen und uns alle auf ziemlich zutreffende Weise bloß-
zulegen. Früher hätte ich umgehend den Kontakt zu den Journalisten aufgenommen und ihnen das Doppelte ihres aktuellen Gehaltes geboten, damit sie
zu ACMH wechseln.

Es begann, als ich eine äußerst beeindruckende sieben Millionen Dollar teure
30-Meter-Motorjacht mit vier pompösen Schlafzimmern, einem Küchenchef,
einem Kapitän und einem Ersten Offizier charterte. Ich wollte meine Familie auf einen Törn nach Korsika und Sardinien mitnehmen. Selbstverständlich sollte das kein richtiger Urlaub sein. Der geschäftliche Teil war bereits gut
organisiert. Was das Vergnügen anging, war ich mir weniger sicher. Damals
dachte ich noch, Urlaub sei etwas für Weicheier.

Ich hatte Besprechungstermine mit einem cleveren Yuppie (Martin Gruschka), einem deutschen Industriellen, einem Oligarchen und einem Typen namens Wennmann ausgemacht, der mich in seine Fondsmanagementgesellschaft in Cala di Volpe auf Sardinien holen wollte. In der Bucht von Cala di
Volpe wimmelte es nur so von Superjachten. Die meisten waren zwei-, drei-
und sogar viermal so groß wie meine. Ich fühlte mich wie ein armes Waisen-

kind. Brunch im Hotel Cala di Volpe kostete leicht 500 Euro pro Person, und 5.000 Euro für eine Flasche zweitklassigen Champagner in Flavio Briatores Luxusdiskothek Billionaire Club war gar nichts. Neumilliardäre von der billigsten Sorte mitsamt ihrer Entourage an Kapitänen, Piloten, Silikonmuschis, Lakaien und anderem Gesocks beherrschten die Szene. Dieser Ort ist auf seine Weise sehenswert: Null Klasse, null Bildung – nur roher Kapitalismus in seiner reinsten, unverfälschten Form, der sich selber feiert und bei erlesenem Dom Pérignon Megadeals einfädelt. Der Ort vibrierte nur so vor Geld und gewichtigen Machern und Geschäftsleuten. Ich fühlte mich sehr zu Hause.

Im Frühjahr 2006 hatte ich einen 15-prozentigen Greenmailing-Anteil an Computec Media erworben, an dem auch Martin Gruschka beteiligt war. Das Unternehmen wurde für einen schnellen, satten Gewinn an Jürg Marquard, einen bekannten Schweizer Verleger, verkauft. Nun befand sich Gruschka auf der richtigen Bahn, um auf eines der dynamischen deutschen Wachstumsunternehmen, die ehrwürdige M+W Zander Gruppe zu zielen, einen der Weltmarktführer unter Anbietern komplexer Anlagenbauprojekte. Der Konzern war außerdem einer der deutschen Marktführer im brandheißen Facilities Management und auf dem Immobilienmarkt. Und was noch besser war: Seine Eigentümerin Jenoptik war aufgrund zu großer Diversifizierung ins Taumeln geraten und brauchte Bargeld für andere Vorhaben.

Gruschka war sich sicher, dass wir uns MWZ zu einem Abschlag von 50 Prozent auf den Zerschlagungswert sichern könnten. Ich hatte mit Trius, mit dem ich 60 Prozent Gewinn erzielte, soeben ein anderes deutsches Hightech-Unternehmen liquidiert, sodass die Kriegskassen unserer Hauptfonds prall gefüllt waren. Außerdem verfügten wir über umfangreiches Fachwissen auf dem Gebiet Solarunternehmen, Werkstechnik und Immobilienunternehmen. Es würde nicht schwer sein, Käufer für jede einzelne Sparte zu finden. MWZ aufzuspalten und die einzelnen Sparten separat zu verkaufen würde daher ein Kinderspiel sein und nicht länger als zwölf Monate dauern. Wir rechneten mit mehreren Hundert Millionen Euro Gewinn und einer Investmentrendite von mehreren 100 Prozent.

Ich nahm mein Beiboot, um Gruschka in seiner Strandvilla zu besuchen und mir seinen Vorschlag anzuhören. Natürlich hatte Gruschka, den die *FTD* später als Aufsteiger bezeichnete, kein Geld für eine Transaktion von dieser Größe. Er wandte sich aus mehreren Gründen an mich: Wir verwalteten damals rund drei Milliarden Euro an Kundengeldern, konnten viel schneller agieren als die konkurrierenden Buy-out-Fonds und Hedgefondsgesellschaften in London; wir verfügten über ein profundes Wissen über die Branchen, in denen M+W Zander aktiv war, und wir wussten, wie man schmutzige Tricks anwendet, um zu gewinnen.

Gruschkas Vorschlag war, diesen Deal gemeinsam mit ACMH anzugehen, wobei ACMH den größten Teil der Mittel zur Verfügung stellen sollte. Das war sinnvoll. Mein Medienprofil war grauenhaft. Ich war von Regulierungsbehörden und Staatsanwälten zu Geldbußen verknackt worden, steckte in einer chaotischen Greenmailing-Schlacht mit der Deutschen Postbank um die Übernahme der deutschen Bank für Gemeinwirtschaft (BfG), hatte den weltgrößten Ölproduzenten Gazprom öffentlich angegriffen und soeben ein deutsches Hightech-Unternehmen liquidiert. Laut der allgemeinen Presse war ich einer der schamlosesten Parasiten Europas. Es bestand das Risiko, dass die Verkäufer zurückschrecken und kalte Füße bekommen würden, wenn ich auf der Bildfläche erschien. Wenn dagegen der unbefleckte, geschmeidige Rhetoriker Gruschka am Verhandlungstisch sitzen würde, wäre die Erfolgswahrscheinlichkeit höher.

Also übernahmen wir die Kosten im Rahmen einer Mezzanine-Finanzierung, wandelbar in eine Kontrollbeteiligung an der Holding-Gesellschaft, die die gesamten Vermögenswerte von M+W Zander kontrollierte. Gruschkas Aufgabe bestand darin, 40 Millionen Euro aufzutreiben. Er schloss den Deal zum Dreifachen des EBIT ab – ein Superpreis –, aber er schaffte nie das Geld herbei. Tatsächlich hatte er die Aktien der Holding-Gesellschaft, für die wir bezahlt hatten, als Sicherheit für einen Kredit von Morgan Stanley verwendet, um damit seinen Anteil an der Transaktion zu bezahlen. Gruschka hatte seine Verpflichtungen mit fremdem Geld – in diesem Fall unserem Geld – bezahlt. Und selbst auf diese Weise blieb er uns immer noch zehn Millionen Euro schuldig.

Er hatte mit seinem Partner MM, einem dunkelhäutigen kleinen Italiener sizilianischer Abstammung, den Plan ausgeheckt, uns die Transaktion direkt vor der Nase zu stehlen. Das war selbstverständlich eine eklatante Verletzung des Geistes unserer Verträge, technisch gesehen besaßen die beiden nun jedoch die Kontrolle über die Vermögenswerte. Wir waren sicher, dass wir jeden Rechtsstreit gewinnen würden, aber bis es dazu käme, würden Geld und Gewinne nur schwer zu lokalisieren sein, geschweige denn, dass wir das Geld je wiedersehen würden. Ihr Masterplan sah so aus, dass sie uns zu reinen Inhabern einer Wandelanleihe machen und uns jährliche Zinsen zahlen würden, falls wir uns ganz lieb und nett verhielten, und sie selber würden mit einigen Hundert Millionen Euro Gewinn nach Hause gehen.

Gruschka hatte mein Vertrauen missbraucht und versuchte uns zu bestehlen. Dieser Mangel an Respekt und seine vorgetäuschte Selbstsicherheit waren mir wirklich zuwider. Als ich ihn und seinen Partner traf, hätten meine Drohungen und Beschimpfungen aus dem Mund eines puerto-ricanischen Gangsterbosses stammen können, aber die beiden wahrten Haltung. Sie hielten das nur für leere Drohungen. Ein Insider, der über die Transaktion Bescheid wusste, kommentierte gegenüber der *FTD*, »Homm wird Gruschka bis ans Ende der Welt verfolgen, wenn er sein Geld nicht zurückbekommt«. Er hatte recht, aber Gruschka und MM wussten das nicht. Sie hatten keine Ahnung, mit wem sie es zu tun hatten.

Wir beschlossen, den Krieg an mehreren Fronten zu führen. Wir hatten Morgan Stanley benachrichtigt und sie darüber informiert, dass Gruschka unserer Meinung nach auf betrügerische Weise einen gesicherten Kredit aufgenommen hatte, engagierten kampfbereite Anwälte, um ihnen auf Schritt und Tritt Knüppel zwischen die Beine zu werfen, und brachten den Stein zu strafrechtlichen Ermittlungen ins Rollen, indem wir die Staatsanwaltschaft von Stuttgart informierten. Jetzt ging es ans Eingemachte. Innerhalb weniger Wochen wendete sich das Blatt. Der Umkehrpunkt war erreicht, als zwei meiner Partner Gruschka in Acapulco aufspürten und ihm während eines gemeinsamen Spaziergangs zu den Klippen meine Sichtweise nahebrachten. Das schien zu wirken. Er rief mich an und entschuldigte sich wortreich. Die

Verträge wurden so umgeschrieben, dass sie die Realität wiedergaben, und anschließend unterzeichnet. Diese Realität war für die Übeltäter allerdings nicht sehr angenehm. Anstatt mehrerer Hundert Millionen Gewinn zu scheffeln, würden Gruschka und MM mit viel Glück ein paar Millionen überbleiben, nachdem sie Morgan Stanley den Kredit zurückgezahlt hatten. Dieses Mal gingen wir mit mehreren Hundert Millionen Euro nach Hause und ließen ihnen die Brotkrümel übrig.

Wir dachten, wir hätten gewonnen.

Einige Tage später überprüften unsere Anwälte bei den Luxemburger Behörden, ob die Verträge amtlich eingetragen und der Aktientransfer von den Luxemburger Gerichten beurkundet worden war. Nichts dergleichen war geschehen. Wir wurden misstrauisch. Zu einem späteren Zeitpunkt derselben Woche erhielt ich einen Anruf von einem früheren Partner, Ronny Pecik, der mir mitteilte, sein Unternehmen Victory habe M+W Zander gekauft und nun wolle er mit uns über den Kauf unserer Wandelanleihe sprechen. Gruschka und MM hatten das Unternehmen ein zweites Mal verkauft.

Die Victory AG gehörte Ronny Pecik und dem Immobilienmogul Georg Stumpf. Ich kannte Ronny schon seit fast 20 Jahren. Wenn wir österreichische Unternehmen wie die Baumarktkette Baumax mit Greenmailing in die Enge trieben, war er unser Hauptkontakt bei Österreichs größter Bank gewesen. Sein Team, zu dem auch René Riefler und Robert Schimanko gehörten, war hervorragend. Ronny und ich wussten, dass wir beide harte Kerle waren. Dennoch vertrauten wir einander. Ronny war kroatischer Abstammung; seine Eltern waren als Gastarbeiter nach Österreich gekommen. Ronny, der einen ausgeprägten mathematischen Verstand besaß und viel und lange arbeitete, wurde bei Österreichs größter Bank zu einem erfolgreichen Händler. Er verdiente so viel Geld, dass er seine eigene Investmentgesellschaft gründete – genau wie ich. Ronny hatte mit weniger als nichts angefangen und war sehr reich geworden. In dieser Hinsicht war der Weg, den er zurückgelegt hatte, meiner Meinung nach eindeutig länger, was ihn gewissermaßen erfolgreicher machte. In vielen Dingen waren wir uns ähnlich: Wir arbeiteten beide hart, waren be-

sessen und äußerst berechnend. Ronny verfügte zudem über die verblüffende Fähigkeit, Konflikte auszuhalten. Er konnte drei Tage durcharbeiten, ohne
zu schlafen oder Drogen zu nehmen. Und er war vollkommen furchtlos. Ich
vermutete, er besaß wie ich gute Verbindungen und würde ein äußerst harter
Gegner sein.

Über Stumpf wusste ich wenig, aber was ich in Erfahrung bringen konnte, ließ
vermuten, dass er ein hartgesottener und mächtiger Geschäftsmann war, der
zahllose Feinde und Gerichtsverfahren am Hals hatte. Er schien sogar noch
mehr Feinde zu haben als ich, und das war keine geringe Leistung. Was die
Sache noch unangenehmer machte, war der Umstand, dass beide gute Verbindungen zu dem russischen Oligarchen *Nummer 1* hatten, der zu den hundert reichsten Männern der Welt gehört. Was ich über ihn in Erfahrung brachte, war noch furchterregender. Giorgios zehnseitiger Insiderbericht über seine
Person war geradezu schaurig. Ich werde kein negatives Wort über ihn verlieren. Sein Leben und seine Leistungen sind allgemein bekannt, so wie auch einige der Rechtsstreitigkeiten, in die er verwickelt war.

Ständig kursieren Gerüchte, dass die russische Mafia und die Hell's Angels
hinter mir her sind, und zwar im Auftrag mindestens eines Oligarchen, der einen anhaltenden persönlichen Groll gegen mich zu hegen scheint. Ich glaube
nicht an diese Story. Im Jahr 2009 erlitten auch die Oligarchen schwere Verluste. Sie würden weder Zeit noch Geld damit verschwenden, einen ehemaligen Kontrahenten aus dem Weg zu räumen. Einige von ihnen mussten sogar
ihre Fußballvereine verkaufen, als die Aktien- und Rohstoffmärkte einbra-
chen. Diese Oligarchen werden von den selbstgerechten, besserwisserischen
Eiferern, die ein risikoloses, langweiliges Leben auf ihrem hohen moralischen
Ross führen, für ihre Habgier, ihre Skrupellosigkeit und Vulgarität verachtet.
Allerdings musste selbst ich lachen, als ich einige dieser Jungs in ihren Dat-
schen sah, wie sie sich mit einem Dutzend Huren in privaten Spas rekelten, die
größer waren als die meisten Luxusanwesen auf Mallorca.

Diese mächtigen Männer waren jedoch genau wie ich: energiegeladen, mit
einem hohen inneren Antrieb, einem unbeugsamen Willen und ohne jede

Furcht, die sich ausschließlich selbst auferlegten Schranken unterwarfen. Aus diesem Grund zählte ich mehrere von ihnen zu meinen Freunden. Der einzige echte Unterschied bestand darin, dass ich mit meiner Familiengeschichte und Herkunft »altes Geld« repräsentierte und sie die Wunder des Kapitalismus zum ersten Mal erlebten. Mein Großvater und Großonkel waren Oligarchen gewesen. Alle großen Vermögen der ersten Generation gründen auf Rücksichts- und Skrupellosigkeit, so wie das Vermögen der Rockefellers, Kennedys und Nobels. Wäre ich nach dem Zusammenbruch des Sowjetimperiums ein junger unternehmerischer Russe gewesen, wäre ich zweifellos auch ein angehender Oligarch gewesen. Ich sehe mich jedoch nicht als Oligarchen, denn dazu gehört im Allgemeinen eine riesige Entourage an Untergebenen, zu viel geschmackloser Prunk und hirnlose Verschwendungssucht. Susan nannte mich »Baby-Tyke«, »Baby-Tycoon« oder »Babymagnat« – und das ist eine wesentlich passendere und auch liebenswertere Bezeichnung. Wenn ich allerdings wählen müsste, wäre ich lieber ein Oligarch als ein hochgestochener Moralist.

Zur Zeit der Übernahme von M+W Zander kauften Ronny, Georg und Oligarch *Nummer 1* milliardenschwere Anteile an großen Schweizer Industrieunternehmen wie Oerlikon und Sulzer. Sie wollten eine globale Technologiealternative zu General Electric schaffen und schienen dabei gnadenlos jeden aus dem Weg zu räumen, der sich ihnen entgegenstellte. Alles in allem gab es klügere Dinge, als einen Dritten Weltkrieg gegen dieses Trio vom Zaun zu brechen, das sich in den folgenden Jahren mit umfangreichen Straf- und Zivilgerichtsverfahren konfrontiert sah.

An einem Montagmorgen gegen neun Uhr rief Ronny an und überbrachte mir die Nachricht, er habe M+W Zander gekauft. Ich solle sofort nach Wien kommen. Ich sagte ihm, mein Pilot habe an diesem Tag frei und ich würde ihn mittags treffen. Er antwortete, das wäre kein Problem, sein 40-Millionen-Dollar-Transatlantik-Superjet würde im Bereich Allgemeine Luftfahrt am Flughafen von Palma de Mallorca auf mich warten. Ich war alarmiert. Ich dachte, wir seien die Eigentümer von M+W Zander. Was ging hier vor? Nach meiner Ankunft in Wien wurde ich von einem Fahrer und einem Leibwächter in einem bombensicheren Mercedes S-Klasse abgeholt. Damals dachte ich darüber nach, mir ein ähnliches Auto anzuschaffen, und bat den Fahrer, mir etwas über die genauen technischen Spezifikationen zu erzählen. Er brachte mich höflich zum Schweigen, indem er mit einem nicht zu verkennenden russischen Akzent zu verstehen gab, er dürfe außer mit den Eigentümern von Victory mit niemandem über sicherheitsrelevante Aspekte sprechen.

Am vereinbarten Treffpunkt wurde ich zu Georg Stumpfs Penthouse-Büro im obersten Stockwerk des Millennium Towers, des höchsten Bürogebäudes Wiens, eskortiert. Das loftähnliche Büro, das mit Küche, Bar, Mega-TV und voluminösen Sofas ausgestattet war, maß leicht 650 Quadratmeter und hatte zehn Meter hohe Decken und riesige Fensterfronten, die einen einmaligen Ausblick über Wien boten – alles in allem ein einziger Ausdruck von Macht und neuem Geld.

Knallharte Geschäftsleute verlieren selten Zeit mit höflichem Geplänkel, bevor sie zur Sache kommen. Sie betrachten das als reine Zeitverschwendung. Ronny und ich maßen uns in ungefähr drei Sekunden ab und schüttelten uns die Hände. Ein Jahr zuvor hatte ich meinen letzten Deal mit ihm gemacht. Georg erschien mir sehr formell und arrogant. Ich erwartete, dass jeden Moment einer der Lakaien von Oligarch *Nummer 1* oder der Meister persönlich auftauchen würde, aber hier handelte es sich ganz offensichtlich um reine Vorgespräche. Ich hatte keine Anwälte zu diesem Termin einbestellt. Also gab es noch keinen Bedarf an der Präsenz der Russen.

Ronny und Georg bestätigten, sie hätten M+W Zander gekauft, und zwar über ihr wichtigstes Investmentvehikel, die Victory Industriebeteiligung AG. Und nun wollten sie uns unsere Wandelanleihen zu einem bescheidenen Aufschlag auf unsere Kosten abkaufen. Ich sagte ihnen, sie seien nicht ganz bei Trost. Wir befanden uns in einer starken Rechtsposition. Gruschka und MM hatten den beiden das Fell über die Ohren gezogen. Ungefähr alle zehn Minuten verließen Ronny und Georg das Büro, um mit ihren Anwälten Rücksprache zu halten. Ich hatte ihre Gorillas aufgefordert, sich dauerhaft zu verziehen, und hatte den Büropalast nun für mich alleine. Ich wollte bei heiklen Gesprächen schon immer die geringstmögliche Anzahl von Teilnehmern. Während Ronny und Georg in einem anderen Raum die Strategie besprachen, sammelte ich alle Zettel und herumliegenden Blätter ein, um sie später in Ruhe zu studieren. Aus meiner eigenen Erfahrung wusste ich, dass große Macher im Allgemeinen miserable Sekretärinnen sind. Sie räumen nie hinter sich auf. Im Büro lagen insgesamt ungefähr 40 lose Blätter mit handschriftlichen Notizen herum. Ich sammelte sie ein und stopfte sie in meinen Aktenkoffer.

An diesem Abend erreichten wir keinen Konsens, was keine große Überraschung war. Unsere Preisvorstellungen lagen um mehr als 100 Millionen Euro auseinander. Ich wusste, dass Victory M+W Zander unbedingt haben wollte. Die Solarsparte von M+W Zander passte wunderbar zur Solarsparte von Oerlikon, das Ronny und Georg damals kontrollierten. Sie wollten M+W Zander aus industriellen und dynastischen Gründen. Meine Ziele waren ganz einfach: Ich wollte den höchstmöglichen Preis herausschlagen. Den wollten sie allerdings nicht bezahlen und waren somit bereit, auf Konfrontationskurs zu gehen. Die Fronten verhärteten sich und das Gespräch endete ergebnislos. Anschließend kehrte ich in Ronnys Jet nach Palma zurück.

Mehrere Tage lang herrschte absolutes Schweigen zwischen uns. Dann verkündeten in einem Abstand von wenigen Stunden sowohl Victory als auch ACMH, sie hätten die Kontrollmehrheit an M+W Zander gekauft. Die Medien waren völlig verwirrt und das war auch die Unternehmensführung des Anlagenbauers. Wie konnte dasselbe Unternehmen zwei verschiedene Eigentümer haben? Ronny und Georg behaupteten, sie seien die rechtmäßigen Käufer, und Gruschka und MM seien die rechtmäßigen Verkäufer. Gruschka unterstützte diese Version öffentlich. Wir hielten dagegen, wir hätten M+W Zander von Gruschka und MM gekauft und seien bereit, die entsprechenden Beweise zu liefern.

Die Unterlagen, die ich aus Georgs Büro entwendet hatte, bewiesen zweifelsfrei, dass Victory wissentlich einen rechtlich belasteten Vermögenswert erworben hatte, der vertraglich bereits an uns verkauft war. Die Unterlagen offenbarten zudem komplizierte Insiderdetails, die Gruschka und MM den beiden geliefert hatten, zu deren Weitergabe sie aber gemäß der ausführlichen Vertraulichkeitsvereinbarung gar nicht befugt waren. Da es nicht sinnvoll war, diese Dokumente an die Medien zu verschwenden, und wir es für klüger hielten, unsere Munition nicht vor der Zeit zu verschießen, schwiegen wir und behielten diese Dokumente in der Hinterhand.

Von Morgan Stanley erfuhren wir, dass Victory eine Bankfinanzierung in Höhe von 30 Millionen Euro von Gruschka übernommen hatte. Das zeigte, dass sie finanziell gebunden waren. Von unserer Besprechung in Stumpfs Penthouse-Büro wussten wir auch, dass Gruschka und MM keinen Cent von Victory erhalten hatten. Wir hatten den Eindruck, wir hätten nach dem Gespräch mit Gruschka am Klippenrand von Acapulco nun eine solidere Rechtsgrundlage, falls die Sache vor Gericht endete. Unseren Anwälten zufolge waren die handschriftlichen Notizen aus Georgs Büro besonders nützlich. Unsere Aussichten, einen wesentlich höheren Verkaufspreis zu erzielen als den, den Ronny und Georg uns zunächst angeboten hatten, verbesserten sich.

Unterdessen gerieten die Banken von M+W Zander in Panik. Von den beiden Eigentümern des Unternehmens war einer eine verrufene, berüchtigte Heuschrecke und der andere ein Paar skrupellose Spekulanten, die Rückendeckung von einem russischen Oligarchen erhielten, der die europäische Unternehmenslandschaft aufmischte. Die Banken fürchteten, sie müssten mehr als 300 Millionen Euro an Krediten abschreiben. Die Unternehmensführung von M+W Zander war nervös und die Mitarbeiter verunsichert, weil sie um ihre Arbeitsplätze fürchteten. Das Management wusste nicht, wem es glauben sollte. Die deutsche Börsenaufsicht war alarmiert, weil die Veränderung der Kontrollmehrheit an M+W Zander bei einer seiner börsennotierten Tochtergesellschaften zu einer schmerzhaften Ausgleichszahlung in Höhe von 62 Millionen Euro an Minderheitsaktionäre führen konnte. Auf der anderen Seite wusste Victory, dass wir kein operatives Interesse an M+W Zander hatten oder ein weiteres Jahr damit verbringen wollten, den Konzern selber aufzuspalten. Unabhängig davon wusste Ronny, dass ich kampferprobt war und mich nicht geschlagen geben würde. Außerdem scheuten Georg und Ronny nicht vor einem langwierigen Rechtsstreit in neunstelliger Höhe zurück. Sie beschäftigten Dutzende erstklassiger Anwälte. Es ließ sich nicht hundertprozentig vorhersagen, ob das Rechtsurteil am Ende zu unseren Gunsten ausfallen würde, und ich verspürte nicht den geringsten Wunsch, die folgenden drei Jahre in Gerichtssälen zu verbringen.

Während der Auseinandersetzungen mit Gruschka und der Verhandlungen mit Victory waren meine Beziehungen zur Unternehmensführung von M+W Zander hervorragend. Ich wurde über jeden Schritt informiert, den Victory und Gruschka unternahmen. Ich hatte mit 13 Jahren auf dem Bau gearbeitet, kannte mich ein wenig im Ingenieurwesen aus und konnte schlichtes Deutsch reden. Georg und Ronny waren äußerst ruppig und flößten der Unternehmensführung Furcht ein. Gruschka mit seinem affektierten, besserwisserischen und weltläufigen Getue war bei M+W Zander die Witzfigur schlechthin. Mehrmals schwebte er per Hubschrauber auf dem Unternehmensgelände ein. Bei der ersten Landung seiner überdimensionierten Luftkutsche dachten die Mitarbeiter, irgendetwas Schreckliches sei passiert. Da hatten sie allerdings recht.

Wir hatten Gruschka und MM jedoch zu früh ausgezählt. Aller niederschmetternden Rückschläge zum Trotz gaben sie nicht auf. Gruschka, der fürchtete, entweder Victory oder wir würden ihn im Staub zurücklassen, hatte die Vermögenswerte von M+W Zander heimlich auf eine Schweizer Vorratsgesellschaft übertragen, die nun 30 Millionen Euro dafür haben wollte. Victory und wir lachten über dieses plumpe Manöver. Georg und Ronny begriffen endlich, was Gruschka und MM waren: lästige kleine Kläffer, die versuchen, in der Profiliga mitzuspielen. Wie konnten diese Typen ein Unternehmen an zwei separate Organisationen verkaufen, das sie zuvor bereits an eine undurchsichtige Schweizer Papierhülle mit beschränkter Haftung übertragen hatten? Diese beiden hatten eine sehr interessante Auffassung von allgemein akzeptierten Rechtsprinzipien.

Gruschka und MM wollten lieber 200 Millionen kassieren, anstatt sich auf einen bombensicheren Gewinn von 80 Millionen Euro zu einigen, und standen am Ende mit leeren Händen da. Mit Homm ist nicht gut Kirschen essen, und mit der unheiligen Dreifaltigkeit Ronny, Georg und Oligarch *Nummer 1* erst recht nicht. Victory und ACMH traten in echte Vertragsverhandlungen ein und platzierten Gruschka und MM in das obere Dezil unserer jeweiligen schwarzen Liste. Wir machten ihnen die Hölle heiß, und am Ende – welche Überraschung – blieben ihnen nur Tränen, Reue und heftige Kopfschmerzen.

Schließlich einigten wir uns mit Ronny und Georg. Ich habe nie erfahren, was mit der Gründerfamilie Zander passiert ist, die eine Minderheitsbeteiligung von 27 Prozent besaß. Sie hatte alternativ mit ACMH, Victory und Gruschka verhandelt und ein wenig zu oft die Seiten gewechselt. Sie war viel zu wechselhaft und unbeständig, als dass man ihr hätte trauen können. Angesichts der Natur des Geschäfts, um das es ging, und der Akteure, die daran beteiligt waren, nehme ich an, dass sie ausgebootet wurden. Georg Stumpf feuerte den CEO von M+W Zander. Ich überwies ihm eine Abfindung von 500.000 Euro von meinem Privatkonto als Anerkennung für seine treue Unterstützung und Loyalität. Georg, Ronny und Oligarch *Nummer 1* verbrachten in den folgenden Jahren viel Zeit und Geld mit der Abwehr von Straf- und Zivilprozessen in der Schweiz. Inzwischen ist Georg mit seiner Stumpf Gruppe alleiniger Eigentümer von M+W Zander. Gruschka und MM betreiben wahrscheinlich nach wie vor ihre zwielichtigen Geschäfte. M+W Zander lebt und scheint sich zu behaupten.

Natürlich war unsere Beteiligung an M+W Zander mehr wert als der Preis, den wir in einem geordneten Markt erzielten. Aber diese ganze Transaktion war einfach von Grund auf verseucht und umgeben von zwielichtigen sozialen Aufsteigern, Magnaten, einem Oligarchen, nervösen Bankern, berühmten Politikern, einem knallharten Hedgefondsmanager, Regulierungsbehörden, streitsüchtigen und launischen Minderheitsaktionären, möglichen Haftungszahlungen in Höhe von 62 Millionen Euro, endlosen Rechtskomplikationen und unausgesprochenen Drohungen hochgefährlicher Leute.

Am Ende verkauften wir unseren Anteile an M+W Zander unter Wert. Aber was soll's. Ich habe niemanden umgebracht. Menschen sterben, wenn sie erschossen werden, aber nicht, wenn sie 100 Prozent Gewinn in weniger als 18 Monaten erzielen.

10. LIBERIA

Für mich entscheidet sich die Menschlichkeit
unserer Welt am Schicksal Afrikas.
Horst Köhler

In meinen ersten Jahren bei ACMH wurde mir meine juristische Angreifbar-
keit immer deutlicher. Im Jahr 2001 musste ich eine Steuernachzahlung von
fünf Millionen Euro leisten. Eigentlich versuchte ich eher, Steuern zu vermeiden als Steuern zu hinterziehen, aber wie immer vollzog ich dabei einen
Drahtseilakt. Außerdem hatten die Finanzbehörden mein Schweizer Konto entdeckt, auf dem die Einnahmen aus dem Verkauf meiner Strandvilla im
französischen Médoc lagen. Die französischen Steuerbehörden hatten die
deutschen Steuerbehörden informiert. Ich wurde allerdings nie wegen Steuerhinterziehung angeklagt, weil ich nach dem Verkauf versäumt hatte, versteu-
erbares Einkommen anzugeben. Auf meinem französischen Konto hatten sich
inzwischen Unsummen angesammelt. Irgendwie hatte ich es völlig vergessen.
Ich hatte Glück, denn auf Steuerhinterziehung stehen in Deutschland leicht
zehn Jahre Gefängnis.

Eines der Unternehmen, auf die ich es abgesehen hatte, bereitete eine Klage
gegen mich vor, bei der es um vier Millionen Euro ging. Meine Maulwürfe informierten mich darüber, dass der Bezirksstaatsanwalt von München meine
Festnahme angeordnet hatte, sobald ich einen Fuß auf den Boden des Münchner Flughafens setzte. Die BaFin hatte mich wegen Aktienkursmanipulation
angeklagt, und der Staatsanwalt von Frankfurt warf mir Insiderhandel vor, eine Straftat, auf die eine Gefängnisstrafe zwischen ein und fünf Jahren und eine
Geldstrafe in Millionenhöhe steht. Meine Kinder waren Zielscheibe sehr re-
alistischer Entführungsdrohungen. Zwei aufgebrachte, durchgedrehte Inves-

toren hatten gedroht, meiner Mutter ernsthafte körperliche Verletzungen zuzufügen, falls ich sie nicht für ihre Verluste entschädigte. Ich besaß intensive Kontakte zum israelischen Geheimdienst Mossad, zum israelischen Waffenhersteller Rafael und zu hochrangigen Regierungsministern wie Schimon Peres. Ich stand auf allen Seiten unter Beobachtung.

Die Krönung war jedoch der Umstand, dass ich persönlich die Gelder eines deutsch-syrischen Geschäftsmanns verwaltete, der nicht nur in den größten Industrieskandal der deutschen Geschichte verwickelt war (der FlowTex-Skandal, der zu einem Verlust von vier Milliarden D-Mark führte), sondern einer Stiftung Geld gespendet hatte, die es Studenten aus dem Nahen Osten ermöglichte, an der Technischen Universität von Hamburg zu studieren. Das war die Uni, an der die Terroristen des 11. Septembers, Mohammed Atta und Marwan al-Shehhi, eingeschrieben waren, wenngleich sie nicht von meinem Kunden finanziert wurden. Eines Tages fand eine Razzia statt. Ein schwerbewaffnetes Sondereinsatzkommando für Wirtschaftsverbrechen stürmte das Luxemburger Büro von VMR, führte mehrere Führungskräfte in Handschellen ab und konfiszierte sämtliche Unterlagen und Computer. Wir wurden terroristischer Aktivitäten und der Geldwäsche für unseren Kunden, Osama bin Laden & Partner sowie die FlowTex-Gang verdächtigt. Diese Truppe versuchte, mich in die Enge zu treiben, indem sie meiner Frau eine Gefängnisstrafe androhte, weil sie sich in irgendeiner völlig unwichtigen Stellenbeschreibung als Wertpapieranalystin anstatt als Bankanalystin bezeichnet hatte. Das war so lächerlich wie lachhaft. Ich war 200 Prozent unschuldig, war aber ständig auf dem Quivive. Ich spürte meine Verwundbarkeit.

Neben den offenen Drohungen gab es zahllose Nebenrisiken: skrupellose Kunden, betrügerische Treuhänder, verstimmte Investoren und bösartige Partner und Mitarbeiter. Meine Wahlmöglichkeiten waren einfach. Ich konnte mich in den Ruhestand zurückziehen, kleinere Brötchen backen oder meine Risiken absichern. Da ich viel zu viel Geld verdiente und viel zu viel Spaß an meinem Geschäft hatte, um die Brocken hinzuwerfen, beschloss ich, die Herausforderung zu meistern, Immunität vor Strafverfolgung zu erlangen.

Zusammen mit Gold-Zack hatte ich die beiden Tennisturniere der ATP Challenger Tour in Aschaffenburg und auf Mallorca gesponsert. Ich liebte es, Tennisasse wie Yannick Noah, Boris Becker, Mats Wilander, John McEnroe und andere zu beobachten. Während des Turniers auf Mallorca wurde ich einem vorgeblichen deutschen Diplomaten namens Thorsten Schütze vorgestellt, der seinen Wohnsitz in Monte Carlo und Puerto de Andratx hatte. Thorsten charterte gelegentlich eines meiner Flugzeuge. Meistens kamen wir bei gesellschaftlichen Anlässen zusammen. Er war ein eher verschlossener und zurückhaltender Mensch.

Schließlich machte er mich mit Sir Thomas Bowden bekannt. Sir Thomas (alias Albert K., verurteilter Berufsverbrecher) versprach mir das Blaue vom Himmel. Anfangs arbeitete er daran, mir einen Posten als Sonderbotschafter von Argentinien zu verschaffen, aber dieses Vorhaben scheiterte kläglich. Dann versuchte er, mir einen Posten als litauischer WHO-Abgesandter in Genf zu besorgen. Als ich herausfand, dass sein Schlüsselkontakt eine Vorstandssekretärin der litauischen Botschaft in Madrid war, wurde ich skeptisch. Die Verleihung eines diplomatischen Postens und die diplomatische Akkreditierung sind komplizierte Rechtsvorgänge, mit denen seriöse protokollarische Verfahren und umfangreiche Formalitäten verbunden sind.

Kurz nach dem Ende des Bürgerkriegs reisten wir nach Liberia, aber auch bei diesem Versuch kam nichts heraus. Schließlich beschloss ich, die Medien und Behörden auf Albert und seinen Gefolgsmann Thorsten anzusetzen, nachdem sie versucht hatten, mich davon zu überzeugen, dass irgendwelches Briefpapier mit dem Briefkopf der UNESCO und irgendwelche Plastiknamensschilder einer diplomatischen Akkreditierung gleichkamen. Albert hatte das Honorar, das ich ihm für seine Bemühungen zahlte, für schicke Autos und leichte Frauen ausgegeben, wenngleich ich einen Teil des Geldes zurückerhielt. Mehrere Jahre später wurde er von Interpol geschnappt und landete im Gefängnis. Er hat einige sehr ernst zu nehmende Leute verärgert und täte gut daran, sich rarzumachen. Er verriet alle seine Kontakte, Zulieferer, Vermittler und Kunden, um eine kürzere Gefängnisstrafe auszuhandeln. Dabei versuchte er auch, mich mit hineinzuziehen, konnte aber keine Beweise für irgendwelche Verge-

hen meinerseits vorlegen. Ich hatte mehr als ein Jahr mit diesem verkomme-
nen Berufskriminellen verschwendet. Auf der anderen Seite hatte ich erfahren,
was dazugehört, um in den Genuss eines offiziell akkreditierten Diplomatenstatus zu kommen. Ich beschloss, auf weitere Abkürzungsversuche und schlei-
mige Vermittler zu verzichten und die Sache selber in die Hand zu nehmen,
und zwar richtig.

Mir gefiel die Vorstellung, Diplomat zu werden. In der Highschool wollte
ich zum Auswärtigen Dienst, aber mit Anfang 20 hatte ich erkannt, dass die
meisten Diplomaten nichts weiter waren als glorifizierte Bürokraten mit einem Haufen Privilegien, wenig Macht und einer armseligen Vergütung. Die
Aussicht, in einem Entwicklungsland etwas Konstruktives zu bewirken, war
dabei eine zweitrangige Überlegung – so etwas wie mein Job im Hochsicherheitsgefängnis von Walpole. Ich würde einen gewissen Kick mit nützlicher
Arbeit verbinden können. Gewiss war ich für einen diplomatischen Posten
qualifiziert. Ich wusste viel über Wirtschaft, Finanzen und die Dritte Welt.
Außerdem war ich in Politikwissenschaft bewandert und beherrschte mehrere Sprachen.

15.000 befreite amerikanische Sklaven besiedelten Liberia, indem sie sich in
den Jahren 1821 und 1822 dort niederließen. Sie wurden von Präsident Mon-
roe (nach dem die Hauptstadt Monrovia benannt ist) und der Amerikanischen
Kolonialisierungsgesellschaft finanziert. Die Kolonialisten übernahmen die
amerikanische Verfassung und führten das System der großen Südstaatenfar-
men ein, das heißt, sie versklavten einen Großteil der Urbevölkerung. Zwangs-
arbeit, was im Wesentlichen ein Euphemismus für Sklaverei ist, wurde in Liberia erst 1936 abgeschafft.

Ich beschloss, für Liberia zu arbeiten, weil mein Engagement dort die größte
Wirkung erzielen würde. Ich hatte mich mit Dr. Richard Tolbert, dem Sohn
des ehemaligen liberianischen Präsidenten William Tolbert, gut verstanden,
während ich noch in New York arbeitete. Richards Vater und 27 weitere Re-
gierungsmitglieder wurden 1980 von dem berüchtigten Samuel Doe hinge-
richtet. Das war der Zündfunke für den ersten größeren Gewaltausbruch, auf

den drei Bürgerkriege folgten, die insgesamt 14 Jahre dauerten und in deren Verlauf rund 300.000 Menschen – das entspricht zehn Prozent der Bevölkerung – ums Leben kamen. Als ich ein Jahr nach Ende des Bürgerkriegs Liberia als meine diplomatische Heimat wählte, lag das Land in Schutt und Asche, war äußerst instabil und hochgefährlich. In Liberia war das zu dem Zeitpunkt weltweit größte Kontingent an UN-Truppen stationiert.

Liberia war eine perfekte Wahl: Ein aufregendes, berüchtigtes und blutiges Chaos, das langfristig große Vorteile und die Chance bot, diplomatische Immunität auf höchster Ebene zu erhalten. Nachteile gab es keine. Im Jahr 2003 wurde ich bei Liberias Botschafter in Frankreich vorstellig und präsentierte meine Qualifikationen. Es dauerte ein Jahr, bis ich zum Kulturattaché ernannt wurde, und ein wenig länger, bis das französische Außenministerium meiner Ernennung zustimmte und ich bei der UNESCO akkreditiert war. Und was noch besser war: Es kostete mich keinen Cent. Alles, was man von mir erwartete, war harte Arbeit und messbare Ergebnisse. Ich habe die Erwartungen der liberianischen Regierung übererfüllt. Nach der Wahl von Ellen Johnson Sirleaf zur Präsidentin im Jahr 2005 wurden alle Scheindiplomaten aus den Rängen entfernt. Ich blieb, überlebte und prosperierte.

Ich habe in meinem Leben viele Konfliktgebiete und verarmte Gegenden gesehen, aber auf Liberia war ich nicht vorbereitet. 80 Prozent der Gebäude in Monrovia lagen in Schutt und Asche. Die gesamte Stadt war ohne Strom, mit der Ausnahme von einigen Notgeneratoren in den heruntergekommenen Regierungsgebäuden. Große und dicht bevölkerte Stadtviertel hatten weder Toiletten noch irgendwelche sanitären Anlagen oder ein Abwasserkanalsystem. Prostituierte boten ihre Dienste für umgerechnet 25 Cent an. Es grassierten Malaria und andere Krankheiten und der Drogenkonsum war immens. Nachts versank die gesamte Stadt mit mehr als einer Million Einwohner in pechschwarzer Dunkelheit. Ich traf einen ehemaligen Stammesführer und Warlord, der Parlamentsabgeordneter war und seine Feinde verspeiste, um sich unbesiegbar zu machen. Andere Warlords töteten unschuldige Kinder, rissen ihnen das Herz heraus und aßen es und tranken das Blut ihrer Feinde, bevor sie in die Schlacht zogen. Verglichen mit Monrovia war Walpole der reinste Country Club. Meine Reisen nach Liberia sind eine Lektion in Demut und machen mich dankbar für das privilegierte Leben, das ich bisher geführt habe. Liberianer, die keine fünf Cent in der Tasche hatten, aber trotzdem lachten und Späße machten, kurierten mich für Tage von meinem überhöhten Selbstbedeutungsgefühl.

Schrittweise erkannte ich die emotionale Rendite, die man mit Selbstlosigkeit und guten Taten erzielt. Tatsächlich beweisen elektronische Messungen, dass die Ergebnisse des »Gebens« eine fünfmal so hohe emotionale Befriedigung bewirken wie das Empfangen oder Nehmen. Auch Humor und Selbstironie bieten eine hohe Dividende. Menschen, die viel lachen, leben im Schnitt sieben Jahre länger als andere. Der Apostel der Gier und des Reichtums, der sich für einige der ärmsten und hoffnungslosesten Orte der Welt engagierte, schien mir damals ein etwas komisches Bild zu sein. Zwar wird man für einen Diamantenschmuggler oder Waffenhändler gehalten, wenn man jemandem erzählt, man arbeite für Liberia, aber meine Bindung an das Land und seine Menschen hat mir eine große emotionale Befriedigung verschafft.

Wohltätigkeit und Diplomatie wurden für mich zu Synonymen, da ich das Land seit 2003 repräsentiere und nicht einen Cent dafür kassiert habe. Mir meine Arbeit bezahlen zu lassen wäre ungefähr so, als würde ich einen Sozialhilfeempfänger bestehlen. Im Schnitt verdienen Liberianer 40 Dollar pro Monat – vorausgesetzt man gehört zu den 15 Prozent der Bevölkerung, die überhaupt Arbeit haben. 80 Prozent leben unterhalb der Armutsgrenze, das heißt, sie haben weniger als 1,25 Dollar täglich zum Leben. Liberia ist mit einem Pro-Kopf-Bruttoinlandsprodukt von 500 Dollar das viertärmste Land der Welt. Das entspricht knapp über einem Prozent des amerikanischen Pro-Kopf-Bruttoinlandsprodukts. Vor Samuel Does Militärputsch im Jahr 1980 war Liberia in vier aufeinander folgenden Jahrzehnten gewachsen. Liberia besaß nicht nur das größte Schiffsregister der Welt, sondern auch eines der wichtigsten Unternehmensregister. Liberia war ein Nettonahrungsmittelexporteur und ein wichtiger regionaler Führer in der Bergbau- und der Nutzholzindustrie, im Fischfang und der Landwirtschaft. Es wurde Klein-Amerika genannt.

Die United Methodist University ist die führende private Ausbildungsstätte des Landes. Ich hatte einen Lehrstuhl für Unternehmertum finanziert und für die besten drei Aufsätze über die unternehmerische Entwicklung in Liberia einen Preis von 6.000 Dollar ausgeschrieben. Es wurden mehr als 100 Beiträge eingereicht, von denen ich die 20 besten prüfte. Die Abhandlungen der drei Sieger hatten allesamt Harvard-Business-School-Niveau. Der hohe Standard der eingereichten Arbeiten verblüffte mich zutiefst, wenn man bedenkt, welch minimale Ressourcen den Studenten zur Verfügung standen und dass sie in einem kriegsgebeutelten Land aufgewachsen waren.

Bisher habe ich Liberias nationales Basketballstadion finanziert, das nach mir und meiner Exfrau benannt ist. Ich habe zum großen Teil den Bau des Liberia Renaissance Educational Complex finanziert, der bei Weitem die beste und modernste öffentliche Schule des Landes ist. Viele meiner Kunden und Kontakte haben ebenfalls Geld gespendet. Ich habe jahrelang mit zwei weiteren großzügigen Personen daran gearbeitet, Liberias Bemühungen in der UNESCO zu stärken und einen Großteil der Renovierung der liberianischen Botschaft in Paris finanziert. Außerdem habe ich für politische Parteien, Universitäten, religiöse Organisationen etc. gespendet. Insgesamt bewegt sich mein finanzielles Engagement für Liberia im unteren siebenstelligen Bereich, aber mir wurde gesagt, ich sei der größte private Geldgeber des Landes. Die liberianischen Bemühungen bei der UNESCO haben seit Beginn meines Engagements mehr als drei Millionen Dollar an Zuschüssen und Leistungen eingebracht. Der diplomatische Dienst leistet aufgrund der fähigen Experten in Paris und Monrovia mehr denn je.

Außerdem ist da der Liberia Renaissance Educational Complex, der auf eine Idee von Professor Dennis Harper zurückgeht, meinen ehemaligen Mathematiklehrer und Basketballtrainer an der Frankfurt International School. Dennis hatte mich bei ACMH kontaktiert und ein interessantes Konzept für die Gründung einer Reihe von elitären privaten Hochschulen in Westafrika vorgestellt. Vor Ausbruch des Bürgerkriegs hatte er in Liberia unterrichtet und als Trainer der liberianischen Basketballnationalmannschaft gearbeitet. Wir hatten viele gemeinsame Bekannte dort und beschlossen daher, dieses Projekt gemeinsam durchzuführen. Ich würde das Geld beschaffen und Dennis würde das Projekt managen. Die Idee lautete, in Liberia zu beginnen und das Konzept dann in andere, wohlhabendere westafrikanische Länder zu exportieren. Ich finanzierte Dennis' Recherchen aus eigener Tasche und willigte ein, eine Pilotschule aus eigenen Mitteln zu finanzieren.

Es dauerte ungefähr sechs Monate, bis es zum Eklat kam. Dennis ist ein hervorragender Wissenschaftler, ein ausgezeichneter Dozent und Wohltäter, aber er ist kein cleverer Geschäftsmann und versteht nichts von so praktischen Geschäftsangelegenheiten wie Kostenkontrolle, Budgets, Fundraising, Wettbewerbsausschreibungen, Mitarbeitergewinnung, Organisationsstrukturen und Korruption. Er ist viel zu nett, zu konfliktscheu und zu naiv, um dieses Projekt zu steuern. Er hatte von seinen Kumpels Land gekauft, das viel zu weit von der Hauptstadt entfernt war, einen inkompetenten Schuldirektor aus den USA angeheuert und für Unsummen einen halb kaputten Zaun errichten lassen. Ich hatte keine Wahl. Ich musste meinen ehemaligen Mathematiklehrer, Freund und Trainer bitten, zurückzutreten. Das Projekt drehte sich in erster Linie um Bildung und Ausbildung, nicht um Nettigkeiten und gesellschaftliche Konventionen. Für mich war das einfach eine weitere notwendige Restrukturierung, die nicht anders war als der Turnaround von Clinuvel oder Borussia Dortmund.

Nach seinem Rücktritt und der Neubesetzung des Verwaltungsrats mit kompetenten Leuten änderten wir umgehend den Fokus von einer schulgeldpflichtigen Privatschule in eine Schule, die ihre Schüler nach Leistung und Bedürftigkeit auswählen sollte. Für Kinder aus reichen Familien gab es andere Schulen. Wir wollten intelligente Kinder fördern, die eine Chance verdienten und deren Eltern sich eine höhere Ausbildung nicht leisten konnten. Wie üblich vermutete das Nachrichtenmagazin *Der Spiegel* finstere finanzielle Motive hinter meinem Engagement für Liberia. Doch selbst der einfallsreich ermittelnde Journalist Beat Balzli konnte keine Beweise für irgendwelche Vergehen meinerseits finden. Meine Akte in Liberia ist blütenweiß und rein.

Wir ersetzten den amerikanischen Schuldirektor und wählten als Baufirma ein erfahrenes und kosteneffektives liberianisches Unternehmen aus. Die Schule wurde beinahe termingerecht und mit minimaler Kostenüberschreitung fertig (keine leichte Aufgabe in Westafrika) und wurde von der Präsidentin des Landes, Lady Ellen Johnson Sirleaf, eingeweiht. Die Schule hat die Leben vieler Hundert armer liberianischer Kinder verbessert, die in einem Dritte-Welt-Land eine Erste-Welt-Schulbildung erhalten. Ich möchte der Präsidentin, Botschafter McKinley, dem Verwaltungsrat und Marcel und Olivia meinen aufrichtigsten Dank aussprechen. Ohne sie wäre dieses Projekt kein Erfolg geworden. Im Jahr 2013 soll die Schule den Liberianern übergeben werden. Die Liberia Renaissance Foundation wird noch für mehrere Jahre danach wichtige Ausrüstung zur Verfügung stellen, aber am Ende muss Liberia seine Zukunft selbst in die Hand nehmen. Die Schule muss von Liberianern für Liberianer geleitet werden. Das Land verfügt über fähige Führungspersönlichkeiten und Manager, und die sind klug genug, um die Führung zu übernehmen.

Als ich das Land zum ersten Mal besuchte, hatte die Hauptstadt weder Strom noch ein Kanalsystem. Es gab ein einziges Zwei-Sterne-Hotel. Überall grassierten Malaria und das Dengue-Fieber und Monrovia war ein äußerst unsicherer Ort. In den letzten drei Jahren hat Liberia jedoch ein kräftiges Wirtschaftswachstum erlebt. Präsidentin Johnson Sirleaf leistet hervorragende Arbeit. Sie ist die entschlossenste Frau, die ich jemals kennengelernt habe. Sie steht für alles, was an Liberia und der intelligenten Entwicklung Afrikas schätzenswert ist. Ich schätze mich glücklich, sie zu kennen. Unterdessen ist der größte Teil Monrovias wieder aufgebaut, die Bauindustrie boomt und das Land verzeichnet zum dritten Mal in Folge ein Wachstum von mehr als zehn Prozent. Ich freue mich, dass ich einen kleinen Beitrag zur Wiedergeburt des Landes leisten konnte, auch wenn Liberia in mancherlei Hinsicht ein verrückter Ort bleibt. Vielleicht ist das der Hauptgrund, weshalb ich mich so zu diesem Land hingezogen fühle.

TEIL V
NEBELWALD

11. Auf der Flucht

Ich fühle mich wie ein Flüchtling vor dem Gesetz des Durchschnitts.
Bill Mauldin (US-amerikanischer Cartoonist und Karikaturist)

Herbst 2007, Cartagena de Indias, Kolumbien

Ich hatte mir eine neue Identität verschafft, die Sicherheitsleute an den Flughäfen dazu bringt, nicht so genau hinzuschauen wie sonst, und gelangte mitsamt meinem gesamten Bargeld sicher von Spanien nach Kolumbien. Das Tolle daran, etwas nach Kolumbien einzuführen, ist, dass es ein Kinderspiel ist. Die meisten Menschen versuchen, Dinge aus Kolumbien hinauszuschaffen, und nicht umgekehrt.

Ich hatte bereits in Paris mit der Lektüre der Romane von Gabriel García Márquez begonnen, und das hatte schon früh mein Interesse an Kolumbien geweckt. Seit Anfang der Achtzigerjahre hatte ich Kolumbien viele Male geschäftlich bereist. Während meiner Zeit am College war Rodrigo (alias Rod-Man), der Sohn von García Márquez, mein Freund. Rodrigo war nach außen weich, aber innerlich sehr stark. Ich mochte ihn, weil er aufrichtig, echt und nie eingebildet war. Er ist fast so groß wie ich, stark und für seinen massiven Körperbau erstaunlich wendig. Ich lernte seinen Vater kurz in Harvard kennen und er erschien mir eine profunde, brillante und etwas zurückgezogene Persönlichkeit zu sein. Ich dachte mir damals, dass er offensichtlich nicht mit einem Lächeln auf den Lippen geboren war. Das wurde mir erst so richtig klar, als ich bei der Lektüre seiner fesselnden Memoiren *Leben, um davon zu erzählen* erfuhr, dass er bei seiner Geburt fast erstickte und mit Rum wiederbelebt wurde. Obwohl das Zusammentreffen nur kurz und er von vielen eifrigen Bewunderern umgeben war, hatte García Márquez so ein philanthropisches, allwissendes Funkeln in den Augen – er wirkte ein wenig wie »Der interessantes Mann der Welt« in der Bierwerbung von Dos Equis. Wie üblich verlor ich nach dem College den Kontakt zu Rod und wie vorherzusehen war, erschien er zu keinem einzigen Harvard-Treffen. Rod wurde ein erfolgreicher Fotograf, Regisseur und Filmemacher, und das trotz des überwältigenden Erfolgs und der literarischen Omnipräsenz seines Vaters. Überraschenderweise hat es Rodrigo dem allgemeinen Vernehmen nach geschafft, mitfühlend, sympathisch, neugierig und kritisch gegenüber sozialen Ungerechtigkeiten zu bleiben.

Die grandiosen Romane von Rods altem Herrn und meine lebhafte Fantasie bewirkten, dass Kolumbien mir immer als magischer, wilder Ort erschienen war. In Harvard besuchte ich mehrere Spanischkurse, um die Sprache zu erlernen. Ich stellte mir immer vor, ich würde eines Tages in Kolumbien leben. In den Achtzigerjahren und während des Großteils der Neunziger gab es für einen Ausländer nur zwei Möglichkeiten, das Land zu bereisen: entweder als armer Rucksacktourist oder als schwerbewaffneter und gut bewachter Mafioso. Während meiner Zeit in New York stellten Kundenbesuche in Kolumbien große Risiken dar. Sie waren ohne Weiteres vergleichbar mit den geschäftlichen Aktivitäten in Peru zur Blütezeit des Leuchtenden Pfads. Meine Geldwäscheaktivitäten führten mich nach Bogotá, wo sich der persönliche Sicherheitsschutz organisieren ließ und Totschläger und gepanzerte Fahrzeuge leicht zu bekommen waren. Als ich nach Medellín, Cali, an die gottverlassene Pazifikküste und in das Kaukatal reiste, wurde ich zu einem Tourist ohne Mittel und Bedeutung. Barranquilla, Santa Marta und die Sierra Nevada waren fest in der Hand der Guerilla. Für Gringos war es äußerst gefährlich, diese Gegenden zu bereisen. Glücklicherweise wollten mich meine Kunden im schönen Cartagena treffen, das von den Konflikten weitgehend verschont blieb.

Die Gegensätze in Kolumbien könnten nicht größer sein. Das Land hat historische Persönlichkeiten und epische Schriftsteller wie García Márquez hervorgebracht, aber auch Drogenbarone wie Pablo Escobar und die berüchtigte Kokainkönigin und ehemalige Miss Kolumbien, Angie Sanclemente. Kolumbien ist größer als Spanien, Frankreich und Portugal zusammen. Es hat Wüsten und imposante Bergketten, Amazonaswälder und hochproduktives Agrarland auf verschiedenen Höhen. Es ist das einzige südamerikanische Land, das über zwei Küsten verfügt – die Pazifik- und die Karibikküste. Es ist der größte Kokainexporteur, aber auch der drittgrößte Kaffee- sowie der größte Schnittblumenexporteur weltweit. Kolumbien verfügt über reiche Mineralvorkommen, wie zum Beispiel Kupfer und Nickel, und besitzt große Silber- und Goldvorkommen. Kolumbianer sind um ein Vielfaches freundlicher als irgendein Volk in Europa oder Nordamerika. Sie erkennen schneller, wenn ihnen jemand ein X für ein U verkaufen will, und weisen Leute, die ihnen etwas vormachen, schonungslos in ihre Grenzen. Kolumbien verfügt über eine größere Pflanzen- und Tierwelt pro Flächeneinheit als jede andere Nation der Erde. Mehr als 2.000 Vogelarten und mehr als 3.000 Orchideenarten sind in Kolumbien zu Hause.

Von den letzten 200 Jahren befand sich das Land 170 Jahre im Krieg mit seinen Besetzern oder mit sich selbst. Das hat natürlich Spuren in der nationalen Psyche hinterlassen. Mehr als vier Millionen Einwohner wurden aufgrund von Bürgerkriegen, Guerilla- und Drogenkriegen vertrieben. Damit rangiert Kolumbien im weltweiten Vergleich gleich hinter dem Sudan mit 4,5 Millionen Vertriebenen. Die US-Intervention hat eine positive Wirkung gehabt. Ich habe mit Dutzenden von Kolumbianern in Regionen gesprochen, die zu den wichtigen Produzenten von Kokain und Ganja gehören. Sie alle sagen, sie hätten jetzt zwar weniger Geld als vorher, ihnen sei die relative Ruhe, die sie jetzt genössen, aber wichtiger. Viele weigern sich allerdings, in die USA zu reisen, weil sie von den Einreisebehörden wie Schwerverbrecher behandelt werden. Andere sind erzürnt, weil die USA die Marihuanaanbauer in Kolumbien schwer bestrafen, während Marihuana in vielen amerikanischen Bundesstaaten zur medizinischen Behandlung frei verfügbar und erlaubt ist. Unabhängig davon hat der Krieg gegen die Drogen die Guerillas geschwächt und die Gewaltkriminalität gesenkt, vor allem Entführungen und Mord. Auf der anderen Seite hat das kolumbianische Militär völlig über die Stränge geschlagen. Unter anderem ermordete das Militär rund 5.000 völlig unschuldige Bürger und steckte sie in Rebellenuniformen, um Kopfgeldprämien, Beförderungen und zusätzlichen Urlaub zu kassieren. Natürlich werden in Kolumbien immer noch in großem Stil Drogen angebaut. Eine Unze Marihuana erstklassiger Qualität kostet weniger als fünf Dollar und ein Gramm fast reines Kokain ist für kaum drei Dollar zu haben – verglichen mit 300 Dollar respektive 100 Dollar, die man für dieselbe Ware in Frankfurt zahlen muss. Ich schätze, dass der Anteil des Drogenhandels an der Wirtschaftsleistung des Landes in den letzten 15 Jahren von 37 auf 23 Prozent gesunken ist. Trotz allem war Kolumbien bei meiner Ankunft immer noch kein Land für nervenschwache Menschen, selbst nach den erheblichen Verbesserungen, die erzielt wurden, seit Álvaro Uribe im Jahr 2002 zum Präsidenten gewählt wurde. Selbst heute bleibt Kolumbien ein schizophrenes Land. Liebe, Hass, Menschlichkeit und Brutalität sind alle Kinder derselben Familie, die ständig um die Oberhand kämpfen.

Niemand würde vermuten, dass ich ausgerechnet nach Kolumbien gehen würde. Das Land wird weitgehend von den USA kontrolliert, wo ich juristisch betrachtet eine *Persona non grata* bin. Nur Insider wussten, dass weite Teile Medellíns, Bogotás und Cartagenas inzwischen völlig sicher waren, vor allem im Vergleich mit den weiter nördlich gelegenen mörderischsten Nationen der Welt: Honduras, El Salvador und Guatemala. Niemand – nicht einmal meine Exfrau – wusste, dass ich noch gute Verbindungen in Kolumbien besaß. Gewiss würde nur ein Psychopath in Lateinamerikas mörderischem Nervenzentrum leben wollen, nachdem er weniger als ein Jahr zuvor nicht weit davon entfernt, in Caracas, der Hauptstadt Venezuelas, beinahe erschossen worden wäre. Ich musste jedoch untertauchen. Mein Foto ging um die Welt, zumindest an den Orten, an denen es Menschen gibt, die englischsprachige Finanzzeitungen lesen und Bloomberg oder CNN-Nachrichten sahen. Ich musste sicherstellen, dass mich amerikanische und europäische Urlauber nicht erkannten.

Mein plötzliches Verschwinden, gefolgt von dem Zusammenbruch der ACMH-Aktie, würde mit Sicherheit zu Ermittlungen an der Londoner und Frankfurter Börse wegen möglicher Manipulationen führen. Mafiosi, Gangster und Detektive waren mir auf den Fersen. Ich hatte neben meinem neuen Namen auch über plastische Chirurgie nachgedacht. Der Gedanke war allerdings lächerlich. Ich war mir sicher, dass ich alle juristischen Herausforderungen meistern konnte, falls ich mich ihnen stellen musste. Das war mir zuvor schon einige Male gelungen. Meine Verteidigung würde beeindruckend und sehr umfassend sein und viele andere Schiffe mit in den Strudel reißen.

Auf der anderen Seite erschien es mir alles andere als erstrebenswert, ein Drittel meines verbleibenden qualitätsvollen Lebens in Gerichten zu verbringen und dabei mich und mein schwindendes Vermögen gewaltigen Risiken auszusetzen. »Will ich recht behalten, aber zehn meiner besten verbleibenden Lebensjahre damit verbringen, dies in einem langwierigen Rechtsstreit zu beweisen und dabei zu riskieren, erschossen oder eingesperrt zu werden, oder will ich jetzt, solange ich noch relativ jung bin, ein gutes Leben leben?«, fragte ich mich. Die Antwort lag auf der Hand.

Cartagena wurde 1533 von den Spaniern kolonialisiert und konkurriert mit Havanna um das beste Beispiel für spanische Kolonialarchitektur in der Karibik. Die Stadt ist ein Juwel. Neben der äußerst beeindruckenden Festung San Felipe gibt es eine großartige Kathedrale, eine prächtige historische Stadtmauer sowie zahlreiche Klöster, andalusische Paläste und Plätze. Der Strand ähnelt dem von Miami, die Frauen sind unkompliziert, wunderschön und wissen, wie man sich vergnügt. Das Umland ist sehr malerisch und vielfältig. Nicht weit von der Stadt entfernt erhebt sich mit der Bergkette Sierra Nevada de Santa Marta das höchste Küstengebirge der Welt. Cartagena ist aufgrund seiner äußerst wachsamen und hilfsbereiten Tourismuspolizei erstaunlich sicher. Außerdem verfügt die Stadt über mehrere größere Banken, die in der Lage sind, diskretes Private Banking zu betreiben. Und das Beste von allem: Den Einwohnern waren globale Kapitalmarktentwicklungen völlig egal.

Giorgio hatte vorab für vier Wochen eine Kolonialvilla mit sechs Schlafzimmern, einem Swimmingpool, einem herrlichen Innenhof, überdachten Bogengängen und einer großzügigen Dachterrasse mit einem großen Jacuzzi und einem wunderbaren Ausblick gemietet. Die Unterkunft in einem Hotel oder Restaurantbesuche kamen nicht in Frage. Hotels hätten eine Kopie meines falschen Passes gewollt. Das Risiko, erkannt zu werden und mein Foto hinterher in der weltweiten Finanzpresse wiederzufinden, war einfach zu groß. An allen besser sortierten Zeitungsständen wurden die *Financial Times*, das *Wall Street Journal* und sogar deutsche Tageszeitungen verkauft. Giorgio sorgte dafür, dass wir einen Vollzeit-Privatkoch hatten, der kein Wort Englisch sprach, und zwei Indio-Hausmädchen, die dafür sorgten, dass die Villa stets picobello sauber war. Ich musste mindestens zwei Wochen abtauchen und mich rarmachen, bevor ich die Stadt genießen konnte, und hielt mich mit Schwimmen, Lesen und alten Filmklassikern auf dem TV-Filmkanal bei Laune.

»Auf der Flucht« bin ich im juristischen Sinne nicht. Ich war von 2006 bis Frühjahr 2012 in Paris gemeldet und wurde offiziell auf der UNESCO-Webseite als Mitglied gelistet. Folglich war ich über die Botschaft und die liberianische UNESCO-Delegation erreichbar. Zudem war ich durch meinen Anwalt, dessen Daten auf meiner Pressemitteilung vom September 2007 standen, kontaktierbar. Es gab und gibt in keinem Land der Welt einen Haftbefehl gegen mich. Ich bin nicht vor dem Gesetz davongelaufen und tue es auch jetzt nicht. Die Ermittlungen der Börsenaufsicht in London und Frankfurt haben keine strafbaren Handlungen ergeben. Ich habe gehört, dass eine Anklage im Rahmen des RICO Act – ein amerikanisches Bundesgesetz zur Bekämpfung des organisierten Verbrechens – fallen gelassen wurde. In Kontinentaleuropa gibt es einige rechtliche Probleme, die aber lösbar sind. Ein Flüchtling kann aber auch auf der Flucht vor einer subjektiv empfundenen Bedrohung seiner Freiheit, seines Lebens und seines Vermögens sein. Ein Flüchtling kann auch vor Verantwortung, Konflikten oder vor sich selbst davonlaufen.

Im Verlauf meiner Karriere bin ich zahllosen Leuten auf die Füße getreten. Ich hatte den Verdacht, dass mich einige der 3.000 ACMH-Kunden möglicherweise verklagen oder mir unangenehme Zeitgenossen auf den Hals hetzen könnten. Die Wahrscheinlichkeit, dass zumindest einige unserer schwerreichen Kunden ihr Vermögen auf nicht ganz legale Weise erworben hatten und auf Rache sannen, war hoch.

Ich hatte es geschafft, Gazprom gegen mich aufzubringen. Gazprom ist der größte Energiekonzern der Welt und das Kronjuwel der russischen Wirtschaft und Regierung. Auf der Hedgefondskonferenz der Deutschen Bank in Moskau hatte ich als einer der Hauptreferenten den Konzern öffentlich angegriffen. Anschließend gab ich der *Moscow Times* ein Interview, in dem ich Gazproms übliche Aktionärspraktiken anprangerte. Die Geschichte wurde in der *New York Times* gedruckt. *Die Wirtschaftswoche* stellte daraufhin die Vermutung an, die russische Mafia versuche, mich aus dem Weg zu schaffen. Ich hatte Oligarch *Nummer 2*, einen großen Waffenhändler, dem Kontakte zum KGB nachgesagt werden, vor den Kopf gestoßen, indem ich mich im Jahr 2007 nach intensiven Gesprächen in Moskau weigerte, seine Vermögensmanagementgesellschaft zu kaufen. Außerdem hatte ich mich nicht nur mit den österreichischen Kumpanen von Oligarch *Nummer 1* angelegt, sondern kurz vor meinem plötzlichen Abgang massive Leerverkaufsattacken gegen die großen europäische Holding-Gesellschaften Oerlikon und Sulzer von Oligarch *Nummer 1* mitorganisiert.

Ich hatte mir mit Erich Sixt, dem Chef der gleichnamigen Autovermietung und eines Gebrauchtwagenimperiums, eine heftige und hässliche Schlacht geliefert. Meine Kontakte zu einem berüchtigten deutsch-syrischen Geschäftsmann waren den Geheimdiensten bekannt, so wie auch meine Zusammenkünfte mit Schimon Peres und meine Kontakte zum israelischen Waffenhersteller Rafael.

Ich war mir nicht sicher, wie Hakki Simsek, der deutsch-kurdische Eigentümer des Berliner Luxusbordells Artemis reagieren würde, wenn er erfuhr, dass ich seine ehrgeizigen Wachstumspläne nicht länger finanzieren würde. Ich hatte marokkanische Gangster in Mallorca zur Räson gebracht und den Verdacht, dass ein besonders rachsüchtiger Kunde einen Auftragsmörder auf mich angesetzt hatte.

Ich hatte und habe Feinde. Einige von der schlimmsten Sorte. Mein Leben könnte durchaus in Gefahr sein. Und das waren nur die Feinde, von denen ich wusste. Von unzuverlässigen Quellen erfuhr ich, dass das Gerücht kursierte, es sei eine große Sonderkommission aus FBI und der amerikanischen Börsenaufsicht SEC gebildet worden, um mich anzuklagen und ins Gefängnis zu bringen. Ich sehe meinen plötzlichen Rückzug aus dem öffentlichen und privaten Leben eher als ein notwendiges, selbst auferlegtes Exil. Ich bin nie vollständig untergetaucht, da ich mit einigen früheren Freunden regelmäßig in Kontakt stehe. Ich habe in öffentlichen Gerichtsverhandlungen als Zeuge ausgesagt. Ich habe meine Arbeit als Diplomat fortgesetzt und mich mit mehreren Menschen aus meiner Vergangenheit getroffen. Außerdem hatte ich regelmäßig Kontakt zu ehemaligen Kollegen von ACMH und anderen Geschäftspartnern. Ich habe mich dafür entschieden, ein privates, zurückgezogenes Leben zu führen und mein Vermögen und mich zu schützen. Und ich habe mein Netzwerk von 10.000 auf weniger als zehn Personen verkleinert.

Der Hauptgrund für dieses Undercover-Dasein war jedoch, dass ich Abstand und das Alleinsein brauchte, um einen Sinn in meinem Leben zu finden. Ich wollte bestimmen, mit wem ich wann, wo und unter welchen Umständen zusammentraf. Ich wollte nicht mehr länger für jeden verfügbar sein, nicht mehr für Journalisten, ehemalige Kollegen und Geschäftspartner, ja nicht einmal mehr für meine Familie. Ich wollte alle Verantwortung abschütteln und jede einzelne Stunde meiner Existenz selber bestimmen.

Mein großer Strategieplan, der auf Neckos Leben basierte und den ich in meinen Jugendjahren entworfen hatte, hatte nicht funktioniert. Ich habe im Sport, im Studium und im Aufbau eines Vermögens Herausragendes geleistet, aber die Sucht nach Anhäufung bedeutete, dass ich nach einem Gefühl der Vollständigkeit oder Befriedigung strebte, das ich niemals erreichen konnte. Mein Traum, eine dynamische, nachhaltige und hochprofitable Vermögensmanagementgesellschaft aufzubauen, die auch ohne mich prosperieren würde, ist jämmerlich gescheitert. Allerdings war ich darauf vorbereitet gewesen, auf dem Pfad zu finanzieller Macht und Größe alle Fehler dieser Welt zu begehen, auch wenn ich unterwegs das dumpfe Gefühl hatte, dass mich dieser Weg am Ende nicht glücklich machen würde. Vielleicht wusste ich es sogar, aber ich ging ihn trotzdem. In diesem Punkt liegt die eigentliche Tragödie meines manischen Verhaltens.

Ich betrachtete die Finanzkrise und konnte nicht anders, als in diesem Zusammenbruch die Widerspiegelung meines eigenen Absturzes zu erkennen.

Der Kapitalismus nährte sich aus sich selbst heraus, geriet außer Kontrolle und legte alle seine destruktiven Tendenzen offen. Das kapitalistische System erstickt an seinen eigenen Exzessen, korrumpiert von den mächtigen industriellen, medialen, militärischen und finanziellen Kräften. Die Politiker spielten mit, um ihre Macht und ihren persönlichen Gewinn zu maximieren, und schreckten dabei nicht davor zurück, die Wirtschaftsdaten zu manipulieren und die Bilanzen zu fälschen – genau wie Enron. Das Wertesystem begann zu verkommen, wobei die daraus resultierenden Verzerrungen von Exzessen getrieben wurden, für die es keine selbst auferlegten oder externen Schranken gab. Die Ordnungshüter ließen sich kaufen und gründlich korrumpieren. Die Rahmenbedingungen sind so angelegt, dass diejenigen am meisten profitieren, die die Macht und die Mittel besitzen, alles zu manipulieren. Mein eigenes Wertesystem begann irgendwann zu bröckeln, bis es schließlich ganz zusammenbrach. Allerdings kannte ich schon als Kind kaum ein solides Wertesystem. Meine jugendlichen Werte wurden von bourgeoisem Ehrgeiz und Materialismus zerstört. Erst nach dem Absturz erkannte ich, welche Werte dauerhaft und wirklich befriedigend sind.

Hätte die USA den Goldstandard – das heißt, ihr Wertsystem – nicht abgeschafft, wäre sie heute nicht der größte Schuldner der Welt. Das Wertsystem vor der Großen Depression war auf ähnliche Weise außer Kontrolle geraten und implodierte schließlich. Ob wir über eine Regierung oder ein Individuum sprechen, die gefährliche Besessenheit von Reichtum und schrankenlosem Kapitalismus führt immer zu Exzessen, gefolgt von schweren finanziellen Erschütterungen und einer Repression. »Wie können wir Wachstum, Zufriedenheit, Gesundheit und Wohlstand für alle, und nicht nur für eine kleine Elite schaffen?« und »Hinterlassen wir unseren Kindern und Enkeln einen besseren Ort mit einer besseren Zukunft?« sollten unsere wichtigsten Anliegen sein.

Meine Mutter sagt mir, ich zahle nun den Preis für das Leben, das ich gewählt habe, und natürlich hat sie recht. Ein halbes Jahrzehnt in Abgeschiedenheit und ohne Familie und Freunde tut weh. In Europa und Panama ist eine hohe Belohnung auf meinen Kopf ausgesetzt und weltweit jagen mich alle möglichen Ganoven.

Während ich versuchte, immer größere und härtere Schläge abzuwehren, ist mein Fell immer dicker geworden, bis es irgendwann meinen inneren Kern überwuchert und mich beherrscht hat. Ich hatte mich fühlbar von meinem eigenen besseren Ich entfernt. Ich kam bei einem bewaffneten Angriff nur knapp mit dem Leben davon, und nach der Trennung von meiner Seelengefährtin Susan wurde mein Leben zunehmend sinnlos. Mein Arbeitsleben war nichts als eine immer höher werdende Wand aus Frustration und Ärger; meine gesamten Wachstunden verbrachte ich mit bösartigen, feigen Parasiten, die mich ständig von hinten angriffen. Ich wusste, dass sich das nicht ändern würde, solange ich blieb. Weder würde der endlose, mühselige Kampf gegen Schwäche, Mittelmaß und Inkompetenz großer Teile der Belegschaft jemals enden, noch die Notwendigkeit, sich vor der ständigen Zuspitzung der Situation zu schützen. Außerdem gab es wachsende Anzeichen für meine eigene Verkommenheit und meine physische und geistige Degenerierung. Alle meine Anker waren verschwunden. Die Mission war gescheitert, und ich war zutiefst desillusioniert.

Peng.

Auf Nimmerwiedersehen, Markt.

*

Abgesehen von dem Wissen, dass ein völliger Bruch mit meiner Vergangenheit unvermeidlich war, hatte ich damals keine Antwort auf die Frage, was ich anders machen könnte. Ich würde experimentieren und tief schürfen müssen, um Lösungen zu finden, und während dieses Prozesses wollte ich möglichst wenig Störung und Ablenkung haben. Ich hatte vergessen, wie man lacht. Ich nahm mich selber viel zu ernst. Ich wollte wieder Spaß haben und Fliegenfischen in Slowenien, auf dem Gardasee segeln, in einer Kolonialvilla in Cartagena de Indias Romane von García Márquez lesen, sechs Stunden im Louvre verbringen, in Belize tauchen, an den Stränden des Médoc joggen, auf der Chinesischen Mauer spazieren gehen, nobel in Maharadscha-Palästen logieren, großartige Burgunder verkosten und in der Toskana wandern, ohne jeden Tag 300 Anrufe zu erhalten. Und ich wollte all das alleine machen. Ich war von mir selber angewidert und von vielen Menschen, die mich umgaben, enttäuscht. Ich hatte keine Energie für andere übrig, nicht einmal für meine Familie.

Es lauerten allerdings echte Gefahren für mein Vermögen, meine Freiheit und auch meine Gesundheit. Ich war mir ziemlich sicher, dass ACMH mich für seine wahrscheinliche Pleite verantwortlich machen würde, anstatt selbst die Verantwortung für die eigenen Schwächen und Fehler zu übernehmen. Angesichts der streitsüchtigen Natur unserer Branche machte ich mir Sorgen, dass die Lügen meines ehemaligen Arbeitgebers zu Gerichtsprozessen, regulatorischen, zivilen und möglicherweise sogar zu strafrechtlichen Verfolgungen führen würden. Ich glaubte, meine Exfrau würde mich unter Einsatz von Privatdetektiven rund um den Globus jagen, nachdem ihre beträchtlichen Aktienanteile an ACMH nach meinem Abgang nur noch ein Almosen wert waren.

Der wahrscheinlich wichtigste Grund für meinen Ausstieg war meine düstere Einschätzung der Marktperspektiven. Alle verlässlichen Indikatoren, denen ich vertraute, signalisierten einen Zusammenbruch der Märkte. ACMH war es nicht gelungen, erstklassige Profis anzuheuern. ACMH brauchte erprobte Geldmacher, die in Bullen- und Bärenmärkten hohe Renditen erzielen konnten, langjährige Erfolgsbilanzen aufwiesen und in der Lage waren, außerhalb der eingefahrenen Gleise zu denken, wie zum Beispiel Kyle Bass von Hayden Capital, der 2008 und 2009 ein Vermögen mit dem Leerverkauf des amerikanischen Immobilien- und Bankensektors verdient hat. Wir brauchten große und radikale Querdenker, die auf Basis ihres überlegenen Wissens herausragende, ungewöhnliche Ideen und Konzepte entwickelten, und kein leeres Maklergeschwätz. Meine Leerverkaufskonzepte im amerikanischen Prime-Hypothekensektor, die ich einige Monate vor meinem Ausstieg entwickelt hatte, wurden von unserem Research-Verantwortlichen, einem soliden, aber fantasielosen Analysten, nicht weiterverfolgt. Im Jahr 2007 führte ich mit einem halben Dutzend hochkompetenter Händler Bewerbungsgespräche. Keiner von ihnen akzeptierte JRs lächerliches Vergütungspaket. Sie forderten ein 200 Millionen Dollar schweres Portfolio und 50 Prozent der Performance Fees. JR bot weniger als die Hälfte. Als Folge konnten wir keinen der dringend benötigten Superstars gewinnen, die ACMH auf die nächste Stufe des Erfolgs hätten heben können. Die meisten unserer Long/Short-Manager waren nichts anderes als glorifizierte Long-Only-Investmentfondsmanager. Die Unternehmensführung war naiv und hatte von Leerverkauf keine Ahnung. Sie hatten noch nie in abwärts tendierenden Märkten Geld verdient. Ich habe meine besten Renditen in chaotischen Märkten erzielt, aber Antonio Porsia und Sascha Wassmer reichten nicht aus, um die Milliarden in unseren Portfolios abzusichern und entsprechend zu vermehren. Man kann einfach nicht erwarten, mit einer Amateurmannschaft die Champions League zu gewinnen. Natürlich war es zum größten Teil mein Fehler, 20 Prozent der Aktiva 2007 in weniger liquiden Wertpapieren zu halten. Hier trage ich eindeutig einen Teil der Schuld. Mindestens 80 Prozent unserer Manager würden jedoch niemals eine schwere Marktkorrektur meistern, von einem größeren Börsendebakel ganz zu schweigen. Ich hatte kein Interesse daran, ohnmächtig die Agonie und den Niedergang des Unternehmens mitzuerleben, weil mir ignorante Führungskräfte und Verwaltungsratsmitglieder die Hände auf den Rücken gebunden hatten. Es war viel besser, wenn ACMH die Portfolios auflösen und den Investoren so schnell wie möglich ihr Geld zurückgeben würde. Was hätte ich davon gehabt, unter diesen Umständen weiterzumachen? Ich hatte mehr große internationale Investmentauszeichnungen gewonnen als jeder andere deutsche Fondsmanager, und ich war solvent. Es gab nichts mehr zu erreichen.

Ich hatte mich meiner familiären Verantwortung entzogen, weil ich ausgebrannt und nur auf mich selbst konzentriert und überdies erheblichen Gefahren ausgesetzt war, während die Kerzen auf beruflicher Ebene von beiden Seiten abbrannten. Ich hatte meiner Exfrau Anfang 2006 die alleinige Erziehungsgewalt übertragen und auf alle Rechte verzichtet, meine Kinder jemals ohne ihre ausdrückliche Zustimmung wiederzusehen. Ich war allerdings auch nicht in der Lage, irgendeinen bedeutsamen Beitrag zu ihrer Erziehung zu leisten. Susan hatte jedes Vertrauen in mich verloren und ging bereits mit anderen Männern aus. Ich hatte zu viel Blut vergossen und die letzte Glaubwürdigkeit, die ich noch als Vater und Ehemann hatte, zerstört. Zum ersten Mal in meinem Leben empfand ich so etwas wie echtes Bedauern, vielleicht sogar

Schuld. Susan und die Kinder waren mehr als ein Jahr zuvor nach Florida gezogen. Ich war für immer und ohne Aussicht auf Begnadigung dazu verurteilt,
im Nebel und der Einsamkeit des Geldes zu leben. Nichts hielt mich noch auf
Mallorca.

Ganz gewiss würde ich auf absehbare Zeit nicht in die USA gehen, dem Mekka
der Inhaftierungen, der Gerichtsprozesse, der militärischen Aggression, des
Übergewichts, der Verschuldungssucht und eines übermächtigen und allgegenwärtigen Staates, nur um meinen Kindern näher zu sein und weitere 20
Millionen Dollar in Susans Schatzkiste zu deponieren. Es war besser, unterzutauchen und neu zu beginnen. Unabhängig davon bleibt jedoch die Tatsache
bestehen, dass ich vor meinen väterlichen Pflichten weggelaufen bin. Ich war
ein Feigling und hatte den Weg des geringsten Widerstands gewählt.

Und ich würde mich gewiss auch nicht zur Übungszielscheibe für Auftragsmörder, Prozessanwälte, Erpresser, Strafbehörden und skrupellose Kunden
machen. Bei meiner Scheidung hatte ich mehr als zwei Drittel meiner Aktien sowie die Aktien verloren, die ich an den Fonds übertragen hatte. Da ich
kein Vertrauen in die Überlebensfähigkeit von ACMH hatte – mit mir oder
ohne mich –, würde ich meine Zeit viel besser damit verbringen, die Rendite meines persönlichen Portfolios zu optimieren. Ich wies meinen Treuhänder
Diego an, ausschließlich Schweizer Franken, Gold und erstklassige langfristige Staats- und Unternehmensanleihen zu kaufen. Wäre ich noch bei ACMH
gewesen, wäre das meine Empfehlung an alle Fondsmanager gewesen. Unter
keinen Umständen durfte Diego irgendwelche Aktien, Kapitalbeteiligungen
oder Hedgefonds kaufen oder besitzen.

Ab dem Zeitpunkt meines Ausstiegs bis Mai 2008 war meine Urteilskraft
reichlich getrübt. Ich konnte nicht zwischen echten und imaginären Gefahren unterscheiden und bewegte mich oft am Rande einer Paranoia im Frühstadium. Nachts trug ich eine Sonnenbrille und einen Borsalino, ließ mir einen Bart wachsen und verhielt mich merkwürdig. Ich hatte mehr Ähnlichkeit
mit einem Capo der sizilianischen Mafia als mit einem deutschen Finanzinvestor. Meine beinahe täglichen Bong-Sessions mit Giorgio trugen auch nicht

gerade dazu bei, den Nebel in meinem Hirn zu lichten. Ich stellte einen Leibwächter ein – Ernesto, ein rücksichtsloser, unangenehmer Typ. In den Achtziger- bis Anfang der Neunzigerjahre war er Feldwebel der Los Pepes[12] gewesen. Den Los-Pepes-Schwadronen wird nachgesagt, Hunderte von Familienmitgliedern, Partnern und Freunden von Pablo Escobar ermordet zu haben. Ernesto war ein vom Scheitel bis zur Sohle fieses Subjekt. Er stand auf *Putas*, gab mit seiner protzigen Uhr an und spielte ständig mit seiner halbautomatischen Ruger herum.

Ich hatte das Gefühl, es sei das Beste, abzuwarten, bis sich die Aufregung ein wenig gelegt hatte, und Informationen zu sammeln, bevor ich meine Visage an einem meiner früheren Aufenthaltsorte zeigte. Es gab nicht die geringsten Zweifel, dass Detektive und Totschläger hinter mir her waren. Die Spezialisten, die ich zu meinem Schutz angeheuert hatte, lieferten unwiderlegbare Beweise dafür. In zahlreichen Orten versuchten Leute, mich zu liquidieren. Glücklicherweise waren meine Feinde, die mich in Alicante, Zürich, Prag, Rom, Monrovia, Paris und Wien wähnten, weit weg von meiner neuen Heimat.

Ohne bedeutsame Freunde und anspruchsvolle Gespräche wurde ich zudem äußerst oberflächlich. Ein großer Appetit auf Gelegenheitsabenteuer, antike Möbel und Nachbildungen sowie eine Wohnung in Bogotá boten mir einigermaßen Ablenkung, aber nach einem Jahr hatte ich es immer noch nicht geschafft, eine zufriedenstellende Dauerbegleitung zu finden.

Dann lernte ich Patricia kennen, und zwar über meinen jüdisch-kolumbianischen Immobilienmakler. Sie wurde zu meiner Hauptanwältin, die sich um meine Immobilieninteressen kümmerte. Außerdem war sie Präsidentin von mehreren meiner Holding-Gesellschaften. Sie war Mitte 30 und bereits vollwertige Partnerin einer prominenten Anwaltsfirma. In dieser Funktion betreute sie die vermögendsten Investoren und war in börsennotierte und private Investments in Süd- und Nordamerika involviert.

---

[12] Wörtlich: *Los Perseguidos por Pablo Escobar* – die von Pablo Escobar Verfolgten. Dabei handelt es sich um ehemalige Feinde des Drogenbarons Pablo Escobar, die Anfang der Neunzigerjahre einen blutigen Krieg gegen ihn führten. (A. d. Ü.)

Patricia war zwölf Jahre jünger als ich und sah leicht noch einmal fünf Jahre jünger aus, als ich sie kennenlernte. Mir fiel sofort ihre umfassende Attraktivität als potenzielle längerfristige Partnerin auf. Ihr Spanisch war sehr gehoben, außerdem sprach sie fließend Italienisch, Deutsch und Englisch. Ihre argentinische Familie war während der Verfolgung durch die Militärjunta von Buenos Aires nach Bogotá gezogen und nie zurückgekehrt. Ihr älterer Bruder wurde auf einem Speedboot in den Bahamas von kolumbianischen Gangstern erschossen, als er Dollars gegen eine Tonne Kokain eintauschte. Ihr Vater Sandor, ein pensionierter politisch linksgerichteter Philosophieprofessor, war von der argentinischen Junta verfolgt worden und hatte in Kolumbien politisches Asyl erhalten. Ihre Mutter war an Krebs gestorben, als Patricia noch ein Teenager war. Sandor hatte nie wieder geheiratet. Patricia war sein einziges überlebendes Kind und seine einzige verbliebene Liebe.

Sie war prachtvoll anzusehen, bescheiden und freundlich, hatte hervorragende Manieren und sprach nur, wenn sie etwas zu sagen hatte. Patricia war sensationell – nach meiner Einschätzung eine 10 –, weil sie nie unangenehm eitel war oder den Hang zum Posieren hatte. Ihr Vater hatte ihr ein tiefes soziales Verantwortungsbewusstsein vermittelt. Während sich ihre männlichen Kommilitonen im Country Club von Bogotá tummelten und Mojitos tranken und die Mädchen sich die Titten aufspritzen ließen, unterrichtete sie und versorgte benachteiligte Kinder in Ciudad Bolívar, einem Viertel, das ich nicht einmal am sichersten Tag des Jahres, zu Weihnachten, alleine aufsuchen würde, mit Mahlzeiten. In ihrer Anwaltsfirma nahm sie mehr Pro-bono-Fälle an als alle anderen Partner. Außerdem war sie ein wichtiger Fundraiser für eine der effektivsten karitativen Organisationen Kolumbiens und sorgte dafür, dass Tausende unterprivilegierte Kinder ein Schulmittagessen erhielten.

Patricia sagte mir, sie habe nie geheiratet, weil sie noch nie richtig verliebt gewesen sei, und ganz gewiss nicht genug, um ihre Unabhängigkeit aufzugeben. Sie wollte keine Kinder, da sie bereits 6.000 Kinder hatte, die sie an fünf Tagen der Woche ernährte. Eigene Kinder hätten bedeutet, dass viele Tausend andere Kinder auf regelmäßige Mahlzeiten hätten verzichten müssen. Bei einer Messung im Rahmen ihres Studiums ergab sich, dass sie einen Intelligenzquotienten von 153 hatte. Zudem war sie sowohl neugierig als auch eine kluge Beobachterin. Ihr Vater war für einen Universitätsprofessor geradezu absurd wohlhabend. Das Familienanwesen der Chapineros war selbst in einem nervösen Immobilienmarkt mindestens fünf Millionen Dollar wert.

Patricia verdiente rund 90.000 Dollar, Bonuszahlungen nicht eingerechnet. Das war eine sehr hübsche Summe für jemanden, der mit seinem Vater lebte. Sie gab 2.000 Dollar pro Monat für ihre exquisite und zeitlose Garderobe – vornehmlich von Chanel – aus und teilte den Rest zwischen Ersparnissen und wohltätigen Zwecken auf. Ihr Vater zahlte für Autos, Nahrung, Nebenkosten und Hausmädchen. Ihr nicht unerheblicher Jahresbonus ging vollständig für Reisen an die erlesensten Ziele auf der ganzen Welt drauf, die sie mit ihrem Vater besuchte.

Wenn Patricia nicht arme Kinder mit Essen versorgte oder die Reichen und Berüchtigten vertrat, handelte sie über E-Trade und Fidelity Online mit ihrem Online-Wertpapierportfolio. Außerdem verwaltete sie das Vermögen ihres Vaters, das ganz beträchtlich gewesen sein muss, denn allein ihre Echtzeit-Bloomberg-Verbindung kostete sie mindestens 2.000 Dollar pro Monat.

Ich näherte mich Patricia ganz vorsichtig. Ich hatte viel Zeit und Gelegenheit; es gab keinen Grund zur Eile. Ich hatte in Erfahrung gebracht, dass sie sich von einem langjährigen Partner getrennt hatte, der eine Hausfrau und Kinder wollte. Vermögende Kunden und Seniorpartner machten sich ständig an sie heran. Sie wies sie regelmäßig mit einem Lächeln und einem Küsschen auf die Wange ab. Meine Strategie bestand darin, nicht zu schnell in ihre Privatsphäre einzudringen, aber sie aus ihrer geschäftlichen Hülle zu locken. Ich musste sie dazu bringen, dass sie über ihre Träume, ihre Ansichten, ihren Vater, ihr Leben, ihre Hobbys und Reisen sprach, und hoffte, dass ich eine emotionale Reaktion auslösen konnte. Ich musste ihre Neugier wecken, indem ich mich ausweichend und rätselhaft verhielt. Ich musste attraktiv und fit wirken, aber nicht verwöhnt.

An einem sicheren Sonntagmorgen studierte ich Ciudad Bolívar in einem 30 Jahre alten Chevy, begleitet von meinem Leibwächter Ernesto und einem lokalen Führer. Während eines Flugs nach Chile bat ich sie, mir Passagen aus Dante zu übersetzen, die ich nicht verstand. Alle Autoren, die ich während unserer Reisen las, standen politisch links oder waren Kolumbianer, wie Gabriel García Márquez. Ich wollte, dass Patricia sah, dass ich mich für ihr Land interessierte und dabei kosmopolitisch genug war, kluge Kommentare über Länder abzugeben, von denen ich meinte, dass sie sie besuchen sollte.

Mein Alias war ein faszinierender Einsiedler aus benachteiligten Verhältnissen, der mit dem Verkauf von geschmuggelten Zigaretten für die korsische Befreiungsbewegung FLNC ein bescheidenes Vermögen gemacht hatte. Da ich wusste, dass ihr Vater gegen die argentinische Junta rebelliert hatte und ihr Großvater auf der Seite der Republikaner im spanischen Bürgerkrieg gekämpft hatte, dachte ich, die Figur des rebellischen Kapitalisten könne funktionieren. Später, nachdem die FLNC aufgrund interner Zwistigkeiten und gewalttätiger Auseinandersetzungen mit anderen korsischen Rebellengruppen und französischen Antiterroreinheiten an Effektivität eingebüßt hatte, war ich nach Asien gegangen, wo ich ein Vertriebsnetz für westliche Tabakhersteller aufgebaut hatte. Später hatte ich mein Geschäft für eine erhebliche Summe verkauft und wollte nun in Südamerika leben und seine Menschen und Sitten und Gebräuche besser kennenlernen.

Die meisten Details, die dieses Bild prägten, das ich von mir zeichnete, kamen der Wahrheit sehr nahe oder trafen sogar zu. Als ich ihr erzählte, mein Vater habe mich vor 25 Jahren verlassen, ich sei angeschossen worden und meine Schwester sei nach einer äußerst schmerzhaften MS-bedingten Lungenentzündung gestorben, gab sie mir einen sanften Kuss auf die Wange. Sie erzählte mir von ihrer schwierigen Kindheit in Argentinien, wo sie ständig umziehen mussten und immer nur knapp der Geheimpolizei der Junta entkommen waren, von dem vergeblichen Kampf ihrer Mutter gegen PML (progressive multifokale Leukenzephalopathie) und der Unterstützung, die ihr Vater in ihrer Jugend mindestens einer linksgerichteten kolumbianischen Rebellengruppe geboten hatte. Mein Theater wurde Realität; wir entdeckten zahlreiche Gemeinsamkeiten und wurden ein Paar. Ich mochte Patricia sehr, konnte sie aber nie von ganzem Herzen lieben.

Da ich Kunde ihres Unternehmens war, bestand sie darauf, dass unsere Beziehung absolute geheim blieb. Nur ihrem Vater wollte sie davon erzählen. Ich stimmte leichten Herzens zu. Ich hatte kein Interesse daran, neue Freunde zu finden oder gesellschaftliche Kontakte zu knüpfen.

Wir reisten zusammen nach Indien, wo wir sieben wundervolle Tage in einem Gemach des Luxuszugs Royal Rajasthan on Wheels verbrachten. Insgesamt dauerte unsere Beziehung als Liebespaar allerdings weniger als ein Jahr. Die Beziehung musste über kurz oder lang enden. Ich brannte darauf, ihr zu sagen, wer ich wirklich war, aber ich wollte nicht riskieren, dass sie mich verriet. Die Risiken, ihr meine wahre Identität zu enthüllen, waren größer als die Vorteile. Außerdem wollte Patricia mit mir nach Korsika reisen, um einige meiner früheren Kameraden kennenzulernen und meine alten Lieblingsplätze zu besuchen. Der zweite Teil war einfach; ich kannte Korsika sehr gut. Der erste Teil war unmöglich. Einige meiner Freunde in Paris waren korsische Gangster, aber meine Kontakte zur korsischen Befreiungsbewegung waren bestenfalls oberflächlich. In der nahen Zukunft würden wir also ganz gewiss nicht nach Korsika reisen.

Als ich eines Sonntags Patricias Homeoffice betrat, traf mich ein Bürohefter mit voller Wucht an der Stirn. Patricia flog auf mich zu und begann, mit ihrem Laptop auf mich einzuschlagen. Glücklicherweise hob ich meine Arme schnell genug, um einen schweren Schlag ins Gesicht abzuwehren. Sie schrie und tobte wie eine Irrsinnige. Mir gelang es, sie von hinten in den Klammergriff zu nehmen und ihre wild fuchtelnden Arme festzuhalten, während sie meine Schienbeine und Füße mit ihren Pfennigabsätzen malträtierte. Unterdessen hörte sie nicht auf, mich anzuschreien: »Du Scheißlügner, du Hochstapler, du Kapitalistenschwein. Du widerlicher Hedgefondsmanager! Wie konntest du nur? Wie konntest du mich nur so lange belügen? Du Drecksack, du Scheißhaufen …. du widerst mich an. Du bist ein Arschloch. Ich werde dich fertigmachen. Ich werde dich vernichten. Die Kugel in deinem Rücken ist auch eine Lüge. Die einzige Kugel, die du jemals sehen wirst, wird die sein, die dir ein Freund meines Vaters in den Kopf schießt. Warte, bis ich mit dir fertig bin. Lass mich los, du Faschistenschwein. Ich bin sicher, dass sogar deine angebliche multiple Sklerose eine Lüge war.«

Nie zuvor hatte sie in meiner Gegenwart geflucht. Das ging noch drei Minuten so weiter, während ich sie weiterhin festhielt, bis ihre Schreie irgendwann in Krämpfe, Schluchzen und Tränen übergingen. Schließlich ließ ich sie los, woraufhin sie in einen gepolsterten Ledersessel sank und auf einen Stapel *Bloomberg*-Magazine deutete. Auf der Titelseite eines der Exemplare prangte mein Foto.

Patricia warf mich nicht hinaus, aber sie sperrte die Tür ab und verlangte eine Erklärung. Wir sprachen fast zehn Stunden und ich erzählte ihr alles. Ich entschuldigte mich aufrichtig und vergoss echte Tränen. Sie war eine starke Frau, die jeden Stier bei den Hörnern packte und sich jeder Herausforderung stellte, sobald sie am Horizont auftauchte. Sie fragte mich aus, bekam anschließend Tobsuchtsanfälle und schlug auf meine Brust ein. Nachdem sie sich beruhigt hatte, stellte sie mir weitere Fragen und verfluchte mich anschließend erneut. »Du hast gelogen, um mit mir zu schlafen. Bist du stolz auf dich, Machiavelli?« Das Tempo und die Vehemenz ihrer Attacken ließen jedoch allmählich nach. Irgendwann gegen Mitternacht saß sie auf meinem Schoß und wir küssten uns wie Teenager bei ihrem ersten Rendezvous. Patricia war verletzlicher und verführerischer als je zuvor, als sie mich in ihr Schlafzimmer führte und sagte: »Du hättest mir vertrauen können, Florian. Du weißt, dass dies das letzte Mal ist.« Ich berührte ihre Wangen mit beiden Händen und küsste zwei einsame Tränen von ihrem Gesicht. »Ich weiß, glaube mir, ich weiß«, flüsterte ich ihr ins Ohr.

Am Ende erkannte Patricia, dass ich kein völliger Hochstapler war. Sie begriff meine Angst davor, aufzufliegen. Ihr Misstrauen ließ nach, aber es war vorbei. Sie wusste, dass ich sie von Herzen mochte, vielleicht sogar liebte, aber sie hatte immer gespürt, dass ich ein Stück weit reserviert blieb. Und genauso war es ihr ergangen. Sie war mit ihrer Arbeit, ihren Kindern und ihrem Vater verheiratet. Intuitiv hatte sie mir nie völlig vertraut. Ich konnte einen Hauch von Zweifel erkennen, als ich ihr einige meiner größeren Märchen erzählte, aber potenziell schädliche Informationen für mich behielt.

Außerdem gehörte meine Seele bereits Susan. Ich konnte sie nicht zweimal verschenken. Zwar hatten Patricia und ich eine großartige Beziehung, aber sie war nie allumfassend. Patricia beschloss, mich nicht zu verraten, verlangte von mir im Gegenzug aber eine Spende von 200.000 Dollar für ihre Stiftung – genug Geld, um 1.000 Schulkinder ein Jahr lang mit anständigen Mahlzeiten zu versorgen. Diesen Wunsch erfüllte ich ihr gerne. Sie wusste, dass ich das Zehnfache für liberianische Kinder gespendet hatte.

Ihr Vater kommentierte unsere Trennung schlicht mit: »*C'est la vie, ma chérie*«, und schenkte ihr eine lange Umarmung. Zu mir sagte er: »Ich verstehe, was du getan hast, aber du hast meine Tochter verletzt und ich sollte dich dafür bestrafen. Aber ich glaube, dass du sie wirklich gerne hast. Versucht, gut miteinander umzugehen und das Beste daraus zu machen.« Schließlich verzieh mir Patricia, allerdings als Freund, nicht als Liebhaber. Dieser prinzipienfeste Engel rückte nie mehr von seiner Entscheidung ab, und ich respektierte sie. Ich hatte keine Wahl. Ich hoffte, dass wir Freunde sein würden. Nach Jahren, die ich mit billigen, schnellen Bräuten verbracht hatte, wusste ich, dass Patricia in mir ein Gefühl der Zielstrebigkeit wiedererweckt hatte.

Wir wurden beste Freunde. Sie nannte mich BB für »Bad Boy« und ich nannte sie MT für »Mutter Teresa«. Wenn ich es mir erlauben konnte, nannte ich sie CK für »Chanel-Kommunistin.« Wir trafen uns regelmäßig und sie interessierte sich ehrlich für meine Probleme. An Wochenenden unternahmen wir lange Spaziergänge, gingen Fliegenfischen oder reiten. Mehrmals pro Monat begleitete ich sie in das Viertel Ciudad Bolívar. Das war nicht gefährlich, weil Kolumbiens Mutter Teresa überall bekannt war und geliebt wurde. In der Zwischenzeit hatte sie einen anderen Mann kennengelernt, einen französischen Arzt namens Bernard. Er war ein wirklich toller Kerl, der jahrelang für Ärzte ohne Grenzen gearbeitet hatte. Sandor, Patricia, Bernard und ich verbrachten Silvester zusammen in Cartagena. Sandor und ich spielten Schach, während sich Bernard und Patricia im Schlafzimmer über uns ziemlich laut miteinander vergnügten. »*C'est la vie, mon chérie*«, dachte ich mir.

Im Frühjahr 2011, nach der Geburt ihres Sohns, entschied Patricia, dass ich meinen Kindern ein Vater sein solle, trotz der großen Risiken, die das für mich bedeutete. »Wenn du es nicht tust, rufe ich persönlich Bloomberg an oder zwinge dich, dein gesamtes restliches Geld meiner Stiftung zu spenden«, sagte sie halb im Spaß. »Alle Kinder brauchen einen Vater. Sie brauchen dich. Gib ihnen Liebe. Du kannst ihnen helfen. Du hast dich verändert. Du bist eine verlorene Seele, aber du bist kein völlig egoistisches Arschloch mehr. Vielleicht hassen sie dich zunächst, aber am Ende werden sie dich mögen. Ich mag dich selbst nach dem, was du mir angetan hast. Bernard hasst alle Banker, aber dich findet er beinahe erträglich.«

»Vielen Dank«, sagte ich.

»Geh und erobere deine große Liebe zurück, wenn du schon dabei bist. Sieh mich nicht an wie ein Cockerspaniel, du Feigling! Und wenn sie dich nicht mehr sehen will? Willst du für den Rest deines Lebens dumme Tussis vögeln? Und wenn sie dich einsperren und dein ganzes Geld kassieren? Du existierst kaum, von Leben ganz zu schweigen. Hör auf, wie ein Idiot Geld auszugeben, und fang an, zu geben. Riskiere wieder etwas. Beginne bei deiner Familie. Gib dich deinen Kindern und deiner Seelengefährtin. Du verdienst sie nicht einmal. Aber du musst es versuchen. Und ganz nebenbei, viel Glück.«

Sie hatte wahrscheinlich recht. Ich wollte es nur nicht zugeben. In den vergangenen Monaten hatte ich ähnliche Gedanken gehabt, aber sie endeten immer damit, dass ich sie als reine Wunschträume abtat.

*

Als Patricia mir den Laufpass gab, hatte ich fortwährendes Reisen als perfektes Fluchtventil entdeckt. Ich hatte das Buch *1.000 Places to see before you die* gekauft, die, wie ich finde, beste Liste der Orte, die man mal besucht haben sollte. Ich strich die Orte an, die ich bereits kannte, und erstellte aus allen anderen eine Rangliste auf Basis diverser Kriterien.

Ich hatte merkwürdige Wissenslücken, was mehrere offenkundige Orte betraf, wie zum Beispiel China, Indien, Neuseeland und Sri Lanka, und weniger offenkundige in Portugal, Umbrien und Osteuropa. In weniger als 18 Monaten bereiste ich mehr als 130 Weltklassedestinationen, um mein emotionales Vakuum zu füllen und die Gesamtzahl der besuchten Orte auf 342 weltweit zu steigern.

Patricia verbrachte den größten Teil ihrer Freizeit mit Bernard, aber wenn ich in Cartagena war, traf ich mich gerne mit ihrem Vater, der zu eine Art Vaterersatz für mich zu werden schien. Er zerschmetterte mein Ego, indem er mich im Schachspiel schlug, und stellte mir tiefgründige persönliche und forschende Fragen. Er begleitete mich auf meinen Reisen innerhalb von Südamerika, aber nie für länger als eine Woche am Stück. Er war einfach gerne in Patricias und Bernards Nähe. Innerhalb eines Jahres war er zu meinem Mentor und engsten Freund geworden.

Ich konnte allerdings nie verstehen, wie ein sozialistischer Philosoph ohne jedes Familienvermögen den Lebensstil eines Multimillionärs pflegen konnte. Da ich ziemlich direkt sein kann, fragte ich ihn ganz unverblümt über die Quelle seines Reichtums aus, woraufhin er mir immer dieselbe Antwort gab: »Clevere Investitionen. Gerade du solltest das zu schätzen wissen.« Eines Abends, als wir in Cusco Meerschweinchen zum Abendessen verspeisten, nachdem wir die wunderbaren Klöster der Stadt besucht hatten, stellte mir Sandor eine Reihe eigenartiger Fragen.

»Bad Boy, wie nennt man jemanden, an den sich ein verheiratetes Paar um Hilfe wendet, wenn es Probleme hat?«

»Einen Eheberater natürlich.«

»Was verdient deiner Meinung nach ein guter Eheberater?«

»Vielleicht 100.000 Dollar im Jahr?«, vermutete ich.

»Ich weiß es auch nicht. Ich habe niemals einen in Anspruch genommen, aber die Summe klingt realistisch. Ich stelle dir noch eine weitere Frage. Wie nennt man jemanden, der Branchenstreite schlichtet?«

»Nun, da gibt es zwei Typen, einen Vermittler oder einen Schlichter, je nachdem, was vereinbart wurde. Wenn die Beratung zu einem guten Ergebnis führt, können sie einen gewissen Prozentsatz des Streitwerts beanspruchen.«

»Nehmen wir an, zwei Unternehmen hätten beschlossen, den Markt ihres Landes aufzuteilen. Ein Unternehmen bedient die linke Hälfte des Landes und das andere die rechte. Beide Unternehmen versprechen, sich gegenseitig keine Preiskonkurrenz zu machen. Gelegentlich kommt es zu Auseinandersetzungen, weil ein sehr aggressiver Verkäufer vielleicht in fremden Gebieten gewildert hat. Geld wurde verloren, und alle sind erregt. Wer würde dieses Problem lösen?«

»Sandor, in einer gut funktionierenden Wirtschaft kommen solche Streitigkeiten kaum vor, weil das, was du beschreibst, als verbotene Preisabsprache gilt. Die meisten entwickelten Länder haben eine Kartellbehörde, die solche Praktiken mit einer Geldbuße ahndet.«

»Nun, nehmen wir an, es gibt keine Kartellbehörde, sondern eine private Einrichtung, die diese Art Konflikte löst. Und anstatt Geldbußen an eine Behörde zu zahlen, einigen sich die Parteien auf einen Vermittler oder Schlichter, der eine Lösung findet, die darin besteht, dass ein Unternehmen dem anderen Schadenersatz zahlen muss. Und nun nehmen wir an, beide Parteien akzeptieren die Lösung. Wäre das nicht besser, als einen ruinösen Preiskrieg vom Zaun zu brechen?«

Ich begann zu verstehen, worauf Sandor hinauswollte, aber um ganz sicher zu sein, stellte ich mich dumm. »Also in diesem Fall und unter der Annahme, dass es keine Kartellbehörde und keine Verbraucherschutzbehörde gibt, wäre ein intelligenter Schlichter sicher mit Gold aufzuwiegen.«

»Das stimm, BB. Eine solche Person verdient, gut bezahlt zu werden, nicht wahr? Und lass uns eine weitere Annahme treffen. Angenommen ein Unternehmen steckt in Schwierigkeiten und das andere, größere Unternehmen will es übernehmen. Dann steht der Einrichtung, die einem Unternehmen dabei hilft, ein anderes zu kaufen, ein Prozentsatz der Kaufsumme zu, nicht wahr?«

»Selbstverständlich«, antwortete ich. »Das sind Fusionen und Übernahmen, und ich habe viele solcher Transaktionen begleitet. Bei kleineren Übernahmen habe ich bis zu fünf Prozent verdient und bei sehr großen zwei Prozent.« Bevor Sandor fortfahren konnte, sagte ich: »Ich habe endlich herausgefunden, womit du dein Vermögen verdient hast. Du warst ein erfolgreicher Eheberater und Eheanbahner für sehr reiche Kolumbianer. Stimmt's?«

»Ganz genau. In meinen goldenen Jahren habe ich viele Ehestreite geschlichtet und viele glückliche Ehen angebahnt. Ich war sehr respektiert und wurde meistens bar bezahlt, manchmal allerdings auch in Sachleistungen – Kaffeebohnen, Vieh und andere Dinge. Als ich genug verdient hatte, zog ich mich in diese schöne Gegend in den Ruhestand zurück und konzentrierte meine gesamte Aufmerksamkeit auf Patricia und die Universität.«

»Du bist also ausgestiegen, bevor es zu viele Scheidungen und Kämpfe und zu wenig friedliche Einigungen gab?«

»Genau das habe ich gemacht. Ich bin einige Jahre vor 1994 ausgestiegen.«

»Weiß Patricia das?«

»Patricia hat schon immer eine unglaubliche Wahrnehmung gehabt, selbst mit 18 Jahren. Ihr missfiel immer, dass ich von so vielen unglücklichen Menschen umgeben war. Es war sie, die mich gebeten hat, aufzuhören.«

*

Diego, der zehn Jahre lang mein Treuhänder und Partner war, vernichtete 2009 den größten Teil meines persönlichen Vermögens. Ich habe ein sehr gutes Zahlengedächtnis, da ich seit vielen Jahrzehnten auf Zahlen getrimmt bin, und nach den vielen Gesprächen, die wir im Verlauf der Zeit geführt hatten, wusste ich irgendwann, dass die Zahlen nicht mehr zusammenpassten. Ich bat ihn um Rechenschaftsberichte, Zusammenfassungen, Details über die Investitionen etc., bekam aber nichts davon je zu Gesicht. Diego sagte wörtlich: »Vertrau mir.« Wenn Sie jemals diese Worte hören, springen Sie vom nächstgelegenen Häuserdach.

Am Ende kam die Beichte. Er hatte gegen meine ausdrücklichen Anweisungen verstoßen. Anstatt ultrakonservative, erstklassige Geldanlagen wie Gold und Schweizer Franken zu kaufen beziehungsweise zu halten, hatte er 80 Prozent meiner Gelder in wertlose Solawechsel und Madoff investiert. Madoff! Ironie kann manchmal brutal rachsüchtig sein. War das eine Art ausgleichende Gerechtigkeit?

Irgendwie hatte Diego es geschafft, das Gold, das ich gekauft hatte, mit Verlust zu verkaufen. Sein Unternehmen hatte eine läppische Summe an Kickback-Zahlungen und Provisionen verdient, aber er glaubte, er tue das Richtige und wisse mehr über Märkte und den richtigen Zeitpunkt als ich. Er hatte es von sehr bescheidenen Anfängen zu einem anständigen Reichtum gebracht. Doch an irgendeinem Punkt auf diesem Weg war ihm die Orientierung abhandengekommen. Er trennte sich von seiner Schweizer Frau und heiratete eine wesentlich jüngere Importware aus Osteuropa. Außerdem verkehrte er mit verschiedenen Magnaten und glaubte, er gehöre deswegen zum Klub. War aber nicht so. Er war lediglich eine Figur aus einer riesigen Dienstleisterarmee aus Treuhändern, Private-Banking-Spezialisten und Family-Office-Verwaltern, die für Dritte große Vermögen betreuen und dabei allzu leicht die Orientierung verlieren, sei es aus Inkompetenz oder weil sie bei dem geringsten Erfolg das Opfer ihrer eigenen Raffgier und Selbstüberschätzung werden.

Das Traurigste daran war, dass ein tiefgründiges Gespräch mit Giorgios Freunden ergab, dass Diego zumindest teilweise die Wahrheit sagte. Er hatte auch das Vermögen vieler anderer seiner Kunden verpulvert. Sein Unternehmen stand am Rande der Insolvenz, er war von seiner Familie entfremdet und hatte bereits mehrere Monate in unfreiwilliger Beschränkung seiner persönlichen Bewegungsfreiheit verbracht. Er war in einen chaotischen Steuerstreit verwickelt und benutzte für mehrere seiner Kunden, einschließlich meiner Person, verschiedene Decknamen. Meine rechtlichen Möglichkeiten schienen äußerst begrenzt, wenn man bedenkt, dass Prozesse nur dann Sinn machen, wenn viel Geld da ist, mit dem der Kläger entschädigt werden kann. Wir legten unsere Differenzen bei und ich musste 30 Millionen Dollar in den Wind schreiben – das waren 70 Prozent meines Vermögens.

Um dem Ganzen die Krone aufzusetzen, waren die Konten einige seiner Kunden aus dem früheren Sowjetblock eingefroren worden, weil sie Decknamen und falsche Pässe verwendeten. Und als die Behörden im Laufe der Ermittlungen meine Konten und meine Identität entdeckten, begann eine wahre Hexenjagd. Als ich gefragt wurde, warum ich meine Konten unter falschem Namen führte, antwortete ich ganz nachvollziehbar, ich hätte es vorgezogen, dass meine Frau nichts von dem Geld erführe, da die Liebe zwischen uns nicht mehr so groß sei wie zuvor.

Ein weiterer Grund, warum ich mein Geld so sorgsam versteckte, war, dass ich sehr gut wusste, wie lästig und bösartig der Staatsapparat sein kann. Als ich mit Anfang 20 in Deutschland Profibasketball spielte, stand ich irgendwann auf dem Frankfurter Flughafen und öffnete die Tür meines VWs und muss dabei ganz leicht an das benachbarte Auto gestoßen sein. Ich hatte es nicht einmal bemerkt und die Reparatur des Kratzers hätte höchstens 30 D-Mark gekostet. In Deutschland wimmelte es nur so von Polizisten, und einer von ihnen montierte mein Nummernschild ab und brachte es zur Polizei. Irgendein Staatsanwalt befand, ich hätte mich »unerlaubterweise vom Tatort entfernt«, was dazu führte, dass ich auf eine Interpol-Liste gesetzt und viel später, als ich die Grenze nach Österreich überquerte, verhaftet wurde. Zehn Jahre nach dem Vorfall kam es in Berlin zu einer großen Verhandlung, in der sich natürlich niemand mehr an irgendetwas erinnern konnte.

Dennoch bleiben einem solche Vorkommnisse im Gedächtnis haften. Das heißt, ich bin schon immer umso glücklicher gewesen, je besser das Versteck ist und je weiter ich mich vom kafkaesken Staatsapparat entfernen kann, vor allem, wenn das bedeutet, dass ich juristische Auseinandersetzungen in den USA vermeiden kann, wo Hexenjagden und politisch motivierte Rachefeldzüge eine faire Verhandlung fast immer unmöglich machen.

Wie sich herausstellte, waren meine langjährigen Befürchtungen bezüglich der Leichtigkeit, mit der solche Prozesse außer Kontrolle geraten können, mehr als berechtigt. In einer weiteren ironischen Abfolge von Ereignissen führten meine Bemühungen zum Selbstschutz stattdessen dazu, dass ich noch weiter in Ungnade fiel. Nachdem Diego aufgeflogen war, wurde Giorgio aufgrund eines europäischen Haftbefehls bei seiner Ausreise aus Italien an der Grenze festgenommen, und mir drohte ein 30-stündiges Verhör durch den Generalbundesanwalt, der glaubte, ich habe ACMH-Gelder in Höhe von 500 Millionen Dollar veruntreut. Die Staatsanwaltschaft stützte sich auf Internetartikel, die auf den systematischen Lügen und Falschdarstellungen meiner Feinde beruhten. Sie hatte nichts weiter in der Hand, weil ich nie zu diesen Behauptungen Stellung genommen hatte. Die Behörden dachten, sie hätten die Juniorausgabe des legendären geflüchteten Finanzinvestors Robert Vesco geschnappt. Außerdem hatten sie eine große Sondereinheit gebildet, um meine Schuld zu beweisen und mich hinter Gitter zu bringen. Sie waren sicher, dass ich neben Giorgio und Diego noch weitere Dutzend Kuriere, Zuarbeiter und dunkle Geschäftsmänner benutzte, um eine halbe Milliarde Dollar zu waschen.

Es drohten jahrelange Ermittlungen, an denen ein halbes Dutzend Länder und ihre jeweiligen Gerichtsbarkeiten beteiligt waren. Zahlreiche meiner offiziellen Konten sowie die Konten, die auf meinen Decknamen liefen, waren eingefroren. Zudem wurden Dutzende von Konten unschuldiger Anleger in der Schweiz mit eingefroren, darunter auch das Konto meiner Mutter. Da man mich unter allen Umständen festnageln wollte, war ich gezwungen, meine gesamten Immobilien sowie mein Investmentportfolio notzuverkaufen, um weiteren Schaden abzuwenden. Ich war noch nicht arm, aber meine Ressourcen waren nun auf weniger als zehn Prozent des Vermögens zusammengeschrumpft, das ich zum Zeitpunkt meines Rücktritts von ACMH besessen hatte, und ich musste mein Geld zusammenhalten. Wieder drohten mir heftige Strafen und eine mögliche Inhaftierung. Die Anwaltshonorare rissen ein großes Loch in meine Bargeldreserven, zudem war meine Tarnung aufgeflogen. Ich steckte so tief in Problemen, dass es schon beinahe komisch war.

Ich war kein Flüchtling, sondern Mittelpunkt internationaler Geldwäscheermittlungen. Es drohten schmerzhafte Geldstrafen, die mein restliches Vermögen auf ein Almosen reduzieren würden, Gefängnis oder zumindest teure, zeitaufwendige Gerichtsverfahren. Meine Optionen waren ziemlich begrenzt. Meine Kinder wiederzusehen und in die USA zu reisen kam überhaupt nicht in Frage. Diego in die Zange zu nehmen würde zu nichts führen. Der Mann war finanziell und emotional am Ende. Die Behören hatten sogar die bescheidenen 500.000 Dollar, auf die wir uns als Schadenersatzzahlung geeinigt hatten, eingefroren.

Ich habe meine Decknamen nie dazu benutzt, mir Kredite zu verschaffen oder Gelder zu veruntreuen. Ich war ein Ersttäter. Voraussichtlich würde ich mit einer Bewährungsstrafe in Kombination mit einer saftigen Geldstrafe davonkommen, falls der Anklagepunkt der Geldwäsche verworfen wurde. Ich hatte nie ausländische Beamte geschmiert und am Ende wurde dieser Punkt fallen gelassen. Mein Vermögen hatte sich jedoch zum größten Teil in Luft aufgelöst und schrumpfte weiter. Ich musste eine öffentliche Erklärung abgeben und die ACMH-Sache ein für alle Mal aus der Welt schaffen. Zumindest auf diese Weise würden die fehlinformierten Staatsanwälte vielleicht endlich aufhören zu glauben, sie hätten Madoffs europäischem Doppelgänger das Handwerk gelegt.

Es belustigt mich zu sehen, dass diejenigen, die mich jagen, aber eigentlich hinter meinem Geld her sind, glauben, sie würden große Reichtümer zu fassen bekommen. Der ganze Aufwand für nichts und wieder nichts! Denken Sie mal darüber nach. Scheidung, Aktiengewährung, Markteinbrüche, räuberische Treuhänder, eingefrorene Konten, Notverkäufe, Kosten für Dokumentation und Administration und der Verkauf notleidender Vermögenswerte haben mein einstiges Vermögen fast vollständig vernichtet. Ich schwöre, das ist die Wahrheit, und ich bin jederzeit bereit, mich an einen Lügendetektor anschließen zu lassen. Jeder, der Excel beherrscht und bereit ist, Competitive Verification zu betreiben, wird zur selben Schlussfolgerung gelangen: Homms vermeintlicher Reichtum ist auf ein Almosen zusammengeschrumpft. Was mir noch bleibt, macht nicht einmal zwei Prozent dessen aus, was ich zu meinen besten Zeiten besessen habe, und ist eine Verfolgung kaum wert. Der Vorteil dieses unglückseligen Szenarios ist, dass meine Feinde, die zu höherer Mathematik nicht befähigt sind, wie schlechte Alchemisten weiterhin nach dem nicht existierenden Goldenen Vlies suchen und dabei ungeheure Mengen an Energie und Emotionen verschwenden werden. Mein persönlicher Gewinn besteht darin, dass mein neuer und sehr schlichter Lebensstil mir ein Gefühl der Bescheidenheit und sogar der Demut vermittelt hat. Ich schätze das Geschenk des Lebens und seine gelegentliche Fülle wesentlich mehr als je zuvor. Ich bin endlos dankbar, auch wenn das schwer zu glauben sein mag.

An diesem Scheideweg glaubte ich jedoch nur drei Alternativen zu haben, um mein Vermögen wiederzugewinnen. Ich konnte ein Vollblutkrimineller werden und für eine internationale Organisation arbeiten. Diese Option war sehr attraktiv, weil ein angeblicher Mafioso im Ruhestand mir angeboten hatte, sein Milliarden Dollar schweres Portfolio zu managen. Die Vorwürfe, die gegen mich erhoben wurden, schienen ihn nicht zu bekümmern, und er bot mir ein hübsches Vermögens- und Identitätsschutzpaket, um mir das Angebot zu versüßen. Mein jährliches operatives Budget würde satte fünf Millionen Dollar betragen. Er schlug vor, ich solle mich einer Gesichtsoperation unterziehen, um mich sicherer zu fühlen und die Angst vor Wiedererkennung zu verlieren. Diese Vereinbarung würde mir ermöglichen, mein verlorenes Vermögen in drei bis fünf Jahren wiederzugewinnen, aber es würde auch bedeuten, dass ich meine Mutter und meine Kinder nie wiedersehen würde. Der Bruch wäre vollkommen und unwiderruflich.

Die zweite Alternative bestand darin, eine professionelle Wirtschaftskriminalitätsorganisation aufzuziehen, spezialisiert auf Zigarettenschmuggel oder Mehrwertsteuerbetrug. Ich konnte kaum wieder in die Investmentwelt zu-

rückkehren und anderer Leute Vermögen managen oder mich an Übernahmen beteiligen. Wer würde mir noch trauen? Niemand würde mir auch nur einen Cent anvertrauen. Mit Zigarettenschmuggel oder Mehrwertsteuerbetrug
konnte ich leicht 30 Millionen Dollar in zwei Jahren verdienen und eine Min-
destinvestitionsrendite von 1.000 Prozent jährlich erzielen. Aber auch diese
Option bedeutete, dass ich nie mehr meine Vaterrolle übernehmen konnte.
Das Risiko, aufzufliegen und meine Partner mit auffliegen zu lassen, war zu
groß.

Meine letzte Option war die unangenehmste, weil sie bedeutete, dass ich dras-
tisch sparen und meinen Lebensstil ändern musste in der Hoffnung, dass mein
verbleibendes Vermögen genug Renditen erzielte, um meine Anwälte zu bezahlen und mir ein bescheidenes Leben zu finanzieren. Sie würde auch bein-
halten, dass ich mich den Vorwürfen stellte, die gegen mich erhoben wurden,
und mich den Ermittlungen der Polizei und der Staatsanwälte zur Verfügung
stellte. Und schließlich bedeutete sie, offenzulegen, was bei ACMH wirklich
passiert war, und dabei möglicherweise Freunde in eine gewaltige zivil- und
vielleicht auch strafrechtliche Lawine zu reißen. Ich konnte die Liberian Renaissance Foundation nicht länger finanzieren, und Liberias UNESCO-Büro
würde aufgrund mangelnden Betriebskapitals wahrscheinlich schließen müssen.

Vielleicht konnte ich gelegentlich Research-Aufgaben für Leute übernehmen,
die meinem analytischen Urteilsvermögen trauten und ab und zu ein paar Dollars extra verdienen. Option drei war aus wirtschaftlicher und Lebensstil-Pers-
pektive ein Schreckensszenario. Sie erforderte zudem viel Mut, um mich meiner Exfrau und den Kindern zu stellen. Aber sie war der einzige Weg, um das
größte Versagen in meinem Leben wiedergutzumachen: nämlich meine Kinder verlassen und meine Seelengefährtin aufgegeben zu haben. Emotional war
ich versucht, aber meine Brieftasche schrie Zeter und Mordio.

Würde ich mich auf die Seite der Finsternis schlagen, gut, sicher und bequem leben, oder würde ich nach Vergebung suchen, ein echter Vater werden und Bankrott riskieren, vielleicht sogar eine Inhaftierung, und dabei mei-

nen Freund Michael Kloter in Schwierigkeiten bringen – die einzige Person
im Verwaltungsrat, die ich mochte? Jeder wirklich rationale und analytische
Mensch hätte ohne nachzudenken die erste Option gewählt. Familie und Va-
terschaft werden überbewertet. Die Scheidungsrate liegt bei 60 Prozent. Die
meisten verheirateten Paare haben sich kaum etwas zu sagen. Wahrscheinlich
gab es zehn Millionen andere passende Frauen für mich auf dem Markt. Kinder, die von einer klugen, liebenden Mutter erzogen werden, brauchen keinen
verarmten, selbstbezogenen, verrufenen und verwirrten Vater. Meine Probleme in einen sauberen, geordneten und unbefleckten Haushalt zu schleppen
kam nicht in Frage. Falls die Wiederbegegnung mit meiner Familie erfolgreich
wäre und ich anschließend erneut flüchten müsste, würde sie erneut leiden.
Vielleicht würde eine Kugel, die eigentlich mir gelten sollte, eines meiner Familienmitglieder treffen. Außerdem steckten die US-Behörden Leute für Ba-
gatellvergehen, die in Europa als Ordnungswidrigkeit galten, 20 Jahre ins Gefängnis. Es war in der Tat vollkommen sinnvoll, für immer von der Bildfläche
zu verschwinden.

Während ich einen Ausweg aus diesem Dilemma suchte, verhinderte Sandor
mithilfe meines Private-Banking-Spezialisten einen Entführungsversuch, den
mein Leibwächter Ernesto und seine kolumbianische Anwaltsschlampe eingefädelt hatten. Ernesto hatte mithilfe von Kopien meiner Aliasdokumente von
einem meiner kleineren Bankkonten Geld gestohlen, um das ganze Vorhaben
zu finanzieren. Nur wenige Tage später hätte er mich mit einigen seiner früheren Kumpanen der Los Pepes entführt. Wir fanden die Bündel an Geld-
scheinen, die er von meinem Konto gestohlen hatte, in seinem Kleiderschrank.
Sein Plan war, das Bargeld aus meinem Safe zu räumen, meine kolumbianischen Bankkonten zu plündern und meine Leiche dann irgendwo außerhalb
von Cartagena zu entsorgen. Ernesto und seine Anwaltsfreundin wurden einer
eingehenden Befragung durch Sandors Freunde unterzogen.

Es war an der Zeit, den Standort zu verlegen – vorzugsweise nach Nordafrika oder Antalya, um mich mit meinen Ermittlern und europäischen Verbin-
dungsleuten zu treffen und eine Strategie zu entwerfen. Ich schwor mir, nie
wieder in Zentral- oder Südamerika zu leben. Die Kriminalitätsraten sind ein-

fach zu hoch und ein spendierfreudiger Gringo wie ich war eine zu große Versuchung für die vielen Kriminellen.

Wie üblich, wenn ich vor einer großen Krise stand, verspürte ich das Bedürfnis, einen Ausflug zu machen. Sandor machte einen großartigen Vorschlag: »Lass uns zur Verlorenen Stadt in der Sierra Nevada de Santa Marta wandern.« Auf dem Weg wollten wir echte Optionen und Risiken durchdiskutieren. Ich wusste, dass ich vor einer großen Entscheidung stand. Eine hybride Lösung gab es nicht. Sobald ich meine Entscheidung getroffen haben würde, würde es kein Zurück mehr geben. Ich brauchte dringend Sandors Orientierungshilfe.

12. DICHTUNG UND WAHRHEIT

Geschichte ist ein Haufen Lügen über Ereignisse, die nie passiert sind,
erzählt von Leuten, die nicht dort waren.
George Santayana

Das letzte Mal, dass ich meinen eigenen Namen bei Google eingab, zählte ich 4,3 Millionen Seitenaufrufe. Ich hätte ein Vermögen darauf verwettet, dass die Leute einige Jahre nach meinem Ausstieg aus der Finanzwelt das Interesse an mir verloren hatten. Das scheint aber nicht der Fall zu sein.

Viele dieser Webeinträge sind pure Erfindung. Es stehen unglaubliche Lügen über mich im Netz. Sie sind frappierend, wurden aber so oft wiederholt, dass fast alle – einschließlich Regulierern, Journalisten und Staatsanwälten – daran glauben. In allen Medien werde ich verrissen. Ich habe zu all diesen Behauptungen nie Stellung genommen.

Ich habe mich zum damaligen Zeitpunkt der Konfrontation mit all den Lügen, die von ACMH über mich verbreitet wurden, entzogen, weil ich ansonsten meinen guten Freund Michael Kloter und Andreas Rialas, einen aufrichtigen und anständigen Kerl, erheblichen juristischen Risiken ausgesetzt hätte. Da all diese Lügen unwidersprochen blieben, wurden sie irgendwann von den Medien als Fakten behandelt. Und da dieser Umgang mit den Lügen juristische Folgen hatte, fühle ich mich gezwungen, sie als die absurden Behauptungen zu entlarven, die sie sind.

Ich bin nicht deswegen so sehr daran interessiert, zu den zentralen Vorwürfen Stellung zu nehmen, weil ich nicht mit einem katastrophalen Ruf leben kann, sondern weil ich über ein angeborenes Gefühl für Gerechtigkeit und Objektivität verfüge, das mich nie ganz verlassen hat. Auch andere Menschen, die ich kenne, wurden zu Unrecht von den Medien oder ihren ehemaligen Arbeitgebern ans Kreuz genagelt. Einige von ihnen habe ich sogar eingestellt und mit vielen anderen habe ich zusammengearbeitet. Dieser Rufmord und die perverse Verdrehung der Wahrheit beleidigen meine Intelligenz und mein Gefühl für Richtig und Falsch. Ich versuche, mir meine eigene Meinung zu bilden. Ich beurteile Menschen nach ihren Taten und ihrer Gesamtleistung, und vor allem danach, wie sie mit mir umgehen. Ich habe mein ganzes Leben mit umstrittenen Personen, radikalen Konzepten und anspruchsvollen Projekten zu tun gehabt. Das bleibt nicht aus, wenn man ein Pionier ist. Und ich will noch wesentlich mehr Pionierarbeit in meinem Leben leisten.

Ich habe vor, das letzte Drittel meines Berufslebens mit der Entwicklung und Förderung meines neuen Gesundheitsvorsorgekonzepts, Maximum Impact Medicine, zu verbringen und es in eine leistungsfähige internationale Wohltätigkeitsorganisation zu verwandeln. Meine negative und einseitige Reputation und mein Medienprofil werden meine Fähigkeit, Gelder zu beschaffen und wichtige Beziehungen zu knüpfen, ernsthaft behindern. Genug ist genug. Ich bin ein elender Underdog. Seit Jahren bewirft mich jeder mit Dreck, und das schmerzt. Es ist an der Zeit, die Zähne zu zeigen und sich zu wehren.

Ich habe Necko früher für die Behauptung in seiner Autobiografie angegriffen, er habe nichts vom Holocaust gewusst, obwohl er während des Naziregimes ein wichtiger Militärlieferant war und Zwangsarbeiter beschäftigte. Ich stellte auch seine Zahlungsmoral in Frage, was den umstrittenen Kauf des Textilimperiums von Billy Joels Großvater im Jahr 1938 betraf. Weder steckte ich in Neckos Schuhen noch war ich mit seinen Dämonen konfrontiert. Nach dem Krieg verbrachte Necko aufgrund seiner Rolle während des Naziregimes einige Zeit im Arbeitslager. Jahre später wurde er rehabilitiert. Abgesehen von seiner Eitelkeit und seiner Sorge um sein Image, hat er sich zu diesen heiklen Themen vielleicht nicht nur aus Gründen der Reputation nie geäußert, sondern auch, weil er finanzielle und strafrechtliche Konsequenzen befürchtete. Mit meiner früheren Kritik, die ich aus einer sicheren und bequemen Distanz heraus geübt hatte, hatte ich es mir zu leicht gemacht. Sie war zu einfach und zu oberflächlich.

Lassen Sie uns mit dem Offensichtlichen beginnen. Ich werde nie den Mutter-Teresa-Preis oder die CNN-Heldenmedaille gewinnen. Ich bin zu sehr von mir selber eingenommen, zu dreist, zu umstritten und einfach nicht altruistisch genug. Meine Investmentkarriere erstreckte sich über fast 30 Jahre. Zwei, maximal drei Jahre stand ich unter intensiver juristischer Beobachtung. Zu meiner Verteidigung könnte ich anführen, dass zu fast 90 Prozent alles, was ich tat, völlig legal war. Das werde ich aber nicht tun. Ich möchte von Anfang an klarstellen, dass ich kein Betrüger bin wie Bernard Madoff, der 25 Jahre lang in seinem Büro saß und nichts anderes tat, als Renditen zu erfinden und Scheininvestments zu tätigen. Ich habe durchaus meine dunklen Zeiten gehabt, aber meistens bin ich ein sehr erfolgreicher Investor und Unternehmer gewesen, der sich an Recht und Gesetz gehalten hat.

Lassen Sie mich mit den lächerlichsten und negativsten Porträts beginnen, bevor ich mich den schwerer wiegenden Behauptungen widme. Surfen Sie mal im Internet. Egal welche Seite Sie aufrufen, Sie werden feststellen, dass mein Medienimage völlig einseitig ist. Man könnte meinen, selbst Charles Manson wecke mehr Verständnis und christliche Nächstenliebe. Diese verbale Vernichtung gibt den selbstgerechten Kritikern das Gefühl, selber ach so tugendhaft zu sein. In einem Internetbeitrag heißt es, ich würde für groß angelegte Betrügereien und die Führung eines internationalen Verbrecherkartells mit Sitz in Venezuela und Panama »GESUCHT«. Mein Reich des Bösen gründet angeblich auf einer halben Milliarde Dollar, die ich von Investoren gestohlen habe. Das ist gar nicht möglich. Ich habe einige unkluge Investments getätigt, aber ich habe niemals 500 Millionen Dollar gestohlen. Bestenfalls habe ich 20 Millionen mit meiner Beteiligung an der Maklergesellschaft Hunter verdient.

Unterm Strich habe ich an dem kontroversen HWM Engagement nicht 20 Millionen Dollar netto verdient sondern 20 Millionen Dollar netto verloren. Das lag daran, dass ich circa sechs Monate vor meinem Ausscheiden liquide ACMH-Aktienpakete von über 40 Millionen USD aus meinem Besitz kostenlos auf diverse Fonds übertragen habe.

In einem Leitartikel auf der Titelseite der großen Finanzzeitschrift *Bloomberg Magazine*, den der preisgekrönte Journalist Herr T. verfasst hat, werde ich als pathologischer Lügner dargestellt. Dieser Artikel behauptet oder suggeriert zumindest, dass ich über meine Ausbildung, meine Basketballkarriere und sogar meinen Geburtsort – also praktisch alles in meinem Leben – gelogen habe. Es erübrigt sich zu erwähnen, dass derart heimtückische Behauptungen und Andeutungen nichts weiter sind als ein Rufmord mit billigsten Mitteln; sie sind völlig subjektiv und offen gesagt unprofessionell. Nicht mit einem Wort wird meine karitative Arbeit erwähnt oder meine lange Liste an beruflichen Leistungen. Wie ein gutgläubiger Einfaltspinsel gibt der Autor beinahe im Wortlaut die völlig absurden Behauptungen von ACMH wieder. Normalerweise ist T. ein ziemlich intelligenter und objektiver Journalist. Auf meinem Weg nach Kolumbien habe ich ihn bei einem Interviewtermin versetzt, aber das ist kein Grund, mich öffentlich ans Kreuz zu nageln, indem er derart eklatante Lügen über mich verbreitete.

Barron's, ein weiteres großes Finanzmagazin, behauptete, ich hätte irgendeinen brasilianischen Kampfsportler namens Wallid Ismail um seinen »rechtmäßigen« Multimillionen-Dollar-Anteil an einer unserer Risikoinvestitionen, ProElite, betrogen. Ich schwöre bei meinem Leben, dass ich bis zu diesem Artikel noch nie von dieser Person gehört habe. Weder habe ich einen Wallid je getroffen noch habe ich ihn um irgendetwas betrogen. Was für ein Kraut rauchen die Journalisten eigentlich, wenn sie diese Münchhausen-Geschichten erfinden? Redigiert oder überprüft irgendjemand diese Märchen, bevor sie gedruckt werden? Diese Tatsachenverzerrungen richten echten Schaden an. Menschen, die es aufgrund ihrer Ausbildung und Erfahrung eigentlich besser wissen sollten, nehmen diese Lügen als Tatsachen. Das gilt selbst für Staatsanwälte.

Andere behaupteten, ich besäße ein Boot, das ich – böse und niederträchtig, wie ich nun einmal bin – *No Remorse* (keine Reue) getauft hätte. Natürlich empfinde ich Reue, vor allem über meine eigene Dummheit, dass ich meine Seelengefährtin und meine Kinder verletzt und enttäuscht habe. Wer sein Boot so tauft, empfindet sehr wohl Reue und versucht nur, dieses Gefühl zu vertuschen. Mein Boot hatte allerdings nie einen anderen Namen als *White Star*. Der Ehrlichkeit halber muss ich sagen, dass ich nach meiner Ankunft auf Mallorca, als ich im Ruhestand war und mehr Zeit als Verstand hatte, ein Speedboot besaß, dass *Flo-Toy* hieß – eine zusammengesetzte Abkürzung aus »Florian« und »Toy« (Spielzeug). Ich fand das damals lustig. Die Vorwürfe, die gegen mich erhoben werden, sind aber alles andere als lustig und keine angenehme Lektüre. Es wäre feige, keine Stellung dazu zu beziehen.

Natürlich bin ich kein Heiliger. Außerdem habe ich zugegeben, dass ich für den größten Teil meines Lebens von einem ungesunden Streben nach Reichtum besessen war. Meine Finanzkarriere enthält zahlreiche helle, aber auch viele umstrittene Punkte, einen Rechtsverstoß (Sixt) und eine Verurteilung wegen Marktmanipulation (WCM), die mit einer Bewährungsstrafe geahndet wurde. Außerdem wird wegen Geldwäsche und der Verwendung einer falschen Identität gegen mich ermittelt.

Meine größten Gegner behaupten Folgendes: Von 2004/05 bis 2007 hätte ich heimlich und unerlaubterweise einen Anteil von 50 Prozent am amerikanischen Brokerhaus Hunter World Markets (HWM) besessen, den ich dazu benutzt hätte, heimlich Anteile an kleineren amerikanischen Unternehmen in Höhe von 500 Millionen Dollar in den ACMH-Fonds unterzubringen. Diese Penny Stocks hätte ich dann aufgepumpt, um den Wert des Portfolios aufzublähen. Und schließlich behaupten meine Gegner, ich hätte ungefähr brutto 24,9 Millionen Dollar Gewinn aus HWM und dem Verkauf von Aktien über HWM an die ACMH-Fonds erzielt.

Erstens wusste mein Arbeitgeber ganz genau, dass ich die Hälfte an HWM besaß. Das war überhaupt kein Geheimnis. Beinahe alle meine Vermögenswerte liefen über Offshore-Unternehmen. Meine Beteiligung an Hunter war der einzige nennenswerte Vermögenswert, den ich offen und direkt besaß. Diese Information wurde gegenüber der Regulierungsbehörde FINRA offengelegt und war allgemein zugänglich. Die FINRA musste dieser Beteiligung übrigens zustimmen. Die Behauptung meines früheren Arbeitgebers, ich hätte die Anteile an Hunter heimlich besessen und ACMH, Investoren und Regulierungs-

behörden somit getäuscht, ist hundertprozentig unwahr, und das kann ich jederzeit beweisen.

Auch die Zusammensetzung der Fonds war alles andere als geheim. Alle Investitionen sowie ihre Herkunft waren vollkommen transparent, entsprachen
den ACMH-Vorschriften und waren somit für die internen Prüfer, den CEO,
den Finanzvorstand und jedes Verwaltungsratsmitglieds ersichtlich, das sich
die Mühe machte, diese Information in elektronischer oder schriftlicher Form
abzurufen. Sie stand auch den externen Banken, Prüfern und Depotbanken offen. Auch die jährlichen Fondsberichte und die zahlreichen Börsenunterlagen
enthielten detaillierte Informationen. Jede Behauptung, ich hätte diese Aktien
heimlich gekauft beziehungsweise die Investments verschleiert, ist hundertprozentig falsch und lässt sich jederzeit entkräften. Ja, ich habe umfangreich
in amerikanische Wachstumsunternehmen investiert. Tatsache ist, dass alle
Fondsmanager von ACMH diese weniger liquiden kleineren Unternehmen irgendwann in ihrem Portfolio hatten. Daran war absolut nichts illegal. Wir haben uns zu jedem Zeitpunkt an die in den Fondsprospekten genannten Invest-
mentbeschränkungen gehalten.

Die dritte Behauptung, die sich auf die Aufblähung der Fondsvermögen be-
zieht, ist komplexer. Wir kauften Unternehmensaktien – und beschafften den
Unternehmen somit Kapital – zu Kursen, die unter ihrem Marktwert lagen. Für
die Bewertung dieser Positionen verwendeten wir allerdings den Marktpreis
und nicht unsere Kosten. Das war eine akzeptierte und übliche Branchenpra-
xis. Wenn Sie für fünf Dollar eine Unternehmensaktie kaufen, deren Marktwert anschließend auf zehn Dollar beziffert wird, dann steigt Ihr Nettovermö-
genswert offensichtlich an. Unsere Wirtschaftsprüfer besaßen alle relevanten
Informationen. Trotz regelmäßiger, intensiver, gründlicher und ausführlicher
Prüfungsverfahren korrigierten sie nie unsere Fondsbewertung. Sowohl unser
Hedgefondsprüfer (Ernst and Young) als auch unsere Depotbanken (Fortis
und State Street) gehörten ohne jeden Zweifel zu den europäischen Marktfüh-
rern und galten in der Hedgefondsindustrie als Goldstandard. Auch unsere
Prime-Broker waren erstklassig: Morgan Stanley, damals die größte Prime-
Bank für Hedgefonds, sowie die Deutsche Bank, die größte und profitabels-

te deutsche Bank. Unsere Banken beobachteten und überprüften ständig die Wertigkeit und Vollständigkeit unserer Investments für Margenzwecke. Nach meinem Ausscheiden legten alle unsere Prüfer, Depotbanken und Banken einheitlich das Mandat nieder. Ich hatte mit diesen Organisationen schon Jahre vor der Gründung von ACMH zusammengearbeitet. Nach meinem Ausscheiden heuerte der Verwaltungsrat von ACMH eine drittklassige Wirtschaftsprüfung an, die das Zahlenwerk umformulieren sollte, um mir die ganze Schuld an den Portfolioverlusten in die Schuhe zu schieben.

Mein großer Fehler war, dass ich zu viele kleine, wenig liquide Early-Stage-Wachstumsunternehmen im Portfolio hatte, als der Markt in den größten Bärenmarkt seit 80 Jahren eintrat. Man kann mir also durchaus die Schuld an schlechten Investmententscheidungen geben.

Nach meinen Ausstieg hatten die Investoren wenig Vertrauen in den Verwaltungsrat und meine Kollegen. Die ACMH-Aktie büßte neun Zehntel ihres Wertes ein. Die Investoren wollten ihr Geld zurück. ACMH war gezwungen, viele Millionen Aktien zu verkaufen, was den Abwärtsdruck auf die Portfolios weiter verstärkte. Und nicht nur das – ACMH musste in einen dramatisch fallenden Markt verkaufen. Jeder wusste das und nutzte die Situation aus. Ohne ihren aktivsten Investor und Promoter gerieten viele dieser Geld verschlingenden Wachstumsunternehmen aus dem Tritt. Einige wenige überlebten und scheinen sich zu behaupten. Nach meinem Ausscheiden erwirtschaftete ACMH hohe Verluste in den Fonds. Wieder versuchte das Unternehmen, die gesamte Schuld an ihrem unfähigen Portfoliomanagement auf mich abzuwälzen. Der Verwaltungsrat lehnte mein Angebot ab und zog es vor, an JRs idiotischer Vergütungsformel für die Fondsmanager festzuhalten. Anstatt ACMH zu restrukturieren, sprangen ihnen innerhalb weniger Monate sämtliche Spitzenmanager ab. Aber sie hörten nicht auf, bösartige Lügen über mich zu verbreiten. Am Ende mussten nicht nur alle ACMH-Niederlassungen geschlossen werden, das Unternehmen verschwendete zudem viele Millionen an Investorengeldern für Prozesse und private Ermittlungen.

Die letzte Behauptung ist die schwerwiegendste. HWM verkaufte Aktien, die ich selber hielt, an die Fonds. Angesicht des Preisabschlags auf den Marktpreis in Höhe von 50 Prozent profitierten die Fonds zum Zeitpunkt des Kaufs von diesen Verkäufen. Ich verkaufte Aktien auch mit Verlust. Im Schnitt lag mein Kaufpreis jedoch noch unter dem Preisabschlag von 50 Prozent und ermöglichte mir, aus dem Handel mit den Fonds Gewinn zu erzielen. Ich war Chefinvestor von ACMH und steuerte in dieser Funktion die Investitionen des Unternehmens. Gleichzeitig war ich der größte Anteilseigner an HWM. Natürlich bestand ein Interessenkonflikt. Außerdem habe ich mehrere dämliche Investments getätigt. Es kann allerdings sehr hilfreich sein, beide Seiten der Geschichte zu hören. Meine Gegner lassen immer ein wichtiges Detail aus: Bevor ich das Unternehmen verließ, spendete ich rund 40 Millionen Dollar an liquiden und nicht gesperrten ACMH-Aktien an drei ACMH-Fonds. ACMH hätte diese Aktien ohne Weiteres an die Investoren weiterreichen können. Wäre die Unternehmensführung mit meinem Ausstieg intelligent umgegangen und hätte den Laden gut geführt, anstatt Zuflucht zu zwanghaften Lügen zu suchen und ACMH mit einer miserablen Performance und einer zunehmenden Abwanderung kompetenter Manager gegen die Wand zu fahren, wären diese Aktien heute ein erhebliches Vermögen wert.

Unabhängig von meinen moralischen und rechtlichen Argumenten kann man mein Verhalten als opportunistisch und unethisch bezeichnen. Aber ob es deswegen zivil- oder strafrechtlich den Tatbestand des Betrugs erfüllt, ist ein ganz anderes Thema.

Schließlich waren meine Vorgesetzten über meine Beteiligung an HWM, die Aktienverkäufe an die ACMH-Fonds und meine Überkreuzaktivitäten im Bilde. Indem sie mich nie abmahnten, stimmten sie meinen Handlungen stillschweigend zu. Außerdem hatte ein verstimmter ehemaliger Mitarbeiter, nennen wir ihn DR, zahlreiche Kunden, Regulierer und sogar große Zeitungen in Europa und Amerika über meine Beteiligung an HWM, die Bewertung der Fondsvermögen und die Überkreuztransaktionen informiert. Die Fondsprospekte von ACMH erlaubten den Seniormanagern, Maklergebühren, Investmentbanking-Einnahmen und sogar Kapitalgewinne aus fondsbezogenen

Transaktionen zu erzielen. Ich hatte nie ein Dokument unterschrieben, das meine persönlichen Geschäfte beschränkte. Und warum sollte ich auch? Das taten, wenn überhaupt, nur ganz wenige unserer erfahrenen Händler und Manager. Ich war bei ACMH weder für Compliance verantwortlich noch war ich der CEO, Finanz- oder Rechtsvorstand. Alle diese Personen waren umfassend über alle meine Geschäfte informiert. Der CEO und der Finanzvorstand segneten viele unserer HWM-Transaktionen ab. Sie unterschrieben und genehmigten persönlich Überweisungen von ACMH an HWM. Niemand im Verwaltungsrat vertrat meine Interessen. Man konnte von mir nicht erwarten, dass ich mich selber regulierte. Es war die Verantwortung von ACMH und nicht meine, gegenüber seinen Investoren transparent und offen zu sein. Ich habe nie irgendetwas versteckt oder vertuscht. Ich hatte weder eine persönliche E-Mail-Adresse noch ein privates Mobiltelefon. Eine Liste sämtlicher Telefonate und E-Mails stand ACMH jederzeit zur Verfügung. Ich hatte nicht einmal ein eigenes Büro. Mein Schreibtisch stand wenige Meter von zehn anderen Händlern und Analysten entfernt. Alles, was ich sagte oder tat, konnte man hören und sehen. Die Einzigen, die private Büros hatten, waren der CEO, der Finanzvorstand und der Compliance-Manager. Innerhalb von ACMH war ich jederzeit völlig transparent und verantwortlich. Macht mich irgendetwas davon zu einem Berufsbetrüger? Das bezweifle ich sehr. Ich hätte mir allerdings Mäßigung und Schranken auferlegen können. Und ich hätte weniger gierig sein sollen.

Unsere Kunden waren ausnahmslos professionelle, extrem vermögende private oder institutionelle Investoren, die zum großen Teil über eigene Anwälte und erhebliche juristische Ressourcen verfügten. Nur zwei von circa 3.000 Kunden haben mich jemals verklagt. Und diese beiden waren eng miteinander verbunden. Einer von beiden machte es zu seinem Lebensinhalt, Unternehmen und Personen zu verklagen. Was sagt uns das? Wäre ich der dreiste Kriminelle, als der ich gerne dargestellt werde, wäre ich von vielen Hundert Kunden verfolgt worden. Interpol, FBI, BKA und andere Behörden hätten mich schon wenige Wochen nach meinem Ausscheiden weltweit gesucht.

Ich war von Gier und Ehrgeiz zerfressen – genau wie viele Tausend andere Profis von der Wall Street, die ihren moralischen Kompass verloren hatten,

Millionen von verschuldeten Verbrauchern und andere Schuldenjunkies, Minister, die die Wirtschaftsdaten manipulierten, und Regierungen, die die Menschen über ihre Schulden und Haushaltsdefizite belügen. Im Jahr 2007 war ich immer noch athletisch und schlank, aber eine Frau, mit der ich mich seit Jahren jeden Sommer traf, sagte mir, ich sei in einem einzigen Jahr um Jahrzehnte gealtert. Meine Sicherungen brannten schnell durch und ich war äußerst reizbar. Ich hatte die Leichtigkeit des Seins, meine schnodderige, pietätlose Art und meinen Sinn für Ironie verloren. Ich erinnere mich, dass ich bei einer Gelegenheit wie ein alternder Dorian Gray vor dem monumentalen Spiegel in der palastartigen Eingangshalle unserer Villa stand und versuchte, mein Spiegelbild anzulächeln. Ich war physisch nicht in der Lage zu lächeln. Alles, was bei dem Versuch herauskam, war die Grimasse eines Mannes, der sich und seine Zwangslage zu ernst nahm. Ich war hässlich und hatte die Fähigkeit verloren, von Herzen zu lachen. Ich war einmal unterhaltsam. Nun war ich zumeist ein selbstbezogener, primitiver Idiot, der mit Frauen herumschäkerte und älter aussah und sich älter fühlte als Kronos. Wo war der Junge, der einst im Wald die Rehe fütterte?

Das Leben ist jedoch voller Widersprüche. Einerseits sah ich aus ein Idiot, fühlte mich so und verhielt mich auch so. Einige der Dinge, die ich tat, waren unethisch und problematisch. Auf der anderen Seite war ich nie großzügiger und erfolgreicher als bei der Beschaffung von Geldern für wohltätige Projekte und der Gewinnung potenzieller Spender und Investoren für Liberia. Ich unternahm mit den Kindern einen viertägigen, verlängerten Wochenendtörn auf meiner Jacht und einen ganz besonderen Ausflug mit dem Hubschrauber, schaltete meine Mobiltelefone aus und versuchte mit allen Mitteln, ein hingebungsvoller und liebenswerter Vater zu sein. Das hatte ich in meinem ganzen Leben noch nicht gemacht. Ich spürte, wie meine Hülle Risse bekam und ich langsam zerfiel. Vielleicht erwachte in dem Moment mein Bewusstsein. Ich wollte, dass meine Kinder wussten, dass ich sie liebte und sie mir wichtig waren. Ich war Doktor Jekyll und Mister Hyde.

Ich bin schon immer rastlos, manisch und obsessiv gewesen. Mit 17 Jahren verschrieb ich mich völlig dem materiellen Erfolg. Ich leide an AKD (Akutes Klugheitsdefizienz) und vielleicht sogar an FDS (Fatales Dummheitssyndrom). Nicht ist so erfolgreich wie der Exzess, aber nichts ist gleichzeitig auch so zerstörerisch. In den Jahren 2006/07 befand ich mich bestenfalls am Rande der geistigen Gesundheit. Die schwere Schussverletzung, die ich in Caracas erlitt, hätte die Nebel in meinem Hirn lichten sollen. Das geschah aber nicht.

In dem Maße, wie meine Beziehung mit Susan immer weiter in die Brüche ging, wurde meine Gier immer größer. Susan war stets mein externer Selbstbeschränkungsmechanismus gewesen. Ich scheine zu Selbstbeschränkung überhaupt nicht in der Lage zu sein. Aber ich lerne dazu. Anfang 2006 redete sie mir den Kauf eines Anwesens mit 2.300 Quadratmeter Wohnfläche und 24 Hektar Land, eigenen Bergen, Teichen und einer atemberaubenden Aussicht über die Bucht von Palma für 20 Millionen Dollar aus. Bei anderer Gelegenheit bot ich ihr an, ihr zum Geburtstag jede Villa oder Jacht irgendwo auf diesem Planeten zu schenken, die sie sich wünschte, und hatte zu diesem Zweck alle möglichen Broschüren und Prospekte mitgebracht, die sie sich ansehen sollte. Sie wischte sie einfach beiseite und bat mich um ein schönes Abendessen ohne Mobiltelefon sowie meine ungeteilte Aufmerksamkeit für drei Stunden. Susan verwandelte sich nie in eine Charity-Tussi der High Society und behielt immer ihre Klasse. Zwar genoss sie den VIP-Glamour und die Promiszene, aber sie machte sich nie zur Sklavin von Reichtum und Macht. Sie liebte die schönen Künste und genoss Luxus, blieb sich und ihren Prioritäten aber immer treu: Familie, Kinder und Haustiere. Ohne sie war mein moralischer Anker zu klein und zu leicht, um den Verführungen schneller Spielzeuge, angesagter Klubs und noch schnellerer Frauen zu widerstehen. Sie hatte mit angesehen, wie mein Stil im Verlauf der Jahre verkam, und konnte nichts dagegen tun. Ich war verdammt.

Als wir uns trennten und Susan mit den Kindern nach Florida zog, war es ganz aus mit mir. Mein Erfolg im Leben reduzierte sich auf meinen Reichtum, meine Spielzeuge, meinen Nachtklub und mein russisches Pin-up-Girl. Zumeist war ich traurig und einsam, hatte an nichts Freude und fühlte mich in meiner Arbeit zunehmend uninspiriert. Ich mochte mich selber nicht mehr. Giorgio, mein Freund, Berater und Zuarbeiter, nannte mich nur noch Zombie. Ein Geschäftspartner bezeichnete mich als einen Hamster in einem diamantbesetzten Laufrad. Ich befand mich im Autopilotmodus, so wie ein Roboter, und bewegte mich mechanisch durch eine kleine Glitzerwelt aus Luxusobjekten und Plastikpuppen, solange meine Batterien ausreichend geladen waren. Man kann mir vorwerfen, gierig und dumm gewesen zu sein und mich treiben gelassen zu haben. Ich werfe mir das selber vor.

Meine Verteidigung hat viele Facetten. Verstehen Sie mich nicht falsch. Ich will damit nicht sagen, dass ich wegen meiner gestörten geistigen Gesundheit mildernde Umstände geltend machen kann und somit unschuldig bin. Es liegt auf der Hand, dass das angesichts meines geistigen Zustands eine gangbare Strategie wäre. Erlauben Sie mir, meinen Eltern einen Teil der Schuld zu geben. Ich war das Opfer meiner amoralischen Erziehung in einer hohlen, lieblosen und materialistischen Umgebung. Meine übermächtigen deutsch-jüdischen merkantilistischen Gene ließen mich vom rechten Kurs abkommen. Ich war bildlich gesprochen das uneheliche Kind von Ronald Reagan und Margaret Thatcher, und meine älteren Brüder waren Ivan Boesky, Michael Milken und Gordon Gecko. Sie brachten mir alles bei, was ich wusste, und prägten meine Persönlichkeit. Wie kann man mir unter diesen Umständen die alleinige Schuld geben? Könnte jemand bitte etwas nachsichtiger mit mir sein, oder muss ich tatsächlich alleine die volle Verantwortung für mein Handeln übernehmen?

Vielleicht sind wir alle Werkzeuge von Vorsehung und Schicksal. Unsere krampfhaften Versuche zur Selbstbestimmung dienen nur dazu, die Götter, die von oben auf uns herabschauen, zu amüsieren und zu Gelächter zu provozieren. Meine schrittweise Transformation von einem hochintelligenten, aber zurückgezogenen Kind in einen Leistungssportler und Harvard-Studenten und schließlich in einen VIP-Serienunternehmer und Hedgefondsmanager, der am Ende implodierte, war vorhersehbar und wie eine griechische Tragödie vollkommen vorherbestimmt. In der tragischen Phase spürte und wusste ich, dass ich auf den Abgrund zusteuerte. Ich hätte mehrmals die Spur wechseln können. Die Warnungen hätten nicht deutlicher sein können. Hielt ich deswegen an? Nein, ich stolperte über die Klippen wie eine wandelnde Leiche. Glücklicherweise überlebte ich den Absturz.

Wenn ich noch einmal ganz von vorne beginnen könnte, würde ich ACMH niemals über zehn hochkompetente Fondsmanager hinaus expandieren, die maximal 500 Millionen Dollar verwalten. Ich würde jedes Jahr sechs Wochen Urlaub mit meiner Frau und meinen Kindern machen, würde mich mit einem Jahreseinkommen von drei bis vier Millionen Dollar und zufriedenen Investoren bescheiden und mich handhabbarer Portfolios und einer konfliktfreien Atmosphäre erfreuen. Das klingt einigermaßen attraktiv, aber auch schrecklich ereignislos. Dann hätte ich mich jedoch nie für Liberia und Hunderte von Kindern engagiert, die in diesem Fall keine regelmäßigen Mahlzeiten und keine erstklassige Bildung erhalten hätten. Borussia Dortmund wäre vermutlich pleitegegangen und in die Oberliga abgestiegen und hätte Millionen eingefleischter Vereinsfans in die Verzweiflung gestürzt, anstatt zum siebten und achten Mal Deutscher Meister zu werden. Ich hätte nie JDate finanziert und viele Zehntausend Ehen wären nicht gestiftet worden.

Vor allem wäre Clinuvel ohne mein Engagement baden gegangen. Viele Tausend Patienten, die an Lichtdermatose leiden, würden nach wie vor ein elendes Dasein fristen. Es gäbe für sie weitaus weniger Hoffnung, und die Zahl der Selbstmorde, die mit dieser Krankheit im Zusammenhang stehen, wäre wesentlich höher.

Während meines Studiums an der Harvard Business School hatte ich die Frau eines mächtigen Staatsoberhauptes kennengelernt da Ihr Sohn Mitglied in derselben Verbindung war und wir relativ kumpelhaft miteinander umgingen. Diese bemerkenswerte Frau litt unter Lichtdermatose, die in vieler Hinsicht die Qualität ihres Lebens sehr negativ beeinflusste. Unglücklicherweise nahm sie sich das Leben. Heute bin ich überzeugt, dass diese beeindruckende Person heute noch leben würde, wenn das Clinuvel Medikament, Secenesse, damals schon auf dem Markt gewesen wäre.

Dank Scenesse werden viele Millionen hellhäutiger Menschen möglicherweise bald in der Lage sein, ein aktives Leben außerhalb des Schutzes ihrer vier Wände zu führen, ohne an Hautkrebs zu erkranken. Millionen von Menschen, die an der Weißfleckenkrankheit leiden, lassen sich möglicherweise heilen. Ja,

ich habe meine Ehe zerstört und meine Kinder halten mich für einen Arm-
leuchter. Aber ich bin zu einem besseren Menschen geworden. Ich könnte nun
ein viel besserer Vater sein, wenn die Gangster und Staatsanwälte mir nicht
ständig an den Fersen kleben würden. Maximum Impact Medicine, mein neu-
estes wohltätiges Projekt, befindet sich konzeptionell und strukturell auf einem sehr guten Weg. Ich bin äußerst optimistisch, was dieses revolutionäre
Gesundheitskonzept angeht. Ich bin dazu qualifiziert, es zu einem Erfolg zu
machen, ich besitze die Energie, um es zu einem Erfolg zu machen, und ich
weiß, wie es geht. Man muss mir nur die Chance geben, es zu tun.

Selbstgeißelung und späte Reue sind stark überbewertet. Selten wurden dadurch Fehler der Vergangenheit revidiert. Oft sind die Dinge komplexer, als
sie nach dem ersten Anschein wirken. Schuldgefühle können furchtbar negativ und lähmend sein. Ernsthafte Reflexion und eine objektive Selbstanalyse sind um ein Vielfaches sinnvoller. Dieselben Fehler zu wiederholen ist unverzeihlich und riecht nach echter Dummheit. Merkwürdigerweise hat mein
Horrortrip in die Innenwelt der Hochfinanz zu vielen positiven Ergebnissen
geführt. Was sagt uns das? Dass das Leben merkwürdiger sein kann als jeder
Roman? Auf mein Leben trifft das gewiss zu. Dass jede Medaille zwei Seiten
hat? Dass man einen Menschen nicht nach seinem Äußeren beurteilen soll?
Ein weiteres Klischee? Ich habe absolut keine Ahnung.

Was mir auffällt und mich fasziniert, ist die Tatsache, dass alle Journalisten,
Kläger, Staatsanwälte und Gangster, die so darauf versessen sind, mich zu bestrafen oder einzusperren, im Verlauf ihres Lebens weitaus weniger positive
Dinge für andere Menschen getan haben als ich. Es gibt nur eine offensichtlich rhetorische Frage, deren Beantwortung gleichermaßen auf der Hand liegt:
Wie kann ein solcher Schurke, der Antichrist der Finanzen, so gute Dinge
tun? Vielleicht ist er doch nicht ganz so schurkig? Ich bin nahe dran, meine si-
nistre Existenz mit selbstgerechten Lobhudeleien auf meine eigene Person zu
rechtfertigen, also höre ich nach diesem letzten Punkt auf: Unabhängig von allen moralischen, rechtlichen und analytischen Perspektiven bin ich aufrichtig
dankbar dafür, dass mein Vermächtnis eine positive Wirkung auf das Leben
vieler Menschen hat.

13. Über den Wolken

Nichts fürchtet der Mensch mehr als herauszufinden,
zu welch unglaublichem Tun und Werden er befähigt ist.
Søren Kierkegaard

Sandor hatte die Sierra Nevada de Santa Marta aus sehr konkreten Gründen ausgewählt. Er wollte mich aus meiner Komfortzone drängen und mir dabei helfen, meine Gedanken zu ordnen und klarer zu denken. Er pochte darauf, dass meine bisherigen Reisen eher Fünf-Sterne-Luxuszerstreuungen gewesen seien als eine echte hermetische Introspektion. Sein wiederkehrendes Thema, mit dem er mich bearbeitete, lautete, ich solle loslassen und eine Reise in die Tiefe der Dunkelheit ohne Komfort und Sicherheit unternehmen. Indem er mich in einer fordernden, feindlichen Umgebung einer tiefen Selbstentdeckung aussetzte, hätte ich eine größere Chance, die Dinge zu erkennen, auf die es wirklich ankommt, so glaubte Sandor. Außerdem war er in dieses Wunderland der Natur verliebt, das seine frühere operative Basis war, und wollte es mir zeigen.

Die Sierra Nevada de Santa Marta sollte in die Liste der zehn Naturwunder der Welt aufgenommen werden. Sie befindet sich in Nordkolumbien und bildet ein Küstengebirge, dessen Gipfel 5.700 Meter erreichen. Damit sind diese gut 1.000 Meter höher als der Mont Blanc. An einem klaren Tag kann man in einem 30 Grad warmen Meer baden und gleichzeitig die schneebedeckten Gipfel beobachten, die nur 30 Meilen entfernt sind. Es gibt keine Möglichkeit, motorisiert in die Sierra Nevada zu gelangen und die Verlorene Stadt zu besichtigen. Selbst Hubschrauber sind nicht mehr erlaubt. Es gibt nur primitive Pfade, die für Quads und Motorräder ungeeignet sind. Pferde und Maultiere sind die einzigen Fortbewegungsmittel, auf die ein privilegierter Reisender hoffen kann. Es besteht das Risiko, an Malaria, Dengue – oder Gelbfieber zu erkranken. In der Sierra Nevada leben Jaguare und Pumas, die mehr als 100 Kilo wiegen. Und in der Regenzeit wird der Pfad oft als grüne Hölle bezeichnet.

La Ciudad Pérdida – die Verlorene Stadt – ist eine große historische und archäologische Ausgrabungsstätte, die ungefähr drei Tage Fußmarsch von der Küstenstadt Santa Marta entfernt ist. Der Großteil der Stadt wurde zwischen dem 11. und 16. Jahrhundert errichtet, ihre Anfänge reichen etwa 1.300 Jahre zurück. Sie wurde von der Tayrona-Zivilisation errichtet und erst 1972 wiederentdeckt, als heimische Grabräuber auf eine Reihe Steinstufen stießen, die sich den Gebirgshang hinaufzogen, und ihnen folgten. Plötzlich tauchten auf dem lokalen Schwarzmarkt Figuren aus Gold und antike Keramikgefäße auf, bis die Behörden die Verlorene Stadt zur geschützten historischen Kulturstätte deklarierten.

Die Verlorene Stadt ist mindestens 600 Jahre älter als Machu Picchu und hatte drei- bis fünfmal so viele Einwohner. Der Weg dorthin ist wesentlich mühevoller und abwechslungsreicher als der populäre Inkapfad. Und er ist viel einsamer. Nur wenige Touristen haben ihre Freude an Begegnungen mit paramilitärischen Truppen, Guerillas oder Drogenhändlern. Die Verlorene Stadt wurde wahrscheinlich während der spanischen Invasion aufgegeben. Sie erstreckt sich über Terrassen, die in den Gebirgshang geschlagen wurden, ist von hohen Mauern umgeben, hat gepflasterte Straßen und mehrere runde Plätze. Einige Häuser wurden wieder aufgebaut. Die Aussicht ist nicht so spektakulär wie die von Machu Picchu, aber die beinahe völlige Abwesenheit von Touristen und Souvenirständen, die dichte tropische Vegetation und die beinahe unheimliche Stille des Nebelwalds machen das mehr als wett. Der größte Teil der Stadt ist noch nicht vom Dschungel überwuchert. Über einen Radius von vier Kilometern erstrecken sich 169 Terrassen, mächtige Mauern und Steinmetzarbeiten.

Die jüngere Geschichte des Gebietes um die Sierra Nevada ist eher chaotisch. Es ist das Schlachtfeld gewesen, auf dem sich die Armee, rechtsradikale paramilitärische Gruppen, linksradikale Guerillas und Drogenhändler tummeln und bekämpfen. Sowohl die rechtsradikalen als auch die linksradikalen Gruppierungen versuchen, die lokale Kokaproduktion unter ihre Kontrolle zu bringen. Aufgrund ihrer größeren Nähe zum Militär, den Bauern und der herrschenden politischen Partei sind die Paramilitärs derzeit im Vorteil. Sie sind keine richtige Militäreinheit, sondern faschistische Drogenhändler, die ehemals der Polizei oder der kolumbianischen Armee angehörten. Vor acht Jahren entführte die Nationale Befreiungsarmee, eine der linksradikalen Guerillatruppen, acht Touristen. Mehrere Monate später wurden sie freigelassen. Andere wurden getötet. Inzwischen hat die kolumbianische Armee ihre Patrouillen durch dieses Gebiet verstärkt. Es wird von mehreren Hundert Berufssoldaten überwacht. Die sechstägige Wanderung erstreckt sich über 52 Kilometer und ist nur für Menschen mit sehr guter Kondition und Ausdauer geeignet. Sie beginnt in Mamey, einem tristen, halb verlassenen Nest, kaum zwei Stunden Autofahrt von Santa Marta entfernt. Die kürzeste Tagestour dauert drei Stunden und die längste sieben. Wenn Sie ein Flüchtling sind, meiden Sie diesen Pfad. Es finden häufige und eingehende Militär- und Passkontrollen statt. Durch eine Verzehnfachung der Kosten unseres Ausflugs hatte Sandor glücklicherweise dafür gesorgt, dass wir nicht durch unwillkommene Kontrollen gestört wurden.

Das Klima und die Topografie der höher gelegenen Regionen begünstigen den Anbau von Kokapflanzen. Da das Gebiet zum Nationalpark erklärt wurde, dürfen die Amerikaner die Kokaplantagen nicht mit Herbiziden zerstören, und das macht es zu einem wertvollen Anbaugebiet. Die indigenen Kulturen bauen seit mehr als 1.000 Jahren Kokapflanzen an. Das Kauen der Kokablätter verleiht den Kogi-Indios die Energie, um Früchte zu ernten, ihre Felder zu bewirtschaften und Babys zu machen. Außerdem stellen sie aus Muschelschalen ein Pulver her, das sie mit Kokapulver mischen. Das Zeug hält einen wach, aber schmeckt unangenehm und gibt weitaus weniger Dopamin ab als Kokain. In Santa Marta hatte man uns fast reines Kokain angeboten, wir lehnten jedoch ab. Sandor war schon immer ein ausgesprochener Profi gewesen, der das Geschäft nie mit dem Vergnügen mischte, und ich wollte auf keinen Fall rückfällig werden, da wir von Hunderten hartgesottener militärischer Totschlägern umgeben waren. Außerdem würde ich unter Kokaineinfluss in einen euphorischen Geisteszustand verfallen und wahrscheinlich zu rein emotionalen und völlig falsch eingefärbten Schlussfolgerungen gelangen.

Vom ersten Schritt an vergossen wir literweise Schweiß, und am dritten Tag zählte ich mehr als 100 Moskitostiche. Es goss in Strömen. Wir besuchten ein lokales Kokainlabor. Der Eigner/Betreiber, ein charmanter und einnehmender Mann, forderte mich auf, mich mit ihm fotografieren zu lassen. Ich musste lachen – der flüchtige Finanzinvestor und der Kokainproduzent vereint –, lehnte aber ab. Sandor gab ihm 100 Dollar, damit er unseren Besuch für sich behielt. Vor Kurzem wurde sein Mini-Labor geschlossen. Unsere kleine Reisegruppe war an sich schon kurios: der weißhaarige Professor in den Siebzigern, der deutsche Riese, Pablo, unser zwergenhafter Indio-Führer, unser mit einer AK-47 bewaffneter Leibwächter und zwei magere, abgearbeitete Maultiere. Ich hatte den Eindruck, wir durchquerten mindestens ein Dutzend Flüsse und Ströme. Einmal wateten wir eine unendliche halbe Stunde über rutschige Steine durchs Wasser. Jeden Tag badeten wir in den Flüssen oder in Flussbecken, pflückten Bananen und kauten beinahe unaufhörlich Kokablätter und tranken *Mate de coca* – eine Art Tee aus Kokablättern.

Gelegentlich begegneten uns andere Trekker, von denen sich einige eindeutig im Kokarausch befanden und uns mit überschwänglichem dopamingetränktem Enthusiasmus grüßten. Andere hatten den Höhepunkt des Glücksrausches hinter sich und wirkten eher wie Zombies. Sandor wurde von einer Wildsau angegriffen, die ihre Ferkel beschützen wollte. Unser Leibwächter wollte sie mit seiner AK-47 erschießen, aber Sandor schlug ihr mit seinem Wanderstock mehrmals auf die Schnauze, woraufhin sie im Wald verschwand. Wir sahen faustgroße Schmetterlinge, Frösche, giftige Kröten, Schlangen, Tukane und viele andere außergewöhnliche Vögel. Am dritten Tag wurde das weniger verhärmte Maultier mein persönlicher Skilift. Ich hielt mich an seinem Schwanz fest und es zog mich verschiedene rutschige Steilhänge hinauf. Sandor brauchte diese Hilfe nicht und machte sich jedes Mal über mich lustig, wenn ich nach dem Schwanz des Maultiers griff. Er war gesund und von erstaunlich guter Kondition und bester Laune. Während ich fluchte wie ein Bierkutscher, beschwerte er sich während der gesamten Wanderung nicht ein einziges Mal.

Der letzte Aufstieg war der schlimmste. Es goss wie aus Eimern und wir mussten 1.200 glatte, unregelmäßige und gemein steile Steinstufen erklimmen, um in die Verlorene Stadt zu gelangen. Als ich endlich oben war, zitterten mir die Beine. Wir ruhten uns in einer slumartigen Hütte aus, tranken das einzige kalte Bier in drei Tagen Wanderung und schliefen zehn Stunden. Am nächsten Tag erkundeten wir den Ort.

Der Professor hatte mir zu Beginn eines jeden Tages eine Frage zum Nachdenken gestellt. Tagsüber durfte ich mit ihm sprechen, aber nie über irgendein persönliches Thema. Zum Abendessen sprachen wir eine halbe Stunde über meine Antworten. Anschließend hatte ich eine weitere halbe Stunde, um meine Antworten aufzuschreiben, aber es durften nicht mehr als drei Sätze sein. Ich erspare Ihnen die verrückten Gedanken, Versuche und Irrwege, die es dauerte, bis ich sie gefunden hatte.

Tag 1: Wovor fürchtest du dich?
Ich fürchte mich vor emotionaler Bindung. Ich habe Angst, meinen eigenen Gefühlen zu vertrauen. Ich fürchte mich davor, meine Freiheit und finanzielle Unabhängigkeit zu verlieren (Armut).

Tag 2: Was hast du erreicht?
Ich habe ein egoistisches und aufregendes Leben geführt und einem Unternehmen zum Erfolg verholfen, das vielen Tausend Menschen das Leben retten und das Leben von Millionen von Menschen verbessern wird. Außerdem habe ich Kindern geholfen.

Tag 3: Was ist dein Vermächtnis?
Exzess. Zu viel ist nie genug; Intensität, lebe schnell und intensiv; Möglichkeit, du kannst alles sein und erreichen, was du willst.

Tag 4: Wird irgendjemand wirklich um dich trauern, wenn du auf diesem Ausflug sterben solltest?
Fünf, maximal sechs Menschen.

Tag 5: Was würdest du ändern, wenn du könntest?
Ich würde mit meiner Frau zusammen sein und meinen Kindern ein Vater sein. Ich möchte frei sein und ohne Angst leben. Ich würde gerne gesund bleiben, leben, helfen und reisen.

Tag 6: Welche Entscheidung wirst du treffen?
Ich werde meine Herausforderungen meistern. Ich werde meinen Gefühlen vertrauen. Ich werde ein insgesamt positives Vermächtnis hinterlassen. Ich werde nicht länger mit den Leben und Karrieren anderer Gott, den Allmächtigen spielen.

Ich war hundsmiserabel im Zeichenlesen. Als ich im Paradies lebte, wollte ich es unbedingt verlassen. Als ich in Caracas beinahe erschossen wurde, hätte ich aus dem Geschäft aussteigen sollen, anstatt meine Anstrengungen zu verdoppeln. Zu diesem Zeitpunkt war mein Humankapital jedoch in dem Maße gewachsen, wie mein Finanzkapital dramatisch abnahm. Meine Entscheidungen wurden innerhalb von vier Wochen nach dem Besuch der Verlorenen Stadt bestätigt. Dieses Mal hätte ein Blinder die Zeichen erkennen können. Mein potenzieller Partner für den Zigarettenschmugel war von vergeltungssüchtigen Polizisten in eine Falle gelockt worden und saß nun hinter Gittern, und das für ein kleines Vergehen, das er nicht einmal begangen hatte. Auch ein anderer Plan, den ich hier nicht ausführen will löste sich auf. Und es stellte sich heraus, dass der Typ, der mir angeboten hatte, eine Milliarde Dollar für ihn zu verwalten, nicht der Ruheständler war, für den er sich ausgegeben hatte. Er wurde von der amerikanischen Drogenpolizei DEA geschnappt und blickte nun mehr als 100 Jahren Gefängnis entgegen. Daraufhin beschloss er zu reden, verriet mehrere Dutzend Ganoven und wurde ins Zeugenschutzprogramm aufgenommen. Der ehemalige, sich im angeblich im Ruhestand befindliche Narco Zar, starb einige Monate später während einer Routineoperation.

Gott traf die Entscheidungen für mich. Mein Sohn Conrad, den wir nach dem Schriftsteller Joseph Conrad benannt hatten, hatte mir über meinen spanischen Anwalt einen kleinen Aufsatz zukommen lassen, und Isabella hatte ein kleines Porträt und ein Gedicht dazugelegt. Ich war unendlich dankbar. Endlich lichtete sich der Nebel. Das war der Moment, in dem ich endlich ohne jeden Zweifel wusste, wohin ich zielte. Und das schrieb mein Sohn:

Big Fella

Der Riese streift in der Nachmittagshitze durch die spanischen Straßen – mit großspurigem Gang, die Brust aufgebläht wie ein Pfau, und Händen, die neben seinem Körper auf- und abschwingen. Gelegentlich schnippt er mit den Fingern zu keinem anderen Rhythmus als dem, der in seinem eigenen Kopf schlägt. Der heißblütige 47-Jährige zwinkert und lächelt kokett einer Frau zu und mustert sie wie der Chef eines Drogenkartells die Schönheitskönigin von Kolumbien. Meine Mutter, die daran gewöhnt ist, schüttelt den Kopf und rollt mit den Augen, während Dad einen tiefen, nachdenklichen Zug von seiner kubanischen Zigarre nimmt.

Er fährt sich mit seinen langen Fingern durch sein silbrig-blondes Haar. Florian lässt die öden, zementierten Bürgersteige der Innenstadt von Palma wie einen roten Teppich wirken. Ihm gehört die Straße und wir folgen drei Schritte hinter ihm wie Höflinge. Er schüttelt seinen linken Arm, an dem er eine auffällige Rolex trägt, hebt ihn schwerfällig an, als wolle er nach der Zeit sehen, und erntet dabei aufmerksame Blicke deutscher Touristen. Auf seiner Brust bilden sich kleine Tröpfchen. Er knöpft den obersten Knopf seines hauchdünnen, taillierten italienischen Seidenhemds auf und entblößt eine 25 cm lange Narbe. Er wendet sich zu unserem Gast, der Mühe hat, mit ihm Schritt zu halten. Der Besucher wirft einen neugierigen Blick auf die Brust meines Vaters. »Oh, diese kleine Wunde? Ich wurde in Venezuela angeschossen«, gefolgt von der Frage meiner Schwester, die sich verwirrt an mich wendet: »Stammt die nicht von einer Haiattacke in Südafrika?«

Wir eilen in demselben gehetzten Schritt einige Straßenzüge weiter, wobei mein Vater außerordentlich großzügig zu den Bettlern ist, denen er 20-Euro-Scheine zusteckt. Er fragt unseren Gast, wie viel er für wohltätige Zwecke gestiftet hat, und nennt ihm dann die irrsinnigen Summen, die er selber gespendet hat. Einmal gab er einem Pizzafahrer 1.000 Euro, weil er und seine Schwester kein Geld hatten, um ihre Mutter zu besuchen, die an Krebs im Endstadium litt.

Er beschleunigt seinen Schritt und eilt uns voraus. »Ich halte dieses langsame Tempo nicht aus, Susan. Ich gehe und kaufe noch eine Zigarre und treffe euch dann im Restaurant«, sagt er und saust davon. Wir finden ihn im Restaurant, eingehüllt in eine dicke Rauchwolke, vor ihm ein Halbliterglas Cuba Libre. »Susan, kannst du dir das vorstellen? All diese Frauen hier flirten mit mir. Können sie nicht sehen, dass ich mit dir zusammen bin?«

14. PLÄNE FÜR EINE SINNSTIFTENDE ZUKUNFT

Geld hat mich nie glücklich gemacht und wird mich auch nie glücklich machen.
Es hat nichts an sich, das ein Glücksgefühl erzeugen könnte.
Je mehr man davon hat, desto mehr will man.
Benjamin Franklin

Zwar stimme ich Benjamin Franklin voll und ganz zu, aber Geld kann eine erhebliche Flexibilität und Unabhängigkeit bieten, vor allem klugen Menschen mit einem felsenfesten Wertesystem. Fast drei Jahrzehnte lang glaubte ich, Geld bedeute Glück. Begriffsstutzige Menschen wie ich müssen erst ihre Familie und ihr Vermögen verlieren, um zu begreifen, dass es keinerlei Verbindung zwischen Geld und Glück gibt.

Das Schwerste in den letzten Jahren seit meinem Ausscheiden aus der Finanzwelt war nicht der Druck von Resch und seinen Auftraggebern oder die gnadenlose und einseitige Medienberichterstattung, sondern die Boshaftigkeit und Charakterlosigkeit, mit der Personen, denen ich geholfen hatte, mir später in den Rücken gefallen sind. Gott sei Dank, dass einige wenige einfache Menschen, die über weit geringere Ressourcen verfügten, mir in meinen dunkelsten Stunden zur Seite standen. Ausnahmslos waren meine falschen Freunde alle sehr gut situierte, gut verdienende, privilegierte Menschen. Diese Enttäuschung sitzt tief in den Knochen und stimmt mich traurig. Andererseits waren mir diese Umstände auch ein Zeichen, meine karitativen Bemühungen fernab von luxuriösen Charity-Festen auf diejenigen zu konzentrieren, die machtlos und mittellos sind: das große Heer der Unterprivilegierten und Notleidenden in Afrika, Asien und Südamerika.

339

Nach meiner Wiederauferstehung von den Toten ist es viel sinnvoller, meine emotionale Rendite zu maximieren, und nicht meine finanzielle. Außerdem sieht es so aus, als könne ich mein Humankapital durch Geben und Teilen wesentlich besser steigern als durch Nehmen und Anhäufen. Überdies empfinde ich wieder Spaß und Freude und lache oft, gelegentlich sogar über mich selber. Das Beste, was ich in Zukunft machen kann, ist, die Wiederholung von Kardinalfehlern zu vermeiden und meine Energie auf Dinge zu konzentrieren, die mich glücklich machen, mir positive Herausforderungen bieten und mir das Gefühl größerer Vollkommenheit geben. Maximum Impact Medicine ist Teil dieses Plans. Und darum geht es:

Mitte 2011 schaltete ich spätnachts CNN ein. Der Dokumentarfilm, der gezeigt wurde, handelte von einigen jüdischen Ärzten, die irgendwo in der ärmsten Region Afrikas bedürftige Patienten operierten. In seiner Freizeit äußerte einer der Ärzte seinen Unmut darüber, dass sich schon mit ein paar Dollar das Leben mehrerer Menschen retten oder zumindest dramatisch verbessern ließe, die an einem Trachom – einer ansteckenden, bakteriellen Binde- und Hornhautentzündung –, an Elefantiasis oder an von Würmern ausgelösten Infektionen leiden. Jedes Mal, wenn er für seine karitative medizinische Organisation in Äthiopien oder Eritrea unterwegs war, brachte er Tabletten und Spritzen mit. Er und seine Arztkollegen verbrachten den größten Teil ihrer Zeit damit, Kinder zu operieren. Einige dieser Operationen, an denen zum Teil mehrere Ärzte beteiligt waren, dauerten mehrere Stunden. Nach getaner Arbeit fuhr der Arzt ins Dorf, um Patienten Spritzen und Tabletten zu verabreichen, die unter häufig auftretenden Infektionen und Krankheiten litten, wie zum Beispiel schwere Bindehautentzündungen, geschwollene Gliedmaßen und Hautkrankheiten. Ich sah, wie dieser Arzt in weniger als zehn Minuten und zu Kosten von weniger als fünf Dollar das Leben von fünf Menschen positiv veränderte.

Ich war tief beeindruckt. Nicht wenige seiner ehemaligen Patienten, die er behandelt hatte, kamen Monate später zurück, um sich bei ihm zu bedanken. Sie sagten ihm, es gehe ihnen gut, sie hätten Arbeit und würden eine Familie gründen. Der Arzt selber war eher niedergeschlagen. Er fragte sich frustriert,

warum niemand sonst durch Äthiopien reiste und es sich zur Aufgabe machte, den Menschen zu helfen, wo der Aufwand doch so gering war. Die Ärzte
der Non-Profit-Organisation führten jeden Tag unter Einsatz von Hochtech-
nologie anspruchsvolle, teure Operationen durch, um einige wenige Defor-
mierungen zu korrigieren. Ich rechnete mir das aus. An einem wirklich guten
Tag operierten sie durchschnittlich vier Patienten zu Operationskosten von
600 Dollar pro Patient. Die Kosten für die Spritzen und Medikamente zur Behandlung weit verbreiteter Infektionskrankheiten verblassten dagegen. Hätte
sich jeder der Ärzte darauf beschränkt, Medikamente und Spritzen zu verteilen, wären die Kosten geringer gewesen und sie hätten das Leben von mindestens 200 Menschen verbessert, wenn nicht sogar ihr Leben gerettet. Die
Wirkung wäre um das Fünfzigfache größer gewesen. Kein Wunder, dass dieser Arzt frustriert war. In der Zwischenzeit hätte ein Schimpanse 20 Patienten
eine Spritze setzen und weiteren 20 Medikamente gegen das Trachom geben
können. Der gesundheitliche Nutzen für die Gesamtbevölkerung wäre zehn-
mal so groß gewesen wie der Nutzen der Operationen, die die Chirurgen der
Hilfsorganisation aus New York durchführten.

Mit einem Mal war ich hellwach. Der völlige Mangel an Logik und die offensichtliche Chance für Verbesserung waren einfach nicht zu übersehen. Die
Liberia Renaissance Foundation gab jedes Jahr rund 1.000 Dollar pro Kind
für Nahrung und eine erstklassige Bildung aus. Für 1.000 Dollar konnten wir
1.000 Patienten ermöglichen, zu arbeiten und ein normales Leben zu führen.
Bis zu diesem Dokumentarfilm hatte ich keine Ahnung, dass die Behandlung
weit verbreiteter Infektionskrankheiten so kostengünstig und unkompliziert
war.

Ich erinnerte mich an meine ausgedehnten Reisen durch Lateinamerika,
durch ganz Afrika und Südasien, die ich seit dem Alter von 13 Jahren unternommen hatte. Dabei hatte ich zahllose der Krankheitsfälle gesehen, die dieser Arzt behandelte. Viele der Erkrankten waren nicht in der Lage zu arbeiten,
hätten aber ohne Weiteres geheilt werden können. Sie waren an einem Virus
oder durch verunreinigtes Wasser erkrankt, und ihre Erkrankung verhinderte,
dass sie ein produktiveres und zufriedenstellendes Leben führen konnten. In

den gottverlassenen Gebieten, in denen sie lebten, gab es üblicherweise keine Medikamente, und so verschlimmerten sich die Krankheiten und endeten oft in einer dauerhaften Behinderung oder führten sogar zum Tod.

Hieß das, dass eine Million Dollar, die wir ausgegeben hatten, um den Liberia Renaissance Educational Complex zu bauen, das Leben von einer Million Menschen positiv verändern konnte? Hieß das, dass eine wohltätige Organisation damit werben kann, dass sie mit jedem Dollar Spende, den sie gewinnt, nach Abzug aller Kosten ein Leben retten oder zumindest erheblich verbessern kann? Ich vertiefte mich für mehrere Tage in dieses Thema. Und dann kam ich zu einem atemberaubenden Ergebnis: Wenn man von einer intelligenten Beschaffung und Logistik und gewissen Skaleneffekten ausgeht, würde ein Dollar leicht ein Leben retten oder verbessern. Das war Wahnsinn. Ich war für die Idee entbrannt und mein Verstand arbeitete auf Hochtouren. Bis heute glaube ich, dass es kein Zufall war, dass ich um zwei Uhr morgens diese Fernsehsendung ansah. Die Götter hatten einen Riesenknochen in meine Richtung geworfen und wetteten nun darauf, ob ich ihn finden und verspeisen würde.

Es gibt ungefähr ein Dutzend wichtige kräftezehrende und lebensbedrohliche Krankheiten, die sich leicht medikamentös behandeln oder durch Impfungen verhindern lassen, und das zu Kosten, die unter einem Dollar pro Patient liegen. Zum Beispiel leiden mehr als 35 Millionen Menschen weltweit an dem Trachom, einer bakteriellen und hochansteckenden Augenentzündung, die zur Erblindung führt, wenn sie unbehandelt bleibt. Dabei ist sie schon mit wenig Geld vermeidbar. Diphtherie, eine Erkrankung der oberen Atemwege, an der rund zehn Millionen Menschen leiden, lässt sich mit einer Impfung vermeiden und mit Antibiotika und Antitoxinen behandeln. Diese Krankheiten sind vor allem in Afrika, Südasien, Mittel- und Südamerika verbreitet. Oder nehmen wir die Filariose, auch als Elefantiasis bekannt. Sie führt zu einer abnormen und schmerzhaften Vergrößerung und Schwellung der Gliedmaßen, die erhebliche Beeinträchtigungen zur Folge hat. 120 Millionen Menschen sind daran erkrankt und 40 Millionen sind entstellt und erheblich behindert. Diese Krankheit lässt sich mit einer einzigen Dosis, einer Kombination aus zwei Medikamenten, die zusammen verabreicht werden, heilen. Die meisten

Westler glauben, Elefantiasis sei irgendeine obskure Krankheit aus einem vergangenen Jahrhundert, wie in dem Film *Der Elefantenmensch* dargestellt. Tatsächlich wurde sie jedoch in 81 Ländern diagnostiziert.

Es gibt noch weitere Infektionskrankheiten. In der entwickelten Welt sind sie in Vergessenheit geraten, weil sie sich im Wesentlichen auf arme Entwicklungsländer, zumeist in Afrika, beschränken. Zum Beispiel leiden 200 Millionen Menschen, davon die Hälfte in Afrika, an Schistosomiasis (Bilharziose), einer tropischen Wurmerkrankung, die in Binnengewässern übertragen wird. Zwar sterben »nur« 200.000 Menschen jährlich an Bilharziose, aber die Symptome können sehr schwerwiegend sein und reichen von blutigen Infektionen, chronischer Leberschädigung, chronischem Nierenversagen und Krämpfen bis zu rechtsseitigem Herzversagen. Unter den parasitären Erkrankungen rangiert die Bilharziose, was ihre sozioökonomische Bedeutung und ihre Bedeutung für die öffentliche Gesundheit in tropischen und subtropischen Gebieten angeht, an zweiter Stelle gleich nach der Malaria. Die einzige Vorbeugung besteht darin, die in stehenden Süßwassergewässern lebenden krankheitsübertragenden Schnecken zu eliminieren. Zu diesem Zweck können Acrolein, Kupfersulfat und Niclosamide verwendet werden. Bilharziose lässt sich mit einer einzigen jährlichen Dosis des Wirkstoffes Praziquantel behandeln.

Die Weltgesundheitsorganisation verfügt über eine umfassende Datenbank über die Kosten der Behandlung zahlreicher Krankheiten in zahlreichen Nationen und Regionen. Dieses Programm heißt WHO Choice. Ich war fest davon überzeugt, dass es die zehn am stärksten vernachlässigten, aber weit verbreiteten Krankheiten beinhaltete. Zu meinem großen Erstaunen war das nicht der Fall. WHO Choice kümmert sich zwar auch um einige der wichtigen vernachlässigten Krankheiten, aber der Schwerpunkt liegt auf sehr teuren und komplexen Behandlungen von Krankheiten wie HIV und Geisteskrankheit.

Der Kosten-Nutzen-Effekt einer breit angelegten Behandlung dieser vergessenen und vernachlässigten Infektionskrankheiten für die Wirtschaft des betroffenen Landes und die Lebensqualität seiner Bevölkerung ist um ein Vielfaches höher als der Kosten-Nutzen Effekt der Behandlung stark öffentlichkeitswirksamer Krankheiten, die von den westlichen karitativen medizinischen Einrichtungen favorisiert werden. Die grundlegenden Kosten, die damit verbunden sind, einen einzigen Aids-Patienten in einem Entwicklungsland am Leben zu erhalten, könnten mehrere Tausend andere Menschen heilen, die krankheitsbedingt ähnlich in ihrer Lebensführung beeinträchtigt sind, aber echte Heilungschancen haben. Das ist alles andere als logisch. Für mehrere weit verbreitete Infektionskrankheiten gibt es kosteneffektive Therapien. Für lediglich 79 Cent können Menschen mit einer Kombination aus vier Präparaten behandelt werden, mit der sich multiple Infektionen heilen lassen. Anders als HIV/Aids, das eine lebenslange tägliche Medikamenteneinnahme erfordert, lassen sich einige dieser Krankheiten mit einer einzigen Dosis heilen. Diese Form des Krankheitsmanagements ist möglicherweise die kosteneffektivste globale Gesundheitsinitiative. Und auf diesem Gebiet will MIM eine der wichtigsten und innovativsten karitativen medizinischen Organisationen sein.

Diese weit verbreiteten Krankheiten, die sich so leicht und kostengünstig heilen lassen, behindern in fast allen armen Ländern die wirtschaftliche Entwicklung und stürzen weite Teile der Bevölkerung ins Elend. Eine Handvoll größerer Non-Profit-Organisationen und Gesundheitsinitiativen wie die Gates Foundation und die Clinton Initiative richten ihr Augenmerk zunehmend auf diesen Bereich. Die Investition von einigen 100 Millionen Dollar im Jahr, um diese vermeidbaren und leicht zu heilenden Krankheiten spürbar einzudämmen, hat den wirtschaftlichen Effekt, dass die Produktivität und das Wirtschaftswachstum des betroffenen Landes um einige 100 Milliarden Dollar im Jahr ansteigen. Der ROC (Rendite auf die Gesundheitsvorsorge) der MIM-Behandlung beträgt mehrere 100 Prozent.

Ich habe Glück. Mein Hintergrund ermöglichte es mir, MIM zu initiieren. Ich habe seit meiner Zeit als junger Erwachsener mehrere wohltätige Einrichtungen unterstützt und die Liberia Renaissance Foundation gegründet, die nicht nur effektiv ist, sondern unter meiner Führung auch eine sehr schlanke Organisation war. Ich habe zuvor ein multinationales Unternehmen geführt. Ich habe Entwicklungsökonomie in Harvard studiert und drei Jahrzehnte lang in Entwicklungsländer investiert. Ich habe in Afrika gearbeitet und habe seit meinen Teenagerjahren Länder der Dritten Welt bereist. Da ich in mehr als 20 Jahren zahlreiche Pharmaunternehmen finanziert habe, besitze ich rudimentäre Kenntnisse in den Grundlagen der medizinischen Wissenschaft. Ich weiß, wie man mit Ärzten, Pharmazeuten und Forschern zusammenarbeitet. Ich habe zahllose Fusionen und Partnerschaften strukturiert und abschließend begleitet. Als ich die Liberia Renaissance Foundation gründete, hatte ich die Dynamik der Wohltätigkeitsindustrie auf globaler Ebene studiert und die Lektionen angewendet, die ich in Liberia gelernt hatte. Ich bin keine eindimensionale Luxushure. Ich kann mich an extreme und widrige Bedingungen anpassen, mit Konflikten umgehen und Herausforderungen meistern.

Was mich wirklich umgehauen hat, war die Macht der Marketingbotschaft: Spende einen Dollar und rette ein Leben! Rette zehn Leben für zehn Dollar. Ich muss nur mit dem Rauchen aufhören und meine jährlichen Ersparnisse überweisen, und schon könnte ich Tausende von Leben retten. Wir könnten Raucher mit einer globalen »Rette Leben«-Kampagne dazu motivieren, mit dem Rauchen aufzuhören und einen Teil des gesparten Geldes zu spenden. Oder wir könnten uns an die Zigarettenhersteller wenden. Die Werbung auf der Schachtel könnte folgendermaßen lauten: Diese Schachtel mit 20 Zigaretten rettet ein Leben. Das wäre ein schöner Kontrast zu den jetzigen schwarz umrandeten Warnhinweisen. Ich würde liebend gerne in jeder Burger-King- und Kentucky-Fried-Chicken-Werbung eine Sammelbox mit riesigem Aufdruck sehen: Hast du heute schon ein Leben gerettet? Spende einen Dollar und rette ein Leben.

Stellen Sie sich vor, Sie hätten nur zehn Dollar zu vergeben und 100 karitative Einrichtungen würden darum kämpfen, diese zehn Dollar von Ihnen zu erhalten. Alle ihre Anliegen sind honorig. Mehrere Organisationen zielen darauf ab, ein Heilmittel gegen Krebs, multiple Sklerose, HIV und Alzheimer zu finden. Andere konzentrieren sich auf Bildung, sauberes Wasser, der Eindämmung von Mangelernährung, Tiermisshandlung, den Erhalt der Artenvielfalt, globalen Frieden, der Verringerung der Kinder- und Müttersterblichkeit und so weiter. Sie sprechen mit jeder dieser Organisationen und stellen nur eine einzige Frage: Sagen Sie mir ganz genau, auf welche Weise meine zehn Dollar messbare Ergebnisse im Hinblick auf das Ziel hervorbringen, die Welt zu einem besseren Ort zu machen, und versichern Sie mir, dass mindestens 9,90 Dollar den Bedürftigen zugutekommen. Stellen Sie sich die Antworten vor. Es gibt nur eine einzige Antwort, die allen anderen überlegen ist: Mit hundertprozentiger Sicherheit kann MIM garantieren, dass Ihre zehn Dollar mindestens zehn Leben innerhalb weniger Wochen nach Erhalt der Spende positiv und grundlegend verändern oder sogar retten werden. Darüber hinaus würden wir beweisen, dass weniger als zehn Cent für Betriebskosten und Verwaltung ausgegeben werden.

Kann irgendeine andere karitative Einrichtung zwei gleichermaßen überzeugende und konkrete Dinge von sich behaupten? Und kann irgendeine andere karitative Einrichtung dem Spender die gleiche präzise emotionale Rendite bieten? Denken Sie darüber nach.

Im Geiste sehe ich, wie Kinder und Jugendliche in europäischen und amerikanischen Städten aussagekräftige und überzeugende Broschüren verteilen und Erwachsene um Spenden bitten. Ich sehe Hunderte, vielleicht Tausende von MIM-Ortsverbänden weltweit, die jedes Jahr viele Millionen Dollar an Spendengeldern aufbringen. Ich habe nie ein Vorhaben verfolgt, dass so viele Vorteile und keinen einzigen Nachteil hat. Selbst wenn es mir überhaupt nicht gelingen sollte, andere Spender zu gewinnen, würde allein mein Beitrag ausreichen, um viele Leben zu verbessern. Und wenn andere diese Idee kopieren, warum nicht? Das würde noch mehr positive Veränderung bedeuten. Meine emotionale Rendite würde darunter nicht leiden. Ich würde gerne erleben, dass dies geschieht, egal auf welche Weise. Aber ich möchte, dass es eine ganz große Sache wird. Die einzige Frage ist, wie groß wir sie machen können.

Viele überzeugende Ideen scheitern allerdings, weil sie schlecht umgesetzt werden, während viele mittelmäßige Ideen Erfolg haben, weil sie gut umgesetzt werden. Es gibt bereits ähnliche karitative Einrichtungen, und die Idee der kosteneffektiven Medizin ist auch schon ziemlich weit fortgeschritten. Das Konzept von MIM ist allerdings einzigartig und bezwingend. Wenn es richtig umgesetzt wird, sollte es ein umwerfender Erfolg werden, und zwar ein dauerhafter. Mittels einer erstklassigen Analyse muss genau bestimmt werden, welche Therapien bei geringstmöglichen Stückkosten die größten gesundheitlichen Nutzen für die Patienten und die größten wirtschaftlichen Nutzen für die betreffende Region beziehungsweise das Land bieten. Die Analysesoftware muss hochdynamisch und leicht skalierbar sein. Glücklicherweise bietet die WHO für viele Krankheiten nützliche Informationen über die Behandlungskosten nach Nationen und Regionen. Zweifellos sind diese Informationen weder optimal noch vollständig, aber sie sind ein guter Ausgangspunkt. Ich weiß, wie die Analyse beschaffen sein muss, aber MIM wird sehr kompetente Programmierer brauchen, damit die Software die richtigen Ergebnisse liefert.

Beschaffung, Lagerung und Vertrieb werden weitere zentrale Erfolgsfaktoren sein. Es liegt auf der Hand, dass MIM bei Pharmakonzernen, Regierungen, NGOs und medizinischen Verbänden um Medikamenten- und Impfspenden werben wird. Allerdings werden wir je nach Gelegenheit auch große Chargen an stark rabattierten Medikamenten und Impfstoffen kaufen. Es wird ganz entscheidend darauf ankommen, mit Pharmakonzernen und Organisationen, die die Medikamente lagern, vertreiben und lokal anwenden, strategische Beschaffungsvereinbarungen zu erzielen. Marketing und Fundraising sind der Kern jeder erfolgreichen Non-Profit-Initiative. Es gibt zahlreiche vielversprechende Wege zur Maximierung der Spenden sowohl von Institutionen als auch von Privatpersonen. Wir werden alle unsere Spender wie Superstars behandeln, denn jeder Einzelne ist ein Lebensretter. Unsere Spender werden unvergleichliche emotionale Renditen auf ihr Engagement und eine ausgezeichnete PR erhalten. Wir werden gemeinnützige Aktivitäten für Highschool- und College-Studenten auf der ganzen Welt veranstalten. Die Botschaft von MIM in die Welt zu tragen ist ein Kinderspiel.

Die Organisation selbst muss möglichst schlank sein, um zu gewährleisten, dass der höchstmögliche Prozentsatz der Einnahmen der Patientenbehandlung zugutekommt. Meine wichtigen Unternehmen waren auch stets die schlanksten und profitabelsten Organisationen der jeweiligen Branche. Meine Mission lautet, eine der kostengünstigsten, effektivsten Beschaffungs-, Vertriebs- und Allokationsstrukturen auf dem Gebiet der karitativen Medizin zu schaffen. Alternativ denke ich darüber nach, mit hocheffizienten Non-Profit-Organisationen zusammenzuarbeiten, wie zum Beispiel die Brother's Brother Foundation, um zu gewährleisten, dass die Medikamente auf effektivstmögliche Weise an die Endempfänger gelangen.

Seien Sie versichert, dass MIM seine administrativen Kosten streng überwacht. Unsere Spender müssen wissen, dass weniger als zehn Cent für Betriebskosten und Verwaltung ausgegeben werden, sobald wir die kritische Größe erreicht haben. Diese Gewissheit wird ihre Spendenbereitschaft fördern. Angesichts meines umstrittenen Images müssen Transparenz, Rechenschaftslegung und die ethischen Standards die höchsten der Wohltätigkeitsindustrie sein. Jeder vorstellbare und potenzielle Interessenkonflikt muss vermieden werden. Wir müssen unbefleckter sein als die Jungfrau Maria.

Ich würde dieses Vorhaben wirklich gerne realisieren. Ich habe noch gut 25 produktive Jahre vor mir. Hoffentlich wird in naher Zukunft kein internationaler Haftbefehl gegen mich erlassen; hoffentlich bekomme ich keine Kugel in den Kopf, werde entführt oder verrotte in irgendeinem Gefängnis. Das würde die Entwicklung dieser karitativen Initiative schwer behindern. Auch sollte ich möglichst nicht in jahrelange Gerichtsverfahren verwickelt sein, die mich für Monate von der Arbeit abhalten. Die meisten Menschen würden mir angesichts meines schlechten Rufes davon abraten, über diese Idee auch nur nachzudenken. Auf der anderen Seite glaube ich, dass ich meine Bekanntheit und meine Medienpräsenz dazu nutzen kann, für ein positives Anliegen zu werben. Mir gefällt die Vorstellung, mich wie Phönix aus der Asche zu erheben. Falls ich nicht effektiv bin und sich eine geeignetere Person für diese Aufgabe finden lässt, werde ich gerne beiseitetreten.

Ich freue mich darauf, zu reisen. Die Arbeit in Armutsregionen reinigt die Seele und fördert die eigene Dankbarkeit. Außerdem gibt es viele Länder, die ich gerne kennenlernen würde. Ich bin noch nie in Äthiopien, in der Darfur-Region im westlichen Sudan, in Eritrea, Sierra Leone, Sri Lanka, Papua-Neuguinea und vielen anderen Regionen und Ländern gewesen, die von MIM erheblich profitieren könnten. Mir gefällt die Vorstellung, offiziell und wieder einmal mit einem echten Pass reisen zu können und einen guten Job auszuüben. Ich bin es leid, egal wo ich hinkomme, Geschichten erfinden zu müssen. Der Umgang mit Schmugglern, Mördern, IRA-Agenten und Unterweltbossen sowie ihrem administrativen Personal ist überbewertet, birgt zu viele Nebenrisiken und wird mit der Zeit einfach langweilig. Ich werde allerdings die Gangsterbräute vermissen. Sie sind ein wenig gestört, aber sehr scharf. Ich freue mich auf einen zahmeren und zivilisierteren Partnerkreis. Wahrscheinlich werde ich einfach alt und konservativ. Vielleicht imitiere ich auch wieder einmal nur Necko oder meine Schwester Barbara. Nach ihrem langen Flirt mit Kommunismus und Revolte wurde Barbara zu einer Säule der konservativen Werte. Nachdem Necko sein Imperium eingebüßt hatte, hätte er sich einfach entspannen können. Stattdessen begann er, über die Deutsche Sporthilfe Tausende von vielversprechenden Amateursportlern zu unterstützen und hinterließ ein großartiges Vermächtnis. Vielleicht kann ich ein noch größeres Vermächtnis hinterlassen. So oder so habe ich meinen bisherigen Kurs verlassen und ziele in die richtige Richtung.

Jahrzehntelang habe ich die falschen Götter verehrt und als Folge daraus meine Macht, mein Vermögen und meine Familie verloren. Hartgesottene Verbrecher, Kopfgeldjäger und mächtige Organisationen bedrohen mein Leben und meine Freiheit. Auf meiner Reise habe ich festgestellt, dass unsere moderne westliche Version von irdischem Erfolg ein Scheitern garantiert. Ich habe gelernt, dass Geben zufriedener macht als Nehmen. Dankbarkeit und Mitgefühl sind bessere Reisegefährten als Gier und blinder Ehrgeiz. »Man lernt nie aus« hat »Zu viel ist nie genug« als meinen Lieblingsleitsatz abgelöst.

Conrads kluge Charakterisierung war befriedigender als Millionen mit dem Verkauf von VMR-Aktien zu verdienen. Isabellas Mitgefühl für Bedürftige, vernachlässigte Tiere und vergessene alte Menschen in Seniorenheimen rühren das Herz eines kaltblütigen Hedgefondsmanager. Ich bin dankbar für Susans Liebe, die sie mir fast zwei Jahrzehnte lang schenkte, trotz meiner verzerrten Psyche, und ich bin unendlich dankbar dafür, dass sie unsere Kinder ganz alleine aufzieht. Ich entschuldige mich von ganzem Herzen für all den Schmerz und die andauernden Probleme, die ich ihr und meinen Kindern beschert habe.

Ich war das Produkt von Materialismus und Exzess, das ausgeflippte Kind der stürmischen Achtziger und Neunziger. Als ich der Beherrscher des Universums war, machte ich mich über Gefühle wie Reue und Schuld lustig und tat sie als nutzlos ab. Schuld und Reue sind in einer Welt der reinen Wohlstandsmaximierung in der Tat schädlich. Aber in der weitaus relevanteren menschlichen Sphäre sind sie maßgeblich für unsere Nachhaltigkeit und unsere menschliche Entwicklung. Schuldgefühle können oft selbstzerstörerisch sein, sie können aber zu Reue führen, und Reue inspiriert oft zu positivem Verhalten und bringt Veränderungen mit sich.

Die Wut und Abscheu, die mir seit meinem Rückzug aus der Finanzwelt entgegenschlagen, unterscheiden sich nicht von der kollektiven Wut der Bewegung Occupy Wall Street, die sich gegen die Missbräuche des Establishments richtet. Zwischen meinen Missbräuchen und denen des Finanzestablishments gibt es jedoch zwei große Unterschiede. Die Finanzgemeinde nagelt unabhängige, weniger etablierte Außenseiter wie mich oder andere Hedgefondsmanager ans Kreuz, um von den wesentlich zerstörerischeren und kriminelleren Handlungen der Banken und Politiker abzulenken.

Der zweite wichtige Unterschied besteht darin, dass ich bereits ganz unten angekommen bin und mein Wertesystem auf bewusstere und befriedigendere Werte umgestellt habe. Unsere Gesellschaft betet nach wie vor die Dämonen des Konsums und der Wohlstandsanhäufung an. Ihre Implosion steht uns noch bevor. Im Jahr 2013, aber ganz gewiss bis spätestens 2016 wird die Finanz-, Wirtschafts- und Gesellschaftsordnung zusammenbrechen oder in eine anhaltende Periode schwerer ziviler und finanzieller Repressionen eintreten, begleitet von einer zunehmenden sozialen Ungerechtigkeit, sozialen Verwerfungen und Unruhen. Die Mischung einer stark alternden Bevölkerung und staatlichen Gelddruckmaschinen, die auf Hochtouren laufen, ist eine toxische Kombination.

Ende 2007 wurde bei mir eine schwere Form von VDD, auch als Value Deficiency Disorder oder gestörtes Wertesystem bekannt, festgestellt. Dabei handelt es sich um eine häufig auftretende und oft fatale Krankheit, von der hochrangige Finanzprofis und viele Mitglieder des Establishments betroffen sind. Medizinische Philosophen wie Deepak Chopra halten VDD und nicht Fettleibigkeit für die größte Geißel der westlichen Zivilisation, die im Verdacht steht, die Hauptursache für Unersättlichkeit, Selbstgerechtigkeit, Intoleranz, Aggression, Verleugnung, Heuchelei und ein leichtsinniges Finanzverhalten zu sein.

Da ich sehr unter VDD leide, ging ich 2008 zu den Anonymen Soziopathen (AS). Inzwischen kann ich stolz von mir behaupten, »clean« zu sein. Ich habe seit 1.492 Tagen nichts gemacht, das bösartig oder von bösen Absichten getrieben wäre. Alle meine »Straftaten«, die ich seit Beginn der Behandlung begangen habe, sind ohne jedes Opfer gewesen. Allmählich erhebt sich ein bewussterer, sympathischerer und fürsorglicherer Mann aus der Asche der Niederlage.

Humor entsteht oft aus der Erfassung absurder Situationen oder Lebenslagen, vor allem der eigenen. Wie üblich lachen mich die Götter aus. Das ganze Trara um mich herum, mein wildes Streben nach einem Lebenssinn und meine moralische Runderneuerung amüsieren sie prächtig. Sie werden die Würfel rollen lassen, die über mein Schicksal bestimmen werden. Vielleicht werden die Würfel günstig fallen und mir erlauben, ein neues Leben zu beginnen und mir die Aussicht bieten, mithilfe von Maximum Impact Medicine oder auf andere Weise Tausende von Menschenleben zu verbessern und meine Kinder wiederzusehen. Vielleicht werden die Würfel so fallen, dass mein Leben ein Ende findet. Ich könnte dieses Mal einen doppelten Kopfschuss erleiden oder bis in alle Ewigkeit eingesperrt werden. Davon würde niemand profitieren, ich am allerwenigsten. Bis die Dynamik oder das Interesse meiner Feinde nachlässt, muss ich daher ein Schattengänger, ein Gejagter und fehlender Vater bleiben. *Que sera, sera*. D.O.M.[13]

---

[13]   Deo Optimo Maximo (A. d. Ü.)

Nachwort – Monate später

Meine größte spirituelle Herausforderung besteht darin, meine kleine, eitle, selbstbesessene und egomanische Welt hinter mir zu lassen. Ich bin weit davon entfernt, mich von meinem überdimensionierten Ich distanzieren zu können. Ich mag den alten Florian nicht, aber ich muss diesem Kretin vergeben, um weiterleben zu können. Glücklicherweise werden wir an irgendeinem Punkt der Mensch, der wir sein wollen. Ich bin nicht mehr die Person, die mit diesem Buch begonnen hat. Wenn Sie den ersten Entwurf des Manuskripts gesehen hätten, hätten Sie gekotzt. Es war noch viel selbstbesessener. Um es mit den Worten von Paulo Coelho auszudrücken: »Was ich von nun an jeden Tag tun werde, ist die Vergangenheit gut zu machen und die Zukunft positiv zu beeinflussen.« Meine Mission lautet, meine persönliche Tragödie und mein Scheitern in etwas Nützliches zu verwandeln. Gegenwärtig betrete ich weitgehend unbekanntes Terrain: Familie, Glaube und Mitgefühl. Bisher und trotz eher unangenehmer äußerer Umstände fühlt sich dieser neue Pfad richtig an. Ich bin nie glücklicher, dankbarer und mit mir selber stärker im Einklang gewesen.

Die Ozeane der Welt auf meiner Jacht zu besegeln ist nicht ohne große Herausforderungen. In einem YouTube-Video sitzen mehrere alte Männer in einem schlecht beleuchteten Raum, und dann werden kurz 1,5 Millionen Euro eingeblendet, die in Bündel mit 500-Euro-Scheinen aufgehäuft sind. Ich weiß, wie diese Summe aussieht und sich anfühlt. Ich hatte mehr Geld in meinem Aktenkoffer, als ich durch die Straßen von Cartagena streifte und aus meiner Nase der Kokainrotz lief. Das macht 30 Bündel mit 100 500-Euro-Scheinen, die ungefähr 1 cm hoch sind, je nach Verpackung und Alter der Scheine. Diese Summe passt bequem in einen großen Schuhkarton. Aber das sind Nebensächlichkeiten. Hier handelt es sich um Kopfgeld, das derjenige erhält, der mich aufspürt und mich dazu bringt, 30 Millionen Dollar auszuhändigen. Einer meiner besten Freunde, ein ernst zu nehmender ehemaliger Unterweltboss, hält die Show für amateurhaft, unbeholfen und äußerst suspekt. Das Video wäre beinahe komisch, wenn diese Kopfgeldjäger und die ausgesetzte Belohnung nicht mich beträfen, sondern jemand anderen. So kann ich nur mühsam das Gesicht verziehen, aber nicht lachen, wenn ich es sehe.

Ich glaube, mit dem Video zielen die Kopfgeldjäger darauf ab, mir das Geld auf jede erdenkliche Weise, einschließlich Folter, abzunehmen, und mich dann umzubringen. Diese Typen wissen ganz genau, dass sie den Rest ihres Lebens ständig über ihre Schulter blicken müssten, wenn sie mich am Leben ließen. Der Letzte, der versucht hat, mich zu erpressen, ein deutscher Gauner, der in Florida lebt, endete in einem Van ohne Fenster – entführt von vier irischen Schlägertypen – und pinkelte und schiss sich in die Hosen, während er eine Lektion über sein unangemessenes Geschäftsgebaren erhielt. Es könnte aber noch eine zweite Dimension geben. Vergessen wir das Geld. Die YouTube-Episode erinnert mich an Patrick Lanigan, die Hauptfigur des John-Grisham-Romans *Der Partner*, der von einem skrupellosen Topmanager und einigen Unternehmen gejagt wird. Das Ziel könnte sein, mich auszuschalten. Diese Typen begehen bereits Handlungen, die in laufende Ermittlungen und Zivilklagen eingreifen, die nach dem amerikanischen Strafrecht mehrere schwere Straftaten darstellen. Außerdem verletzen sie meine verfassungsmäßigen zivilen Freiheiten und machen sich der Verleumdung schuldig. Ihre Interpretation des Gesetzes ist mehr als liberal. Sie ist kriminell. Und die Medien helfen ihnen dabei, ihre Botschaft zu verbreiten. Was sie nicht wissen, ist, dass das Geld nicht mehr da ist. Es ist weg, vernichtet von skrupellosen Treuhändern, dezimiert durch Notverkäufe und die Beschaffung teurer neuer Identitäten, während ich auf meiner Entdeckungsmission war. Sie jagen ein Phantom.

Einem Zeitungsartikel zufolge repräsentieren diese Kopfgeldjäger Kunden, die ich angeblich um ihr Geld geprellt habe. Wenn ich es ihnen nicht zurückgebe, so der Artikel, wollen sie mich dem FBI übergeben, damit ich den Rest meines Lebens hinter Gittern verbringe. Diese Argumentation hat zwei grundlegende Schwächen: Die Justiz sucht mich gar nicht! Würde sie hinter mir her sein, gäbe es einen weltweiten Haftbefehl und das wäre öffentlich bekannt. Die liberianische Regierung wäre umgehend informiert worden. Die zweite Schwäche besteht darin, dass diese angeblichen vormaligen Kunden viele Jahre zur Verfügung hatten, um mich auf Erstattung der reklamierten Summen zu verklagen. Normale Menschen tun das. Warum haben sie fast ein halbes Jahrzehnt gewartet, um mich zu jagen? Warum haben mich von den vielen Hundert Kunden, die wir hatten, und die alle über eigene Rechtsabteilungen beziehungsweise umfangreiche juristische Ressourcen verfügten, nur zwei Kunden jemals verklagt? Warum beginnt diese Jagd ausgerechnet in dem Moment, in dem Kopien des Manuskripts meiner Autobiografie möglichen Verlegern zugespielt wurden? Es gibt nur wenige Einzelpersonen oder Gruppen, die sich so verhalten würden.

Einer könnte durchaus der Kroate Bronco sein, der 1964 im ehemaligen Jugoslawien geboren wurde. Ich habe einst gemeinsam mit einem gleichwertigen Partner von Bronco eine Immobilie für 800.000 Dollar gekauft. Dieses Geld war praktisch verloren, als die Behörden begannen, meine und seine Konten einzufrieren. Bronco war stinksauer, und mit Bronco ist nicht gut Kirschen essen. Laut ehemaligen Freunden rammt er anderen gerne eine Pistole in den Mund, wenn ihm die Argumente ausgehen. Andere vermuten, er sei ein ehemaliger langjähriger Partner eines inhaftierten russischen Waffenhändlers. Und Giorgio, zu dessen Aufgaben es gehört, zu jedem Zeitpunkt über alles Bescheid zu wissen, behauptet, Bronco sei ein dalmatischer Drogenhändler mit ausgedehnten Aktivitäten in ganz Europa und in etwas geringerem Maße in Amerika gewesen. Den Angaben meines eigenen Detektivs zufolge inspirierte Bronco einen verurteilten Serienbetrüger, der sich nach fast zehn Jahren in amerikanischen Gefängnissen vollkommen geläutert gibt (hört, hört), dazu, die Menschenjagd zu initiieren und über eine panamaische Website ein Kopfgeld auf mich auszusetzen.

Ich kenne Bronco nur oberflächlich, aber ich weiß, dass er im Grunde seines Herzens ein Geschäftsmann ist. Bronco denkt in Gewinnerzielung. Nachdem seine Wut über den Verlust abgeflaut ist, könnte er beschlossen haben, mich zu verfolgen, und zwar nicht nur, um seine Einnahmen aus dem Immobilienverkauf zurückzubekommen, sondern auch, um einen zusätzlichen Gewinn zu erzielen und gleichzeitig süße Rache zu üben. Warum Schwierigkeiten und Verlust nicht in eine gewinnbringende Sache verwandeln? Bronco denkt sich, Homm kann sich kaum an die Behörden um Hilfe wenden. Die Jagdsaison ist eröffnet und ich hole mir die Trophäe, bevor es andere tun. Bronco ist jedoch gefährlich, weil er berechnend, ziemlich intelligent und absolut gnadenlos ist. Freunde und Familienangehörige wurden telefonisch belästigt und bedroht. Ich wünschte, er würde begreifen, dass mein Vermögen auf ein Almosen zusammengeschrumpft ist. Giorgio kann das zweifelsfrei bestätigen. Schließlich hat er für mich mit erheblichen Summen hantiert. Ich fordere Bronco auf, vor Gericht um sein Geld zu kämpfen. Er hat seine Immobilie in gutem Glauben verkauft, und es gab überhaupt keine Möglichkeit, dass er irgendwie hätte erfahren können, dass die Herkunft dieses Gelds verdächtig sein könnte, noch könnte irgendjemand jemals beweisen, dass diese 800.000 Dollar nicht das Ergebnis vollkommen legitimer Handlungen waren.

Die anderen potenziellen Kunden der Kopfgeldjäger, die in dem Video mit dem Geld herumspielen, könnten durchaus ehemalige oder aktuelle Verwaltungsratsmitglieder und hochrangige Führungskräfte meines ehemaligen Arbeitgebers ACMH sein. Es ist durchaus denkbar, dass die Direktoren und Topmanager 50 Millionen Dollar aus dem Verkauf von ACMH-Aktien und der Ausübung von Aktienoptionen erzielten – vielleicht sogar noch weitere Millionen in Vergütung, Dividenden und Bonuszahlungen erhielten. Die meisten von ihnen dürften über meine angeblich fragwürdigen Geschäfte, die von mir gekauften Mini-Aktien und meine Beteiligung am Maklerhaus in Los Angeles genau Bescheid gewusst haben oder es zumindest geahnt haben. Diese ehemaligen Direktoren mussten eine Fassade der Unschuld wahren und die gesamte Schuld auf mich abwälzen. Sie, die angeblich von nichts wussten, könnten nämlich der groben Vernachlässigung ihrer Aufsichtspflichten oder zumindest des Alzheimer-Syndroms überführt werden. Als die unbefleckten neuen Direktoren dem Verwaltungsrat von ACMH beitraten, hatten die alten Direktoren zwei Möglichkeiten. Sie konnten zugeben, dass sie über alles Bescheid gewusst hatten, oder sie konnten ein Lügengespinst aufbauen. Ersteres hätte sie vor Gericht gebracht. Ihre einzige Überlebenschance bestand darin, mit dem Finger auf mich zu zeigen und jedes Wissen über meine Handlungen zu leugnen, um ihre Glaubwürdigkeit zu wahren und ihr Geld zu schützen. Kein Wunder, dass sie derartige Lügenmärchen zusammengesponnen haben. Es wird kaum jemanden überraschen, dass ich angesichts dieser gewaltigen institutionellen Tatsachenverschleierung und der Überfülle an öffentlichen Lügen heikle Dokumente in Sicherheit gebracht habe, die von weitaus finstereren Aktivitäten berichten. Ich bin kein Denunziant, aber sollte ich eines unnatürlichen Todes sterben, werden diese Dokumente veröffentlicht.

Nur Narren und Leute, die keinen blassen Schimmer von Bankwesen und Fondsverwaltung haben, würden ACMHs öffentliche Beteuerungen glauben, sie hätten keine Ahnung gehabt, dass ich in amerikanische Microcaps investiert hatte und an einem Maklerhaus mit Sitz in den USA beteiligt war, und dass all das ohne ihr Wissen und ihre Einwilligung geschah. Ich bin verblüfft, wie absolut naiv und beschränkt die Journalisten in ihrer Berichterstattung über diese Geschichte gewesen sind. Die angeblich versteckten Informationen waren entweder öffentlich und/oder Dutzenden von Mitarbeitern und Direktoren, mehreren externen Mittlern und sogar Regulierungsbehörden uneingeschränkt elektronisch zugänglich! Wenn ich vor Gericht aussagen müsste, hätten einige dieser Typen einiges zu verlieren: ihren Ruf, ihr Geld, ihre Beziehungen, ihren Status und möglicherweise ihre Freiheit. Die neueren ACMH-Direktoren haben Millionen damit verbrannt, mich zu verklagen und zu verfolgen, ohne irgendetwas vorzuweisen zu haben. Nach meinem Ausstieg haben die ACMH-Fonds eine erbärmliche Performance hingelegt und Kunden haben viele 100 Millionen Dollar verloren. Die Anwälte von ACMH haben schon vor dem YouTube-Video nach mir gesucht. Angesichts ihres Verhaltensmusters könnten sie genau wie Bronco hinter der jüngsten globalen Menschenjagd stecken.

Das ACMH-Szenario unterscheidet sich jedoch vom Bronco-Szenario. Würden die Fakten und die wahren Ereignisse jemals im Rahmen meiner Zeugenaussage und unterstützt von Beweisen ans Licht der Öffentlichkeit kommen, könnten Köpfe rollen. Daher kann es durchaus sein, dass mich einige Leute liebend gern von der Bildfläche verschwinden sehen würden – im übertragenen oder im buchstäblichen Sinne. Es ist absolut möglich, dass es bei dieser Jagd nicht nur um Geld geht, sondern auch darum, mich aus dem Weg zu schaffen. Die Liste meiner Feinde ist lang. Ich kann mich natürlich täuschen, aber es gibt einige Menschen, die mich gerne als alleinigen Bösewicht verteufeln würden, während sie gleichzeitig dafür sorgen, dass ich so lange von der Bildfläche verschwinde, bis alle relevanten Verjährungsfristen abgelaufen sind oder ich sicher unter der Erde bin. Würde ich meinen Feinden das Leben zur Hölle machen? Gewiss, und das habe ich auch schon mehrmals getan. Heute würde ich das Ganze eher abschütteln, hinter mir lassen und mich auf positive Ziele konzentrieren, aber ich kann diese Menschenjäger, ihre Kunden, ihre dreisten Lügen und ihre erheblichen Ressourcen nicht ignorieren.

Dieses Thema macht mich aus zwei Gründen traurig, und nicht, weil mein Leben völlig verrückt und unberechenbar geworden ist. Erstens könnte diese Summe das Leben einer Million Menschen, die an heilbaren Krankheiten leiden, dramatisch verbessern. Warum das Geld verschwenden, indem man einen Mann jagt, der keines hat? Der andere Grund ist, dass ich einer von ihnen war. Ich war fast genauso gnadenlos wie die, die jetzt hinter mir her sind. Ich habe zwar nie einen Mord in Auftrag gegeben, aber ich war dreimal kurz davor – zweimal, als mein Leben und das Wohlergeben meiner Familie bedroht waren. Glücklicherweise habe ich diesen Schritt nie getan. Ich bin kein Sensenmann und auch nicht der Herr, der das letzte Urteil spricht.

Ich habe viele Dinge für Geld getan, die ich heute entweder höchst verwerflich oder amüsant finde. Ich habe in meinem Leben genug Schmerz, direkten Schaden und Kollateralschäden verursacht. Es ist höchste Zeit, dass ich mich fruchtbareren Dingen widme. Bis vor Kurzem konnte ich meinen Feinden nicht vergeben. Glücklicherweise habe ich Fortschritte gemacht. In den letzten Monaten habe ich gelernt, dass es eine erstaunliche spirituelle Befriedigung bietet, den eigenen Feinden zu verzeihen und für sie zu beten. Ich habe jedoch so viele Feinde, dass ich kaum weiß, wo ich anfangen soll. Die Schönheit des Verzeihens besteht darin, dass man sich selbst von nutzloser emotionaler Last befreit. Und gleichzeitig sendet man damit eine Botschaft des Mitgefühls, des Friedens und der Liebe aus. Warum sollte man seinen Feinden also nicht verzeihen? Ich habe Menschen aufgesucht, die ich verletzt habe, und sie um Vergebung gebeten. Ich muss auch selber meinem alten Ich vergeben. Den alten Florian mag ich nicht. Wenn ich ihn heute treffen würde, würde ich ihn eine verlorene, fehlgeleitete Seele nennen. Und ich erkenne, dass ich nur ein Mensch bin. Und es liegt in der Natur des Menschen, Fehler zu machen. Ich habe mehr Fehler gemacht als die meisten.

Seit ich in Harvard mein Studium begann, hatte ich mich drei Jahrzehnte lang immer weiter von den wirklich wichtigen Dingen im Leben entfernt und mich auf weltliche Dinge wie Macht und Reichtum konzentriert. Meine vergebliche Suche nach dauerhafter innerer Ruhe in der materiellen Welt ließ mich eine Beziehung mit einer ehemaligen Stripperin eingehen, hat mich in die Unterwelt, zu fragwürdigen Finanzpraktiken und zwielichtigen Geschäftspartnern und zur Vernachlässigung meiner Kinder geführt und ein tiefes Gefühl der inneren Leere ausgelöst. Mit dem Ergebnis, dass ich immer seelenloser wurde und meine Verwirrung und die idiotische Faszination von materiellen Besitzständen immer weiter zunahmen.

Heute lache ich herzlich, wenn ich riesige Jachten, 2.000-Quadratmeter-Villen, Privatjets und ihre wichtigtuerischen Besitzer sehe. Neulich habe ich mich mithilfe eines geradezu legendären Tricks in ein Superluxus-Resort gemogelt und die üppigen, verschwenderischen Einrichtungen kostenlos genutzt. Ich brauche diese Ausstaffierung nicht mehr, schätze sie aber noch gelegentlich. Ohne sie bin ich jedoch vollkommen zufrieden. Das heißt nicht, dass ich »die guten Dinge« des Lebens nicht genieße, aber ich habe die Welt des nicht zu übersehenden Materialismus und Konsumismus hinter mir gelassen. Ich bin endlich kein Sklave des Mammon mehr. Geld ist mir immer noch wichtig. Wenn es einem nicht wichtig ist, wird man es nie haben oder behalten. Das Geld dient jedoch lediglich zwei Zwecken: der Unabhängigkeit und der Finanzierung guter Taten. Darüber hinaus bringt das Streben nach Reichtum als Selbstzweck nichts außer Komplikationen und Probleme. Ständig das Anwachsen des eigenen Vermögens zu beobachten ist schlimmer als Altersdemenz.

Ich hätte ein kluger Mann mit einem Harvard-Diplom, breit gefächerten Sprachkenntnissen, Diplomatenstatus, ein Urheber, ein Vollblutunternehmer und anderes Blabla sein sollen. Aber ich hatte 30 Jahre lang an jeder Weggabelung und bei jeder Entscheidung den Lebenssinn verfehlt. Darüber hinaus war ich entweder nicht in der Lage oder weigerte mich, die Warnsignale, die unterwegs auftauchten, richtig zu interpretieren. Ich erkrankte an multipler Sklerose und wurde beinahe erschossen, blieb aber nach wie vor blind, selbstbesessen und eindimensional. Um dem Ganzen die Krone aufzusetzen, war ich zwei Jahrzehnte lang mit einer engelsgleichen Frau verheiratet, die immer wieder versuchte, mir all das klarzumachen.

Dann lebte ich völlig sorgenfrei mit meiner Familie im Paradies auf Mallorca und erkannte nicht einmal, wo ich war. Meine Augen und Ohren und meine Seele waren blind und verstopft, sodass die Botschaft nicht durchdrang. Ich fuhr fort, mein sinnloses Ziel zu verfolgen, Milliardär zu werden, und brach wie eine alte, rostige, klapprige Geldpresse schließlich unter dem Verschleiß zusammen. Nur indem ich implodierte, das Manuskript für dieses Buch schrieb und meinen Glauben entdeckte, konnte ich mein Leben ändern.

Wenn mein scheuklappenartiges Streben nach Macht und Geld nicht die Verkörperung von Dummheit und sogar Idiotie sind, was dann? Das lässt mir nur wenige Optionen. Eine besteht darin, über mich selber zu lachen. Das muss ich. Schließlich sind wir alle nur Menschen. Ich muss weitermachen, um weiter dazuzulernen. Ich bin dankbar für meine Erfahrungen und die Erkenntnisse, die ich auf meinem Weg gewonnen habe. Jetzt geht es nicht um mich, sondern um andere. Diese Reise hat gerade erst begonnen, aber sie ist jetzt schon befriedigender als alles, was ich in meinem früheren ausschweifenden Leben gemacht und erlebt habe. Wieder einmal befinde ich mich in aufgewühlter See, aber ich bin sicher, dass ich dieses Mal gut durch die Fluten navigiere und einen sicheren Hafen erreiche. Ich habe meine Bestimmung und meinen Glauben gefunden. Ich werde Susans Vergebung erhalten und die Herzen meiner Kinder erobern. Ich weiß und spüre, dass ich dieses Mal die besten Mentoren und Hüter habe. Ich bin gesegnet und ein sehr glücklicher Mann.

DER AUTOR

Florian Homm, MBA, ist Deutschlands bekanntester Hedgefonds-Manager. In seiner Karriere wurde Homm unter anderem dreimal als Europas Hedgefonds-Manager des Jahres ausgezeichnet, war bester US-Spezialfondsmanager, mehrmals bester Europafonds- und Deutschlandfonds-Manager. Homm arbeitete als Analyst, Nostro-Händler und Fondsmanager unter anderem bei Merrill Lynch, Fidelity, Tweedy, Browne und dem Bankhaus Julius Bär, bevor er als Finanzunternehmer und Hedgefonds-Manager US-Dollar-Milliardär wurde. Seine positive, absolute, relative und testierte Performance in den Börsencrashs 1987, 2002 sowie in den Korrekturen 1990 und 1994 ist in Europa einzigartig. Seine erfolgreichen Baisse-Spekulationen bei Bremer Vulkan, MLP und WCM sind bestens dokumentiert. Homm spricht sechs Sprachen, ist ehemaliger Botschafter und UNESCO-Delegierter, Basketball-Junioren-Nationalspieler, Harvard College- und Harvard Business School-Absolvent und war zum Höhepunkt seiner Karriere auf der Manager-Magazin-Liste der reichsten Deutschen. Bekannt wurde er einem breiten Publikum durch die erfolgreiche Sanierung von Borussia Dortmund und als mehrfacher Bestsellerautor. Homm ist keineswegs unumstritten und polarisiert stark. Seit Jahren verteidigt er sich gegen diverse Anschuldigungen aus den Jahren 2004 bis 2007. Homm ist praktizierender Katholik und in diversen karitativen Organisationen tätig.

Der Crash ist da

Florian Homm, Markus Krall, Moritz Hessel

Spiegel-Bestsellerautor und Hedgefonds-Legende Florian Homm hat den Crash wie kein anderer Investmentprofi frühzeitig erkannt. Sein Klientel, das vom Normalverdiener bis zum Schwerreichen reicht, hat durch Homms Analysen einen nachweisbaren Gewinn von 25 Prozent seit Ende 2017 realisiert, während die Weltbörsen im selben Zeitfenster um fast ein Fünftel an Wert verloren haben. Auch Ko-Autor Dr. Markus Krall, einer der renommiertesten Banking-Insider und Bestsellerautor, erklärt unmissverständlich, warum China der Auslöser der nächsten Mega-Krise sein kann.

336 Seiten | Hardcover | 18,99 € (D) | ISBN 978-3-95972-231-5

Erfolg im Crash

Florian Homm, Jannis Ganschow, Florian Müller, Thomas Käsdorf

Sie, als Privatinvestor, können sich nicht nur vor der Krise schützen, Sie können sogar von ihr profitieren. Erfolg im Crash ist das erste deutschsprachige Buch, das ausführlich konkrete Anlage- und Total-Return-Investment-Strategien für ein kommendes Krisenumfeld präsentiert. Wir erörtern die wichtigsten Finanzinstrumente, die Sie zur Absicherung und Optimierung Ihres Vermögens benötigen und geben Ihnen wertvolle Hinweise zu Timing und Investmententscheidungen. Das macht in diesem Umfang kein anderes Crash-Buch!

208 Seiten | Softcover | 14,99 € (D) | ISBN 978-3-95972-116-5

Endspiel

Florian Homm

Florian Homm, Spiegel-Bestsellerautor, Volkswirt und Absolvent der Harvard Business School, betreibt keine theoretische Ursachenforschung, sondern kommt sofort auf den Punkt: Wie können Sie als Privatanleger Ihr Geld vor dem nächsten Crash und vor raffgierigen Regierungen in Sicherheit bringen? Wie können Sie trotzdem gewinnbringend Geld anlegen und sogar von fallenden Kursen profitieren? Welche Anlageformen führen durch die nächste große Krise und welche nicht? Welche Strategien können Sie von den Superreichen übernehmen?

208 Seiten | Softcover | 14,99 € (D) | ISBN 978-3-89879-962-1

225 Jahre Knast

Florian Homm

53 Jahre und 153 Tage in Freiheit. Doch jetzt soll er 225 Jahre
ins Gefängnis. Florian Homm, der einstige skrupellose Hedgefonds-Manager. Von seinen Häschern verfolgt kommt es in Flo-
renz zum Showdown: Er wird vor den Augen seiner Familie entführt und ins Florenzer Gefängnis Sollicciano gebracht. Doch
Homm nimmt den Kampf auf. Von seiner Familie, Freunden und
früheren Weggefährten verlassen, unheilbar an MS erkrankt und
unter ständiger Angst, doch an die USA ausgeliefert zu werden,
kämpft er um sein Leben. Was folgt ist ein Thriller. Die lang erwartete Fortsetzung des Spiegel-Bestsellers »Kopf Geld Jagd«.

192 Seiten | Hardcover | 16,99 € (D) | ISBN 978-3-89879-951-5

Die Kunst des Leerverkaufs

Florian Homm, Gubian Dag

Dieses Buch ist an eine Vielzahl von Lesern gerichtet: Privatanleger, professionelle Investoren, (Wirtschafts-)Studenten, Journalisten, aber auch Interessierte, die sich für die Kunst des Leerverkaufes begeistern können. Dieses Buch ist keine theoretische Abhandlung, sondern vielmehr ein Handbuch mit starkem Praxisbezug. Sie werden Einblicke in den Kopf eines Baissespekulanten erhalten und dadurch wertvolle Analysetechniken erlernen, die Sie in dieser Form vermutlich an keiner Universität der Welt präsentiert bekommen. Lange Zeit war der Leerverkauf nur einer kleinen Minderheit von »elitären« Marktteilnehmern wie zum Beispiel Hedgefonds zugänglich. Heute jedoch kann bereits der Kleinanleger vom Leerverkauf profitieren, sofern sein Broker ihm diese Möglichkeit bietet. Ob Leerverkäufe zu Ihrem Anlagestil passen und sich das Auseinandersetzen mit dieser Thematik für Sie lohnt, lernen Sie in diesem Buch.

Nur über Amazon erhältlich

Investieren wie Florian Homm:
Die einzige Lektion über Aktieninvestitionen, die Sie jemals brauchen werden